Michel Foucault
Filosofia, Diagnóstico do Presente e Verdade

O GEN | Grupo Editorial Nacional reúne as editoras Guanabara Koogan, Santos, Roca, AC Farmacêutica, Forense, Método, LTC, E.P.U. e Forense Universitária, que publicam nas áreas científica, técnica e profissional.

Essas empresas, respeitadas no mercado editorial, construíram catálogos inigualáveis, com obras que têm sido decisivas na formação acadêmica e no aperfeiçoamento de várias gerações de profissionais e de estudantes de Administração, Direito, Enfermagem, Engenharia, Fisioterapia, Medicina, Odontologia, Educação Física e muitas outras ciências, tendo se tornado sinônimo de seriedade e respeito.

Nossa missão é prover o melhor conteúdo científico e distribuí-lo de maneira flexível e conveniente, a preços justos, gerando benefícios e servindo a autores, docentes, livreiros, funcionários, colaboradores e acionistas.

Nosso comportamento ético incondicional e nossa responsabilidade social e ambiental são reforçados pela natureza educacional de nossa atividade, sem comprometer o crescimento contínuo e a rentabilidade do grupo.

coleção | Ditos & Escritos | X

Michel Foucault
Filosofia, Diagnóstico do Presente e Verdade

Organização, seleção de textos e revisão técnica:
Manoel Barros da Motta

Tradução:
Abner Chiquieri

Dits et écrits
Edição francesa preparada sob a direção de Daniel Defert e
François Ewald com a colaboração de Jacques Lagrange

RIO DE JANEIRO

- A EDITORA FORENSE se responsabiliza pelos vícios do produto no que concerne à sua edição, aí compreendidas a impressão e a apresentação, a fim de possibilitar ao consumidor bem manuseá-lo e lê-lo. Os vícios relacionados à atualização da obra, aos conceitos doutrinários, às concepções ideológicas e referências indevidas são de responsabilidade do autor e/ou atualizador.
As reclamações devem ser feitas até noventa dias a partir da compra e venda com nota fiscal (interpretação do art. 26 da Lei n. 8.078, de 11.09.1990).

- Traduzido de:
DITS ET ÉCRITS
Copyright © Éditions Gallimard 1994
All rights reserved.

- **Ditos e Escritos – volume X**
ISBN 978-85-309-5022-4
Direitos exclusivos para o Brasil na língua portuguesa
Copyright © 2014 by
FORENSE UNIVERSITÁRIA um selo da EDITORA FORENSE LTDA.
Uma editora integrante do GEN | Grupo Editorial Nacional
Travessa do Ouvidor, 11 – 6º andar – 20040-040 – Rio de Janeiro – RJ
Tel.: (0XX21) 3543-0770 – Fax: (0XX21) 3543-0896
bilacpinto@grupogen.com.br | www.grupogen.com.br

- O titular cuja obra seja fraudulentamente reproduzida, divulgada ou de qualquer forma utilizada poderá requerer a apreensão dos exemplares reproduzidos ou a suspensão da divulgação, sem prejuízo da indenização cabível (art. 102 da Lei n. 9.610, de 19.02.1998).
Quem vender, expuser à venda, ocultar, adquirir, distribuir, tiver em depósito ou utilizar obra ou fonograma reproduzidos com fraude, com a finalidade de vender, obter ganho, vantagem, proveito, lucro direto ou indireto, para si ou para outrem, será solidariamente responsável com o contrafator, nos termos dos artigos precedentes, respondendo como contrafatores o importador e o distribuidor em caso de reprodução no exterior (art. 104 da Lei n. 9.610/98).

1ª edição – 2014
Tradução
Abner Chiquieri
Organização, seleção e revisão técnica
Manoel Barros da Motta

- CIP – Brasil. Catalogação-na-fonte.
Sindicato Nacional dos Editores de Livros, RJ.

F86d
Foucault, Michel, 1926-1984
  Ditos e escritos, volume X: filosofia, diagnóstico do presente e verdade/Michel Foucault; organização, seleção de textos e revisão técnica Manoel Barros da Motta; tradução Abner Chiquieri. – 1. ed. – Rio de Janeiro: Forense Universitária, 2014.
  il.   (Ditos e escritos; 10)
  Tradução de: Dits et écrits
  Inclui índice
  ISBN 978-85-309-5022-4

  1. Filosofia francesa – Séc. XX. I. Motta, Manoel Barros da. II. Título. III. Série.

13-04161
CDD: 194
CDU 1(44)

Sumário

Apresentação à Edição Brasileira VII

1965 – Filosofia e Verdade 1
1966 – Em Busca do Presente Perdido 17
1966 – Uma História que Ficou Muda 19
1966 – Mensagem ou Ruído? 25
1967 – "Que é o senhor, professor Foucault?" 29
1969 – Conversação com Michel Foucault 50
1969 – O Nascimento de um Mundo 51
1971 – Carta do Sr. Michel Foucault 55
1971 – Para Além do Bem e do Mal 61
1971 – O Discurso de Toul 76
1971 – Foucault Responde 79
1971 – A Vontade de Saber 81
1972 – Meu Corpo, Esse Papel, Esse Fogo 87
1973 – Em Torno de Édipo 113
1973 – A Sociedade Punitiva 114
1974 – A Verdade e as Formas Jurídicas 130
1974 – O Poder Psiquiátrico 245
1975 – Poder e Corpo 258
1975 – Os Anormais 265
1976 – Questões de Michel Foucault a "Heródoto" 272
1976 – É Preciso Defender a Sociedade 274
1977 – Aula de 7 de Janeiro de 1976 281
1977 – Aula de 14 de Janeiro de 1976 296
1978 – A Loucura e a Sociedade 312
1978 – Segurança, Território e População 336
1980 – Introdução 341
1980 – Foucault Estuda a Razão de Estado 342
1981 – Para Roger Caillois 347
1981 – Subjetividade e Verdade 349

1982 – As Malhas do Poder 356
1984 – Nas Fontes do Prazer 357

Índice de Obras.. 359
Índice Onomástico 360
Índice de Lugares... 364
Índice de Períodos Históricos...................................... 365
Organização da Obra Ditos e Escritos 367

Apresentação à Edição Brasileira

A edição de *Filosofia, Diagnóstico do Presente e Verdade*, décimo volume da série dos *Ditos e Escritos* de Michel Foucault, vai permitir aos leitores de língua portuguesa e aos pesquisadores que se orientam pelas pistas que ele abriu para o pensamento e a ação, ter uma perspectiva nova sobre o sentido e o alcance geral do conjunto de sua obra. Com esta nova série de cinco volumes que reúne ensaios, leituras, prefácios e resenhas – muitos virtualmente inacessíveis antes da edição francesa mais de 3 mil páginas do filósofo vão nos permitir situá-lo nas transformações e lutas que agitaram a vida intelectual, política, científica, literária, artística do século XX, e que prosseguem no século XXI. Com muitos textos publicados originalmente em português, japonês, italiano, alemão, inglês e francês permite-nos repensar seu papel e o alcance e o efeito de sua obra.

Os conceitos e categorias da filosofia, da política, da história, quer em sua dimensão epistemológica ou ética, foram subvertidos, transformados, modificados pela intervenção teórico-prática de Michel Foucault. Saber, poder, verdade, razão, loucura, justiça têm para nós outros sentidos, despertam outros ecos, abrem novos registros que as tradições dominantes do saber Ocidental muitas vezes esqueceram ou recusaram. Nossa relação com a racionalidade científica, ou com a razão humana, *tout court*, seja nas práticas da psiquiatria e da psicologia, seja nas práticas judiciárias, modificou-se com a reflexão de Foucault sobre a loucura em termos históricos e sobre o poder psiquiátrico. Com efeito, a medicina, a psiquiatria, o direito, no corpo mesmo de sua matriz teórica, foram alterados pelo efeito da obra de Foucault. Podemos dizer que alguns aspectos da hipermodernidade em que vivemos seriam incompreensíveis sem a sua reflexão. A reflexão contemporânea, mas também nossas práticas, nosso modo de vida foram tocados, transformados pelo efeito da obra de Michel Foucault.

O pensamento contemporâneo, quer filosófico, quer nas ciências sociais e humanas, cujos fundamentos epistemológico-políticos ele questionou e transformou, na Tunísia, no Japão, na América do Sul, no Brasil e na Europa, traz a marca de sua reflexão. E ela toca a antropologia, os saberes sobre a literatura, os estudos sobre a posição feminina, seus modos de prazer e de gozo, a posição masculina, os estudos pós-coloniais, e ainda o pensamento econômico, a reflexão sobre a governabilidade e mesmo as modalidades da administração, vasta e complexa é a rede dos saberes que a obra de Foucault toca...

Foucault inventou conceitos, biopolítica, governamentalidade, os pares conceituais poder-saber, micropoder, são significantes novos que ele introduziu, além de subverter o sentido de alguns conceitos fundamentais da filosofia, de inventar uma arqueologia do saber e dar um novo sentido à genealogia Nietzschiana.

Uma sucessão inumerável de colóquios, de livros de artigos de revistas perscruta e utiliza a obra de Foucault, teses lhe são consagradas, ela inspira produções teatrais, obras de arte, toca a literatura, políticos contemporâneos a ele se referem. Sua obra possui na internet um número de referências que desafiam a imaginação e chegam mesmo a mais de um milhão de páginas. Da analítica do poder aos processos de subjetivação sua obra atravessa e transforma as correntes da filosofia do século XX, seja a fenomenologia, seja o marxismo ou o estruturalismo. Quer como historiador das ciências, genealogista e arqueólogo de saberes e poderes, homem de esquerda, ligado ao pensamento de Nietzsche e Heidegger, próximo de Lacan, Barthes, Lévi-Strauss, Althusser e Deleuze ou Canguilhem, as conexões da obra de Foucault, múltiplas, contraditórias não cabem numa rede classificatória simples. Na pintura ela renovou os estudos sobre a pintura clássica, de Velásquez a Manet. Ela toca também o principal pintor do século XX, Pablo Picasso. Mas incide também sobre Magritte e Klee. Em história das ciências ela lança uma nova luz sobre o nascimento do evolucionismo com sua leitura de Cuvier. E possui uma complexa relação com o pensamento de Marx, que do ponto de vista econômico Foucault situa em continuidade com Ricardo. Com a psicanálise sua intervenção possui mais de uma chave de leitura, seja com Freud ou ainda com Lacan. É impossível capturá-lo completamente. É o que ele mesmo reclama contra os que desejavam enquadrá-lo, por exemplo, no estruturalismo. Sua caixa de instrumentos permanece aberta para muitos e novos usos.

As edições Gallimard recolheram estes textos numa primeira edição em quatro volumes, com exceção dos livros. A estes se seguiu uma outra edição em dois que conserva a totalidade dos textos da primeira. A edição francesa pretendeu a exaustividade, organizando a totalidade dos textos publicados quando Michel Foucault vivia, embora seja provável que alguma pequena lacuna exista neste trabalho. O testamento de Foucault, por outro lado, excluía as publicações póstumas. Daniel Defert e François Ewald realizaram, assim, um monumental trabalho de edição e estabelecimento dos textos, situando de maneira nova as condições de sua publicação, controlaram as circunstâncias das traduções, verificaram as citações e os erros de tipografia. Jacques Lagrange ocupou-se da bibliografia. Defert elaborou uma cronologia, na verdade uma biografia de Foucault para o primeiro volume, que mantivemos na edição brasileira, em que muitos elementos novos sobre a obra e a ação de Michel Foucault aparecem. Este trabalho, eles o fizeram com uma visada ética que, de maneira muito justa, me pareceu chamaram de intervenção mínima. Para isto, a edição francesa de Defert e Ewald apresentou os textos segundo uma ordem puramente cronológica. Este cuidado não impediu os autores de reconhecerem que a reunião dos textos produziu algo de inédito. A publicação do conjunto destes textos constitui um evento tão importante quanto o das obras já publicadas, pelo que complementa, retifica ou esclarece. As numerosas entrevistas – quase todas nunca publicadas em português – permitem atualizar os ditos de Foucault com relação a seus contemporâneos e medir o efeito das intervenções que permanecem atuais, no ponto vivo das questões da contemporaneidade, sejam elas filosóficas, literárias ou históricas. A omissão de textos produz, por outro lado, efeitos de interpretação inevitáveis, tratando-se de uma seleção.

Optamos na edição brasileira por uma distribuição temática em alguns campos que foram objeto de trabalho de Foucault.

Este décimo volume, último da série, nomeado *Filosofia, Diagnóstico do Presente e Verdade* explora a problemática da verdade na orientação foucaldiana e seu estilo de intervenção, centrado no diagnóstico. Sobre a verdade está o confronto entre os conceitos de Aristóteles e Nietzsche em uma de suas conferências na PUC e que acompanha o curso sobre a vontade de saber. E toda a série que tomou o nome de "a verdade e as formas jurídicas. Ela prossegue na problematização do nexo entre Verdade e Poder que tem o Édipo de Sófocles como objeto de investigação. E depois ela se estende no texto sobre subjetividade e verdade que dá conta do curso de 1980-1981. Múltiplas problemáticas estão presentes, as que concernem a genealogia do poder, na apresentação do curso "A sociedade punitiva", e que será publicado este ano em 5 de dezembro; o que versa sobre a problematização da medicalização da sociedade moderna e os processos de normalização, com o curso sobre "os anormais, é preciso defender a sociedade e o poder psiquiátrico; o texto sobre poder e corpo; o texto sobre segurança, território e população, curso em que Foucault introduz o conceito de governamentalidade. Há que ressaltar o importante texto sobre a questão penal que explica o ponto alto do movimento gerado pelo Grupo de Informação sobre as Prisões, a insurreição de Toul. Sobre a questão da loucura estão o importante texto do debate sobre Derrida, que já comentei no primeiro volume da edição brasileira dos *Ditos e Escritos*, "Meu corpo, esse Papel, esse Fogo", e a conferência "A Loucura e a Sociedade".

Este volume conclui a publicação do conjunto dos *Ditos*. Nele se inserem a importante conversa com os estudantes sobre o modo de vida em uma sociedade esquadrinhada por múltiplas relações de poder, a droga e a crise da universidade.

Filosofia e Verdade

A conversa na Radio, televisão francesa, em março de 1965 – Hyppolyte, Canguilhem, Badiou, Ricoeur e Foucault – tomou a forma de uma polêmica sobre o estatuto atual da verdade na filosofia e na ciência.

Hyppolyte afirma, de forma paradoxal, não existir contradição entre a proposição "não há erro na filosofia" e a proposição "só há verdade científica" (p. 1).

No passado seria possível falar talvez da existência da verdade, seja na filosofia, seja na ciência. Mas hoje a verdade teria um sentido plural apenas na ciência.

Canguilhem afirma não existir verdade filosófica. Esta asserção tem que ser esclarecida. Ele trata de precisar o que "eu não teria querido dizer" (*idem*).

Em primeiro lugar, o filósofo não tem que se preocupar em saber "se ele diz ou não a verdade. E em segundo lugar a existência de uma estranheza da filosofia quanto à pesquisa sobre "a natureza, o sentido ou a essência da verdade" (*idem*). Canguilhem explica que a relação da filosofia com as verdades definidas pela ciências é o resultado de uma meditação ou uma pesquisa, uma busca. Deste processo não se pode dizer que ele é verdadeiro ou falso, como se diz nas ciências.

O caráter cosmológico das ciências, observa Hyppolite, desapareceu, e é por isso que Bachelard emprega a palavra cósmico "apenas para a poesia e o imaginário". Nunca para a racionalidade científica. A filosofia vai caber tocar o sentido da totalidade. Mas neste ponto a tarefa de desconstrução e mesmo de destruição, ou desmistificação, ou crítica da filosofia contemporânea vai fazer com que a totalidade, seu conhecimento, sua abordagem vão aparecer do lado do mito. Nada mais estranho a alguns saberes contemporâneos do que o todo. E o todo da sociedade, objeto da sociologia ou de um certo hegelianismo ou marxismo vai surgir como uma ilusão de um passado perdido. Pode-se dizer, com efeito, que, depois do estruturalismo e do pós-modernismo ou do hipermodernismo, o acesso à totalidade se esvaziou. Ficamos com o fragmento, o parcial, seja nas pulsões, ou sob a forma do não todo lacaniano, o objeto pequeno, as microanálises, os micropoderes.

A definição da filosofia pelo acesso à totalidade se foi, resta apenas a aspiração a este acesso.

Hyppolite fala então de um terreno a partir do qual as "ciências se desenvolvem rompendo com ele, e para o qual se deve trazê-las quando se quer avaliar a dimensão das ciências em relação das ciências em relação à existência humana" (p. 2). Assim Canguilhem vê na explicação deste espaço a tarefa própria da filosofia. Assim cabe à filosofia "confrontar certos códigos especiais, que na experiência vivida ficam imersos numa atmosfera de ingenuidade. A filosofia possui assim uma relação com as diferentes disciplinas científicas, "é absolutamente concreta". Esta relação não é regulada pelo valor de verdade. Este "não convém à filosofia". A filosofia não terá como função uma crítica externa à racionalidade científica. Quanto mais verdadeira a ciência, mais indispensável será a filosofia.

Foucault entra no debate falando sobre o objetivo da filosofia. Ele se dirige a Ricoeur e afirma que a filosofia deveria propor-se "uma espécie de esclarecimento da linguagem e o estabelecimento de uma coerência" (p. 3). Observação que não deixa de lembrar a função proposta por Wittgenstein de uma clínica da linguagem. Ricoeur falara da existência de "polissemantismo fundamental da linguagem". Para Foucault existiria uma oposição entre a tese de Hyppolite que diz não haver erro em filosofia e Canguilhem para quem só há verdade científica. Haveria assim a coerência do lado da ciência e a polissemia do lado da filosofia.

A coerência é para Ricoeur apenas um ideal formal para a filosofia porque nela se enfrentam o equívoco e a lei da coerência na riqueza da linguagem.

Foucault entende que o polissemantismo estaria ora do lado da ontologia ora dos conteúdos culturais e a coerência "do lado da própria forma do discurso" (p. 3).

Ricoeur concorda com esta bipartição, mas não pensa que a filosofia possa se definir "por sua própria formalidade" (p. 3).

Assim o polissemantismo, observa Foucault, seria apenas uma propriedade formal da linguagem. Mas para Ricoeur este polissemantismo possui uma dimensão histórica e memorial porque a filosofia só pode promover uma nova problemática debatendo com as problemáticas antigas. A procura da polissemia se dá no bojo deste equívoco.

Retorna-se ao debate sobre a proposição de Hyppolite "não há erro em filosofia" e a tese de Canguilhem: "Não há verdade filosófica". Alguns, como lembra Dreyfyus, chegam a interpretar a afirmação de Hyppolite em termos de "o filósofo não se engana nunca". As modalidades do saber absoluto, ou verdade toda aqui confinam com o oposto da racionalidade, com o delírio. Mas haveria ainda uma terceira questão que será "o que significa filosofar?".

Para Hyppolite não há contradição efetiva entre sua proposição e a de Canguillhem; as duas proposições são complementares. Canguilhem diz que os filósofos se enganam se formulam paralogismos. Apenas para ele não pode haver verdade sobre a verdade, isto é um novo discurso verdadeiro sobre as verdades da ciência. Trata-se de uma antropologia filosófica que se ultrapassa e não se trata de um campo transcendental. Ao que contrapõe Michel Foucault a ideia de que mesmo a antropologia filosófica pode funcionar como um transcendental que se "pretende verdadeiro no nível natural" (p. 4). Cria-se então um paralogismo, como observa Foucault, pois "a partir do momento em que se tenta definir uma essência do homem que poderia enunciar-se a partir dela própria e que seria, ao mesmo tempo, o fundamento de todo conhecimento possível e de todo limite possível do conhecimento" (p. 5).

Para Canguilhem e Foucault não se admite haver uma verdade do discurso filosófico enquanto tal. Para Foucault o que existe é uma vontade de verdade...

Canguilhem observa que a norma de verdade não convém à filosofia. Para Ricoeur a questão da verdade não pode ser colocada a partir de um modelo epistemológico. Para Ricoeur esta questão deve responder a pergunta sobre o ser. Ela é de ordem ontológica. Assim a primeira questão é "O que é?", questão Aristotélica.

Canguilhem observa que, para a ciência, o que se define como o que é, "é o que ela define progressivamente como sendo o verdadeiro, independentemente de toda relação com um ser suposto como termo de referência".

Assim, como certas filosofias conservam uma definição realista da verdade, a confrontação do discurso e do ser, pode-se entrever o próprio valor da filosofia, pois é nela que o valor da ciência confronta o cosmos da arte e os valores éticos. Para Canguilhem então não há mais objeto total, quer na natureza, no cosmos ou no universo. Apenas saberes especializados com que se defrontam os sujeitos. A relação com a totalidade reivindicada pela filosofia se foi. Não há para ele "ontologia, não há teologia, não há categoria objetiva preexistente à ciência" (p. 7). Mas ele não pensa que a filosofia tenha que se transformar em ciência ou que constitua um substituto para a teologia. Para Canguilhem não tem sentido dizer que a filosofia de Kant é verdadeira e a de Nietzsche é falsa. Ele diz que a questão da possibilidade da ciência não é uma questão científica. A interrogação sobre a finalidade da verdade é algo propriamente filosófico. Porém, ele ressalta que, a partir de Kant, o conhecimento da verdade "não é suficiente para resolver a questão filosófica total" (p. 9). A filosofia não pode mais ser o centro da totalização da experiência de uma época. Ela pode construir um diálogo com todas as outras filosofias. Não há assim uma filosofia perene. Ciência, arte e técnica são atividades que depreciam seu próprio passado, o que não ocorre com a filosofia. Assim ocorreu com a matemática de Hilbert e a física de Einstein, ou na pintura de Picasso.

Resta que no horizonte do diálogo, ou do não dialogo entre os filósofos, há uma "perspectiva do verdadeiro, aquilo a partir do qual colocamos nossas questões, e também consequentemente formulamos nossas respostas".

Medicina, Diagnóstico do Presente, Biopolítica

Um projeto que Michel Foucault retomou várias vezes foi o de escrever uma história da verdade. Ele situa duas modalidades da verdade: a verdade relâmpago ou acontecimento, a verdade ritual; e a verdade científica submetida a verificação. Ele vai encontrar o nascimento desta última forma nas modalidades do inquérito judicial, na inquisição na Idade Média.

A medicina é para essa história da verdade um espaço de experimentação particularmente significativo. Assim há de um lado as práticas de cura no santuário de Esculápio, o deus que cura, em Epidauro. E depois o momento da verdade da doença, na medicina europeia antiga e moderna, na medicina centrada na crise. E finalmente a entrada em cena da experimentação médica na obra científica e experimental de Claude Bernard.

Michel Foucault manifestou um interesse permanente pela medicina, seja na sua forma clínica ou na psiquiátrica.

Diz ele que todos os seus livros resultaram, "ao menos em parte, de uma experiência direta, pessoal. Tive uma relação pessoal, complexa com a loucura e com a instituição psiquiátrica. Tive com a doença e a morte certa relação. Escrevi sobre o 'nascimento da clínica'[1] (Forense Universitária) e sobre a introdução da morte no saber médico em um momento em que estas coisas tinham valor de uma certa experiência para mim "(*Ditos*, Gallimard, tomo IV, p. 16).

Não se trata de uma experiência que gire em torno da identidade, ou da experiência vivida, tudo o que diz respeito ao

---

[1] Foucault trabalhou como psicólogo no Hospital Saint-Anne, onde também estava Lacan como psiquiatra e no "Hospital Geral das prisões francesas" em Fresnes.

que Foucault chama moral de estado civil, desvalorizada por Foucault. Ele procura tornar-se outro, busca a diferença em vez da determinação de uma identidade. Seus livros são livros experiência, não livros verdade.

O conceito de diagnóstico é assim estratégico para Foucault em sua relação com a filosofia e com a verdade. Seus pais eram ambos médicos. Em sua entrevista com Claude Bonnefoy, para a Radio, quando publicou *As Palavras e as Coisas*, ele remete a sua experiência da escrita "a prática da cirurgia por seu pai. Diz Foucault 'eu traçava sobre a brancura do papel esses mesmos signos agressivos que meu pai traçava outrora sobre o corpo dos outros quando ele operava. Eu transformei o bisturi em caneta'".[2] Assim Foucault compara a operação filosófica como intervenção ao ato cirúrgico. Ele eleva a comparação até a dissecação anatômica, "a moda de Bichat, criador da medicina moderna".

Assim como o anatomista faz aparecer o lugar da lesão, o filósofo situa o lugar do mal. Sua leitura dos arquivos, como observa Bernard Vanderwalle (*Savoirs et Pouvoirs de la Médecine*, L'Harmattan), equivale à extração dos tecidos como uma biopsia. Procedo do visível ao invisível que, "ainda que oculto, contém sua verdade" (Wandervalle, p. 9).

Bichat constitui assim um emblema para uma prática anatômica da filosofia. Foucault é então para a filosofia o que foi Bichat para a anatomia.

Inspiração kantiana na sua arqueologia dos saberes, sob a forma do *a priori histórico* ou o que Canguilhem e Michel Serres chamaram de geologia das formações discursivas e não uma geografia da razão pura. Será também o que Deleuze chamou de cartografia tratando da genealogia dos poderes.

Não se trata, quanto à medicina, de constituir apenas um objeto de estudo. Trata-se de uma ação crítica da filosofia, que toma a figura de uma clínica.

Seu modelo é a prática do diagnóstico, uma cirurgia do conceito.

Foucault faz a crítica das evidências, ele toca os pontos invisíveis, insuportáveis, do mal-estar em nossa cultura atravessados pela experiência médica. Assim, têm relação direta com a

---

[2] Gravação depositada no Centro Michel Foucault no IMEC. Existe também um disco lançado pela Gallimard.

medicina, a "*história da loucura na Idade clássica*", "*o nascimento da clínica*", a *arqueologia do saber*, e mesmo *a ordem do discurso*.

Mas o que interessa principalmente no conceito de diagnóstico em Foucault é que ele interroga nossa atualidade, sob a forma do "*a priori* histórico" que nos constitui, uma forma de transcendental histórico. Ou ainda sob as formas de poder saber que ele problematiza a partir seja das modalidades do governo ou ainda sob as formas da subjetivação.

Assim três artigos que publicamos no volume VII tratam da biopolítica e das biotecnologias: "crise da medicina e crise da antimedicina", além da "incorporação do hospital na tecnologia moderna".

Desde seu período arqueológico, seu ponto de mira foi sempre o presente. Trata-se de saber historicamente como nos constituímos, que acontecimentos produziram o ponto vivo, real de nossa atualidade. Assim, no *nascimento da clínica* a questão era ver que jogos de verdade a constituíram. Procura-se o solo conceitual da razão clínica. Na *história da loucura* é a medicalização que se questiona. Estas análises se voltam contra as formas clássicas da dialética hegeliana, mas pedem emprestado muito as análises de Marx, indo além dele, mas sem deixar de utilizá-lo. Pode-se comparar este procedimento ao além do Édipo da clínica lacaniana, que vai além do pai, com a condição de servir-se dele.

Mas Foucault, que se inspira em Nietzsche, vai bem mais adiante em sua leitura dos diferentes regimes de saber através do método genealógico. Desta forma, a leitura da anormalidade, objeto de um curso no Colégio de França, investiga as articulações do poder médico e judiciário. É o que a discussão sobre todas as modalidades do poder disciplinar vão pôr em evidência em *Vigiar e Punir*, nos cursos sobre o Poder Psiquiátrico, Teorias e Instituições Penais, e também em *A Sociedade Punitiva*. Constitui-se através deles uma genealogia da medicina e do poder médico.

Por fim suas análises vão utilizar o conceito fundamental de problematização ética do sujeito. Medicina e filosofia, seja no que diz respeito ao corpo, à dietética ou à sexualidade, partilham o mesmo terreno. É o que se verá na *História da Sexualidade*. A medicina é assim um modelo para a problematização em nossa época, sob a forma do diagnóstico. E sua prática, depois dos horrores do nazismo, do racismo e dos genocídios, do eugenismo presente nos campos de concentração, está no centro da problematização médica, onde a biopolítica, a gestão das populações, é mais do que um fantasma.

Dizia Foucault em 1957: "sem forçar a exatidão, pode-se dizer que a psicologia contemporânea é, em sua origem, uma análise do anormal, do patológico, do conflituoso, uma reflexão sobre as contradições do homem consigo mesmo. E se ela se transformou em uma psicologia do normal, do adaptativo, do ordenado, foi de forma secundária, como por um esforço para dominar contradições" (*Ditos*, v. I, p. 122, a psicologia em 1850).

Todo o esforço da medicina reside nesta contradição. A cura é apenas a redução do essencial do anormal ao processo normal.

Mas não devemos acreditar demais nos processos de normalização. Há sempre uma parte de noite no ser humano que não pode ser normalizada. Uma parte de incurável com que temos que nos haver. Há, como observou Bataille, uma parte maldita determinada pelo excesso de gozo no sujeito humano, no que ele tem de mortífero, mal-estar constitutivo que nenhuma racionalidade técnica, teórica ou outra consegue abolir.

Canguilhem já dissera que é porque existem doentes que os médicos existem, e não o inverso. Por outro lado, o patológico ou o normal antecedem o processo de normalização. Ele constitui a matéria-prima para a intervenção normalizadora.

É verdade que a burguesia e o desenvolvimento do capitalismo realizaram mutações extraordinárias a partir dos séculos XVII e XVIII. É um grande poder de normalização que vai se instaurar. O poder vai tentar tornar visíveis os que ele assujeita, quer estejam ou não no centro, no alto, mais em baixo, difuso e presente em todo corpo social. Este poder se apoia numa pluralidade de relés como as oficinas, as prisões, as casernas, os hospitais e as escolas. Sua "natureza" é múltipla. Sua função não é negativa, procurando interditar, cortar ou reprimir, mas produzir, o que Michel Foucault chama os corpos dóceis, úteis e obedientes. Novas instituições são instaladas para aumentar a produtividade na economia, majorar a difusão e a produção de saber nas escolas ou ainda multiplicar a capacidade destrutiva dos exércitos, com as casernas, novas armas como o fuzil. Seu alvo passa também pela linguagem, pela ordenação significante das representações, mas ela visa ativamente os corpos através da disciplinarização do tempo, dos gestos e dos movimentos. Nestas instituições em que se organiza o espaço disciplinar, esquadrinhado e controlado no tempo o hospital ocupa uma função específica, porque ele funciona mais para reparar do que para produzir. Ele vai inspirar principalmente a vigilância hierárquica e produzir as técnicas de exame no que seu papel foi fundamental.

Surge assim, graças à constituição de uma vasta maquinaria, um dispositivo que toma a forma do que Foucault chama uma "anatomia política (*Vigiar e Punir*. Gallimard, p. 139). Ela se desdobra no espaço, porque este é essencial para a disciplina. Assim, no início do século XIX, os médicos eram, em parte, especialistas do espaço (*Ditos*, III, p. 194).

O primeiro princípio desse enquadramento médico é o fechamento, como se observou no grande internamento do Hospital Geral, no reinado de Luís XIV, em que 5% da população de Paris foi internada.

O segundo princípio é a arte do esquadrinhamento e da localização. Quer sejam as casernas, as escolas ou o hospital cada indivíduo deve encontrar seu lugar. Deve-se assim isolar os conjuntos perigosos e improdutivos, controlar as comunicações, estabelecer e vigiar as presenças e as ausências.

O exame vai ser o terceiro elemento da tecnologia disciplinar. Ele vai ser para Foucault a matriz das ciências humanas. Examinar equivale a vigiar e classificar. Ele permite centrar-se na singularidade e na particularidade.

A medicina vai se apresentar como o grande saber moderno da norma. Não está centrada no lícito e no ilícito, mas no normal e no anormal. A medicina aparece assim como a forma dominante do saber moderno que vai se substituir ao direito e à lei. A norma, como regularidade funcional e regra de conduta, adquire em nossas sociedades um espaço ilimitado. Ela permite medicalizar o que não é patológico. O que está em jogo com a biopolítica tem uma dimensão global. A medicina não tem mais espaço exterior. O mundo evolui em direção de um modelo hospitalar, e o governo assume uma função terapêutica.

A biopolítica marca assim a mutação maior ocorrida na genealogia da ordem política ocidental: passagem do sistema da soberania a um regime de biopoder. Assim, da sentença de morte proferida pelo soberano contra um súdito desobediente passa-se a um regime de administração da vida, medido por estatísticas e disciplinado pela escola ou pelo exército, regulado pela higiene hospitalar e toda uma bateria de dispositivos sanitários. O dispositivo que está centrado no corpo-espécie, atravessado pela mecânica do vivente, suportando os processos biológicos de proliferação, os nascimentos e as mortalidades, os níveis de saúde, a duração da vida, funcionam como operadores da gestão das populações, a economia, a demografia, a epidemiologia e as ciências humanas, além dos poderes que administram as populações. Eles compreendem os controles demográficos, a regulação da emigração, os problemas de saúde pública e as políticas sociais.

Mas, para além de todo este dispositivo complexo podemos concluir nossa leitura dos *Ditos e Escritos* de Michel Foucault, que se desdobrou nestes 10 volumes insistindo no que ele diz na conclusão de suas análises sobre o poder na cidade moderna: é preciso não esquecer "*o alarido da batalha*".

Manoel Barros da Motta

1965

Filosofia e Verdade

"Philosophie et vérité" (conversa com A. Badiou, G. Canguilhem, D. Dreyfus, J. Hyppolite, P. Ricœur), *Dossiers pédagogiques de la radio-télévision scolaire*, 27 de março de 1965, p. 1-11. Ver *Filosofia e Psicologia*, vol. I da edição brasileira desta obra.

PRIMEIRA PARTE: (J. Hyppolite e G. Canguilhem)

J. Hyppolite: Não há contradição entre a proposição: não há erro em filosofia e a proposição: só há verdade científica. Talvez outrora se pudesse falar de verdade em filosofia e de verdade nas ciências, na medida em que as ciências existiam. Mas, hoje, e é irreversível, não há verdadeiramente verdades – no plural – senão onde há ciência, onde a ciência as estabelece.

G. Canguilhem: Aliás, parece-me que, dizendo que não há verdade filosófica, eu não tinha querido dizer:
– que um filósofo não tem jamais de se preocupar em saber se ele diz ou não a verdade;
– que a filosofia seria estranha a uma pesquisa concernente à natureza, ou ao sentido, ou à essência da verdade.

J. Hyppolite: Justamente, deve-se fazer uma diferença entre a verdade e a essência da verdade. Assim como se disse que a essência da técnica não é técnica, assim também a essência da verdade não é uma verdade. É uma problemática, mas uma problemática autêntica em relação às verdades especializadas das ciências atuais.

G. Canguilhem: A relação da filosofia com essas verdades que as ciências definem progressivamente é o objeto de uma meditação, de uma pesquisa da qual não se pode dizer que ela é verdadeira ou falsa, no sentido em que se fala de verdadeiro ou de falso nas ciências.

J. Hyppolite: Aliás, você disse, em sua entrevista com Badiou, que as ciências não diziam respeito a um objeto total que se chamaria natureza, universo ou mundo. Esse objeto total é deslocado nas ciências. Hoje, as verdades científicas são essencialmente culturais, elas não têm mais nada de cosmológico. É o que Bachelard viu, quando ele emprega a palavra "cósmico" somente para a poesia, para o imaginário, e jamais para o racional. Mas fica para o filósofo um sentido da totalidade que não podemos evacuar de nossa vida.

G. Canguilhem: É a própria definição da filosofia.

J. Hyppolite: Há aí uma base, um terreno que pertence à filosofia, ainda que não se possam aí separar verdades ou uma verdade. E é a exploração desse terreno que está agora em questão, e o nome que vamos lhe dar... a exploração desse terreno a partir do qual as ciências se desenvolvem rompendo com ele, e para o qual se devem trazê-las quando se quer avaliar a diversidade das ciências em relação à existência humana.

G. Canguilhem: É essa efetivamente a tarefa própria da filosofia. E isso quer dizer que a filosofia deve confrontar certas linguagens especiais, certos códigos, com o que continua profunda e fundamentalmente ingênuo na experiência vivida. A filosofia não se dirige especialmente a ninguém, mas universalmente a todos. E a relação entre o pensamento filosófico e o pensamento das diferentes disciplinas científicas é uma relação concreta e absolutamente não abstrata ou especial. Nessa medida – e é o que eu quis dizer –, o valor próprio de verdade não é o que convém à filosofia. E se me perguntarem o que eu chamo "valor filosófico", eu responderei que não vejo outro nome a lhe dar senão, precisamente, "valor filosófico".

J. Hyppolite: Uma explicação científica não subtrai nada da experiência vivida pelos homens: quanto mais a ciência se tornará cultural, menos ela será cósmica e total, mais haverá necessidade de filosofia para reunir os homens. A filosofia será tanto mais indispensável quanto a ciência for mais verdadeira, mais rigorosa, mais técnica, em um domínio especial...

G. Canguilhem: Menos as ciências se parecem com a filosofia, mais, precisamente, a necessidade intelectual da filosofia aparece.

SEGUNDA PARTE: (*M. Foucault e P. Ricœur*)

M. Foucault: Você disse, em sua emissão, que o fim da filosofia, o objetivo que ela deveria propor-se, seria uma espécie de esclarecimento da linguagem e o estabelecimento de uma coerência. E você falou do polissemismo fundamental da linguagem. Não haveria aí uma espécie de oposição que recortaria a que se acreditou constatar entre Hyppolite e Canguilhem; Hyppolite dizendo que não há erro em filosofia e Canguilhem dizendo que só há verdade científica? Não se poderia dizer que a ciência estaria, então, do lado da coerência, e a filosofia, do lado da polissemia?

P. Ricœur: Penso que essa oposição deve ser introduzida e mantida no interior do próprio trabalho filosófico. A coerência não é um objetivo, mas o meio obrigatório, a passagem imposta para a filosofia e que a separa inteiramente da poesia, da literatura. Mas essa coerência não poderá jamais ser senão um ideal formal para a filosofia, porque a filosofia deve ser considerada como esse campo fechado em que se enfrentam a riqueza da linguagem, que carrega o perigo do equívoco e a lei de coerência, que é a regra de comunicação; como esse lugar de enfrentamento entre uma tarefa formal de coerência e o esforço para recuperar, por meio da multiplicidade dos sentidos, aquilo de que finalmente se trata em filosofia, dizer o que é.

M. Foucault: Quer dizer que o polissemantismo estaria do lado seja da ontologia, seja dos conteúdos culturais fornecidos e transmitidos pela história, e a coerência estaria do lado da própria forma do discurso.

P. Ricœur: Sim! Eu falava em minha emissão de comunicação, essa comunicação consigo e com o outro é o plano formal do discurso. Mas não penso que se possa definir a filosofia por sua própria formalidade. Parece-me que a filosofia nos leva à questão muito mais primitiva, à questão em suma primordial, à questão de Aristóteles: "O que é?"

M. Foucault: Mas, então, diga-me, o polissemantismo é somente uma propriedade formal da linguagem?

P. Ricœur: A língua filosófica sendo a língua dos filósofos, a língua de sua própria história, ela não pode deixar vir o próprio sentido de seu discurso senão por meio de um debate constante com os sentidos herdados.

Portanto, um filósofo não pode promover uma problemática nova a não ser em debate com as problemáticas antigas, e essa mesma situação é uma situação equívoca. E é, pois, por meio dessa situação equívoca que ele deve, também ele, procurar a polissemia.

TERCEIRA PARTE: (*J. Hyppolite, G. Canguilhem, P. Ricœur, M. Foucault e D. Dreyfus*)

D. Dreyfus: Vocês já conversaram entre vocês sobre a questão, suponho. A meu ver, há três questões ligadas umas às outras no problema a que nos referimos hoje:
– a primeira questão, o primeiro ponto é a contradição aparente – digo bem "aparente" – entre a proposição de Hyppolite: "Não há erro em filosofia" e a proposição de Canguilhem: "Não há verdade filosófica." Aliás, a proposição de Hyppolite foi interpretada por alguns: "O filósofo não se engana nunca." Penso que não é absolutamente o que ele quis dizer;
– a segunda questão é a elucidação da concepção de Canguilhem;
– enfim, a terceira questão, que, aos meus olhos, é subjacente a todas as outras, que é seu sentido, é a questão da significação da tarefa filosófica. O que significa "filosofar"?
Esses três pontos estão ligados, e eu penso que se devem olhá-los em conjunto.

J. Hyppolite: De minha parte, penso que a contradição é, com efeito, puramente aparente. O que disse Canguilhem me pareceu complementar ao que eu dizia.

C. Canguilhem: A meu ver, também, não existe com certeza nenhuma discordância. De qualquer maneira, estou um pouco surpreso por ter sido mal compreendido.
Eu disse: "Não há verdade filosófica."
Eu não quis dizer: "Não há verdade em uma filosofia." Porque um filósofo pode enganar-se se ele comete paralogismos.
Eu quis dizer simplesmente isto: o discurso filosófico sobre o que as ciências entendem por "verdade" não pode ser dito por sua vez verdadeiro. Não há verdade da verdade.

J. Hyppolite: Isso vai mais longe. Penso que poderíamos dizer que, assim como a essência da técnica não é técnica, a essência da verdade não é uma verdade.
Enquanto, para Kant, por exemplo, a analítica transcendental representava um tipo de verdade, não é nem verdadeiro para nós hoje.
Estamos em uma antropologia que se ultrapassa, não estamos nunca em um transcendental.

M. Foucault: Sim, mas mesmo o antropológico sobre o qual refletimos infelizmente com muita frequência é precisamente um transcendental que se pretendia verdadeiro no nível natural.

J. Hyppolite: Mas que não pode sê-lo.

M. Foucault: Que não pode sê-lo: mas, a partir do momento em que se tenta definir uma essência do homem que poderia enunciar-se a partir dela própria e que seria, ao mesmo tempo, o fundamento de todo conhecimento possível e de todo limite possível do conhecimento, estamos em pleno paralogismo.

D. Dreyfus: Finalmente, vocês admitem ou não que há uma verdade do discurso filosófico como tal, isto é, que ele possa ser dito verdadeiro ou falso? Ou que se possa dizer que um sistema filosófico é verdadeiro ou falso?

G. Canguilhem: Pessoalmente, eu não o admito. Não vejo qual é o critério ao qual vocês poderiam referir um sistema filosófico para dizer dele que é verdadeiro ou falso.

M. Foucault: Eu também não, não o admito. Há uma vontade de verdade...

D. Dreyfus: Se se visa à verdade, mesmo se ela não é alcançada, é ainda a norma de verdade que está em questão. Ora, é disso que se trata: a norma de verdade convém à filosofia?

G. Canguilhem: Não admito que a norma de verdade convenha à filosofia. É outro tipo de valor que lhe convém.

P. Ricœur: Sim, mas não é porque vocês começaram pensando no problema da verdade em termos de norma e de critério? Eu me pergunto se a questão da verdade não é a última questão que se possa colocar, e não a questão preliminar. Não é a partir de um modelo epistemológico que se pode colocar o problema da verdade, mas a partir de outra questão. Parece-me que a questão fundamental da filosofia é o que é. Então, se a primeira questão é "O que é?", questão de Aristóteles, a teoria do conhecimento é segunda em relação à teoria do ser, e a ciência é segunda em relação ao conhecimento. Tanto que o que vocês chamam de "valor" não deveríamos chamá-lo de "verdade", se definimos a verdade: a reunião mais completa possível do discurso e daquilo que é?

Se vocês concordam que há um problema de valor para a filosofia, o domínio no qual vocês integram o valor científico e os outros valores é um domínio justamente em que vem manifestar-se o que eu chamava há pouco "verdade", a saber, o restabelecimento do ser por seu discurso.

Então, vocês não têm jamais senão uma só forma, eu não direi decaída, porque é uma forma privilegiada, mas uma forma derivada da verdade científica.

G. *Canguilhem*: Eu poderia responder a sua questão, de certa maneira, refutando-a, isto é, eu poderia refutar sua definição da verdade como a reunião do discurso e do que é. Precisamente, para a ciência, o que é, é o que ela define progressivamente como sendo o verdadeiro, independentemente de toda relação com um ser suposto como termo de referência.

É na medida em que certas filosofias conservaram uma espécie de definição realista da verdade, por essa confrontação do discurso e do Ser, que se pode admitir que, partindo do que, hoje, na ciência, se entende por verdade, pode-se, ficando fiel a seu projeto fundamental, definir ou, pelo menos, entrever seu próprio valor, sua própria autenticidade, sem reivindicar para ela mesma esse conceito de verdade de que se entende bem que ela tem de se ocupar na medida em que é o lugar em que a verdade da ciência se confronta com outros valores, tais como os valores estéticos ou os valores éticos.

J. *Hyppolite*: Canguilhem disse que não havia mais, para a ciência, objeto total, nem natureza, nem cosmos, nem universo, e que, no momento atual, não havia mais ciência, mas ciências, isto é, aspectos extremamente especializados e que estabelecem tecnicamente sua verdade. Mas essa totalidade, evacuada pelas ciências, é nela que estamos, que existimos, que estamos presos.

P. *Ricœur*: Mas essa relação com a totalidade é a questão da verdade. Entendo que, historicamente, as filosofias são contemporâneas de certas formas de ciência e que, portanto, enunciados filosóficos são, eles também, tangidos por envelhecimento, enquanto são correlativos com um estado das ciências. Mas a própria questão, a saber, que eu estou naquilo que existe e que eu sinto, ao mesmo tempo, minha situação, que aí tenho projetos, e que, nessa relação de situação com projeto, eu exponho certa luz na qual um discurso é possível, está aí a questão da verdade; porque, se nós não chamamos isso de verdade, mas valor, a relação entre os diferentes valores em jogo em nossa existência vai, então, encontrar-se inteiramente cortada dessa questão da totalidade. Ou seja, a ideia de totalidade é a maneira pela qual eu recupero racionalmente essa relação de meu ser com o ser.

QUARTA PARTE: (*J. Hyppolite, G. Canguilhem, P. Ricœur, A. Badiou e D. Dreyfus*)

G. Canguilhem: Parece-me que não disse outra coisa a Badiou, quando disse que não era do lado da natureza, ou do cosmos, ou do mundo que encontrávamos a totalidade, mas que era precisamente a tarefa própria da filosofia que os valores devem ser confrontados uns com os outros no próprio interior de uma totalidade que só pode ser presumida. Mas, já que ela só pode ser presumida e que você não pode, a meu ver, lhe dar a significação do Ser no sentido aristotélico, então parece-me que a tarefa própria do filósofo não depende especificamente desse modo de julgamento ao qual convêm expressamente os valores de verdadeiro e de falso.

D. Dreyfus: O que pensar, então, de uma tarefa como a de Descartes? Não seria o caso de visar à verdade, por exemplo, no prefácio dos *Princípios*?

G. Canguilhem: Sim, mas acontece, mesmo assim, que o prefácio dos *Princípios* é o prefácio de um tratado de física e de cosmologia. Ou seja, que, para Descartes, encontramo-nos na presença de uma filosofia tradicional para a qual o problema prático, o problema concreto se acha ligado estreitamente ao problema da determinação do verdadeiro. Quando você tira da física, quando tira da filosofia de Descartes aquilo que, precisamente, hoje, não mais pode ser dito verdadeiro, o que lhe resta na filosofia de Descartes de que possa precisamente dizer que é uma proposição filosófica que é verdadeira ou falsa?

J. Hyppolite: Estaríamos de acordo em dizer: não é mais possível, hoje, ter um pensamento filosófico que parece com a ontologia antiga, isto é, com uma teoria prévia do Ser; que, então, não há mais teologia: que não há mais categorias objetivas preexistentes à ciência, substituíveis a um pensamento revolucionário ativo?

G. Canguilhem: Não há ontologia, não há teologia, não há categoria objetiva preexistente à ciência... E, entre meus ouvintes que puderam ficar surpresos com minha fórmula concernente à não verdade filosófica, há precisamente aqueles para quem a filosofia é a rigor um substituta da teologia ou aqueles que pensam que eles têm doravante o meio de transformar a filosofia em ciência.

P. Ricœur: Mas as categorias objetivas de que você fala são já uma forma degradada de sua própria questão. É essa questão que é preciso buscar. E se há uma questão, como você chamará a relação que temos com essa questão, se não é uma relação de verdade? Senão, você vai fazer da reunião dos valores e de sua confrontação simplesmente uma grandeza cultural! Ora, as culturas evidenciam precisamente algumas combinações de valores, e elas são o meio histórico da confrontação dos valores. Mas aquilo de que se trata, quando dizemos com Descartes – o Descartes do *Cogito* – "Eu penso, logo existo", a questão que está implicada na questão "eu existo" não está ligada à história de uma cultura. Ela é de outra dimensão.

G. Canguilhem: Ela é, talvez, de outra dimensão. Mas quando você pergunta: essa relação da questão "o que sou" com o Ser, não poderia eu chamar isso de "verdade"?, Eu responderei que não posso chamar de "verdade" uma questão. Eu poderia a rigor chamar de "verdade" uma resposta. A questão da verdade é talvez uma questão filosófica. Mas uma filosofia, na medida em que ela se propõe como resposta a essa questão, não pode ser classificada em relação a outra filosofia, dando uma resposta diferente, segundo o critério do verdadeiro e do falso. Ou seja, eu não posso dizer que a filosofia de Kant é verdadeira, que a de Nietzsche é falsa. Há filosofias ridículas, filosofias estritas. Não conheço filosofia falsa e, consequentemente, não conheço verdadeira.

P. Ricœur: Mas, se nos interessamos pela filosofia é porque cada uma tem uma relação interna entre suas questões e suas respostas. Desenhando o campo finito de sua verdade própria, ela nos interessa porque temos a convicção ou a esperança de que por meio dessas obras finitas do espírito humano se produza o encontro com o mesmo Ser. Sem o quê, seríamos esquizofrênicos. Mas não temos, ao mesmo tempo, o meio de mostrar que se trata da mesma coisa.

É por essa razão que tudo o que podemos dizer é que esperamos existir na verdade. Mas não podemos assimilar a verdade a um sistema filosófico produzido pela história da cultura.

A. Badiou: Gostaria de conduzir a questão a um terreno talvez mais elementar e mais positivo ao mesmo tempo. Vocês mesmos mostraram que a ciência não descobre a verdade ou não revela uma realidade que lhe seria anterior, mas que ela institui ou constitui ao mesmo tempo o problema da verdade e os procedimentos efetivos pelos quais, parcialmente, esse problema pode receber uma série de respostas ordenadas. Vocês aceitariam, então, sem dúvida, dizer que a ciência não é aquilo por meio do que o homem descobre o verdadeiro, mas que ela é historicamente a forma de cultura que institui, em um terreno válido, o problema do verdadeiro. Se, então, vocês admitem assim que o homem é, em suma, historicamente produtor da verdade, sob a forma científica, então, como para toda produção, se coloca o problema do fim ou do *telos* do produzir. Eu estaria, então, de acordo para dizer que a filosofia não é como tal uma produção de verdades, mas que ela se interroga sobre o fim ou sobre o destino desse acontecimento produtor particular que surgiu em sua história.

G. *Canguilhem*: Eu não tenho dificuldade em concordar com o que você pede, visto que me parece que nós tínhamos dito durante nossa conversa. Eu acredito ter dito, do quanto me lembro, que a questão da possibilidade da ciência não era uma questão científica. O porquê da matemática não era uma questão de matemático. A ciência constitui a verdade sem finalidade, sem finalidade da verdade. A interrogação sobre a finalidade da verdade, isto é, o que se pode fazer dela, por exemplo, em uma prática, isso é precisamente filosófico. Mas parece-me que toda a filosofia moderna, principalmente a partir de Kant, é caracterizada por isso, que o conhecimento da verdade não é suficiente para resolver a questão filosófica total.

J. *Hyppolite*: Canguilhem concordará, certamente, comigo que as ciências falam uma linguagem tecnicamente próxima de uma linguagem unívoca e só constituem verdade no sentido restrito do termo. Essa linguagem, que tem certo código, que é instituída a partir de certas convenções expressas, é ela mesma ligada a uma linguagem natural. Partamos, então, dessa linguagem natural, que era, sem dúvida, espontaneamente ontológica antes da filosofia, que não pode mais sê-lo hoje, mas que continua, não obstante, linguagem natural. Essa linguagem natural é para ela mesma seu próprio código, enquanto todas as outras são codificadas em relação a essa linguagem. Fica, então, certo lugar em que se encontram todos os problemas técnicos de verdade que são descobertos pelas ciências cada vez mais culturais e especializadas, lugar de que se parte e lugar para onde se volta. Se eu ousasse, eu diria que a verdadeira filosofia, hoje, é obrigada a ser certa vulgarização, no melhor sentido do termo. Entendo por isso que ela é obrigada a retraduzir o que não se traduzirá jamais de tempos em tempos, porque, mesmo nas interseções das ciências, são ainda ciências especiais.

De maneira que se compreendeu mal o pensamento de Canguilhem, se se acreditou que ele queria falar de uma verdade do cientificismo, gênero o "futuro da ciência". Mas ele quis, finalmente, dizer completamente o contrário. Há verdades científicas e há um lugar em que germina a essência da verdade, a existência em seu projeto total. Mas algo de irreversível aconteceu à filosofia: não se pode mais refazer uma ontologia, como Aristóteles, ou como Descartes. Há algo a partir de Kant que faz com que o pensamento filosófico seja ao mesmo tempo o mais indispensável e que ele não possa mais voltar a certas posições.

P. Ricœur: E, ao mesmo tempo, eu posso perfeitamente compreender de que se trata nas filosofias passadas, por conseguinte o que esses filósofos procuravam, e se se pode dizer, retomando sua linguagem, o lugar de onde elas partiam, o lugar para onde elas vão, e que não é mais um lugar que nos seja proibido ou fechado.

É a razão pela qual a história da filosofia não é a história da ciência. Você dizia que não há erro em filosofia, mas poder-se-ia dizer também que não há problema, questão que sejam abolidos ou caducos, enquanto na história das ciências, na história das técnicas, há realmente algo que está definitivamente perdido.

Parece-me que não somente podemos, em suma, reconhecer nos filósofos do passado uma problemática que não está caduca, que não está ultrapassada, mas que podemos, mesmo sem recorrer à norma de verdade, avaliar, em suma, o alcance, ou a grandeza, ou a força de um sistema de filosofia, no sentido em que você dizia há pouco que há filosofias ridículas, filosofias estreitas, e, por conseguinte, no sentido em que a história da filosofia é originalmente seletiva e que todo mundo distingue os grandes filósofos, os momentos importantes dessa história e os momentos secundários.

A. Badiou: Vocês aceitariam dizer que uma filosofia é, em suma, um centro de totalização da experiência de uma época? Ficando entendido que a ambiguidade das relações com a ciência nasce, talvez, do fato de que essa totalização se esforça em se operar no âmbito de um código ou de uma linguagem, que, por um lado, importa seus critérios de rigor, até mesmo de coerência, da ciência.

A partir de então, teríamos, ao mesmo tempo, uma definição do projeto filosófico, e poderíamos, acredito, reconhecer o valor e a significação desse projeto, independentemente da noção de verdade, no sentido estrito. Disporíamos, por outro lado, de uma espécie de norma em relação a esse projeto, de uma finalidade em vista de que esse projeto tomaria seu sentido e sua dignidade, e, ao mesmo tempo, poderíamos, talvez, dar conta das ambiguidades, das dificuldades que localmente se produziram na confrontação entre ciência e filosofia, na medida em que, outrora, em diversas épocas e, talvez, agora, a filosofia pôde acreditar que essa totalização geral de experiência de uma época na qual ela estava envolvida poderia formular-se em uma linguagem analogicamente rigorosa, em relação ao modelo ou paradigma que a ciência lhe fornecia.

Tomemos o caso de Descartes, por exemplo, com o conceito mediador de método; parece-me que, nesse caso, reservaríamos à filosofia a originalidade constitutiva do projeto filosófico, explicaríamos que ele é, de certa maneira, contemporâneo do projeto científico, e, ao mesmo tempo, poderíamos dar conta, o que me parece fundamental, do conceito de grande filosofia, porque, se retiramos a norma de verdade, ainda é preciso reintroduzir outra que nos permita a avaliação dos discursos filosóficos.

P. Ricœur: Sim. Ao mesmo tempo, não se deve deixar recaírem essas filosofias em simples grandezas culturais que seriam pontos de concentração históricos sob pena de perder o que estava em questão nessas filosofias e assim também afastar da história da filosofia o sentido da continuidade das questões filosóficas, e, consequentemente, do espaço no qual essas questões se promoveram, e de chegar simplesmente a uma espécie de história cultural da filosofia, em vez de uma história filosófica da filosofia.

É preciso que a história da filosofia seja uma atividade não de historiador, mas de filósofo. É preciso que, de certa maneira, o reconhecimento de uma questão arcaica por um homem de hoje se faça em certo espaço de encontro, que é o que, talvez, se poderia chamar justamente de a verdade do ser, ou de verdade da existência.

E esse reconhecimento tem duas dimensões: por um lado, é nossa capacidade de entrar no diálogo de todos os filósofos e de cada um com todos – o que é justamente a história da filosofia –, e, por outro, o que Badiou chamava há pouco a relação de totalização com uma época.

Estar no discurso contínuo dos grandes filósofos, estar na compreensão das questões de meu tempo, talvez esteja aí o que é, ao mesmo tempo, a historicidade e a perenidade da filosofia.

J. Hyppolite: Parece-me que há duas questões no que dizia Badiou, e cuja relação cria dificuldade; dizer que uma filosofia é um centro de totalização de uma época (e é, no fundo, assim que eu a concebo, de minha parte) e dizer também que ela é um diálogo com todas as filosofias são duas coisas bastante diferentes; porque poderia acontecer que houvesse em nossa história pontos de novidade essenciais no momento, o que não faz desaparecer o diálogo com os filósofos do passado. Poderia ser que antes do nascimento da filosofia tivesse havido certa maneira de apresentar o problema da filosofia e do Ser, e seria possível ter havido uma época em que a ciência apareceu quase se bastando a si mesma e uma época em que não pudesse haver nem Newton e talvez nem Einstein, e em que a filosofia seria obrigada ainda a se apresentar de outra maneira, sem romper o diálogo com o passado; mas essa novidade, para pensar uma época, é também algo essencial.

A. Badiou: Sim, concordo, mas parece-me que, se a filosofia, no próprio seio de seu projeto, deve mediar-se por sua própria história, é que ela encontra nessa história os instrumentos que foram progressivamente forjados e que são aqueles da categoria de totalidade.

Ou seja, parece-me que é a categoria de totalidade como tal que funda a continuidade do discurso filosófico.

É na identidade trans-histórica de cada uma das filosofias históricas que se apoia o diálogo que engajamos com ela.

P. Ricœur: Sim, eu sou muito sensível ao que Hyppolite dizia da novidade; mas nós nos enganamos também muitas vezes sobre a novidade; quantas épocas acreditaram que elas estavam verdadeiramente em ruptura com o que as tinha precedido; ora, frequentemente, é até em um retorno ao arcaísmo que está a compreensão da novidade, sem o que recairíamos nesse tempo de progresso que não é com certeza o tempo da filosofia.

J. Hyppolite: Você tem razão; mas o que eu queria evitar é uma concepção dos problemas filosóficos tirada de uma *philosophia perennis* na qual eu não acredito. Eu acredito no diálogo dos filósofos, eu acredito na mediação dos filósofos e eu acredito muito mais no pensamento filosófico do que em uma história independente de problemas filosóficos através dos filósofos.

G. *Canguilhem*: Concordo com a definição que Badiou deu da função filosófica, como a totalização da experiência de uma época. Entretanto, isso não deixa de ter dificuldades. Se é bem verdade que não há progresso filosófico, e se é verdade também que a filosofia é a totalização da experiência de uma época, na medida em que essa experiência contém modos tais como a ciência ou a arte ou a técnica que, pelo menos para a ciência e para a técnica, são atividades que desqualificam ou depreciam seu próprio passado, e de que é mesmo a função essencial, a integração em um momento dado de uma matemática como a de Hilbert, de uma física como a de Einstein, de uma pintura como a de Picasso, a integração desses modos de experiência, precisamente porque alguns desses modos comportam o progresso, não pode jamais se operar da mesma maneira, mesmo se a intenção de totalização fica idêntica; e, por conseguinte, não há homogeneidade filosófica, isto é, homogeneidade dessas tentativas de integração, sob a relação de seu procedimento, de seu estilo e de suas conclusões.

A partir de então, não se podem confrontá-las umas com as outras sob certa relação que possa ser dita de mais ou menos, do ponto de vista da verdade.

As filosofias se distinguirão, por conseguinte, umas das outras, não porque umas são mais verdadeiras que as outras, mas porque há filosofias que são grandes e outras que não o são.

D. *Dreyfus*: Como você as reconhece? Ou seja, qual é o critério dessa grandeza ou desse estreitamento?

G. *Canguilhem*: Não penso que haja, propriamente falando, um critério. Há sinais, indícios com os quais se reconhecem uma grande filosofia e uma filosofia pequena ou estreita, como eu disse há pouco. Se é verdade que a filosofia deve ser a vulgarização, em um sentido não vulgar, como o dizia Hyppolite, de todos esses códigos diferentes que são adotados pelas ciências em via de constituição, por todas as atividades de tipo cultural de uma dada época, parece-me que há um lado fundamentalmente ingênuo, eu diria até popular, da filosofia que se tende frequentemente a negligenciar; e, talvez, que uma grande filosofia seja uma filosofia que deixou na linguagem popular um adjetivo: os estoicos deram estoico, Descartes deu cartesiano, Kant deu kantiano e o imperativo categórico; ou seja, há filosofias que totalizaram a experiência de uma época, que conseguiram difundir-se no que não é a filosofia, nos modos de cultura (os quais, por sua vez, deverão ser totalizados por outra filosofia) e que tiveram nesse sentido um impacto direto sobre tudo o que se pode chamar nossa existência de todos os dias, nossa existência quotidiana.

J. Hyppolite: De tal maneira que uma grande filosofia é uma filosofia que é capaz de se traduzir de certa maneira na língua comum de todos.

Simplesmente, deve-se também distinguir totalização de soma, estamos todos de acordo, e uma totalização, para ter um ponto de impacto, é frequentemente uma totalização parcial, e quase partidária, de tal maneira que o caráter agudo do gênio filosófico, porque é algo que diz respeito ao gênio, é entrar em contato com sua época, não pelo trabalho dos epígonos, mas por um contato profundo com o que a época está balbuciando.

P. Ricœur: Eu resistiria somente em um ponto. Não gostaria de reduzir a um critério de influência social o que é também a relação de cada totalidade parcial com o que chamávamos há pouco esse espaço de encontro das filosofias, em que se trata da verdade, em que, talvez, a verdade permaneça sua própria questão. Essa presunção de verdade é, talvez, o que o sentimento popular ressente perfeitamente em uma grande filosofia.

G. Canguilhem: Não digo o contrário, e é a razão pela qual eu prefiro lhes atribuir a palavra que vocês acabam de retomar e da qual me servi, isto é, popular, mais que social. Eu não quis falar de um critério social, mas popular, que, para mim, é o sinal de certa autenticidade.

P. Ricœur: Por minha vez, não gostaria de separar autenticidade de verdade.

G. Canguilhem: Pois bem, parece-me justamente que toda a minha defesa consistiria em dizer que não vejo por que empregar a mesma palavra e o mesmo conceito em dois sentidos diferentes.

D. Dreyfus: Mas você, Alain Badiou, que é professor, quando define uma filosofia como um centro de totalização da experiência de uma época, isso lhe permite ensinar a filosofia? O que você ensina com esse nome?

A. Badiou: Não se ensina, em todo caso, uma filosofia no sentido de totalização da experiência de uma época: isso seria tornar a dar um ensino dogmático que procederia efetivamente a essa totalização. Seria algo como o curso de Hegel ou um curso de filosofia escolástica; por conseguinte, no sentido muito rigoroso do termo, em um ensino elementar da filosofia, em todo caso, não se filosofa. Então, o que se faz? Pois bem, acredito que se ensina aos alunos a possibilidade da filosofia, isto é, por uma série de caminhos, pelo exame das doutrinas e dos textos, pelo exame dos conceitos, pelo percurso dos problemas, mostra-se a eles que é possível uma linguagem por meio do que essa totalização se operaria. E eu definiria em geral o ensino da filosofia como o ensino da possibilidade da filosofia, ou a revelação da possibilidade da filosofia, senão, não haveria outro recurso senão ensinar uma filosofia, aquilo de que precisamente nosso ensino entende preservar-se.

D. Dreyfus: E, do ponto de vista do ensino, ser-lhe-ia possível tirar conclusões sobre o debate de que nos ocupamos? Quero dizer, sobre a questão da verdade ou da não verdade filosófica?

A. Badiou: É uma questão difícil, porque vocês não concordam, e eu não acredito que seja preciso dissimular essa discordância; mas, em suma, vocês me convidam a separar, se se pode dizer, a verdade dessa discordância sobre a verdade, e eu temo que meu ponto de vista não seja em todo momento uma totalização excessiva e recusada por cada um daqueles de quem eu vou tentar inscrever a discordância em um domínio único.

Vocês estão em desacordo, mas parece que o espaço de seu desacordo é limitado por dois acordos que são, apesar de tudo, essenciais.

Primeiramente, todos vocês admitem que a ciência é um dos lugares da verdade, ou seja, que é plenamente provido de sentido falar da verdade científica ou das verdades científicas, e, por outro lado, todos vocês admitem também que a questão da essência da verdade é uma questão propriamente filosófica que, como tal, não cai no domínio da atividade científica. O desacordo começa, então, entre esses dois acordos, no momento em que se interroga sobre o que regula, o que normatiza a questão da essência da verdade.

Ora, o argumento essencial de Canguilhem contra a ideia de verdade filosófica é que não é a verdade que normatiza a questão da essência da verdade. Ao que Hyppolite, Ricœur e talvez eu mesmo estaríamos tentados a responder que uma verdade que está na ignorância de sua própria essência não pode ser dita verdadeira senão em um sentido enfraquecido ou secundário, e que se pode falar de uma verdade filosófica pelo menos nesse sentido, que a verdade filosófica se revela ou se descobre como o projeto de instituir o fundamento da verdade. A questão é saber, evidentemente, como a filosofia vai apresentar a própria questão, e aí encontramos certo número de acordos: primeiramente, todos vocês estiveram de acordo para dizer que a questão da essência da verdade ou a questão da verdade ou a questão da existência ou do que deve ser a existência para sustentar algo como a verdade é, de certa maneira, contemporânea da ciência, e todos nós dissemos: não há, falando verdadeiramente, filosofia anterior à ciência, e é a ciência que institui a espécie de problema em que a filosofia, em seguida, vem inscrever-se.

A filosofia consiste, então, em se perguntar, segundo um ponto de vista que é o da totalização, o que deve ser o homem ou que relações deve ele manter com o Ser para que o homem seja aquele para quem há verdade. Em suma, a filosofia se interroga não, talvez, sobre as verdades, mas sobre o *telos* da verdade, em relação à existência humana. Essa definição, para uns, supõe que a própria filosofia depende de uma espécie de conivência fundamental, fundadora, com a norma que ela entende interrogar, e que ela se mantém, em suma, na luz dessa norma; e, para outros, essa questão supõe, ao contrário, que a filosofia, interrogando o lugar da verdade, sai desse lugar e deve inventar suas próprias normas.

Eu diria, então, que, como sempre em filosofia, o desacordo surge apesar de tudo no interior de uma definição e de uma questão que permite que nós nos compreendamos uns aos outros; quero dizer assim, e talvez seja a ironia de sua posição, Canguilhem, que a pretensão à verdade do discurso de seu interlocutor é reconhecida por você, mesmo se o conteúdo de seu próprio discurso consiste em afirmar que o valor de verdade não tem curso aqui.

E, por conseguinte, eu diria que, se o *status* da verdade controlável, efetuada, precisa, permanece o objeto de nosso desacordo, há como no horizonte do diálogo uma perspectiva do verdadeiro, ou uma abertura para o verdadeiro, que é, talvez, aquilo a partir do que colocamos nossas questões, compreendemos nossas questões e também, consequentemente, formulamos nossas respostas.

1966

Em Busca do Presente Perdido

"À la recherche du présent perdu", *L'Express*, n. 775, 25 de abril-1º de maio de 1966, p. 114-115. (Sobre J. Thibaudeau, *Ouverture*, Paris, Éd. du Seuil, col. "Tel quel", 1966.)

Thibaudeau escreveu *Ouverture* [Abertura] seis anos depois de *Une cérémonie royale* [Uma cerimônia real]. Entre essas duas datas, certa parte da experiência literária mudou.

A narração de *Une cérémonie royale* obedecia à lei de uma disposição circular, em que as figuras voltavam, em que os gestos se repetiam quase idênticos – mais ou menos como uma vibração. Um desfile de cavaleiros e de carruagens girava em roda, voltando a seu ponto de partida, evoluindo como cavalos de madeira em torno de um eixo ao mesmo tempo presente e ausente, passado e futuro: um atentado real, imaginário, invisível e contado sem cessar atava e desatava incansavelmente a ordem da cerimônia: descontinuidade do idêntico. Um pouco como em *Le Voyeur* [O *voyeur*] ou *La Jalousie* [O ciúme], a narração se organizava por fragmentos em torno de uma praia deixada branca: aquela na qual residiam outrora o "herói" ou o "acontecimento" da narração clássica.

Aparentemente, o novo texto de Thibaudeau é submetido à mesma figura da repetição quebrada. E, no entanto, é uma experiência de linguagem totalmente diferente que se desenha aí. Ao fundo de seu leito, um homem desperta, levanta suas pálpebras, se deixa invadir pela luz do dia. Momento novo, *abertura* primeira; e, no entanto, já, o tempo se movimentou, passou inteiramente para esse instante de antes que não existia ainda; transformou o despertar em uma crista escarpada no auge da noite: "Mais tarde, fico surpreso, abro os olhos", diz já a primeira frase do texto.

E a última (no fim do dia, quando o sono vai chegar e o corpo se encolhe sob os lençóis): "Estou esperando." Todo o romance de Thibaudeau se desdobra entre esses dois instantes dos quais os poderes familiares são aqui invertidos: a manhã se abre sobre um passado que a torna tardia, a noite só oferece a identidade das repetições por vir.

Abertura, como se diz abertura dos olhos ou ainda abertura de uma ópera. Não é possível enganar-se. Esse homem, que da manhã à noite vai ficar ao abrigo de suas cortinas, pode ver vir à tona, do vazio de sua memória, todas as suas imagens passadas (criança no tempo da escola, moleque de férias, adolescente, amante): ele não faz o relato do tempo reencontrado, mas o do presente contínuo. O presente, no romance de Thibaudeau, não é o que junta o tempo em um ponto para oferecer um passado restituído e cintilante; é, ao contrário, o que abre o tempo sobre uma irreparável dispersão.

Como se esse lugar vazio em torno do qual acontecia a *Cérémonie royale* fosse reocupado agora por um "eu" e por um "presente". Não o velho sujeito que se lembra, mas um "eu" destruidor e corrodente, um presente arruinado, que transborda, desfaz, indelével: canto de noite incrustado no dia e em torno do qual se reagrupam e se dispersam luzes, distâncias, imagens.

À descontinuidade das coisas vistas por fragmentos repetidos se substitui a continuidade de um sujeito que seu presente derrama sem parar para fora dele mesmo, mas que circula sem embate em sua própria espessura dispersa. Por meio das mudanças de cronologia, de escala, de personagens, uma identidade se mantém por onde as coisas se comunicam. Daí sucede que o texto de Thibaudeau parece um grande e belo tecido metafórico (a passagem, por exemplo, em que o cantor no palco fica com a língua na boca).

Mas a metáfora, aqui, não é a aproximação das coisas na luz da imaginação; é a dispersão do obscuro e central presente, do "eu" noturno, falante, que escreve na dispersão das coisas. A metáfora desloca o sujeito para o interior do que ele diz e traça os corredores de sua incessante mobilidade.

O texto de Thibaudeau forma uma arquitetura muito sutil de parágrafos inacabados, de frases interrompidas, de linhas que ficam em suspense no branco do papel, de parênteses abertos e jamais fechados, de limiares que se transpõem com um salto, de portas que batem, de portões aos quais se volta e que marcam a partida. A cada instante, as frases; a cada instante, as imagens deslizam umas sobre as outras, alargando-se em novas distâncias, que elas acolhem com sua curva amplamente aberta. A palavra, em seu presente de noite, abre indefinidamente os lábios do tempo.

1966

Uma História que Ficou Muda

"Une histoire restée muette", *La Quinzaine littéraire*, n. 8, 1º a 15 de julho de 1966, p. 3-4. (Sobre E. Cassirer, *La Philosophie des Lumières*, trad. P. Quiller, Paris, Fayard, col. "L'Histoire sans frontières", 1966.)

Esse livro, que tem mais de 30 anos, pertence a nossa atualidade. E inicialmente ao sistema presente (sólido, consistente, bem-protegido) de nossas pequenas ignorâncias francesas: nenhuma das grandes obras de Cassirer tinha sido traduzida até o presente.[1] Quem jamais dirá de que poderosas defesas cercamos, a partir do século XIX, a "cultura francesa"? As suaves, as grandes figuras familiares em que gostamos de nos reconhecer, apenas suspeitamos a tormenta que elas afastavam. Esses arautos eram, talvez, apenas sentinelas obstinadas: os românticos nos conservaram Hölderlin, como Valéry de Rilke ou de Trakl, Proust de Joyce, Saint-John Perse de Pound. O esforço de Maine de Biran foi salutar contra Fichte; a cavalgada da evolução criadora conjurou a dança saltitante de Nietzsche; Sartre, o tutelar, nos protegeu bem contra Heidegger. Eis quase dois séculos que estamos na defesa. Vivemos no cerne de um discurso endentado.

---

1 Cassirer (E.), *Die Philosophie der Symbolischen Formen*, Berlim, Bruno Cassirer, t. I: *Die Sprache*, 1923 (*La Philosophie des formes symboliques*, Paris, Éd. de Minuit, t. I: *Le Langage*, trad. O. Hanssen-Love e J. Lacoste, 1972); t. II: *Das mythische Denke*, 1925 (*La Pensée mythique*, trad. J. Lacoste, 1972); t. III: *Phänomenologie der Erkenntnis*, 1929 (*La Phénoménologie de la connaissance*, trad. C. Fronty, 1973). *Die Philosophie der Aufklärung*, Tübingen, J. C. B. Mohr, 1932. *Das Erkenntnisproblem in der Philosophie und Wissenschaft der neueren Zeit*, Berlim, Bruno Cassirer, t. I, 1906, t. II, 1907, t. III: *Die nachkantischen Systeme*, 1920 (*Le Problème de la connaissance dans la philosophie et la science des temps modernes*, trad. du Collège de philosophie, Lille, Presses universitaires de Lille, 1983; t. III: *Les Systèmes post-kantiens*); t. IV: *Von Hegels Tod bis zur Gegenwart (1832-1932)*, Stuttgart, W. Kohlhammer, 1957.

Alguns sinais de hoje provam que as coisas, talvez, estão em vias de mudança. Começamos, enfim, a rodar nossas próprias defesas? É preciso saudar a excelente tradução, por Pierre Quillet, dessa *Philosophie des Lumières* [Filosofia das Luzes] (já clássica, mas alhures); F. Furet e D. Richet tiveram razão, mil vezes, em inaugurar por ela sua nova coleção "L'Histoire sans frontières" [A história sem fronteiras].

Estranhamente, a data de nascimento desse livro, em vez de afastá-lo de nós, o aproxima e o transforma em singular documento. Debaixo de uma voz grave, um pouco solene, que tem a bela lentidão da erudição, devem-se afiar os ouvidos para o ruído de fundo que a acompanhava em desordem, contra o qual ela tratava de erguer-se, mas que teve sua razão e a recobriu bem rapidamente. Nos últimos meses de 1932, Cassirer, alemão de origem judia, universitário e neokantiano, publica sua *Philosophie der Aufklärung*, quando os nazistas pisoteiam diante das portas da chancelaria. Alguns meses mais tarde, quando Hitler está no poder, Cassirer deixa a Alemanha com destino à Suécia; deixa atrás dele, como um manifesto, essa vasta obra erudita.

Gesto irrisório essa *Aufklärung* objetada ao nacional-socialismo. Menos, no entanto, do que se acredita. Desde o século XIX, a erudição alemã, o personagem alemão do universitário exerceram lá uma função que dificilmente imaginamos. A França teve seus professores primários, a Inglaterra, suas *public schools*, a Alemanha, suas universidades; os professores primários franceses fomentavam, a partir do alfabeto e da tabuada, uma força política; as *public schools*, por meio de Tácito e Shakespeare, impunham aos ingleses uma consciência histórica; as universidades alemãs, essas fabricavam uma consciência moral. O ano 1933 marcou sem dúvida sua derrota irreparável. A *Filosofia das Luzes* assume agora figura de último combate.

Da obra tão importante de Cassirer (ela exerceu um grande papel não somente na filosofia anglo-saxônica, mas na psicologia e na etnologia da linguagem) era, talvez, paradoxal traduzir primeiro um estudo pura e simplesmente histórico. Entretanto, essa reflexão sobre o século XVIII não é menor. Longe disso.

Cassirer é "neokantiano". O que é designado por esse termo é mais que um "movimento" ou uma "escola" filosófica, a impossibilidade em que se encontrou o pensamento ocidental de superar o corte estabelecido por Kant; o neokantismo (nesse sentido, somos todos neokantianos) é a injunção incessantemente repetida em reavivar esse corte – ao mesmo tempo para redescobrir sua necessidade e para assumir toda a sua importância. Se as grandes obras filosóficas de Cassirer (e principalmente seu *Erkenntnisproblem*) se alojam bem na curva de um retorno a Kant, sua *Philosophie des Lumières* [Filosofia das Luzes] lhes responde na ordem da história positiva: quais são as fatalidades da reflexão e do saber que tornaram possível Kant e necessária a constituição do pensamento moderno? Interrogação redobrada sobre ela mesma: Kant tinha se perguntado como a ciência era possível, Cassirer se pergunta como era possível esse kantismo ao qual pertencemos, talvez, ainda.

O enigma kantiano que, há perto de 200 anos, petrificou o pensamento ocidental, tornando-o cego a sua própria modernidade, ressaltou em nossa memória duas grandes figuras: como se o esquecimento do que aconteceu, no fim do século XVIII, quando o mundo moderno nasceu, tivesse liberado uma dupla nostalgia: a da idade grega, à qual pedimos que elucide nossa relação com o ser, e a do século XVIII, à qual pedimos que questione as formas e os limites de nosso saber. À dinastia helênica, que se estende de Hölderlin a Heidegger, se opõe a dinastia das modernas *Aufklärer*, que iria de Marx a Lévi-Stauss. A "monstruosidade" de Nietzsche está, talvez, em pertencer às duas. Ser grego ou *Aufklärer*, do lado da tragédia ou da enciclopédia, do lado do poema ou da língua bem-feita, do lado da manhã do ser ou da tarde da representação, eis aí o dilema ao qual o pensamento moderno – o que ainda nos domina, mas que já sentimos vacilar sob nossos pés – nunca pôde escapar ainda.

Cassirer está do lado das "Luzes" e, melhor que ninguém, ele soube tornar manifesto o sentido do retorno ao século XVIII. Graças, antes de tudo, a um método de análise cujo modelo, para nós, ainda não perdeu seu valor. Nós, franceses, ainda não nos livramos dos prestígios da psicologia; uma cultura, um pensamento é sempre para nós a metáfora de um indivíduo: basta-nos transpor a escala de uma época ou de uma civilização o que, em nossa ingenuidade, acreditamos válido para um sujeito singular; um "século" teria, como cada um, opiniões, conhecimentos, desejos, inquietações, aspirações; Paul Hazard, na época de Cassirer, descrevia *La Crise de la conscience européenne*[2] [A crise da consciência europeia]. No mesmo momento, os historiadores marxistas transportavam os fenômenos culturais a sujeitos coletivos que eram seus autores ou seus responsáveis históricos. Cassirer, em compensação, procede segundo uma espécie de "abstração fundadora": por um lado, ele apaga as motivações individuais, os acidentes biográficos e todas as figuras contingentes que povoam uma época; por outro, afasta, ou, pelo menos, deixa em suspense as determinações econômicas ou sociais. E o que se mostra, então, diante dele é toda uma camada indissociável de discurso e de pensamento, de conceitos e de palavras, de enunciados e de afirmações que ele empreende analisar em sua configuração própria. Esse universo autônomo do "discurso-pensamento", Cassirer se esforça para encontrar suas necessidades intrínsecas; ele deixa o pensamento pensar sozinho, mas para seguir melhor suas nervuras e fazer aparecer os entroncamentos, as divisões, os cruzamentos, as contradições que desenham dele as figuras visíveis. Ele isola de todas as outras histórias (a dos indivíduos, como a das sociedades) o espaço autônomo do "teórico": e sob seus olhos se descobre uma história até então muda.

Esse recorte paradoxal, essa abstração que rompe os parentescos mais familiares não deixa de lembrar os gestos iconoclastas pelos quais sempre se fundamentaram as grandes disciplinas: a economia política, quando isolou a produção de todo o campo concreto das riquezas; a linguística, quando isolou o sistema da língua de todos os atos concretos da palavra. Seria tempo de reconhecer uma vez que as categorias do "concreto", do "vivido", da "totalidade" pertencem ao reino do não saber. Em todo caso, no momento em que empreende, a propósito do século XVIII, a história do "teórico", Cassirer descobre como objeto de sua investigação essa unidade profunda do pensamento e do discurso do qual ele procurava, em sua filosofia, os fundamentos e as formas: *Problème de la connaissance* [Problema do conhecimento] e *Philosophie des formes symboliques* [Filosofia das formas simbólicas] mostram justamente

---

2 Hazard (P.), *La Crise de la conscience européenne (1680-1715)*, Paris, Boivin, 1934; vol. I, 1ª parte, *Les Grands Changements psychologiques*; 2ª parte: *Contre les croyances traditionnelles*; vol. II, 3ª parte: *Essai de reconstruction*; 4ª parte: *Les Valeurs imaginaires et sensibles*; vol. III: *Notes et Références*.

que o pensamento e o discurso, ou, melhor, sua indissociável unidade, longe de oferecerem a pura e simples manifestação do que sabemos, constituem o lugar de onde pode nascer todo conhecimento. Estudando os textos do século XVIII, Cassirer compreendia, sob uma de suas formas históricas, a organização desse "discurso-pensamento" que caracteriza uma cultura, definindo as formas de seu saber.

A essa tarefa poder-se-iam fazer algumas censuras: principalmente a de ter ficado afastado das possibilidades descobertas. Cassirer (e nisso ele permanece obscuramente fiel às análises de Dilthey) atribui à filosofia e à reflexão uma primazia que ele não questiona: como se o pensamento de uma época tivesse seu lugar de eleição em formas redobradas, em uma teoria do mundo mais que em uma ciência positiva, na estética mais que na obra de arte, em uma filosofia mais que em uma instituição. Provavelmente será necessário – será nossa tarefa – nos liberar desses limites que lembram ainda, deploravelmente, as tradicionais histórias das ideias; será preciso saber reconhecer o pensamento em sua obrigação anônima, cercá-la em todas as coisas ou gestos mudos que lhe dão uma imagem positiva, deixá-la se desenvolver nessa dimensão do "se", em que cada indivíduo, cada discurso não forma nada mais que o episódio de uma reflexão.

Em todo caso, uma coisa é certa: aplicando, mesmo de maneira incompleta, esse método no século XVIII, Cassirer construiu uma obra histórica original: ele convocou todas as grandes formas da *Aufklärung* sem se limitar, como é tradicionalmente, aos domínios francês e inglês; ele não trabalhou em justapor os vestígios das mentalidades desaparecidas e os sinais anunciadores do futuro. Ele restitui a necessidade simultânea e geral de tudo o que foi contemporâneo: o ateísmo e o deísmo do século XVIII, seu materialismo e sua metafísica, sua concepção da moral e da beleza, suas teorias múltiplas da moral e do Estado, ele mostra a que coerência pertencem todos. Sua prodigiosa erudição percorre em toda a sua amplitude o espaço teórico em que os pensadores do século XVIII encontravam necessariamente o lugar de sua coabitação.

No momento em que o nacionalismo alemão reivindicava para si a duvidosa tradição de um pensamento ou de uma cultura especificamente germânica, Cassirer descobre a força calma, irresistível, envolvendo universos teóricos. Acima de suas grandes obrigações que dependem indissociavelmente da história e do pensamento, as tradições nacionais, os conflitos de influência, as próprias grandes individualidades são apenas figuras frágeis, cintilações de superfície. Esse livro, que Cassirer abandonava atrás dele aos nazistas, fundava a possibilidade de uma nova história do pensamento. Era indispensável dá-la a conhecer, porque é daí que devemos partir.

1966

Mensagem ou Ruído?

"Message ou bruit?", *Concours médical*, 88º ano, 22 de outubro de 1966, p. 6.285-6.286. (Colóquio sobre a natureza do pensamento médico.)

Para "situar" a medicina entre as outras formas de saber, estávamos habituados até aqui a esquemas lineares. Acima do corpo, a alma; abaixo do nível do organismo, os tecidos. Portanto, a medicina mantinha-se por uma ponta à psicologia, psicopatologia etc. e, pela outra, à fisiologia. Ora, os debates que acabo de ler evidenciam novos parentescos, diagonais ou laterais. Problemas se apresentam em medicina, que parecem isomorfos aos que se podem encontrar alhures, tão singularmente nas disciplinas que tratam seja da linguagem, seja do que funciona como a linguagem. Essas disciplinas não têm, provavelmente, "relação de objeto" com a medicina; mas esta, entendida como teoria e prática, lhes é, talvez, estruturalmente análoga.

Dizem, repetem desde Balint, que o doente envia uma ou mais "mensagens" que o médico escuta e interpreta. Isso permite humanismos abençoadores sobre o tema duvidoso da "dupla médico-doente".

De fato, para que haja "mensagem", é preciso que:
• haja inicialmente ruído (no caso da medicina, esse ruído primordial é o "não silêncio dos órgãos");
• esse ruído seja "constituído por" ou pelo menos "portador de" diversos elementos descontínuos, isto é, isoláveis uns dos outros por critérios exatos;
• esses elementos estejam associados, de maneira constante, a outros elementos que constituem seu sentido (para a medicina, pode ser a "doença", ou o "prognóstico", ou a indicação terapêutica); e
• enfim, esses elementos se apresentem ligados uns aos outros segundo certas regularidades.

Ora, a doença não envia "mensagem", visto que a mensagem depende de um "código" estabelecido segundo as regras precedentes. Não há código na natureza, por mais desnaturada que ela seja. A doença se contenta em "fazer ruído", e já é bem bonito. Todo o resto é a medicina que o faz; ela faz bem mais do que ela própria não consente em acreditar.
Poder-se-iam, provavemente, analisar suas operações em três níveis.

CONSTITUIÇÃO DE UM CÓDIGO

Há um século e meio (e principalmente a partir de Hipócrates, o infeliz), a experiência clínica isolou, no ruído feito pela doença, certo número de traços que permitem definir os elementos que podem fazer parte de uma "mensagem patológica". Ela, então:
- deixou cair certo número de ruídos considerados como não pertinentes;
- definiu os caracteres que permitem reconhecer os elementos da mensagem e individualizá-los; e
- estabeleceu as regras de substituição que permitem "traduzir" a mensagem.

Evidentemente, esse código não cessa de mudar:
- quando são as regras de substituição que mudam, diz-se que os "conhecimentos médicos" progridem;
- quando são os princípios de individualização dos elementos da mensagem, diz-se que os "métodos de observação" se aperfeiçoaram; e
- quando nos colocamos a definir elementos de mensagem, onde só ouvíamos ruído, é que a medicina se agregou novos domínios.

As primeiras mudanças são frequentes; as segundas, raras; as terceiras, excepcionais. Freud fez enunciados verbais dos doentes, considerados até aí como ruído, algo que devia ser tratado como uma mensagem. Doravante (e, é claro, com códigos diferentes), as diversas formas de medicina entenderam como mensagens as verbalizações dos doentes.

Não dizer, então, que há duas mensagens, mas:
- um ruído no qual, agora, se ouvem muito mais elementos de mensagem que outrora (toda uma parte do ruído, outrora ensurdecida, se põe a falar); e

- mas esse ganho sobre o ruído não pôde ainda ser garantido por um código único e, talvez, não o será jamais. Talvez também se terá um novo ganho, mas graças a um novo código etc. Visto que a doença não tem nada a dizer, não há razão para que um só código chegue a "informar" todo esse ruído. Essa primeira operação teórica é feita – e foi feita desde o início do século XIX – por toda a medicina, tomada como *corpus* de saber e como instituição. São suas regras que os estudantes aprendem na faculdade e no hospital.

ESCUTA DA MENSAGEM

Em sua prática, o médico tem de tratar não com um doente, com certeza, mas, também, não com alguém que sofre, e não principalmente, graças a Deus, com um "ser humano". Ele não tem de tratar nem com o corpo, nem com a alma, nem com os dois ao mesmo tempo, nem com sua mistura. Ele tem de tratar com o ruído. Por meio desse ruído, ele deve ouvir os elementos de uma mensagem. Para ouvi-lo, é necessário que:
- ele elimine o ruído, que ele feche os ouvidos a tudo o que não é elemento da mensagem;
- ele reconheça (as duas operações são, evidentemente, correlativas) os traços distintivos de cada elemento; e
- ele os registre à medida que se apresentam.

Ora, aqui há um problema.

A diferença entre um médico e um vice-cônsul de chancelaria é que este espera o fim da mensagem, que é, ela mesma, codificada, enquanto o médico não pode e não deve esperar o fim do ruído que é a doença, isto é, a cura ou a morte. Donde a obrigação, depois de certo tempo de escuta, de se pôr a traduzir (ainda uma vez, essa tradução pode ser uma simples receita). A dificuldade do diagnóstico se situa aí, mesmo se é preciso entender por "diagnóstico" a resposta mais elementar do médico à mensagem da doença.

UTILIZAÇÃO DOS MODELOS

Para traduzir a mensagem o mais cedo possível, é preciso utilizar modelos, isto é, formas (configurações ou sequências de sinais já ouvidos). Esses modelos podem e devem ser de duas espécies:

• os que permitem triar entre os elementos da mensagem, os que dependem dos diferentes níveis funcionais (o psiquismo, ou a lesão orgânica, ou a adaptação fisiológica). Faz-se intervir nesse momento um modelo "gramatical", que permite distinguir as grandes categorias às quais podem pertencer os sinais; e

• os que permitem arriscar uma tradução, isto é, colocar os elementos da mensagem em correlação com os elementos de uma doença já definida.

Esses modelos do segundo tipo podem, por sua vez, ser utilizados de duas maneiras:

• ou se está seguro de que a mensagem pertence a uma classe pouco numerosa, e que o número de modelos aos quais ele pode obedecer não é muito considerável. Então, pode-se considerar que todos os modelos dessa classe são equipotenciais e escolher como "interpretante" o que tem a melhor correlação com a mensagem registrada. É o diagnóstico do "especialista"; e

• ou, então (é o que acontece para o generalista), a classe à qual pertence a mensagem é, não teoricamente, mas praticamente infinita. Donde a escolha de um modelo que se privilegia, por causa de uma maior probabilidade (em razão de fatores internos ou externos), com o risco de abandoná-lo, ou de retificá-lo, ou de precisá-lo.

É possível perguntar se a teoria da prática médica não poderia ser repensada nos termos que não são mais os do positivismo, mas nos que elaboram atualmente práticas como a análise das línguas, ou os tratamentos da informação.

Para quando um "seminário" que reunirá médicos e teóricos da linguagem e de todas as ciências que a isso se ligam?

1967

"Que é o senhor, professor Foucault?"

"Che cos'è Lei Professor Foucault?" ("Qui êtes-vous, professeur Foucault?"; conversa com P. Caruso; trad. C. Lazzeri), *La Fiera letteraria*, ano XLII, n. 39, 28 de setembro de 1967, p. 11-15.

O texto entre colchetes não figura na entrevista publicada em 1967, mas em sua reprise *in* Caruso (P.), *Conversazioni con Claude Lévi-Strauss, Michel Foucault, Jacques Lacan*, Milão, Mursia, 1969, p. 91-131. (Ver *Conversação com Michel Foucault*, neste volume.)

– *Você pode me falar de sua formação cultural, retraçar o itinerário que percorreu para chegar a suas posições atuais? Faço principalmente alusão às posições expressas no livro publicado no ano passado,* As palavras e as coisas, *graças ao qual você se tornou um personagem público, e não somente na França.*

– É um pouco difícil para mim descrever o itinerário que me conduziu às posições atuais, pela boa razão de que espero justamente não ter ainda chegado ao ponto de chegada. É somente ao término do percurso que se pode estabelecer verdadeiramente o itinerário que se seguiu. O livro que publiquei no ano passado é um livro de trabalho; consequentemente, é um livro de transição, um livro que me permite, que, eu espero, me permitirá ir além.

– *Em que direção?*

– Parece-me percebê-la já. Mas não posso afirmar que a direção que distingo agora será definitiva, a que pode descobrir somente aquele que, no fim de sua vida, se volta para o que ele realizou.

– *E se você tentasse reconstruí-la, apesar de tudo, imaginando-se no momento de morrer?*

– Bom, eu lhe diria, então, que, durante os anos 1950, como todos os da minha geração, eu estava preocupando, diante do grande exemplo de nossos novos mestres, e sob sua influência, com o problema da significação. Fomos todos formados na escola da fenomenologia, na análise das significações imanentes ao vivido, das significações implícitas da percepção e da história. Fiquei, além disso, preocupado com a relação que poderia haver entre a existência individual e o conjunto das estruturas e condições históricas nas quais tal existência individual se revela; com o problema das relações entre sentido e história, ou também entre método fenomenológico e método marxista. E acredito que, como para todos os de minha geração, aconteceu comigo, entre os anos 1950 e 1955, uma espécie de conversão que parecia desprezível no início, mas que, em realidade, na sequência, nos diferenciou profundamente: a pequena descoberta, ou, se você preferir, a pequena inquietude que esteve em sua origem, foi a inquietude em face das condições formais que podem fazer com que a significação apareça. Em outros termos, reexaminamos a ideia husserliana segundo a qual existe por toda parte um sentido que nos envolve e que já nos investe, antes mesmo que comecemos a abrir os olhos e a tomar a palavra. Para os de minha geração, o sentido não aparece sozinho, ele não está "já aí", ou melhor, "ele já está aí", sim, mas sob certo número de condições que são condições formais. E, desde 1955, nós nos consagramos principalmente à análise das condições formais do aparecimento do sentido.

– *Como você situaria os quatro livros que escreveu até aqui?*

– Na *História da loucura* e no *Nascimento da clínica*, eu procurei analisar as condições segundo as quais um objeto científico podia constituir-se.

– *A "arqueologia do olhar clínico" e a "arqueologia da loucura".*

– Precisamente. O problema é esse. Existiam, em todas as culturas do Ocidente, alguns indivíduos que eram considerados como loucos e alguns indivíduos que eram considerados como doentes: tratava-se, por assim dizer, de significações imediatamente vividas na sociedade, que reconhecia sem titubear os doentes e os loucos. Essas significações se modificaram brutalmente quando apareceram novos conhecimentos, *corpus* científicos determinados e desde que apareceu algo como uma medicina mental ou uma psicopatologia, e algo como uma medicina clínica no fim do século XVIII. Meu problema foi mostrar como se pôde fazer com que as significações

imediatamente vividas no interior de uma sociedade pudessem aparecer como condições suficientes para a constituição de um objeto científico. [Para que a loucura e a doença mental cessassem de possuir uma significação imediata e se tornassem objeto de um saber racional, foi preciso que certo número de condições fosse reunido, condições que eu procurei analisar. Tratava-se, por assim dizer, da "interrupção" entre sentido e objeto científico, isto é, condições formais de aparecimento de um objeto em um contexto de sentido.
– *Mas isso não contradiz o que você dizia no início?*
– Aparentemente. Eu lhe falava de nossa geração e da maneira como nos preocupamos com as condições do aparecimento do sentido. Agora, inversamente, estou lhe dizendo que eu me preocupava com a maneira segundo a qual o sentido desaparecia, como eclipsado, pela constituição do objeto. Pois bem, é justamente nessa medida que não posso ser assimilado ao que foi definido como "estruturalismo". O estruturalismo apresenta o problema das condições formais do aparecimento do sentido, partindo principalmente do exemplo privilegiado da linguagem: a linguagem sendo ela mesma um objeto extraordinariamente complexo e rico para analisar. Mas, ao mesmo tempo, ela serve de modelo para analisar o aparecimento de outras significações que não são exatamente significações de ordem linguística ou verbal. Ora, desse ponto de vista, não se pode dizer que eu trabalhe com estruturalismo, visto que, no fundo, não me preocupo nem com o sentido nem com as condições nas quais aparece o sentido, mas com condições de modificação ou de interrupção do sentido, condições nas quais o sentido desaparece para fazer aparecer algo de diferente.]
– *Como se manifesta na mentalidade de hoje o fato de que a doença e a loucura tenham se tornado um objeto científico particular?*
– Cada sociedade estabelece toda uma série de sistemas de oposição – entre bem e mal, permitido e proibido, lícito e ilícito, criminoso e não criminoso; todas essas oposições, que são constitutivas de cada sociedade, se reduzem hoje, na Europa, à simples oposição entre normal e patológico. Essa oposição é não somente mais simples que as outras, mas apresenta, além disso, a vantagem de nos fazer acreditar que existe uma técnica que permite reduzir a patológica ao normal. [Assim, em face do delito, do desvio sexual etc., diz-se: é um caso patológico.

Ora, essa codificação de todas as oposições na oposição entre normal e patológico acontece, no fundo, graças a uma oposição de substituição, implícita em nossa cultura, mas muito ativa, embora quase invisível: a oposição entre loucura e razão. Para poder dizer que um criminoso é um caso patológico, é preciso começar dizendo que se trata de um louco; depois se dirá que cada louco é um doente mental, portanto, um caso patológico. É assim que o criminoso pode entrar na categoria do patológico. Em outros termos, a oposição loucura-razão funciona como uma oposição de substituição que permite traduzir todas as velhas oposições próprias a nossa cultura na oposição maior, soberana, monótona entre normal e patológico.]

– *E, no entanto, existem muitos fenômenos, até no plano do costume, que entram mal nesse esquema: um exemplo entre os mais evidentes, a redescoberta da droga por parte de nossa sociedade ocidental.*

– Com a introdução da droga em nossa sociedade, assiste-se, com efeito, um pouco à operação inversa: procurar restituir à oposição loucura-razão sua autonomia, mais do que considerá-la simplesmente como um código de substituição entre dois sistemas de oposição, despatologizar essa loucura e reivindicá-la como uma oposição cultural não patológica, isto é, não redutível em termos de oposição entre normal e patológico. E, de fato, os que em plena saúde se determinam livre e voluntariamente a usar LSD, a entrar durante um período de 12 horas em um estado de "não razão" fazem a experiência da loucura fora da oposição entre o normal e o patológico.

– *Você pensa, então, que a droga possa assumir, no interior de nossa própria cultura, outra significação, a de uma ampliação dos horizontes de nossa mentalidade até incluir aí novas formas de sensibilidade? Você pensa, por exemplo, que se pode falar de uma irrupção do pensamento e da cultura de certas civilizações orientais no seio da civilização ocidental?*

– Não, eu penso, ao contrário, que se produz um fenômeno oposto. Aparentemente, há 150 anos, digamos, desde Schopenhauer, nós nos orientalizamos; na realidade, é precisamente porque o mundo inteiro se ocidentaliza que o Ocidente se torna relativamente mais permeável à filosofia indiana, à arte africana, à pintura japonesa, à mística árabe. A filosofia hindu, a arte africana adquirem uma consciência de si em virtude dessas estruturas pelas quais a civilização ocidental as assimila relativamente. Como consequência, a utilização da droga não me parece absolutamente uma maneira para o Ocidental abrir-se ao Oriente. Parece-me que a droga em sua utilização oriental tinha como função essencial arrancar o homem da louca ilusão segundo a qual o mundo existe e dele revelar outra realidade, que era o aniquilamento do indivíduo; a utilização que se faz dela hoje se revela, quando é o caso, individualista: trata-se de redescobrir em si as possibilidades internas da loucura. Não, portanto, dissipar a loucura do normal para recolher a verdadeira realidade, segundo a utilização oriental da droga, mas recuperar por meio da razão do mundo uma loucura individual de que somos os detentores involuntários.

– *Para voltar a sua obra, parece-me que, no livro sobre Raymond Roussel, você analisa também o caso desse escritor como exemplo da reavaliação atual da "loucura".*

– Com certeza. Esse livro constitui uma pequena pesquisa, aparentemente marginal. Roussel, com efeito, foi cuidado pelos psiquiatras, por Pierre Janet, em especial. Este diagnosticou nele um belo caso de neurose obsessiva, coisa que, aliás, correspondia à realidade. A linguagem de Roussel, no fim do século passado e no início deste, não podia ser nada além de uma linguagem louca e identificada como tal. E eis que hoje essa linguagem perdeu sua significação de loucura, de pura e simples neurose, para se assimilar a um modo de ser literário. Bruscamente, os textos de Roussel juntaram-se a um modo de existência no interior do discurso literário. É precisamente essa modificação que me interessou e que me conduziu a empreender uma análise de Roussel. Não para saber se as significações patológicas estavam ainda presentes ou se eram constitutivas, de alguma maneira, da obra de Roussel. Era-me indiferente estabelecer se a obra de Roussel era ou não a obra de um neurótico. Eu queria ver, ao contrário, como o funcionamento da linguagem de Roussel podia doravante ocupar lugar no interior do funcionamento geral da linguagem literária contemporânea. [Assim, nesse caso também, não se trata, pois, exatamente do problema do estruturalismo: o que me importava e que eu procurava analisar não era tanto o aparecimento do sentido na linguagem quanto o modo de funcionamento dos discursos no interior de uma dada cultura: como um discurso tinha podido funcionar durante certo período como patológico, e, em outro,

como literário. Era, pois, o funcionamento do discurso que me interessava, e não seu modo de significação.]
– *A que disciplina pertence, segundo você, sua pesquisa? À filosofia? Trata-se de uma "crítica" que poderia servir como contribuição a algumas ciências humanas?*
– É difícil para mim classificar uma pesquisa como a minha no interior da filosofia ou das ciências humanas. Eu poderia defini-la como uma análise dos fatos culturais que caracterizam nossa cultura. Nesse sentido, tratar-se-ia de algo como uma etnologia da cultura à qual pertencemos. Procuro, com efeito, situar-me no exterior da cultura à qual pertencemos, analisar suas condições formais para fazer sua crítica, não no sentido em que se trataria de reduzir seus valores, mas para ver como ela pôde efetivamente constituir-se. [Além disso, pela análise das próprias condições de nossa racionalidade, eu me questiono sobre nossa linguagem, minha linguagem, da qual analiso o modo sobre o qual ela pôde surgir.]
– *Em resumo, você faz uma etnologia de nossa cultura?*
– Ou, pelo menos, de nossa racionalidade, de nosso "discurso".
– *Mas o que você diz concerne imediatamente também à filosofia contemporânea, concerne a todo filósofo contemporâneo. Principalmente quando você passa de análises específicas tratando de temas precisos a implicações de caráter mais geral.*
– Que o que eu faço tenha algo a ver com a filosofia é muito possível, principalmente na medida em que, pelo menos desde Nietzsche, a filosofia tem como tarefa diagnosticar e não procura mais dizer uma verdade que possa valer para todos e para todos os tempos. Eu procuro diagnosticar, realizar um diagnóstico do presente: dizer o que somos hoje e o que significa, hoje, dizer o que nós dizemos. Esse trabalho de escavação sob nossos pés caracteriza, desde Nietzsche, o pensamento contemporâneo, e nesse sentido eu posso me declarar filósofo.
– *Mas esse trabalho de escavação, essa "arqueologia" é também um trabalho de história.*
– Com efeito, e é curioso ver como alguns na França, e muito particularmente os não historiadores, não reconheceram em meu último livro um livro de história. Entretanto, é realmente um livro de história. Os historiadores não se enganaram, mas os não historiadores pretenderam que fosse um livro destinado

a negar a história, a evacuar a história, a encerrar a história. Isso depende provavelmente da concepção um pouco simplista que eles se fazem da história. Para eles, a história é essencialmente um conjunto de análises que devem, em primeiro lugar, seguir uma linearidade bem-definida, procedendo de A a B, segundo uma evolução enganosa (o mito da evolução como pilar da história). [Em segundo lugar, eles concebem sempre a história como um caso entre o indivíduo e a instituição, a materialidade das coisas, o passado, em outros termos, como uma dialética entre uma consciência individual e livre e o conjunto do mundo humano tomado em seu peso e sua opacidade. Com esses pressupostos, podem-se escrever livros de história muito interessantes, como foi feito, aliás, desde Michelet. Mas eu penso que há outras possibilidades de fazer obra de história, e nisso não posso, certamente, ser considerado como alguém que inovou, porque há muito tempo muitos historiadores de profissão praticaram análises do gênero das que figuram em *As palavras e as coisas*: é assim que um dos mais ilustres historiadores contemporâneos, Braudel, não pode ser considerado como um partidário desse ideal da história evolutiva, linear, na qual a consciência desempenha um papel.

É preciso preservar-se, em suma, de uma concepção linear excessivamente simples da história. Considera-se como um problema especificamente histórico a compreensão da maneira como certo acontecimento sucede ao outro, e não se considera como histórico um problema que, no entanto, o é igualmente: o de compreender como é possível que dois acontecimentos possam ser contemporâneos. Eu pretenderia fazer observar, além disso, que é bastante frequente considerar a história como o lugar privilegiado da causalidade: toda abordagem histórica deveria dar-se como tarefa colocar em evidência relações de causa e efeito. E, no entanto, há a partir de agora vários séculos que as ciências da natureza – e há várias décadas as ciências humanas – se deram conta de que a relação causal é impossível de estabelecer e de controlar em termos de racionalidade formal: no fundo, a causalidade não existe em lógica. Ora, estamos justamente trabalhando hoje na introdução de relações de tipo lógico no domínio da história. A partir do momento em que se introduz na análise histórica das relações de tipo lógico, como a implicação, a exclusão, a transformação, é evidente que a causalidade desaparece. Mas é preciso se desfazer do preconceito segundo o qual uma história sem causalidade não seria mais uma história.]

– *Além da história "causal", seu último livro tem em vista outros objetivos polêmicos: eu me refiro principalmente às ideologias ditas "humanistas".*

– Tentando diagnosticar o presente no qual vivemos, podemos isolar como pertencendo já ao passado algumas tendências que são ainda consideradas como contemporâneas. É precisamente por isso que se atribuiu um valor polêmico a algumas de minhas análises, que eram para mim somente análises. Você se referiu ao meu diagnóstico do humanismo. Em *As palavras e as coisas*, procurei seguir as duas direções de pesquisa de que eu lhe falava: tratava-se de ver como tinha podido constituir-se um objeto para o "saber" e como tinha funcionado certo tipo de discurso. Procurei analisar o fenômeno seguinte: nos discursos científicos que o homem formulou desde o século XVII, apareceu no decorrer do século XVIII um objeto novo: o "homem". Com o homem foi dada a possibilidade de constituir as ciências humanas. Assistiu-se, além disso, à emergência de uma espécie de ideologia ou de tema filosófico geral que era o do valor imprescritível do homem. Quando digo valor imprescritível, eu o digo em um sentido muito preciso, isto é, que o homem apareceu como um objeto de ciência possível – as ciências do homem – e ao mesmo tempo como o ser graças ao qual todo conhecimento é possível. O homem pertencia, então, ao campo dos conhecimentos como objeto possível e, por outro lado, ele era colocado de maneira radical no ponto de origem de toda espécie de conhecimento.

– *Objeto e sujeito, em suma.*

– Sujeito de todo tipo de saber e objeto de um saber possível. Uma situação assim ambígua caracteriza o que se poderia chamar a estrutura antropológico-humanista do pensamento do século XIX. Parece-me que esse pensamento está se desfazendo, desagregando-se sob nossos olhos. Isso se deve, em grande parte, ao desenvolvimento estruturalista. A partir do momento em que nos demos conta de que todo conhecimento humano, toda existência humana, toda vida humana, e talvez até a herança biológica do homem, se encontram presos no interior de estruturas, isto é, no interior de um conjunto formal de elementos que obedecem a relações que podem ser descritas por qualquer um, o homem cessa, por assim dizer, de ser a si mesmo seu próprio sujeito, de ser ao mesmo tempo sujeito e objeto. [Descobre-se que o que torna o homem possível é, no fundo, um conjunto de estruturas, estruturas que ele pode certamente pensar e descrever, mas de que ele não é o sujeito, ou a consciência soberana. Essa redução do homem às estruturas nas quais ele está preso me parece característica do pensamento contemporâneo. É a razão pela qual a ambiguidade do homem como sujeito e objeto não me parece mais, atualmente, uma hipótese fecunda, um tema de pesquisa fecundo.]

– *Como consequência, você afirma, por exemplo, que um pensador como Sartre, quaisquer que sejam seus méritos, pertence ao século XIX. E, no entanto, Sartre é sensível à exigência de uma antropologia que seja não somente histórica, mas estrutural; ele não procura negar as estruturas em proveito do vivido da temporalidade ou da história: procura, ao contrário, conciliar os dois níveis, horizontal e vertical, progressivo e regressivo, diacrônico e sincrônico, estrutural e histórico: todo o seu esforço tende a conciliar a práxis, o sentido com o que se apresenta como pura inércia ao olhar do nível da intencionalidade.*

– Responderei que, a meu ver, o verdadeiro problema hoje é constituído somente na aparência pela relação entre sincronia e diacronia, ou entre estrutura e história. A discussão parece, com efeito, desenvolver-se sobre esse tema. Mas, para dizer a verdade, não viria ao espírito de nenhum "estruturalista" sério querer negar ou reduzir a dimensão diacrônica, assim como nenhum historiador sério ignora a dimensão sincrônica. É assim que Sartre empreende a análise do sincrônico exatamente como Saussure, que deixa um largo espaço para a possibilidade de uma análise diacrônica, e todos os linguistas podem estudar a economia das transformações linguísticas, como, por exemplo, Martinet o fez na França. Em resumo, se o problema se reduzisse somente a isso, seria bastante fácil concordar. Não é, aliás, por nada que se assistiu, sobre esse ponto, a discussões muito interessantes, mas jamais a graves polêmicas. A polêmica, ao contrário, apareceu e atingiu bastante recentemente um grau de intensidade elevado, quando nós questionamos algo diferente: não a diacronia em proveito da sincronia, mas a soberania do sujeito, ou da consciência. É nesse momento que alguns se deixaram levar a explosões passionais. [Parece-me, enfim, que tudo o que está acontecendo atualmente não é redutível à descoberta de relações sincrônicas entre os elementos. Sem esquecer, além disso, que essas análises, quando são desenvolvidas até suas consequências extremas, nos revelam a impossibilidade de continuar a pensar a história e a sociedade em termos de sujeito ou de consciência humana. Poder-se-ia dizer, então, que Sartre não rejeita tanto a sincronia quanto o inconsciente.]

– *Mas Sartre não sustenta jamais que o cogito reflexivo constitui o único ponto de partida; ele diz até, na* Crítica da razão dialética,[1] *que se têm pelo menos dois pontos de partida: além de um ponto de partida metodológico, que faz começar a reflexão a partir do* cogito, *existe outro, antropológico, que define o indivíduo concreto a partir de sua materialidade. Por outro lado, o* cogito *nos abre um mundo que existia já antes da reflexão.*

– Embora se admitisse a existência de um *cogito* pré-reflexivo, o próprio fato de que seja um *cogito* altera inevitavelmente o resultado para o qual se tende.

– *Entretanto, os fenomenólogos poderiam censurá-lo em troca por esquecer, ou ocultar, a gênese de seu olhar sobre as coisas. Em sua análise, há como uma espécie de esquecimento metodológico do sujeito que realiza essa própria análise, como se o fato de levá-la em conta implicasse necessariamente toda uma metafísica.* [*Mas uma interpretação correta da fenomenologia exclui, a meu ver, toda metafísica. É provável que se possa fazer tudo o que você faz no plano da pesquisa efetiva, mesmo se se parte de um ponto de vista fenomenológico (com a condição, é claro, de que não seja muito rígido e restrito).*]

– Responder-lhe-ei, então, que se acreditou efetivamente, durante um momento, que um método podia somente justificar-se na medida em que ele pudesse dar conta da "totalidade". Tomarei um exemplo muito preciso. [Quando os historiadores da filologia estudavam a história de uma língua, eles pretendiam dar conta da evolução dessa língua e do resultado ao qual essa evolução tinha chegado. Nesse sentido, o método histórico era mais compreensivo que o método estrutural enquanto queria dar conta, ao mesmo tempo, da evolução e do resul-

---

1 Sartre (J.-P.), *Critique de la raison dialectique*, precedido de *Questions de méthode*, t. I: *Théorie des ensembles pratiques*, Paris, Gallimard, 1960.

tado. Depois de Saussure, vemos surgir metodologias que se apresentam como metodologias deliberadamente parciais. Isto é, que se recorre à eliminação de certo número de domínios existentes, e é graças a uma tal ocultação que podem aparecer, como por contraste, fenômenos que teriam, de outra maneira, ficado escondidos sob um conjunto de relações muito complexas. Devemos, então, concluir daí que o método fenomenológico quer certamente dar conta de tudo, que se trate do *cogito* ou do que é anterior à reflexão, do que "já está aí" quando desperta a atividade do *cogito*; nesse sentido, ele é mesmo um método totalizante. Acredito, no entanto, que, a partir do momento em que não se pode descrever tudo, que é ocultando o *cogito*, colocando de certa maneira entre parênteses essa ilusão primeira do *cogito* que podemos ver desfilarem sistemas inteiros de relação que, de outra maneira, não seriam descritíveis. Em consequência, não nego o *cogito*, limito-me a observar que sua fecundidade metodológica não é finalmente tão grande quanto se tinha acreditado e que, em todo caso, podemos realizar hoje descrições que me parecem objetivas e positivas, dispensando totalmente o *cogito*. É assim mesmo significativo que eu tenha podido descrever estruturas de saber em seu conjunto sem jamais me referir ao *cogito*, ainda que se tenha sido convencido há vários séculos da impossibilidade de analisar o conhecimento sem partir do *cogito*.

– Certamente, toda pesquisa positiva pode muito bem, e sem dúvida ela o deve, proceder ignorando seus próprios tipos de intencionalidade: nesse sentido de que é indispensável, quando se observa um domínio preciso, isolá-lo de certa maneira do resto, para evitar, como você o dizia há um instante, ser engolido por esse "resto". Mas nem por isso deixa de acontecer que nos situemos sempre, apesar disso, no plano da totalidade, e que a atitude filosófica consiste precisamente no fato de levar em conta esse plano. Não se podem ignorar os problemas de "contexto": pode-se circunscrever tanto quanto se queira um campo de pesquisa, mas não se pode impedir que ele disponha de um contexto. Resulta daí que é, nolens volens, inevitável ser também filósofo: nós o seremos de maneira inconsciente ou ingênua, mas não se pode estudar alguma coisa sem aí implicar o todo. Você pode muito bem colocar entre parênteses esses problemas, porque são problemas filosóficos tradicionais, mas, de uma maneira ou de outra, você

se coloca do ponto de vista do "todo". No fundo, mesmo hoje, a análise pressupõe uma dialética, e cada domínio preciso pressupõe um contexto e, portanto, pressupõe o "todo".
– Trata-se aí de observações que compartilho em uma ampla medida e às quais não é fácil responder. Estimo ficar atento tanto quanto qualquer um, e talvez até mais, ao que poderíamos chamar os "efeitos de contexto". Com efeito, eu me apliquei em compreender, por exemplo, como era possível que, em um tipo de discurso tão limitado, tão meticuloso quanto o da análise gramatical ou da análise filológica, se pudessem observar fenômenos que designam toda uma estrutura epistemológica que encontramos na economia política, na história natural, na biologia e também na filosofia moderna. Eu seria realmente cego se desprezasse em relação à minha própria situação o que tantas vezes eu coloquei em evidência. Sei perfeitamente que estou situado em um contexto. O problema consiste, pois, em saber como se pode chegar à consciência de tal contexto e mesmo, por assim dizer, a integrá-lo, a deixá-lo exercer seus efeitos sobre seu próprio discurso, sobre o próprio discurso que se está mantendo. Você diz que é inevitável ser filósofo no sentido em que é inevitável pensar de alguma maneira a totalidade, ainda que, nos limites no interior dos quais se exerce uma atividade científica, se possa perfeitamente deixar o problema de lado. Mas você está bem seguro de que a filosofia consiste precisamente nisso? Quero dizer que a filosofia que visa a pensar a totalidade poderia perfeitamente ser apenas uma das formas possíveis de filosofia, uma das formas possíveis que foi efetivamente a via real do pensamento filosófico do século passado, a partir de Hegel; mas, afinal de contas, poderíamos muito bem pensar hoje que a filosofia não consiste mais nisso.] Vou fazê-lo observar que, antes de Hegel, a filosofia não dispunha necessariamente dessa pretensão à totalidade: Descartes não produziu uma política mais do que o fizeram Condillac e Malebranche, o pensamento matemático de Hume pode ser negligenciado sem grande perigo. Acredito que, consequentemente, a ideia de uma filosofia que abarca a totalidade é uma ideia relativamente recente; parece-me que a filosofia do século XX está de novo mudando de natureza, não somente no sentido em que ela se limita, em que ela se circunscreve, mas também no sentido em que ela se relativiza. No fundo, o que significa fazer filosofia hoje? Não constituir

um discurso sobre a totalidade, um discurso no qual seja retomada a totalidade do mundo, mas, antes, exercer na realidade certa atividade, certa forma de atividade. Eu diria brevemente que a filosofia é hoje uma forma de atividade que pode exercer-se em campos diferentes. Quando Saussure distinguiu a *langue* da *parole*, e quando, portanto, fez aparecer um objeto para a linguística, ele realizou uma operação de tipo filosófico. Quando, no campo da lógica, Russell trouxe à luz a dificuldade, a impossibilidade de considerar a "existência" como um atributo, ou a proposição existencial como uma proposição de tipo sujeito-atributo, com certeza ele fez o trabalho da lógica, mas a atividade que lhe permitiu realizar essa descoberta de tipo lógico era uma atividade filosófica. É a razão pela qual eu diria que, se a filosofia é menos um discurso que um tipo de atividade interna a um domínio objetivo, não se pode mais exigir dela uma perspectiva totalizante. É por isso que Husserl, na medida em que procurou repensar o conjunto de nosso universo de conhecimentos em função e em relação com um sujeito transcendental, é o último dos filósofos que tiveram pretensões absolutamente universalistas. Essa pretensão me parece hoje ter desaparecido. Nesse ponto, aliás, eu diria que Sartre é um filósofo no sentido mais moderno do termo, porque, no fundo, para ele, a filosofia se reduz essencialmente a uma forma de atividade política. Para Sartre, filosofar hoje é um ato político. Não acredito que Sartre pense ainda que o discurso filosófico seja um discurso sobre a totalidade.

– *Se não me engano, nessa recusa das pretensões à universalidade da filosofia, você se une a Nietzsche.*

– Acredito que Nietzsche, que, afinal de contas, era quase o contemporâneo de Husserl, mesmo se ele deixou de escrever exatamente no momento em que Husserl estava prestes a começar, contestou e dissolveu a totalização husserliana. Para Nietzsche, filosofar consistia em uma série de atos e de operações relacionados com diversos domínios: era filosofar escrever uma tragédia da época grega, era filosofar ocupar-se com filologia ou história. Além disso, Nietzsche descobriu que a atividade particular da filosofia consistia no trabalho do diagnóstico: o que somos hoje? Qual é esse "hoje" no qual vivemos? Tal atividade de diagnóstico comportava um trabalho de escavação sob seus próprios pés para estabelecer como se tinha constituído antes dele todo esse universo de pensamento, de discurso, de cultura que era seu universo. Parece-me que Nietzsche tinha atribuído um novo objeto à filosofia, que foi um pouco esquecido, ainda que Husserl, em *A crise das ciências europeias*,[2] tenha tentado, por sua vez, uma "genealogia". Quanto à influência efetiva que Nietzsche teve sobre mim, ser-me-ia muito difícil precisá-la, porque eu meço justamente quanto ela foi profunda. Eu lhe direi somente que continuei ideologicamente "historicista" e hegeliano até que eu tivesse lido Nietzsche.

– *E, para além de Nietzsche, quais são os outros fatores que o influenciaram mais nesse sentido?*

– Se minhas recordações são exatas, devo a primeira grande sacudida cultural a músicos seriais e dodecafonistas franceses – como Boulez e Barraqué –, aos quais eu estava ligado por relações de amizade. Eles representaram para mim o primeiro "accroc" a esse universo dialético no qual eu tinha vivido.

– *Você continua a se interessar pela música contemporânea, a ouvi-la?*

– Sim, mas não especialmente. Entretanto, eu me dou conta de quanto foi importante para mim ouvir essa música em certo período. Isso teve uma importância tão grande quanto a leitura de Nietzsche. A esse respeito, posso lhe contar uma história. Não sei se você já ouviu Barraqué, se já ouviu falar dele: em minha opinião, é um dos músicos mais geniais e dos mais desconhecidos da geração atual. Pois bem, ele escreveu uma cantata que foi executada em 1955, cujo texto é um texto de Nietzsche que eu tinha conseguido para ele. Hoje, no entanto, eu me interesso mais pela pintura do que pela música.

– *Isso não me surpreende. Eu lhe garanto que admirei muito, em* As palavras e as coisas, *a análise que você fez das* Meninas *de Velásquez. Eu queria lhe fazer outra pergunta sobre esse tema: em que sentido você considera que Klee constitui o pintor contemporâneo mais representativo?*

---

[2] Husserl (E.), "Die Krisis der europäischen Wissenschaften und die transzendentalen Phänomenologie. Einleitung in die Phänomenologie", Belgrado, *Philosophia*, t. I, 1936, p. 77-176 (*La Crise des sciences européennes et la Phénoménologie transcendantale*, trad. G. Granel, Paris, Gallimard, 1976). [(N.R.T.) Publicado pela Forense Universitária: *A crise das ciências europeias e a fenomenologia transcendental*. Rio de Janeiro: Forense Universitária, 2012.]

– A esse respeito, veja, não sei se terei vontade hoje de afirmar isso de um modo tão peremptório, visto que olhei a coisa de um pouco de mais perto e particularmente no que concerne à história das relações entre Klee e Kandinsky, que me parece uma história prodigiosa e que deveria ser analisada muito seriamente.

– *Mas, em* As palavras e as coisas, *você opõe o mundo da "representação", simbolizado por Velásquez, e o mundo de Klee, que corresponde à sensibilidade moderna.*

– Eu continuo a considerar que essa oposição é válida. Klee é aquele que retirou da superfície do mundo toda uma série de figuras que valiam como signos e que as orquestrou no interior do espaço pictórico, deixando-lhes a forma e a estrutura de signos; em resumo, mantendo seu modo de ser de signos e fazendo-os funcionar ao mesmo tempo de maneira a não ter mais significação. E o que há em mim de não estruturalista, de não linguista se extasia diante de tal utilização do signo: isto é, do signo em seu modo de ser de signo, e não em sua capacidade de fazer aparecer o sentido.

– *E, para ficar no domínio da pintura, você tem algo a dizer sobre as novas tendências? Você se interessa, por exemplo, pela* pop art? *Você percebe a emergência de uma nova tendência que lhe interessa?*

– Devo confessar-lhe que não me interessei muito nem pela *pop art* nem pela *op art*, precisamente em razão de sua relação por assim dizer imediata e consciente com o contexto social do qual emergem: é uma relação um pouco muito fácil. Para mim, os grandes pintores contemporâneos são indivíduos como Arnal, Corneille, mesmo se a influência exercida pela *op art* sobre Arnal e Corneille seja bastante insistente.

– *Quais outras influências importantes você sofreu? Você poderia indicar quais foram seus mestres espirituais?*

– Durante um longo período, houve em mim uma espécie de conflito mal resolvido entre a paixão por Blanchot, Bataille e, por outro lado, o interesse que eu nutria por certos estudos positivos, como os de Dumézil e de Lévi-Strauss, por exemplo. Mas, no fundo, essas duas orientações, cujo único denominador comum era, talvez, constituído pelo problema religioso, contribuíram em igual medida para me conduzir ao tema do desaparecimento do sujeito. Quanto a Bataille e a Blanchot, acredito que a experiência do erotismo do primeiro e a da linguagem para o segundo, compreendidas como experiências da dissolução, do desaparecimento, da renegação do sujeito (do sujeito falante e do sujeito erótico), me sugeriram, simplificando um pouco as coisas, o tema que eu transpus na reflexão sobre as análises estruturais ou "funcionais" como as de Dumézil ou de Lévi-Strauss. Em outros termos, considero que a estrutura, a própria possibilidade de manter um discurso rigoroso sobre a estrutura conduzem a um discurso negativo sobre o sujeito, em resumo, a um discurso análogo ao de Bataille e de Blanchot.

– *Seu interesse por Sade se interpreta da mesma maneira?*

– Sim, enquanto Sade constitui um exemplo ótimo, trate-se da renegação do sujeito no erotismo ou do absoluto desdobramento das estruturas em sua positividade mais aritmética. Porque, afinal de contas, Sade é outra coisa senão o desenvolvimento até as consequências mais extremas de toda a combinatória erótica no que ela tem de mais lógico, e isso em uma espécie de exaltação (pelo menos no caso de Juliette) do próprio sujeito, exaltação que conduz a sua explosão completa?

– *Voltemos, assim, ao tema que lhe é caro, o do desaparecimento do sujeito-homem e de toda forma de humanismo. Gostaria que você me explicasse melhor o alcance de suas duas teses. Para começar, você falou de "humanismo moles" (os de Saint-Exupéry,[3] de Camus) para designar esses humanistas que lhe parecem particularmente repugnantes: devo, então, deduzir que existam mesmo para você humanismos dignos de respeito?*

– Eu adotei, com efeito, a expressão "humanismo mole", e isso dá a entender por evidentes razões linguísticas que posso pensar que existem humanismos não moles, duros, que seriam valorizados em relação aos primeiros. Mas, refletindo bem, eu diria que "humanismo mole" é uma fórmula puramente redundante, e que "humanismo" implica, de toda maneira, "moleza".

– *Você sabe que afirmações como essas têm para muitos e até para quase todos um caráter fortemente provocador. Eu gostaria, por conseguinte, que você explicasse um pouco melhor o que entende por isso.*

---

3 Ver *O Homem Está Morto?*, vol. VII da edição brasileira dessa obra.

– Eu lhe responderei que precisamente a utilização do humanismo constitui uma provocação. De fato – e eu me refiro a uma paisagem que você conhece, com certeza, muito bem também, já que é provável que nós a tenhamos atravessado juntos –, você sabe que foi justamente esse humanismo que serviu para justificar, em 1948, o stalinismo e a hegemonia da democracia cristã, que é o próprio humanismo que encontramos em Camus ou no existencialismo de Sartre. No fim dos fins, esse humanismo constituiu, de certa maneira, a pequena prostituta de todo o pensamento, de toda a cultura, de toda a moral, de toda a política dos últimos 20 anos. Eu considero que querer no-lo propor hoje como exemplo de virtude é a provocação.

– *Mas não se trata de tomar um humanismo dado como exemplo de virtude. Você se limitou a condenar um humanismo contraditório com suas próprias premissas, equivocadas ou ultrapassadas; eu gostaria, ao contrário, que você me dissesse como é possível hoje não mais ser humanista de nenhuma maneira.*

– Penso que as ciências humanas não conduzem absolutamente à descoberta de algo que seria o "humano" – a verdade do homem, sua natureza, seu nascimento, seu destino; aquilo de que se ocupam, na realidade, as diversas ciências humanas é algo bem diferente do homem, são sistemas, estruturas, combinações, formas etc. Como consequência, se queremos nos ocupar seriamente com as ciências humanas, será necessário, antes de tudo, destruir essas quimeras obnubilantes que constitui a ideia segundo a qual é preciso procurar o homem.

– *Isso no nível científico, cognitivo. Mas no nível moral...*

– Digamos no nível político: considero de fato que a moral é desde agora integralmente redutível à política e à sexualidade, que, no entanto, é ela mesma redutível à política: é a razão pela qual a moral é a política. A experiência dos 50 últimos anos (e não somente esses) prova quanto esse tema humanista não somente não tem nenhuma fecundidade, mas se mostra nocivo, nefasto, visto que permitiu as operações políticas mais diversas e mais perigosas; na realidade, os problemas que se apresentam aos que fazem política são problemas como o que consiste em saber se é preciso deixar aumentar o índice de crescimento demográfico, se vale mais a pena estimular a indústria pesada ou a indústria leve, se o consumo, o aumento do consumo podem apresentar em uma conjuntura dada vantagens econômicas ou não. Eis os problemas políticos. E, nesse plano, não encontramos jamais "homens".

– *Mas você não está propondo, por sua vez, um humanismo? Por que sustentar uma orientação econômica mais que outra, por que regular o índice de aumento demográfico? Por meio de todas essas operações políticas, não se visa, no fundo, ao bem-estar dos homens?*

O que se encontra na base da economia senão o homem, não somente como força de trabalho, mas também como fim? Como pode você nesse ponto não retratar, pelo menos em parte, a afirmação niilista do "desaparecimento" do homem, da "dissolução" do homem? Em resumo, não acredito que você dê um valor absoluto a essas afirmações. Mas se lhes dá um, eu gostaria que o dissesse claramente e, se possível, que possa justificá-lo. A menos que você o compreenda somente como um slogan *concebido para desmistificar.*

– Eu não desejaria que isso fosse considerado como um *slogan*. Tornou-se, daqui para frente, um *slogan*, é verdade, mas contra minha vontade. Trata-se de uma de minhas convicções profundas devidas a todos os maus serviços que essa ideia do homem nos prestou durante inúmeros anos.

– *Maus serviços... ao homem. Você vê que mesmo sua exigência é uma exigência humanista. Em resumo, até que ponto você pensa que pode negar o humanismo, visto que, concretamente, se limita a denunciar os humanismos contraditórios com suas próprias premissas, ou ultrapassadas, ou muito limitadas (o que implica a existência de uma ideologia humanista mais moderna, mais adequada à situação atual, mais elástica)?*

– Eu não desejaria aparecer como o promotor de um humanismo tecnocrático ou uma espécie de humanismo que não ousa se declarar como tal. É verdade que ninguém é mais humanista que os tecnocratas. Por outro lado, deve, entretanto, ser possível fazer uma política de esquerda que não se prevaleça de todos esses mitos humanistas confusos. Eu penso que se pode definir o ótimo do funcionamento social, obtendo-o, graças a certa relação entre aumento demográfico, consumo, liberdade individual, possibilidade de prazer para cada um sem jamais se apoiar em uma ideia do homem. Um ótimo de funcionamento pode ser definido de maneira interna, sem que se possa dizer "para quem" é melhor que isso seja assim. Os

tecnocratas, estes são humanistas, a tecnocracia é uma forma de humanismo. Eles consideram, com efeito, que são os únicos a deter o jogo de cartas que permitiria definir o que é "a felicidade dos homens" e realizá-la.
– *Mas você não se coloca o mesmo problema?*
– Não, por quê? Eu relaciono, ao contrário, a tecnocracia com o humanismo e refuto os dois.
– *Sim, mas é porque você vê nesse humanismo tecnocrático um mau humanismo ao qual opõe outra maneira, mais válida, de ser humanista.*
– Mas para quem "ser humanista"? Eu digo somente que podemos procurar definir, politicamente, o ótimo de funcionamento social que é hoje possível.
– *Mas o funcionamento social é o funcionamento dos homens que constituem uma dada sociedade.*
– É evidente que lhe dizendo que o homem cessou de existir eu não quis absolutamente dizer que o homem, como espécie viva ou espécie social, desapareceu do planeta. O funcionamento social será, certamente, o funcionamento dos indivíduos em relação mútua.
– *Simplesmente, você pensa que não é absolutamente necessário unir esses mitos humanistas ao problema do funcionamento dos homens em relação entre eles.*
– Estamos aparentemente discutindo o problema do humanismo, mas eu me pergunto se, na realidade, não estaríamos nos referindo a um problema mais simples, o da felicidade. Eu considero que o humanismo, pelo menos em um plano político, poderia definir-se como toda atitude que considera que o fim da política é produzir felicidade. Ora, eu não acredito que a noção de felicidade seja verdadeiramente pensável. A felicidade não existe, a felicidade dos homens existe ainda menos.
– *O que você opõe à noção de felicidade?*
– Não se pode opor nada à noção de felicidade: pode-se opor B a A, mas somente quando A existe.
– *Então, você pensa que, em vez de apresentar problemas em termos de felicidade, é preciso apresentá-los em termos de funcionamento?*
– Certamente.
– *Isso lhe parece satisfatório? Esse fetichismo do bom funcionamento não é um pouco masoquista?*

– É preciso resignar-se a tomar, em face da humanidade, uma posição análoga à que se tomou, por volta do fim do século XVIII, em relação às outras espécies vivas, quando se percebeu que elas não funcionavam para alguém – nem para si mesmas, nem para o homem, nem para Deus –, mas que elas funcionavam, e só. O organismo funciona. Por que ele funciona? Para se reproduzir? Absolutamente não. Para se manter em vida? Muito menos. Ele funciona. Ele funciona de maneira muito ambígua, para viver, mas também para morrer, já que é bem sabido que o funcionamento que permite viver é um funcionamento que se gasta de maneira incessante, de tal maneira que é justamente o que permite viver que produz, ao mesmo tempo, a morte. A espécie não funciona para si mesma, nem para o homem, nem para a maior glória de Deus; ela se limita a funcionar. Pode-se dizer a mesma coisa da espécie humana. A humanidade é uma espécie dotada de um sistema nervoso tal que até certo ponto ela pode controlar seu próprio funcionamento. E é claro que essa possibilidade de controle suscita continuamente a ideia de que a humanidade deva ter um fim. Descobrimos esse fim na medida em que temos a possibilidade de controlar nosso próprio funcionamento. Mas é inverter as coisas. Nós nos dizemos: como temos um fim, devemos controlar nosso funcionamento; enquanto, na realidade, é somente na base dessa possibilidade de controle que podem surgir todas as ideologias, as filosofias, as metafísicas, as religiões, que fornecem certa imagem capaz de polarizar essa possibilidade de controle do funcionamento. Você compreende o que quero dizer? É a possibilidade de controle que faz nascer a ideia de fim. Mas a humanidade não dispõe, na realidade, de nenhum fim, ela funciona, ela controla seu próprio funcionamento, e faz surgir a cada instante justificações desse controle. É preciso resignar-se a admitir que há aí apenas justificações. O humanismo é uma delas, a última.

– *Mas, se lhe dissessem: sem dúvida para o bom funcionamento desse sistema, são necessárias justificações. O humanismo poderia constituir uma das condições que facilitariam o bom funcionamento da sociedade, sem pretender atribuir um valor absoluto nem ao sentido nem aos fins da humanidade.*

– Eu diria que sua hipótese me reforça na ideia que tenho há algum tempo, isto é, que o homem, a ideia de homem, funcionou, no século XIX, um pouco como a ideia de

Deus tinha funcionado no decorrer dos séculos precedentes. Acreditava-se, e ainda se acreditava no século passado, que era praticamente impossível que o homem pudesse suportar a ideia de que Deus não existe ("se Deus não existisse, tudo seria permitido", repetia-se). Ficava-se espantado com a ideia de uma humanidade que pudesse funcionar sem Deus, donde a convicção de que era preciso manter a ideia de Deus para que a humanidade pudesse continuar a funcionar. Você me diz agora: talvez seja necessário que a ideia da humanidade exista, mesmo que seja somente um mito para que a humanidade funcione. Eu lhe responderei: talvez, mas talvez não. Nem mais nem menos que a ideia de Deus.

– *Mas há antes de tudo uma diferença, porque eu não digo que a humanidade deveria adquirir um valor transcendente ou metafísico. Eu lhe digo somente que, já que há homens, é preciso que esses homens no interior de seu próprio funcionamento se pressuponham de uma maneira ou de outra. Sem contar que não há, talvez, nada de mais mítico que essa ausência de mito totalizante: hoje pelo menos, porque não se pode certamente excluir* a priori *que um dia ou outro a humanidade possa funcionar sem mitos (coisa que me parece de qualquer maneira improvável).*

– O papel do filósofo, que é o de dizer "o que acontece", consiste, talvez, hoje, em demonstrar que a humanidade começa a descobrir que ela pode funcionar sem mitos. O desaparecimento das filosofias e das religiões corresponderia, provavelmente, a algo desse gênero.

– *Mas, se o papel do filósofo é mesmo o que você diz, por que você fala de desaparecimento das filosofias? Se o filósofo tem um papel, por que ele deve desaparecer?*

– Eu lhe falei de um desaparecimento das filosofias, e não de um desaparecimento do filósofo. Eu acredito que exista certo tipo de atividades "filosóficas", em domínios determinados, que consistem, em geral, em diagnosticar o presente de uma cultura: é a verdadeira função que podem ter, hoje, os indivíduos que nós chamamos filósofos.

1969

Conversação com Michel Foucault

"Conversazione con Michel Foucault" ("Conversation avec Michel Foucault"; conversa com P. Caruso; trad. C. Lazzeri), *in* Caruso (P.), *Conversazioni con Claude Lévi-Strauss, Michel Foucault, Jacques Lacan*, Milão, Mursia, 1969, p. 91-131. Ver *"Que é o senhor, professor Foucault?"*, neste volume.

1969

O Nascimento de um Mundo

"La naissance d'un monde" (conversa com J.-M. Palmier), *Le Monde*, suplemento: *Le Monde des livres*, n. 7.558, 3 de maio de 1969, p. VIII.

– Michel Foucault, você é conhecido hoje como um dos grandes teóricos desse imenso domínio de investigações que é a epistemologia, e principalmente como o autor de dois livros que entusiasmaram um vasto público: História da loucura na Idade Clássica *e* As palavras e as coisas. *Você acaba de publicar recentemente* A arqueologia do saber. *Eu gostaria, se você quiser, que você tentasse precisar o que os une.*

– Os três livros que escrevi, antes desse, *História da loucura*, *As palavras e as coisas* e *O Nascimento da clínica*, eu os escrevi em uma semiconsciência feliz, com muita ingenuidade e um pouco de inocência. No último momento, me dei conta, redigindo *As palavras e as coisas*, de que essas três séries de estudos não deixavam de ter relação e que, por outro lado, levantavam uma quantidade de problemas e de dificuldades, tanto que antes mesmo de ter terminado *As palavras e as coisas* eu me senti na obrigação de escrever outro livro que esclareceria a unidade dos anteriores e que tentaria resolver os problemas levantados. Quando tomei consciência disso, fiquei decepcionado. Sonha-se sempre, escrevendo, que é a última vez e, de fato, não é verdade. As questões levantadas, as objeções feitas me obrigaram a voltar ao trabalho e bastante estimulado, seja em um modo de diversão, seja no do interesse, e, às vezes, no da irritação. Esse livro, *A arqueologia do saber*, é, ao mesmo tempo, uma retomada do que eu tinha tentado, o desejo de retificar inexatidões, imprudências contidas nos livros anteriores e também a tentativa de traçar antecipadamente o caminho de um trabalho ulterior, que espero jamais escrever, em consequência de circunstâncias imprevistas!

– *Você poderia precisar esse conceito essencial a seu empreendimento, o de arqueologia?*

– Arqueologia – eu o empreguei como jogo de palavras para designar algo que seria a descrição do *arquivo*, e absolutamente não a descoberta de um começo ou a exposição à luz das ossadas do passado.

Por arquivo entendo, primeiramente, a massa das coisas ditas em uma cultura, conservadas, valorizadas, reutilizadas, repetidas e transformadas. Em resumo, toda essa massa verbal que foi fabricada pelos homens, investida em suas técnicas e suas instituições, e que é tecida com sua existência e sua história. Essa massa de coisas ditas, eu a encaro não pelo lado da língua, do sistema linguístico que elas colocam em ação, mas pelo lado das operações que lhe dão nascimento. Meu problema poderia enunciar-se assim: como se faz que em uma dada época se possa dizer isto e que jamais tenha sido dito? É, em uma palavra, se você permite, a análise das condições históricas que dão conta do que se diz ou do que se rejeita, ou do que se transforma na massa das coisas ditas.

O "arquivo" aparece, então, como uma espécie de grande prática dos discursos, prática que tem suas regras, suas condições, seu funcionamento e seus efeitos.

Os problemas apresentados pela análise dessa prática são os seguintes:

• quais são os diferentes tipos particulares de prática discursiva que se podem encontrar em dada época?

• quais são as relações que se podem estabelecer entre essas diferentes práticas?

• quais são as transformações de que essas práticas são suscetíveis?

– *Censuraram-no – estou pensando em Sartre, em especial – por querer substituir a história pela arqueologia, por substituir "o cinema pela lanterna mágica" (Sartre). Sua visão é tão oposta a um pensamento histórico e dialético como o de Sartre? Em que ela o contradiz?*

– Sou inteiramente contrário a certa concepção da história que assume como modelo uma espécie de grande evolução contínua e homogênea, uma espécie de grande vida mítica.

Os historiadores sabem bem agora que a massa dos documentos históricos pode ser combinada conforme séries diferentes que não têm nem as mesmas referências nem o mesmo tipo de evolução. A história da civilização material (técnicas agrícolas, *habitat*, instrumentos domésticos, meios de transporte) não se desenvolve da mesma maneira que a história das instituições políticas ou que a história dos fluxos monetários. O que Marc Bloch, Febvre e Braudel mostraram para a história simplesmente, pode-se demonstrá-lo, eu penso, para a história das ideias, do conhecimento, do pensamento em geral. Assim, é possível fazer a história da paralisia geral, a história do pensamento de Pasteur, mas pode-se, também, em um nível que foi bastante negligenciado até o presente, empreender a análise histórica do discurso médico no século XIX ou na época moderna. Essa história não será a das descobertas e dos erros, não será a das influências e das originalidades, mas a história das condições que tornaram possíveis a aparição, o funcionamento e a transformação do discurso médico.

Eu sou também contrário a uma forma de história que coloca a mudança como dada e que se propõe como tarefa descobrir sua causa. Eu acredito que há para o historiador uma tarefa preliminar, mais modesta, se você permite, ou mais radical, que consiste em fazer a pergunta: em que precisamente consistiu a mudança? Isso quer dizer: não há entre diversos níveis de mudanças algumas modificações imediatamente visíveis, saltando aos olhos como acontecimentos bem-individualizados, e algumas outras, no entanto muito precisas, encontrando-se ocultas em níveis em que elas aparecem muito menos? Ou seja, a primeira tarefa é distinguir tipos diferentes de eventos. A segunda é definir as transformações que aconteceram efetivamente, o sistema segundo o qual algumas variáveis ficaram constantes, enquanto outras foram modificadas. A grande mitologia da mudança, da evolução, do *perpetuum mobile*, é preciso substituir pela descrição séria dos tipos de eventos e dos sistemas de transformações, estabelecer séries e séries de séries. Ora, o que é um quadro senão uma série de séries? Evidentemente, não é o cinema.

– *Frequentemente aproximaram seus trabalhos de pesquisas de Claude Lévi-Strauss e de Jacques Lacan, amalgamadas sob a etiqueta de "estruturalismo". Em que medida você aceita essa aproximação? Há uma real convergência em suas pesquisas?*

– Cabe àqueles que utilizam, para designar trabalhos diversos, essa mesma etiqueta de "estruturalismo" dizer em que nós o somos. Você conhece a adivinhação: que diferença há entre Bernard Shaw e Charlie Chaplin? Nenhuma, pois os dois têm uma barba, com exceção de Chaplin, é claro!

– *Em As palavras e as coisas, você fala de uma "morte do homem". Isso suscitou uma forte emoção e inúmeras controvérsias entre nossos bons humanistas. O que você pensa disso?*

– Não há por que se comover particularmente com o fim do homem: é apenas o caso particular, ou se você quiser assim, uma das formas visíveis de um falecimento muito mais geral. Eu não entendo por isso a morte de Deus, mas a do sujeito, do Sujeito maiúsculo, do sujeito como origem e fundamento do Saber, da Liberdade, da Linguagem e da História.

Pode-se dizer que toda a civilização ocidental sujeitou-se, e os filósofos não fizeram outra coisa senão estabelecer a constatação, referindo todo pensamento e toda verdade à consciência, ao Eu, ao Sujeito. No ribombar que nos sacode hoje, deve-se, talvez, reconhecer o nascimento de um mundo em que se saberá que o sujeito não é uno, mas dividido, não soberano, mas dependente, não origem absoluta, mas função modificável incessantemente.

1971

Carta do Sr. Michel Foucault

"Lettre de M. Michel Foucault", *La Pensée*, n. 159, setembro-outubro de 1971, p. 141-144. (Resposta ao artigo de J.-M. Pelorson, "Michel Foucault et l'Espagne", *La Pensée*, n. 152, agosto de 1970, p. 88-89.)

Este texto tinha sido objeto de atenuações por parte de M. Foucault, a pedido de Marcel Cornu, que modificou, não obstante, alguns termos. As notas restabelecem o texto original.

Em seu artigo, o Sr. Pelorson provoca em meu texto certo número de deformações maiores que tornam inútil toda discussão de fundo, mas que devem ser levantadas para honrar a crítica.[1]

1º) *Um erro teórico de conjunto.* Por cinco ou seis vezes, o Sr. Pelorson qualifica meu trabalho de "estruturalista". Ora, em nenhum momento, jamais utilizei os métodos próprios das análises estruturais. Jamais pretendi ser estruturalista, pelo contrário. Isso, eu o disse, repeti, expliquei há anos.

Expressões como "sucessão de *estruturas* na *episteme* do *Homem* europeu" ou "o postulado do estruturalismo de Foucault é que há uma *episteme* do *Homem* europeu" são, para os que me leram, o mesmo que aberrações.

2º) *Um jogo de passa-passa.*[2] A *História da loucura*, diz o Sr. Pelorson, é "*de fato* o inventário dos ritos de exclusão". Inventário, é claro, escandalosamente incompleto: faltam aí, ainda conforme o Sr. Pelorson, a excomunhão, as prisões, as expulsões, e, principalmente, as galeras que, com certeza, não entram (cito ainda o mesmo autor) "no âmbito de uma história da loucura".

---

[1] "*Pour de simples raisons de morale*" – "Por simples razões de moral", em vez de "*pour l'honneur de la critique*" – "para honrar a crítica".
[2] "*Une jonglerie*" – "um malabarismo", e não "*Un tour de passe-passe*".

O que quer, então, dizer "*de fato*" para o Sr. Pelorson? Vejo nisso, de minha parte, um jogo de passa-passa e duas inexatidões.[3]

O jogo de passa-passa: pretender que eu não tratei o verdadeiro assunto do livro (a loucura); que eu o substituí por outro (a exclusão); que eu não tratei esse outro (por falha e insuficiência); e que eu omiti temas que eram justamente estranhos à história da loucura. Em suma: você errou estendendo para além de suas legítimas fronteiras um assunto que errou em limitar a essas mesmas fronteiras.

Primeira inexatidão:[4] eu não falei das prisões na Idade Média e no Renascimento? Remeta-se às páginas 11-12 e 179.

Segunda inexatidão:[5] eu não falei das expulsões? Leia as páginas 10 a 13, e as referências a expulsões individuais e coletivas (cf. ed. 10/18, p. 18-21).

Portanto: eu tratei das prisões e das expulsões em relação com a loucura. O que o Sr. Pelorson não confirma (ver o jogo de passa-passa).

3º) *Uma ignorância*[6] *histórica.* A respeito de antigos leprosários em casas de internação, eu teria citado "alguns exemplos", e dois somente "mais probatórios" que os outros: Toulouse e Lipplingen.

O Sr. Pelorson deve ter suas razões para pensar que Château-Thierry, Voley, Charenton, Saint-Germain, o hospital geral de Clermont, a Charité de Dijon, Breslau (todos citados) são "menos probatórios" que Toulouse ou Lipplingen. Não lhe compliquemos a tarefa; ele vai, certamente, poder justificar-se sobre um caso preciso: Saint-Lazare.

4º) *Uma confusão.*[7] A circulação de loucos nos séculos XV e XVI, uma realidade ou um mito? Atribuindo "valor documentário" a imagens ou a obras literárias, eu teria entendido um mito como uma realidade.

Na página 10, com efeito, evoco a figura mítica do Narrenschiff. Depois, eu a confronto com práticas reais e atestadas:[8]

---

3 "*Mensonges*" – "mentiras", em vez de "*inexactitudes*" – "inexatidões".
4 "*Mensonge*" – "mentira", em vez de "*inexactitude*" – "inexatidão".
5 "*Mensonge*" – "mentira", em vez de "*inexactitude*" – "inexatidão".
6 "*Incertitude*" – "incerteza", e não "ignorância".
7 "*Un mythe*" – "Um mito", e não "Uma confusão".
8 "*Documents*" – "Documentos" tornou-se "práticas reais e atestadas".

- os[9] documentos sobre os loucos expulsos de Frankfurt, mandados para Mayence de barco, ou reconduzidos a Kreuznach; esses documentos citados na página 11, conforme Kriegk, são obras literárias (ed. 10/18, p. 19)?
- as expulsões cifradas, datadas e citadas com indicações bibliográficas nas páginas 10-13 são mitos?
- as peregrinações a Larchant, a Gournay, a Besançon, a Geehl são mitos (ed. 10/18, p. 20)?
- o documento citado na página 12, e que indica o preço de uma substituição para uma peregrinação de loucos, é um mito?
- essa metade de estrangeiros entre os loucos aprisionados em Nuremberg, um mito?

Depois de ter lembrado essas práticas reais, eu mostro como elas puderam servir como apoio a temas imaginários. Que o Sr. Pelorson discuta, então, os fatos invocados e as fontes citadas.

5º) *Frequentes manipulações*. A mais simples, evidentemente, consiste em cortar.

Eis duas frases: "O asilo assumiu rigorosamente o lugar do leprosário na geografia"; e: "O asilo assumiu rigorosamente o lugar do leprosário na geografia dos lugares assombrados como nas paisagens do universo moral." A segunda é o que eu escrevi; a primeira é o que o Sr. Pelorson recopiou.

Outra manipulação consiste em pular linhas, saltar parágrafos e virar várias páginas de uma vez. Para poder dizer que eu não "apaguei nenhuma palavra" do delírio apaixonado, é preciso saltar as páginas 46 e 47 (cf. ed. 10/18, p. 45). E para pretender que eu não falei do Orestes, de Racine, é preciso não ter chegado à página 299: aí começa um parágrafo de três páginas inteiramente consagradas a *Andrômaca*. Para poder dizer que eu poli a imagem mítica de uma Renascença que não teria usado gestos e ritos da detenção, é preciso omitir:
- as páginas 10-13, em que cito estabelecimentos e práticas de detenção em Nuremberg, Paris, Melun, Hamburgo, Lübeck, Caen;
- as páginas 137-138, em que cito as macas de força no Hôtel-Dieu e em Bethléem;

---

9 "*Ces*" – "esses" em vez de "os".

- a página 179, em que me refiro ao uso de mostrar os loucos acorrentados nos Narrtürmer (cf. ed. 10/18, p. 85); e
- as páginas 146-147, em que falo do desenvolvimento precoce das casas de alienados na Espanha (Valência, Saragossa, Sevilha, Toledo), na Itália (Pádua, Bérgamo), na Suécia (Uppsala).

Outra manipulação consiste em "resumir sem caricatura". Eu teria dito simplesmente que os desempregados e os pobres que incomodavam eram expulsos e perseguidos no século XVI, mas internados no século XVII. Ora, na página 65, cito, para a Inglaterra, o ato de 1575 e a obrigação de construir "casas de correção"; um pouco mais tarde, a permissão dada aos particulares para abrirem as casas de pobres; depois, a obrigação de estabelecer oficinas e manufaturas para os desempregados. Para a França (p. 77 e seguintes), cito o ato de 1532 do Parlamento de Paris, obrigando os vagabundos a trabalharem com correntes nos pés; as medidas tomadas na época de Henrique IV; os motins populares de Paris, Lyon, Rouen; a constituição de agrupamentos operários e sua repressão; a oposição a esse respeito entre a Igreja e o Parlamento (cf. ed. 10/18, p. 63-69).

Que a colocação no trabalho dos pobres desempregados seja uma preocupação no século XVI, vejo além disso a prova na obra de Vives (que exige, para os pobres, magistrados, registros, oficinas, e, sendo o caso, casa de internação), depois a de Medina e de Pérez Herrera (cf. p. 71-72).

Com efeito, o resumo do Sr. Pelorson não é uma caricatura. As caricaturas são semelhantes.

6º) Um desconhecimento dos textos.[10] Segundo o Sr. Pelorson, eu não poderia citar senão um único documento provando que a exclusão do leproso era acompanhada de uma consolação e de uma reintegração espirituais.

Por que o Sr. Pelorson não se reportou às fontes que eu cito? Aí ele teria encontrado menção aos rituais de Rouen, Mons, Chartres, Lille; ele teria lido este texto que eu gostaria de relatar aqui, de tão belo:[11]

---

10 "*Une étrange absence de preuves*" – "Uma estranha ausência de provas" tornou-se "Um desconhecimento dos textos".
11 M. Foucault tinha escrito: "... *tant il est beau et mérite de faire oublier un instant le bon M. Pelorson*" – "... de tão belo (que é) e merece fazer esquecer por um momento o Sr. Pelorson".

"Por ter de sofrer muita tristeza, tribulações, lepra e outras adversidades do mundo, chega-se ao Reino do Paraíso, onde não há nenhuma doença, nenhuma adversidade, mas todos são puros e limpos, sem lixo e nenhuma mancha de lixo, mais resplandecentes que o sol, onde quer que vão se a Deus agrada" (ritual de Reginald, Reims).

7º) *Uma soberba incompetência.* Para júbilo dos leitores, é preciso citar agora um texto do Sr. Pelorson: loucura e patetice "são sinôns na terminologia de Foucault... Ora, o autor não considerou que Dom Quixote é a mais clara ilustração de uma distinção feita na época, e, provavelmente, desde sempre, entre a loucura e a parvoíce. Com certeza, nos insultos entre os homens sensatos, as duas palavras são frequentemente equivalentes. Mas, quando surge um verdadeiro louco, então a parvoíce é sentida como diferente".

Eu poderia, é claro, deter-me na primeira frase, e dizer[12] que, em 642 páginas, eu falei duas vezes do louco representado como bobo no teatro e na iconografia da Renascença; que é, portanto, absurdo pretender que são sinônimos "em minha terminologia". Mas o texto do Sr. Pelorson é muito errôneo para que eu passe:

• eu lembrarei somente a existência, no século XVII, de todo um campo semântico de termos que se avizinham e se sobrepõem: *fous, sots, fats, têtes vides, têtes creuses, imbéciles, stupides, nigauds, niais, simples* – loucos, bobos, arrogantes, cabeças vazias, cabeças ocas, imbecis, estúpidos, simplórios, tolos, simples. Reportemo-nos especialmente a essa estranha produção literária citada nas páginas 51-53;

• na prática da internação clássica, a grande oposição está entre "furor" e "fraqueza de espírito", que são duas grandes categorias de alienação (cf. os registros citados);

• assim também nos tratados de medicina: cf. a análise da *Stupiditas*, por Willis (p. 306-309); o artigo da *Enciclopédia*, no qual Aumont define a demência como uma "grande bobagem"; cf. Weickhardt que, no fim do século XVIII, classificava ainda entre as *Geisteskrankheiten* as fraquezas de imaginação, de atenção e de memória (p. 236-237);

• a jurisprudência médica utiliza correntemente, na época clássica, a noção de *Fatuitas* (Zacchias, citado na p. 159); e

---

12 "*Faire valoir*" – "fazer valer", em vez de "dizer".

- quanto à palavra "*niais* – tolo", antes de *Dom Quixote*, La Boétie dizia de Claude que ele não era somente "simples", mas "tolo". No tempo de *Dom Quixote*? Leia Laurens... Depois de *Dom Quixote*? "A demência recebeu diferentes nomes: na infância, *chamam-na ordinariamente* bêtise/*burrice ou* niaiserie/*tolice*" (Dufour, 1770). Provavelmente, mas onde encontrar esse texto de Dufour? Pois bem, em um livro que o Sr. Pelorson manifestamente não leu: *História da loucura*, p. 315.

8º) Uma leitura parcial. Em nenhum lugar, eu teria distinguido a Razão do Entendimento. O Sr. Pelorson não teria lido as páginas 201 a 217, entre outras?

É que, para fazer sua análise, o Sr. Pelorson não leu nem corretamente a edição abreviada da *História da loucura*, o que lhe permite não se abarrotar nem das notas, nem das referências, nem de uma grande metade do texto. É mais rápido. Mas, quando se trata de criticar o assunto, os métodos, os conceitos fundamentais, a exatidão histórica e a documentação de uma obra, eu pergunto: como qualificar essa maneira de agir?

E o fim do artigo do Sr. Pelorson? Eu voltarei a ele em outra parte, e mais tarde. Chega por hoje. Uma palavra ainda: o Sr. Pelorson diz (também ele) que pratica a "abertura", sem tomar partido como especialista. Se a leitura exata, a competência e a atenção aos textos são especialidades, o Sr. Pelorson, com efeito, não tem tais opiniões preconcebidas.

1971

Para Além do Bem e do Mal

"Par-delà le bien et le mal" (conversa com os colegiais Alain, Frédéric, Jean-François, Jean-Pierre, Philippe, Serge, gravada por M.-A. Burnier e P. Graine), *Actuel*, n. 14, novembro de 1971, p. 42-47.

M. Foucault: Qual é a forma de repressão mais insuportável para um colegial de hoje: a autoridade familiar, o controle quotidiano que a polícia exerce sobre a vida de cada homem, a organização e a disciplina dos colégios, ou essa passividade que lhe impõe a imprensa, inclusive, talvez, um jornal como *Actuel*?

Serge: A repressão nos colégios: ela é evidente porque se aplica a um grupo que se esforça para agir. Ela é mais violenta, e é sentida mais fortemente.

Alain: Não se deve esquecer a rua, as revistas do Quartier Latin, os policiais que bloqueiam sua moto com o carro deles para ver se você não teria droga. Essa presença contínua: eu não posso sentar-me no chão sem que um homem com quepe me force a levantar-me. Dito isso, a repressão no ensino, a informação orientada, talvez seja pior...

Serge: É preciso distinguir: primeiramente, a ação dos pais, que lhe impõem o colégio como uma etapa para uma situação profissional determinada e que se esforçam em afastar antecipadamente o que poderia ser prejudicial e essa situação; em seguida, a Administração, que proíbe toda ação livre e coletiva, mesmo anódina; enfim, o próprio ensino – mas aí, é mais confuso...

Jean-Pierre: Em muitos casos, o ensino do professor não é imediatamente sentido como repressivo, mesmo que o seja profundamente.

M. Foucault: É claro, o saber transmitido assume sempre uma aparência positiva. Na realidade – e o movimento de maio o destacou fortemente –, ele funciona como uma dupla repressão: em relação aos que são dele excluídos, em relação aos que o recebem e aos que ele impõe um modelo, normas, uma grade.[1]

Philippe: Segundo você, nosso sistema de ensino, mais do que transmitir um verdadeiro saber, tenderia antes de tudo a distinguir os bons elementos dos maus segundo os critérios do conformismo social...

M. Foucault: O próprio saber, tal como é apresentado, implica já uma conformidade política:[2] em história, pedem-lhes que saibam certo número de coisas e que não saibam outras – ou, antes, certo número de coisas constituem o saber em seu conteúdo e em suas normas. Dois exemplos. O saber oficial sempre representou o poder político como o desafio de uma luta no interior de uma classe social (querelas dinásticas na aristocracia, conflitos parlamentares na burguesia); ou ainda como o que está em jogo em uma luta entre a aristocracia e a burguesia. Quanto aos movimentos populares, foram apresentados como devidos à fome, ao imposto, ao desemprego; jamais como uma luta pelo poder, como se as massas pudessem sonhar em comer bem, mas, certamente, não exercer o poder. A história das lutas pelo poder, portanto das condições reais de seu exercício e de sua manutenção, fica quase inteiramente imersa. O saber não chega aí: isso não deve ser sabido. Outro exemplo:[3] no início do século XIX, os operários realizaram

---

1 Essa conversa foi republicada em *Actuel, C'est demain la veille*, Paris, Éd. du Seuil, 1973, p. 21-43, com algumas diferenças de retranscrição marcadas em nota. Pode-se, assim, ler, nesta parte da conversa: "É claro, o saber transmitido assume sempre uma aparência positiva. Na realidade, ele funciona segundo todo um jogo de repressão e de exclusão – o movimento de maio na França faz tomar consciência, fortemente, de alguns de seus aspectos: exclusão dos que não têm direito ao saber, ou que só têm direito a algum tipo de saber; imposição de certa norma, de certa grade de saber que se esconde sob o aspecto desinteressado, universal, objetivo do conhecimento; existência daquilo que se poderia chamar os 'circuitos do saber reservados', os que se formam no interior de um aparelho de administração ou de governo, de um aparelho de produção, e aos quais não se pode ter acesso do exterior."

2 Versão de 1973: "O saber acadêmico, tal como é distribuído no sistema de ensino, implica, evidentemente, uma conformidade política..."

3 Versão de 1973: "Outro exemplo, o de um saber operário. Há, por um lado, todo um saber técnico dos operários que foi o objeto de uma incessante extração, translação, transformação por parte do patronato e por intermédio dos que constituem 'os funcionários técnicos' do sistema industrial: sob a divisão

vastas investigações sobre sua própria condição. Esse trabalho forneceu uma grande parte da documentação de Marx; ele foi um dos fundamentos da prática política e sindical do proletariado no século XIX; ele se mantém e se desenvolve através das lutas. Ora, esse saber jamais apareceu no saber oficial. Nesse exemplo, não são mais os processos reais que são afastados do saber; é um saber que é excluído do saber. Se ele emerge timidamente hoje, é no segundo grau [ensino médio, no Brasil], através do estudo de Marx, e seu aspecto mais assimilável.

Jean-François: Em seu colégio, por exemplo, há uma forte porcentagem de alunos de origem operária?

Alain: Um pouco menos de 50%.

Jean-François: Falaram para vocês dos sindicatos na aula de história?

Alain: Não na minha classe.

Serge: Nem na minha. Olhem a organização dos estudos: nas classes menores, só se cuida do passado. É preciso ter 16 ou 17 anos para chegar enfim aos movimentos e às doutrinas modernas, os únicos que podem ser um pouco subversivos. Mesmo no primeiro colegial [ensino médio, primeiro ano], os professores de francês se recusam absolutamente a abordar os autores contemporâneos: jamais uma palavra sobre os problemas da vida real. Quando se toca neles, no segundo ou no terceiro colegial, os "caras" já estão condicionados por todo ensino passado.

M. Foucault: É um princípio de leitura – portanto, de escolha e de exclusão – pelo que se diz, se faz, acontece atualmente. "De tudo o que acontece, você não vai compreender, não vai perceber o que ficou inteligível pelo que foi mostrado cuidadosamente no passado; e que, para dizer a verdade, só foi mostrado para tornar ininteligível o resto." Sob as aparências do que foi sucessivamente chamado de verdade, o homem,

---

do trabalho, por meio dela e graças a ela, todo um mecanismo de apropriação do saber, que mascara, confisca e desqualifica o saber operário (seria necessário analisar nessa perspectiva as 'grandes escolas científicas').

E, depois, há todo o saber político dos operários (conhecimento de sua condição, memória de suas lutas, experiências de estratégias). É esse saber que foi um instrumento do combate da classe operária e que se elaborou por meio desse combate. No primeiro exemplo que eu citava, tratava-se de processos reais que eram afastados do saber acadêmico. No segundo, trata-se de um saber que é ou desapropriado, ou excluído pelo saber acadêmico.

Jean-François: Em seu colégio..."

a cultura, a escrita etc., trata-se sempre de conjurar o que se produz: o acontecimento. As famosas continuidades históricas têm por função aparente explicar; os eternos "retornos" a Freud, a Marx têm por função aparente fundar; em um caso como no outro, trata-se de excluir a ruptura do acontecimento. Para dizer as coisas em geral, o acontecimento e o poder é o que é excluído do saber tal como ele é organizado em nossa sociedade. O que não é surpreendente: o poder de classe (o que determina esse saber) deve aparecer como inacessível ao acontecimento; e o acontecimento no que ele tem de perigoso deve ser submetido e dissolvido na continuidade de um poder de classe que não se nomeia. Em compensação, o proletariado desenvolve um saber em que é o caso da luta pelo poder, em que é o caso da maneira como é preciso suscitar o acontecimento, responder a ele, evitá-lo etc.; um saber absolutamente inassimilável ao outro, visto que está centrado em torno do poder e do acontecimento.

É a razão pela qual não é preciso iludir-se com a modernização do ensino, sua abertura sobre o mundo atual: trata-se de manter o velho substrato tradicional do "humanismo", depois, favorecer a aprendizagem rápida e eficaz de certo número de técnicas modernas até aqui esquecidas. O humanismo garante a manutenção da organização social, a técnica permite a essa sociedade desenvolver-se, mas em sua própria linha.

Jean-François: Qual é sua crítica do humanismo? E por que valores substituí-lo em outro sistema de transmissão do saber?

M. Foucault: Entendo por humanismo o conjunto dos discursos pelos quais se disse ao homem ocidental: "Embora você não exerça o poder, você pode, mesmo assim, ser soberano. Bem mais: quanto mais você renunciar a exercer o poder e mais for submetido ao que lhe é imposto, mais será soberano." O humanismo é o que inventou sucessivamente essas soberanias sujeitas que são a alma (soberana sobre o corpo, submissa a Deus), a consciência (soberana na ordem do julgamento; submissa à ordem da verdade), o indivíduo (soberano titular de seus direitos, submisso às leis da natureza ou às regras da sociedade), a liberdade fundamental (interiormente soberana, exteriormente em consenso e de acordo com seu destino). Em resumo, o humanismo é tudo aquilo pelo que no Ocidente *barrou-se o desejo do poder* – proibiu-se querer o poder, excluiu-se a possibilidade de assumi-lo. No cerne do humanismo, a teoria do *sujeito* (com o duplo sentido da palavra). É a razão pela qual o Ocidente rejeita com tanta obstinação tudo o que pode fazer explodir esse ferrolho. E esse ferrolho pode ser atacado de duas maneiras. Seja por um "desassujeitamento" da vontade do poder (isto é, pela luta política tomada como luta de classe), seja por um empreendimento de destruição do sujeito como pseudosoberano (isto é, pelo ataque cultural: supressão dos tabus, das limitações e das divisões sexuais; prática da existência comunitária; desinibição em relação à droga; ruptura de todas as proibições e de todos os fechamentos pelo que se reconstitui e se reconduz a individualidade normativa). Penso, nesse caso, em todas as experiências que nossa civilização rejeitou ou só admitiu no elemento da literatura.

Jean-François: Desde a Renascença?

M. Foucault: Desde o direito romano, essa armadura de nossa civilização que já é uma definição da individualidade como soberania submissa. O sistema de propriedade privada implica uma tal concepção: o proprietário é único dono de seu bem, ele usa e abusa dele, curvando-se ao conjunto das leis que fundam sua propriedade. O sistema romano estruturava o Estado e fundava a propriedade. Ele submetia a vontade de poder, fixando um direito soberano de propriedade que só podia ser exercido por aqueles que detinham o poder. Nessa evolução, o humanismo se institucionalizou.

Jean-Pierre: A sociedade constitui um todo ajustado. Ela é, por natureza, repressiva, visto que procura reproduzir-se e perseverar em seu ser. Como lutar: temos a ver com um organismo global, indissociável, que rege uma lei geral de conservação e de evolução, ou com um conjunto mais diferenciado no qual uma classe teria interesse em manter a ordem das coisas e outra em derrubá-la? Para mim, a resposta não é evidente: não assino embaixo da primeira hipótese, mas a segunda me parece muito simplista. Há, efetivamente, uma interdependência do corpo social que se perpetua por si próprio.

M. Foucault: O movimento de maio traz uma primeira resposta: os indivíduos submetidos ao ensino, sobre os quais pesavam as formas mais obrigatórias do conservadorismo e da repetição, realizaram um combate revolucionário. Nesse sentido, a crise de pensamento aberta em maio é extraordinariamente profunda. Ela deixa a sociedade em uma perplexidade e em um embaraço do qual ela vai demorar para sair.

Jean-Pierre: O ensino não é o único veículo do humanismo e da repressão social, longe disso: há muitos outros mecanismos, mais essenciais, antes da escola ou fora dela.

M. Foucault: Concordo. Agir no interior ou no exterior da Universidade: é um dilema para um homem como eu, que ensinou durante muito tempo. Deve-se considerar que a Universidade desmoronou em maio, que a questão está resolvida, e passar para outra coisa, como o fazem atualmente grupos com os quais trabalho: luta contra a repressão no sistema das prisões, dos hospitais psiquiátricos, da justiça, da polícia? Ou não seria apenas um meio para fugir de uma evidência que me incomoda ainda, a saber, que a estrutura universitária se mantém e que é preciso continuar a militar nesse campo?

Jean-François: Pessoalmente, não creio que a Universidade tenha realmente sido verdadeiramente demolida. Creio que os maoístas cometeram um erro ao saírem do campo universitário, que teria podido constituir uma base sólida, para buscar nas usinas uma implantação difícil e relativamente artificial. A Universidade rachava: teria sido possível aprofundar a fenda e provocar uma ruptura irremediável no sistema de transmissão do saber. A escola, a Universidade continuam a ser setores determinantes. Tudo não foi jogado na idade de cinco anos, mesmo que se tenha um pai alcoólatra e uma mãe que passa no quarto de dormir.

Jean-Pierre: A revolta universitária rapidamente se chocou com um problema, sempre o mesmo: nós – isto é, os revolucionários ou aqueles que não tinham grande coisa a fazer no ensino –, nós estávamos impedidos por pessoas que queriam trabalhar e aprender uma profissão. O que era preciso fazer? Buscar as vias de um novo ensino, métodos e conteúdo?

Jean-François: O que teria, no final das contas, melhorado o rendimento das estruturas existentes e formado pessoas para o sistema.

Philippe: Absolutamente não. Pode-se aprender um saber diferente de maneira diferente sem recair no sistema. Se abandonarmos a Universidade depois de tê-la sacudido um pouco, deixamos no lugar uma organização que continuará a funcionar e a se reproduzir por força de inércia enquanto não propusermos nada de bastante concreto para ganhar a adesão dos que são suas vítimas.

M. Foucault: A Universidade representava o aparelho institucional pelo qual a sociedade garantia sua reprodução tranquilamente e com menos custos. A desordem na instituição universitária, sua destinação à morte – aparente ou real, pouco importa – não alcançaram a vontade de conservação, de identidade, de repetição da sociedade. Você pergunta o que seria necessário fazer para romper o ciclo de reprodução social do sistema. Não bastaria suprimir ou confundir a Universidade: são, pois, as outras repressões que devem também ser atacadas.

Jean-Pierre: Ao contrário de Philippe, não penso muito em um ensino "diferente". Interessava-me, em compensação, que a Universidade invertesse sua função sob a pressão dos revolucionários, que ela contribuísse, portanto, para descondicionar, para destruir os valores e o saber adquirido. Há, aliás, um número crescente de professores para fazer isso.

Frédéric: Se elas vão até o fim, as experiências desse gênero tornam-se muito raras. Só conheço Sénik,[4] quando ele era professor de filosofia no Bergson, em 1969, que realmente fez explodir o próprio *status* do professor e do saber. Ele foi logo isolado e excluído. A instituição universitária tem ainda mecanismos de defesa vigorosos. Ela continua capaz de integrar muitas coisas e eliminar os corpos estranhos não assimiláveis.

Vocês falam como se a Universidade francesa de antes de Maio de 1968 tivesse sido adaptada a uma sociedade industrial como a nossa. Em minha opinião, ela não era tão rentável, tão funcional, muito arcaica. Maio efetivamente quebrou os velhos dirigentes institucionais do ensino superior: o balanço é tão negativo para a classe dirigente? Esta pôde reconstruir um sistema muito mais funcional. Ela soube preservar as grandes escolas, peça-mestra da seleção tecnocrática. Ela pôde criar um centro como Dauphine, a primeira *business school* à americana que se instalou na França. Enfim, há três anos, ela encurrala a contestação em Vincennes e em alguns departamentos de Nanterre, bolsões universitários sem apego ao sistema e sem saídas: uma rede na qual os peixinhos de esquerda ficaram presos. A Universidade elimina suas estruturas arcaicas, ela se adapta realmente às necessidades do neocapitalismo; é agora que seria necessário voltar ao campo.

---

4 Jovem professor de filosofia excluído de seu liceu por ter recusado a visita do inspetor-geral em sua sala de aula.

M. Foucault: Morte da Universidade: eu tomava a palavra em seu sentido mais superficial. Maio de 1968 matou o ensino superior nascido no século XIX, esse curioso conjunto de instituições que transformava uma pequena fração da juventude em elite social. Restam os grandes mecanismos secretos para os quais uma sociedade transmite seu saber e se transmite ela própria sob a aparência do saber: eles continuam aí, jornais, televisão, escolas técnicas, e os liceus [escolas de ensino médio, no Brasil] ainda mais que a Universidade.

Serge: Nos liceus, a organização repressiva não foi atingida. O ensino está doente. Mas só há uma minoria para se dar conta disso e recusar.

Alain: E em nosso liceu, a minoria politizada de há dois ou três anos desapareceu hoje.

Jean-François: Os cabelos compridos ainda querem dizer algo?

Alain: Absolutamente mais nada. Os "gatinhos" também deixaram crescer os cabelos.

Jean-François: E a droga?

Serge: Não é um fenômeno em si. Para os colegiais que usam, isso representa um abandono total da ideia de carreira. Os colegiais politizados continuam seus estudos, os que se drogam saem completamente.

M. Foucault: A luta antidroga é um pretexto para reforçar a repressão social: controles policiais, mas também exaltação do homem normal, racional, consciente e adaptado. Encontra-se essa imagem de marca em todos os níveis. Vejam *France-Soir* de hoje, que noticia: 53% dos franceses favoráveis à pena de morte, enquanto só havia 38% um mês antes.

Jean-François: É, talvez, também por causa da revolta na prisão de Clairvaux?

M. Foucault: Evidentemente. Mantém-se o terror do criminoso, agita-se a ameaça do monstruoso para reforçar essa ideologia do bem e do mal, do permitido e do proibido que o ensino de hoje não ousa transmitir com tanta segurança quanto outrora. O que o professor de filosofia não ousa mais dizer em seu vocabulário enrolado, o jornalista o proclama sem complexo. Vocês me dirão: foi sempre assim, os jornalistas e os professores sempre foram feitos para dizer a mesma coisa. Mas, hoje, os jornalistas são levados, convidados, obrigados a dizê-lo tão mais alto e com maior insistência que os professores não podem mais dizê-lo. Vou contar-lhes uma história. Clairvaux provocou uma semana de vingança nas prisões. Aqui e acolá, os guardas quebraram a cara dos detentos, em particular em Fleury-Mérogis, a prisão dos jovens. A mãe de um detento veio nos ver. Eu fui com ela à RTL para tentar fazer divulgar seu testemunho. Um jornalista nos recebeu e nos disse: "Sabem, isso não me surpreende, porque os guardas são mais ou menos tão degenerados quanto os detentos." Um professor que falasse assim em um liceu provocaria um pequeno motim e levaria um tapa.

Philippe: Efetivamente, um professor não falaria assim: será que é porque ele não pode mais fazê-lo, ou porque ele o diria *de outra maneira*, o que é sua função? Em sua opinião, como lutar contra essa ideologia e contra os mecanismos de repressão, para além das petições e das ações reformistas?

M. Foucault: Penso que as ações pontuais e locais podem ir bem longe. Vejam a ação do GIP durante o ano passado. Suas intervenções não se propunham como objetivo último que as visitas aos prisioneiros pudessem durar 30 minutos ou que houvesse descargas nas celas. Mas chegar ao ponto em que a divisão social e moral entre inocentes e culpados fosse ela mesma colocada em questão. E para que isso não ficasse uma proposição filosófica ou um desejo humanista, é preciso que seja questionado realmente no nível dos gestos, das práticas e a propósito de situações bem determinadas. Sobre o sistema penitenciário, o humanista diria isto: "Os culpados são culpados; os inocentes, inocentes. Nem por isso o condenado deixa de ser um homem como os outros e que a sociedade deve respeitar o que há de humano nele: por conseguinte, descargas!" Nossa ação, ao contrário, não procura a alma ou o homem *por trás* do condenado, mas apagar essa fronteira profunda entre a inocência e a culpabilidade. É a questão que colocava Genet a respeito da morte do juiz de Soledad ou desse avião desviado pelos palestinos na Jordânia; os jornais choravam sobre o juiz e sobre esses infelizes turistas sequestrados em pleno deserto, sem razão aparente; Genet dizia: "Um juiz seria inocente, e uma senhora americana que tem dinheiro suficiente para fazer turismo dessa maneira?"

Philippe: Isso significa que você procura antes de tudo modificar a consciência das pessoas e que esquece por um momento a luta contra as instituições políticas e econômicas?

M. Foucault: Você me entendeu mal. Se se tratasse simplesmente de atingir a consciência das pessoas, bastaria publicar jornais e livros, seduzir um produtor de rádio ou de televisão. Queremos atacar a instituição até o ponto em que ela culmina e se encarna em uma ideologia simples e fundamental como as noções de bem, de mal, de inocência, de culpabilidade. Queremos mudar essa ideologia vivida através da espessa camada institucional na qual ela se investiu, cristalizou, reproduziu. Para simplificar, o humanismo consiste em querer mudar o sistema ideológico sem tocar na instituição; o reformista, em mudar a instituição sem tocar no sistema ideológico. A ação revolucionária se define, ao contrário, como um abalo simultâneo da consciência e da instituição; o que supõe que se ataquem as relações de poder de que elas são o instrumento, a armação, a armadura. Vocês acreditam que se poderá ensinar filosofia da mesma maneira, e seu código moral, se o sistema penal desmoronar?

Jean-Pierre: E, inversamente, poder-se-ia colocar as pessoas na prisão da mesma maneira se o ensino fosse subvertido? É importante não ficar em um só setor, onde a ação corre o risco, finalmente, de se enterrar no reformismo. Mas passar do ensino às prisões, das prisões aos asilos psiquiátricos... Aliás, é essa sua intenção?

M. Foucault: Começou-se efetivamente a intervir nos asilos psiquiátricos. Com métodos semelhantes aos que são utilizados para as prisões: uma espécie de investigação combate realizada, pelo menos em parte, por parte dos próprios de quem trata a investigação. O papel repressivo do asilo psiquiátrico é conhecido: aí se trancam pessoas que são entregues a uma terapêutica – química ou psicológica – à qual elas não têm nenhum apego, ou a uma não terapêutica, que é a camisa de força. Mas a psiquiatria cria ramificações bem mais adiante, que se encontram nas assistentes sociais, nos orientadores profissionais, nos psicólogos escolares, nos médicos que fazem da psiquiatria de setor – toda essa psiquiatria da vida quotidiana que constitui uma espécie de terceira ordem da repressão e da polícia. Essa infiltração se estende em nossas sociedades, sem contar a influência dos psiquiatras de imprensa, que espalham seus conselhos. A psicopatologia da vida quotidiana revela, talvez, o inconsciente do desejo, a psiquiatrização da vida quotidiana, se examinássemos de mais perto, revelaria, talvez, o invisível do poder.

Jean-François: Em que nível você pretende agir? Você vai ter com as assistentes sociais?

M. Foucault: Não... Gostaríamos de trabalhar com os colegiais, estudantes, pessoas da educação vigiada, todos indivíduos que foram submetidos à repressão psicológica ou psiquiátrica na escolha de seus estudos, de suas relações com sua família, da sexualidade ou da droga. Como eles foram repartidos, enquadrados, selecionados, excluídos em nome da psiquiatria e do homem normal, isto é, no fundo, em nome do humanismo?

Jean-François: A antipsiquiatria, o trabalho no interior do asilo com os psiquiatras, isso não lhe interessa?

M. Foucault: É uma tarefa que os psiquiatras são os únicos a poder realizar, na medida em que a entrada do asilo não é livre. Deve-se, no entanto, prestar atenção: o movimento da antipsiquiatria, que se opõe à noção de asilo, não deve conduzir a exportar a psiquiatria para fora, multiplicando as intervenções na vida quotidiana.

Frédéric: A situação nas prisões é aparentemente pior, já que não há relações outras além do conflito entre as vítimas e os agentes da repressão: não se encontram carcereiros "progressistas" para trazer para o movimento. No asilo, ao contrário, a luta não é conduzida pelas vítimas, mas pelos psiquiatras: os agentes da repressão lutam contra a repressão. É isso realmente uma vantagem?

M. Foucault: Não estou certo disso. Diferentemente das revoltas de prisioneiros, a recusa do hospital psiquiátrico pelo doente terá, provavelmente, muita dificuldade para se afirmar como uma recusa coletiva e política. O problema é saber se doentes submetidos à segregação do asilo podem se voltar contra a instituição e, finalmente, denunciar a própria divisão que os designou e excluiu como doentes mentais. O psiquiatra Basaglia tentou, na Itália, experiência desse gênero: ele reunia doentes, médicos e o pessoal hospitalar. Não se tratava de refazer um sociodrama durante o qual cada um teria eliminado seus fantasmas e reexecutado a cena primitiva, mas de apresentar esta questão: as vítimas do asilo iniciarão uma luta política contra a estrutura social que as denuncia como loucas? As experiências de Basaglia foram brutalmente proibidas.

Frédéric: A distinção do normal e do patológico é ainda mais forte que a do culpado e do inocente.

M. Foucault: Cada uma reforça a outra. Quando um julgamento não pode mais se enunciar em termos de bem e de mal, é expresso em termos de normal e anormal. E quando se trata de justificar essa última distinção, volta-se a considerações sobre o que é bom ou nocivo para o indivíduo. Aí estão expressões de um dualismo constitutivo da consciência ocidental.

Mais geralmente, isso significa que o sistema não se combate em detalhe: devemos estar presentes em todas as frentes, Universidade, prisões, psiquiatria, não ao mesmo tempo – nossas forças não são suficientes –, mas cada um por vez. Esbarra-se nos, bate-se contra os obstáculos mais sólidos; o sistema trinca em outra parte, insiste-se, acredita-se ter ganhado, e a instituição se reconstitui mais adiante, volta-se a ela. É uma longa luta, repetitiva, incoerente em aparência: o sistema em causa lhe dá sua unidade, e o poder que se exerce através dele.

Alain: Questão banal, de que não se poderá eternamente esquivar: o que colocar no lugar?

M. Foucault: Penso que imaginar outro sistema, atualmente isso ainda faz parte do sistema. É, talvez, o que aconteceu na história da União Soviética: as instituições aparentemente novas foram, de fato, concebidas a partir de elementos tomados do sistema anterior. Reconstituição de um Exército Vermelho calcado sobre o modelo tsarista, retorno ao realismo artístico, a uma moral familiar tradicional: a União Soviética recaiu em normas inspiradas da sociedade burguesa do século XIX, por utopismo mais, talvez, do que por preocupação com as realidades.

Frédéric: Você não tem totalmente razão. O marxismo tinha, ao contrário, se definido como um socialismo científico em oposição ao socialismo utópico. Ele tinha recusado falar sobre a sociedade futura. A sociedade soviética foi arrastada por problemas concretos, a guerra civil. Era preciso ganhar a guerra, fazer funcionar as fábricas: recorreu-se aos únicos modelos disponíveis e imediatamente eficazes, a hierarquia militar, o sistema Taylor. Se a União Soviética progressivamente assim assimilou as normas do mundo burguês, é provavelmente porque ela não dispunha de outros. A utopia não está em causa, mas sua ausência. A utopia tem, talvez, um papel motor a desempenhar.

Jean-François: O movimento atual precisaria de uma utopia e de uma reflexão teórica que ultrapassaria o campo das experiências vividas, parcelares e reprimidas.

M. Foucault: E se disséssemos o contrário: que é preciso renunciar à teoria e ao discurso geral? Essa necessidade de teoria faz ainda parte desse sistema que não se quer mais.

Jean-François: Você acredita que o simples fato de recorrer à teoria depende ainda da dinâmica do saber burguês?

M. Foucault: Sim, talvez. Eu oporia, em compensação, a experiência à utopia. A sociedade futura se esquematiza, talvez, através das experiências como a droga, o sexo, a vida comunitária, outra consciência, outro tipo de individualidade... Se o socialismo científico se apartou das utopias no século XIX, a socialização real se apartará, talvez, no século XX, das experiências.

Jean-François: E a experiência de Maio de 1968, é claro, a experiência de um poder. Mas ela supunha já um discurso utópico: Maio era a ocupação de um espaço por um discurso...

Philippe: ... Discurso que continuava insuficiente. A reflexão esquerdista anterior não correspondia senão superficialmente às aspirações que se liberavam. O movimento teria, talvez, ido muito mais longe se tivesse sido tratado por uma reflexão que lhe tivesse dado suas perspectivas.

M. Foucault: Não estou convencido disso. Mas Jean-François tem razão em falar da experiência de um poder. É capital que dezenas de milhares de pessoas tenham exercido um poder que não tinha assumido a forma da organização hierárquica. Somente o poder sendo por definição o que a classe no poder abandona menos facilmente e está resolvida a recuperar em primeiro lugar, a experiência não pôde se manter, por essa vez, mais do que algumas semanas.

Philippe: Se estou compreendendo, você pensa também que é inútil ou prematuro recriar circuitos paralelos, como as universidades livres nos Estados Unidos, que copiam as instituições que atacamos.

M. Foucault: Se você quiser que no próprio lugar da instituição oficial outra instituição possa preencher as mesmas funções, melhor e de outro modo, você já está retomado pela estrutura dominante.

Jean-François: Não consigo acreditar que o movimento deva ficar na etapa atual, nessa ideologia do *underground* muito vaga, muito desligada, que se recusa a endossar o menor trabalho social e o menor serviço comum a partir do momento em que eles vão além do envolvimento imediato. Ela fica incapaz de assumir o conjunto da sociedade, ou até de conceber a sociedade como um conjunto.

M. Foucault: Vocês se perguntam se uma sociedade global poderia funcionar a partir de experiências tão divergentes e dispersas, sem discurso. Eu acredito, ao contrário, que é a própria ideia de um "conjunto da sociedade" que tem a ver com a utopia. Essa ideia nasceu no mundo ocidental, nessa linha histórica bem particular que culminou no capitalismo. Falar de um conjunto da sociedade fora da única forma que nós lhe conhecemos é sonhar a partir dos elementos da véspera. Acredita-se facilmente que exigir das experiências, das ações, das estratégias, dos projetos de dar conta do "conjunto da sociedade" é lhes exigir o mínimo. O mínimo requerido para existir. Eu penso, ao contrário, que é pedir-lhes o máximo; que é impor-lhes mesmo uma condição impossível: porque o "conjunto da sociedade" funciona precisamente de maneira que eles não possam nem acontecer, nem ter êxito, nem se perpetuar. O "conjunto da sociedade" é aquilo de que não se deve dar conta, se não for como o objetivo a destruir. Em seguida, é preciso esperar que não haja mais nada que se pareça com o conjunto da sociedade.

Frédéric: O modelo social do Ocidente se universalizou como um conjunto da sociedade encarnado pelo Estado: não porque ele fosse melhor, somente porque era dotado de um poder material e de uma eficacidade superior. O problema é que até o presente todas as revoltas vitoriosas contra esse sistema não puderam ter êxito senão recorrendo a tipos de organizações comparáveis, parceiras ou estatais, que se opunham termo a termo às estruturas dominantes e permitiam, assim, apresentar a questão central do poder. O leninismo não está sozinho em causa, mas também o maoísmo: organização e exército populares contra organização e exército burgueses, ditadura e Estado proletário... Esses instrumentos concebidos para a tomada do poder estão fadados a desaparecer depois de uma etapa transitória. Nada disso, como o mostrou a experiência bolchevique; e a revolução cultural chinesa não os dissolveu totalmente. Condições da vitória, eles conservam uma dinâmica própria que se volta logo contra as espontaneidades que eles contribuem a liberar. Há aí uma contradição que é, talvez, a contradição fundamental da ação revolucionária.

M. Foucault: O que me surpreende em seu raciocínio é que ele se mantém na forma do até o presente. Ora, um empreendimento revolucionário é precisamente dirigido não somente contra o presente, mas contra a lei do até o presente.

1971

O Discurso de Toul

"Le discours de Toul", *Le Nouvel Observateur*, n. 372, 27 de dezembro de 1971-2 de janeiro de 1972, p. 15.

A Dra. Édith Rose, psiquiatra da prisão central de Toul, depôs diante do inspetor-geral da administração penitenciária depois dos motins que saquearam essa central entre 9 e 13 de dezembro de 1971. Ela enviou também seu relatório ao presidente da República, ao ministro da Justiça, ao presidente da Ordem dos médicos. "A sociedade e os que a dirigem devem ser informados da maneira como a protegem", declara ela. Em 16 de dezembro, M. Foucault lê esse relatório durante uma conferência de imprensa em Toul. Ele compra com amigos, dentre os quais Simone Signoret, uma página do *Monde* para publicá-lo integralmente, antes da publicação do relatório de investigação oficial. A tomada de palavra da Dra. Rose é exatamente para M. Foucault a de um "intelectual específico". A Dra. Rose foi destituída da administração penitenciária.

Em Toul, na quinta-feira da outra semana, a psiquiatra da prisão falou. O que ela disse? Muitas coisas que já se sabiam de um saber vago e agora familiar: homens, durante dias, com os pés e pulsos amarrados em uma cama; tentativas de suicídio quase todas as noites; a alternância regular das punições e dos calmantes, solitária-injeções, solitária-Valium (ó, tranquilizante moral!), ladrões de carros que são transformados, aos 20 anos, em delinquentes para o resto da vida.

Mas ouçam um pouco como ela diz isso. Ela não diz: a contenção é um velho hábito que depende, ao mesmo tempo, da prisão e do asilo; o pessoal penitenciário não soube se livrar dele. Ela não diz: poucos créditos, então, muito pouco pessoal, daí muito pouca vigilância, portanto brutalidades e arbitrário. Ela não se refere às estruturas, a sua miséria. Ela diz: "Um dia, em tal lugar, eu estava lá e eu vi; em determinado momento, fulano me disse... e eu o ouvi; eu fiz tal pedido; eis o que me foi respondido pelo diretor e dou testemunho sob juramento." Ouçam bem o tremor dessa voz que não hesita mais; é uma voz singular e que não se tinha jamais ouvido nos acessos da prisão.

Nossas instituições fingem resistir quando, do interior, as criticam; mas elas se acomodam assim; elas vivem disso; é, ao mesmo tempo, sua sedução e seu disfarce. Mas o que elas não toleram é que alguém, de repente, lhes vire as costas e se ponha a berrar para o interior: "Olha o que acabo de ver aqui, agora, olha o que acontece. Eis o acontecimento."

Lembrem-se da guerra da Argélia. Uma coisa era dizer que o exército tinha chegado a praticar a tortura (sem dúvida, era proibido imprimi-lo, mas sabia-se disso, dizia-se isso). Outra coisa totalmente diferente era levantar-se, como homens o fizeram, para gritar: "O capitão X torturou Y; saíram tantos cadáveres de tal delegacia." Os que corriam esse risco colocavam sua vida em jogo.

Não imagino que a vida da Dra. Rose esteja em perigo. Mas já ouço a campanha de calúnia e de malevolência. Eles dirão: 1. não é importante, são anedotas, "simples fatos"; 2. é denúncia, é imoral; 3. de qualquer modo, é o trabalho dos jornalistas, não é o seu.

Pois bem, um pouco de atenção ao que conta a Dra. Rose.

Nos simples fatos que ela expõe, o que se dissimula – ou melhor, que explode? A desonestidade de fulano? As irregularidades de outro? Dificilmente. Mas a violência das relações de poder.

Ora, a sociedade prescreve com cuidado desviar os olhos de todos os acontecimentos que traem as verdadeiras relações de poder. A Administração só fala por quadros, estatísticas e curvas; os sindicatos, em termos de condições de trabalho, de orçamento, de créditos, de recrutamento. Aqui e acolá, só se quer atacar o mal "pela raiz", isto é, onde ninguém o vê nem o experimenta – longe do acontecimento, longe das forças que se enfrentam e do ato de dominação.

Ora, eis o que a psiquiatra de Toul falou. Ela confundiu o jogo e transpôs o grande tabu. Ela que estava em um sistema de poder, em vez de criticar seu funcionamento, ela denunciou o que aí acontecia, o que acabava de acontecer, um dia, em tal lugar, em tais circunstâncias.

Mais do que escândalo, estupor. Em torno dessa voz, certo silêncio. Uma hesitação incômoda. Era preciso recolocar tudo isso no lugar. Era preciso que a informação normal retomasse seus direitos: que os que são encarregados de dizer o acontecimento o digam; que os que podem fazer a crítica o façam. Tudo o que disse a Dra. Rose foi, então, "redistribuído" aos jornais: em alguns artigos, os próprios fatos como se eles fossem informações anônimas, resultados de investigação; em outra parte, cuidadosamente citadas entre aspas, as passagens em que a doutora evocava as falhas da instituição, a psicossociologia dos detentos, a situação dos guardas etc.

Mas essa voz que diz "eu"? Essa mulher que, afinal de contas, mesmo que fosse pelo seu saber, era "do" poder, estava "no" poder, essa mulher que teve a coragem única de dizer: "Eu acabo de ver, eu acabo de ouvir"? Essa melopeia ao longo de todo o texto: "Eu o juro, eu o atesto, eu aceito a confrontação"? É tudo isso que foi apagado. E é isso, no entanto, que eu gostaria que lessem e reconhecessem, ou, antes, que, pela primeira vez, conhecessem. O "discurso de Toul" será, talvez, um acontecimento importante na história da instituição penitenciária e psiquiátrica.

Ainda uma palavra. Os delegados designados pelo Sr. Pleven ouviram outro dia a Dra. Rose. Fizeram sobre ela as pressões mais fortes. Como se o objetivo desses homens não fosse saber a verdade, mas apagar o que tinha sido dito. Questionaram-na: "A senhora jura que os detentos em contenção não estavam desamarrados no momento das refeições. A senhora os viu?" E o reverendo padre Rousset insistiu várias vezes: "É muito grave, senhora, para um médico, jurar quando não se viu."

Ora, a Dra. Rose tinha atestado não que ela tinha visto, mas que ela sabia. Ela sabia porque um guarda tinha dito: "Em alguns casos, lhes desamarravam uma mão"; outro lhe tinha precisado, a propósito dessas refeições com colher: "Isso fazia-nos perder nosso tempo"; e a enfermeira diante das testemunhas: "Em todo caso, desamarravam-nos para que eles fizessem suas necessidades." Mas o reverendo padre estimava que teria sido preciso ver, que não se podia afirmar assim, no ar; ele voltou aí várias vezes, pesadamente, quase ameaçador.

Eu supliquei à Dra. Rose que perguntasse a esse reverendo padre se ele tinha visto, com os seus olhos, o homem com pés e mãos pregados, entre os dois ladrões.

1971

Foucault Responde

"Foucault responds" ("Foucault répond"; trad. F. Durand-Bogaert), *Diacritics*, t. I, n. 2, inverno de 1971, p. 60. (Réplica à resposta de G. Steiner; ver *As Monstruosidades da Crítica*, vol. III da edição brasileira desta obra.)

O Sr. Steiner tem direito a nossa comiseração. Que ele tente compreender ou responder, a má sorte, inevitavelmente, se obstina sobre ele: os erros não cessam de persegui-lo. Para ser rápido, gostaria de só levantar aqui quatro desses erros em sua "resposta".

1º) Ele afirma que a significação da palavra "arqueologia", no uso que faz dela Kant, não lhe é desconhecida. Ele chega até a fazer demonstração de seu saber. Falta de sorte: ele se engana de palavra, de texto ou de sentido. Que ele leia *Fortschritte der Metaphysik*, aí ele encontrará a palavra, o texto e a significação às quais eu faço referência: não se trata absolutamente, contrariamente ao que ele pensa, de "condicionamento *a priori* da percepção".[1]

2º) Ele acha que minha memória é ruim e minhas maneiras piores ainda, já que nego ter escrito várias monografias sobre o diagnóstico e o tratamento das doenças mentais do século XVII ao século XIX. Com sua boa memória e suas boas maneiras, o Sr. Steiner toma a liberdade de citar duas dessas monografias – *História da loucura* e *O Nascimento da clínica*. Falta de sorte aí também: não há absolutamente nada, em *Nascimento da clínica*, que trata das doenças mentais ou da psiquiatria.

3º) O Sr. Steiner pensa que tomei emprestado de Lévi-Strauss a noção de ligações entre a gramática, as estruturas

---

[1] Kant (I.), *Fortschritte der Metaphysik* (redigido em 1793, publicado em 1804), *in Gesammelte Schriften*, Berlin, Walter de Gruyter, t. XX, 1942, p. 341 (*Les Progrès de la métaphysique en Allemagne depuis le temps de Leibniz et de Wolf*, trad. L. Guillermit, Paris, Vrin, 1973, p. 107-108).

econômicas e as "relações de parentesco". Decididamente, que falta de sorte! Eu não falei nem das estruturas econômicas (mas da teoria da moeda, o que é completamente diferente), nem das estruturas gramaticais (mas da teoria da linguagem, o que é completamente diferente), nem, particularmente, das relações de parentesco ou das regras do casamento. Pode ser que o Sr. Steiner tenha confundido estas com a proximidade taxonômica das espécies vegetais e animais? Estranho...

4º) O Sr. Steiner acredita que eu deveria ter citado Kuhn. É verdade que considero o trabalho de Kuhn admirável e definitivo. Mas, falta de sorte de novo (tanto para mim quanto para o Sr. Steiner): quando eu li o livro de Kuhn, durante o inverno de 1963-1964 (um ano, creio, depois de sua publicação), eu acabava de terminar de escrever *As palavras e as coisas*. Portanto, eu não citei Kuhn,[2] mas o historiador das ciências que modelou e inspirou seu pensamento: G. Canguilhem.

Mas, feitas as contas, eu também cometi um erro. Não conhecendo absolutamente o Sr. Steiner, pensei, com toda boa-fé, que ele fosse jornalista e que exigências profissionais tinham-no obrigado, contra sua vontade, a sair de seu domínio de especialização para escrever sobre um assunto que não lhe era familiar. Então, li seu resumo com um sentimento espontâneo de indulgência divertida. O Sr. Steiner me faz saber, agora, que ele é professor de universidade. Isso aumenta em muito minha diversão. Resta que vou precisar agora aumentar minha indulgência em uma proporção pelo menos igual.

---

2 Kuhn (T. S.), *The Structure of Scientific Revolutions*, Chicago, University of Chicago Press, 1962 (*La Structure des révolutions scientifiques*, trad. L. Meyer, Paris, Flammarion, col. "Nouvelle Bibliothèque scientifique", n. 52, 1972).

1971

A Vontade de Saber

"La volonté de savoir", *Annuaire du Collège de France*, 71ᵉ année, *Histoire des systèmes de pensée, année 1970-1971*, 1971, p. 245-249.

O curso deste ano inicia uma série de análises que, fragmento por fragmento, procuram constituir pouco a pouco uma "morfologia da vontade de saber". Ora esse tema da vontade de saber será investido em pesquisas históricas determinadas, ora ele será tratado por si mesmo e em suas implicações teóricas.

Este ano, tratava-se de situar seu lugar e de definir seu papel em uma história dos sistemas de pensamento; de fixar, pelo menos a título provisório, um modelo inicial de análise; de experimentar sua eficacidade sobre um primeiro grupo de exemplos.

1. Pesquisas feitas anteriormente tinham permitido reconhecer um nível singular entre todos os que permitem analisar os sistemas de pensamento: o das práticas discursivas. Trata-se aí de uma sistematicidade que não é nem de tipo lógico nem de tipo linguístico. As práticas discursivas se caracterizam pelo recorte de um campo de objetos, pela definição de uma perspectiva legítima para o sujeito de conhecimento, pela fixação de normas para a elaboração dos conceitos e das teorias. Cada uma dentre elas supõe, pois, um jogo de prescrições que regem exclusões e escolhas.

Ora, esses conjuntos de regularidades não coincidem com obras individuais; mesmo se eles se manifestam através delas, mesmo se lhes acontece de se destacar, pela primeira vez, em uma dentre elas, eles as transpõem amplamente e reagrupam frequentemente um número considerável delas. Mas eles não coincidem também obrigatoriamente com o que se tem o costume de chamar ciências ou disciplinas, ainda que suas delimitações possam ser, às vezes, provisoriamente as mesmas; acontece mais frequentemente que uma prática discursiva reúna diversas disciplinas ou ciências, ou, ainda, que ela atravesse certo número dentre elas e reagrupe em uma unidade, às vezes não aparente, várias de suas regiões.

As práticas discursivas não são pura e simplesmente modos de fabricação de discursos. Elas tomam corpo em conjuntos técnicos, em instituições, em esquemas de comportamento, em tipos de transmissão e de difusão, em formas pedagógicas que, ao mesmo tempo, as impõem e as mantêm.

Enfim, elas têm modos de transformação específicos. Não se podem restabelecer essas transformações em uma descoberta individual e precisa; e, no entanto, não se pode contentar-se em caracterizá-las como uma mudança global de mentalidade, de atitude coletiva ou de estado de espírito. A transformação de uma prática discursiva está ligada a todo um conjunto frequentemente muito complexo de modificações que podem acontecer seja fora dela (nas formas de produção, nas relações sociais, nas instituições políticas), seja nela (nas técnicas de determinação dos objetos, na afinação e na ajustagem dos conceitos, na acumulação da informação), seja ao lado delas (em outras práticas discursivas). E ela está ligada a eles no modo não de um simples resultado, mas de um efeito que detém, ao mesmo tempo, sua própria autonomia e um conjunto de funções precisas em relação ao que a determina.

Esses princípios de exclusão e de escolha, cuja presença é múltipla, cuja eficacidade toma corpo em práticas e cujas transformações são relativamente autônomas, esses princípios não remetem a um sujeito de conhecimento (histórico ou transcendental) que os inventaria sucessivamente ou os fundaria em um nível originário; eles designam mais uma vontade de saber, anônima e polimorfa, suscetível de transformações regulares e presa em um jogo de dependência reconhecível.

Estudos empíricos, tratando da psicopatologia, da medicina clínica, da história natural etc., tinham permitido isolar o nível das práticas discursivas. Os caracteres gerais dessas práticas e os métodos próprios para analisá-las tinham sido inventariados sob o nome de arqueologia. As pesquisas empreendidas a propósito da vontade de saber deveriam agora poder dar a esse conjunto uma justificação teórica. Pode-se, no momento, indicar de uma maneira muito geral em que direções ela terá de avançar: distinção entre saber e conhecimento; diferença entre vontade de saber e vontade de verdade; posição do e dos sujeitos em relação a essa vontade.

2. Para analisar a vontade de saber, poucos instrumentos conceituais foram elaborados até o momento. Utilizam-se, na maior parte do tempo, noções bastante rudes. Noções "antropológicas" ou psicológicas: curiosidade, necessidade de dominar ou de se apropriar pelo conhecimento, angústia diante do desconhecido, reações diante das ameaças do indiferenciado. Generalidades históricas, como o espírito de uma época, sua sensibilidade, seus tipos de interesse, sua concepção do mundo, seu sistema de valores, suas necessidades essenciais. Temas filosóficos como o de um horizonte de racionalidade que se explicita através do tempo. Nada, enfim, permite pensar que as elaborações ainda muito rudimentares da psicanálise sobre as posições do sujeito e do objeto no desejo e no saber possam ser importadas tais quais no campo dos estudos históricos. É preciso admitir, sem dúvida, que os instrumentos que permitirão analisar a vontade de saber deverão ser constituídos e definidos, proporcionalmente, segundo as exigências e as possibilidades desenhadas pelos estudos concretos.

A história da filosofia oferece dessa vontade de saber modelos teóricos cuja análise pode permitir uma primeira identificação. Entre todos os que deverão ser estudados e colocados à prova (Platão, Spinoza, Schopenhauer, Aristóteles, Nietzsche etc.), são esses dois últimos que foram conservados inicialmente e estudados este ano, na medida em que constituem duas formas extremas e opostas.

O modelo aristotélico foi analisado essencialmente a partir dos textos da *Metafísica*, da *Ética em Nicômaco* e do *De anima*.[1] Ele é colocado em jogo desde o nível da sensação. Ele estabelece:
* uma ligação entre a sensação e o prazer;
* a independência dessa ligação em relação à utilidade vital que pode comportar a sensação;
* uma proporção direta entre a intensidade do prazer e a quantidade de conhecimento liberada pela sensação; e
* a incompatibilidade entre a verdade do prazer e o erro da sensação.

A percepção visual, como sensação a distância de objetos múltiplos, dados simultaneamente e que não estão em relação

---

1 Aristote, *Métaphysique* (trad. J. Tricot), Paris, Vrin, 1956. *Éthique à Nicomaque* (trad. J. Tricot), Paris, Vrin, 1959. *De l'âme* (trad. E. Barbotin), Paris, Les Belles Lettres, "Collection des universités de France", 1966.

imediata com a utilidade do corpo, manifesta na satisfação que ela traz consigo a ligação entre conhecimento, prazer e verdade. Essa mesma relação se encontra transposta ao outro extremo na felicidade da contemplação teórica. O desejo de saber, que as primeiras linhas da *Metafísica* coloca, ao mesmo tempo, como universal e como natural, se baseia nesse pertencimento primeiro que a sensação já manifesta.[2] E é ele que garante a passagem contínua desse primeiro tipo de conhecimento ao terminal, que se formula na filosofia. O desejo de conhecer supõe e transpõe, em Aristóteles, a relação prévia do conhecimento, da verdade e do prazer.

Em *A gaia ciência*, Nietzsche define um conjunto de relações completamente diferentes:

• o conhecimento é uma "invenção"[3] atrás da qual há uma coisa totalmente diferente dela: um jogo de instintos, de impulsos, de desejos, de medo, de vontade de apropriação. É no palco em que eles se batem que o conhecimento vem produzir-se;

• ele se produz não como efeito de sua harmonia, de seu equilíbrio feliz, mas de seu ódio, de seu compromisso duvidoso e provisório, de um pacto frágil que eles estão sempre prontos a trair. Ele não é uma faculdade permanente, é um acontecimento, ou, pelo menos, uma série de acontecimentos;

• ele é sempre servo, dependente, interessado (não por si mesmo, mas pelo que é suscetível de interessar ao instinto ou aos instintos que o dominam); e

• e se ele se dá como conhecimento da verdade, é que produz a verdade pelo jogo de uma falsificação primeira e sempre recomeçada, que estabelece a distinção do verdadeiro e do falso.

O interesse está, portanto, estabelecido radicalmente antes do conhecimento que ele se subordina como um simples instrumento; o conhecimento dissociado do prazer e da felicidade está ligado à luta, ao ódio, à maldade exercendo-se contra si próprios a ponto de renunciar a si próprios por um suple-

---

[2] Aristote, *Métaphysique*, op. cit., livre A, I, 980 a 21, p. 2: "Todos os homens têm por natureza o desejo de saber; o prazer causado pelas sensações é a prova disso, porque, fora até de sua utilidade, elas nos agradam por si mesmas e, mais que todas as outras, as sensações visuais."
[3] Nietzsche (F.), *Die Fröhliche Wissenchaft*, Chemnitz, 1882; o subtítulo *La Gaya Scienza* aparece somente na edição de 1887 (*Le Gai Savoir*, trad. P. Klossowski, in *Œuvres philosophiques complètes*, Paris, Gallimard, t. V, 1967).

mento de luta, de ódio e de maldade; sua ligação originária com a verdade é desatada, visto que a verdade é nela somente um efeito – e o efeito de uma falsificação que se nomeia como oposição do verdadeiro e do falso. Esse modelo de um conhecimento fundamentalmente interessado, produzido como acontecimento do querer e determinando por falsificação o efeito de verdade, está, provavelmente, o mais longe possível dos postulados da metafísica clássica. Foi ele que, utilizado livremente, foi colocado em ação, nos cursos deste ano, a propósito de uma série de exemplos.

3. Essa série de exemplos foi emprestada da história e das instituições arcaicas gregas. Eles têm a ver todos com o domínio da justiça. Tratou-se de seguir uma evolução que se desenrolou do século VII ao V. Essa transformação diz respeito à administração da justiça, à concepção do justo e às reações sociais ao crime.

Foram sucessivamente estudados:

• a prática do juramento nas contestações judiciárias e a evolução que vai do juramento-desafio dos pleiteantes que se expõem à vingança dos deuses ao juramento de asserção da testemunha que, supostamente, afirma o verdadeiro por tê-lo visto e ter assistido àquilo;

• a pesquisa de uma justa medida não somente nas trocas comerciais, mas nas relações sociais no interior da cidade, pela instituição da moeda;

• a pesquisa de um *nomos*, de uma justa lei de distribuição que garante a ordem da cidade, fazendo nela reinar uma ordem que é a ordem do mundo; e

• os rituais de purificação depois dos assassinatos.

A distribuição da justiça foi, durante todo o período em perspectiva, o desafio de lutas políticas importantes. Elas deram, afinal de contas, lugar a uma forma de justiça ligada a um saber em que a verdade era estabelecida como visível, constatável, mensurável, obedecendo a leis semelhantes às que regem a ordem do mundo, e cuja descoberta detém em sua posse um valor purificador. Esse tipo de afirmação da verdade devia ser determinante na história do saber ocidental.

*

O seminário deste ano tinha como âmbito geral o estudo da penalidade na França, no século XIX. Ele tratou, este ano, dos primeiros desenvolvimentos de uma psiquiatria penal na época da Restauração. O material utilizado era, em ampla parte, o texto das perícias médico-legais feitas pelos contemporâneos e discípulos de Esquirol.

# 1972

Meu Corpo, Esse Papel, Esse Fogo

"Mon corps, ce papier, ce feu", in Foucault (M.), *Histoire de la folie*, Paris, Gallimard, 1972, apêndice II, p. 583-603. (M. Foucault tinha dado uma primeira versão deste texto para a revista japonesa *Paideia*. Cf. *Resposta Derrida*, vol. I da edição brasileira.)

Nas páginas 56 a 59 da *História da loucura*, eu disse que o sonho e a loucura não tinham o mesmo *status* nem o mesmo papel no desenvolvimento da dúvida cartesiana: o sonho permite duvidar desse lugar onde estou, desse papel que eu vejo, dessa mão que eu estendo; mas a loucura não é um instrumento ou uma etapa da dúvida; porque "*eu* que penso não posso ser louco". Exclusão, portanto, da loucura, de que a tradição cética fazia, ao contrário, uma das razões de duvidar.

Para resumir a objeção que faz Derrida a essa tese,[1] o melhor é, sem dúvida, citar a passagem em que ele dá, da maneira mais vigorosa, sua leitura de Descartes: "Descartes acaba de dizer que todos os conhecimentos de origem sensível podem enganá-lo. Ele finge dirigir-se a objeção surpresa do não filósofo imaginário que uma tal audácia assusta e que lhe diz: não, não todos os conhecimentos sensíveis, sem o que você seria louco e não seria razoável pautar-se pelos loucos, propor-nos um discurso de louco. Descartes *se faz o eco* dessa objeção: visto que estou aqui, que escrevo, que você me entende, eu não sou louco, nem você, e estamos entre pessoas sensatas. O exemplo da loucura não é, pois, revelador da fragilidade da ideia sensível. Que seja. Descartes aquiesce nesse ponto de vista natural, ou, antes, ele finge repousar-se nesse conforto natural para melhor e mais radicalmente e mais definitivamente dele se desalojar e perturbar seu interlocutor. Seja, diz ele, você pensa que eu seria louco

---

1 (N.A.) Derrida (J.), *L'Écriture et la différence*, Paris, Éd. du Seuil, 1967, p. 61-97.

de duvidar que eu esteja sentado perto do fogo etc., que eu seria extravagante de me pautar no exemplo dos loucos. Eu vou, portanto, propor-lhe uma hipótese que lhe parecerá bem mais natural, que não o desorientará, porque se trata de uma experiência mais comum, mais universal tanto quanto a da loucura: é a do sono e do sonho. Descartes desenvolve, pois, essa hipótese que arruinará *todos* os fundamentos *sensíveis* do conhecimento e só colocará a descoberto os fundamentos *intelectuais* da certeza. Essa hipótese, principalmente, não escapará da possibilidade de extravagâncias – epistemológicas – bem mais graves que as da loucura.

Essa referência ao sonho não está, então, ao contrário, atrasada em relação à possibilidade de uma loucura que Descartes teria mantido por respeito ou até excluído. Ela constitui, na ordem metódica que é aqui a nossa, a exasperação hiperbólica da hipótese da loucura. Esta não afetava, de maneira contingente e parcial, senão certas regiões da percepção sensível. Não se trata, aliás, aqui, para Descartes, de determinar o conceito da loucura, mas de se servir da noção corrente de extravagância com fins jurídicos e metodológicos, para colocar questões de direito concernentes somente à verdade das ideias.[2] O que é preciso reter aqui é que, desse ponto de vista, o que dorme, ou o que sonha, é mais louco do que o louco. Ou, pelo menos, o sonhador, em relação ao problema do conhecimento que interessa aqui a Descartes está mais longe da percepção verdadeira que o louco. É no caso do sono e não no da extravagância que a totalidade absoluta das ideias de origem sensível se torna suspeita, é privada de 'valor objetivo', segundo a expressão de M. Guéroult. A hipótese da extravagância não era, pois, um bom exemplo, um exemplo revelador; não era um bom instrumento de dúvida. E isso pelo menos por duas razões:

a) ele não cobre a *totalidade* do campo da percepção sensível. O louco não se engana sempre e em tudo; ele não se engana bastante, ele não é jamais louco;

---

2 (N.A.) *A loucura, tema ou índice*: o que é significativo é que Descartes, no fundo, não fala jamais da loucura em si nesse texto. Ela não é seu tema. Ele a trata como um índice por uma questão de direito e de valor epistemológico. Esse é, talvez, dirão, o sinal de uma exclusão profunda. Mas esse silêncio sobre a loucura em si significa simultaneamente o contrário da exclusão, visto que *não se trata da loucura* nesse texto, que não é o caso, mesmo que fosse para excluí-la. Não é nas *Meditações* que Descartes fala da loucura em si.

b) é um exemplo ineficaz e infeliz na ordem pedagógica, porque ele encontra a resistência do não filósofo que não tem a audácia de seguir o filósofo quando este admite que ele poderia ser louco no momento em que ele fala."

*

A argumentação de Derrida é notável. Por sua profundidade, e, mais ainda, talvez, por sua franqueza. Claramente, o que está em jogo no debate está indicado: poderia haver algo de anterior ou de exterior ao discurso filosófico? Pode ele ter sua condição em uma exclusão, em uma recusa, em um risco adiado, e, por que não, em um medo? Suspeita que Derrida rejeita com paixão. *Pudenda origo* [origem pudenda], dizia Nietzsche, a respeito dos religiosos e de sua religião.

Confrontemos as análises de Derrida e os textos de Descartes.

1. OS PRIVILÉGIOS DO SONHO SOBRE A LOUCURA

Derrida: "O sonho é uma experiência mais comum, mais universal também que a da loucura." "O louco não se engana sempre e em tudo." "A loucura não afeta de maneira contingente e parcial senão certas regiões da percepção sensível."

Ora, Descartes não diz que o sonho é "mais comum, mais universal também que a loucura". Ele não diz também que os loucos só são loucos de vez em quando e em pontos particulares. Ouçamo-lo antes evocar as pessoas que "garantem constantemente que elas são reis". Esses homens que se tomam por reis ou que acreditam ter um corpo de vidro teriam uma loucura mais intermitente que o sonho?

Entretanto, é um fato: Descartes, no encaminhamento da dúvida, dá um privilégio ao sonho sobre a loucura. Deixemos sem decisão para o momento o problema de saber se a loucura é excluída, somente negligenciada, ou retomada em uma experiência mais ampla e mais radical.

Mal ele acaba de citar, para abandoná-lo, o exemplo da loucura, que Descartes evoca o caso dos sonhos: "Todavia, tenho aqui de considerar que sou homem, e, por conseguinte, que tenho o costume de dormir, e de me imaginar em meus sonhos as mesmas coisas ou, algumas vezes, menos verossímeis que esses insensatos quando eles estão acordados."

Dupla vantagem, portanto, do sonho. Por um lado, ele é capaz de dar lugar a extravagâncias que igualam, ou, algumas vezes, ultrapassam a loucura. Por outro, ele tem a propriedade de acontecer de maneira habitual. A primeira vantagem é de ordem lógica e demonstrativa: tudo aquilo de que a loucura (exemplo que acabo de deixar de lado) poderia me fazer duvidar, o sonho poderá, ele também, me torná-lo incerto; como potência da incerteza, o sonho não resiste à loucura; e nada da força demonstrativa desta fica perdido pelo sonho quando será necessário me convencer de tudo o que eu tenho de revogar em dúvida. A outra vantagem do sonho é de uma ordem completamente diferente: é frequente, acontece frequentemente; tenho recordações muito próximas, não é difícil dispor de lembranças muito fortes que ele deixa. Em resumo, vantagem prática quando se trata não mais de demonstrar, mas de fazer um exercício e de chamar uma recordação, um pensamento, um estado, no próprio movimento da meditação.

A extravagância do sonho garante seu caráter *demonstrativo* como *exemplo*: sua frequência garante seu caráter *acessível* como *exercício*. E é esse caráter acessível que preocupa aqui Descartes, mais com certeza que seu caráter demonstrativo, destacado uma vez por todas, e como para se garantir de que a hipótese da loucura pode ser abandonada sem remorso. Várias vezes, ao contrário, volta o tema de que o sonho acontece bem frequentemente. Leiamos: "Eu sou homem, e, por conseguinte, tenho o hábito de dormir"; "quantas vezes me aconteceu à noite de sonhar", "o que acontece no sonho", "pensando nele cuidadosamente eu me recordo de ter frequentemente sido enganado dormindo".

Ora, receio que Derrida tenha confundido esses dois aspectos do sonho. Tudo acontece como se ele os tivesse recoberto com uma palavra que os une à força: "universal". "Universal", o sonho aconteceria, ao mesmo tempo, a todo mundo e a respeito de tudo. O sonho: dubitabilidade de tudo para todos. Mas é forçar as palavras; é ir muito além do que o texto cartesiano diz: ou, antes, é falar muito aquém de suas singularidades; é apagar o caráter bem distinto da extravagância do sonho e de sua frequência; apagar o papel específico desses dois caracteres no discurso cartesiano (demonstração e exercício); omitir a importância maior atribuída ao costume do que à extravagância.

Mas por que é tão importante que o sonho seja familiar e acessível?

2. MINHA EXPERIÊNCIA DO SONHO

Derrida: "A referência ao sonho constitui, na ordem metódica que é aqui a nossa, a exasperação hiperbólica da hipótese da loucura."

Antes de reler o parágrafo[3] do sonho, conservemos ainda no ouvido a frase que acaba de ser dita: "O que são loucos, e eu não deixaria de ser extravagante se me pautasse em seus exemplos."

Depois, o discurso transcorre assim: resolução para o sujeito que medita levar em consideração o fato de que ele é um homem, que lhe acontece dormir e sonhar; aparição de uma recordação, ou, antes, de uma quantidade de recordações, de sonhos que coincidem exatamente, traço por traço, com a percepção de hoje (estar sentado nesse lugar, todo vestido, perto do fogo); sentimento, no entanto, de que há entre essa percepção e essa recordação uma diferença, diferença que não é somente constatada, mas efetuada pelo sujeito no próprio movimento de sua meditação (eu olho esse papel; balanço a cabeça, estendo a mão para que surja com vivacidade a diferença entre vigília e sono); mas novas recordações, em um segundo nível (a vivacidade dessa impressão fez frequentemente parte de meus sonhos); com essas recordações, o forte sentimento de que estou acordado se apaga; ele é substituído pela visão clara de que não há índice certo que possa separar o sono e a vigília: constatação que provoca no sujeito que medita um espanto tal que a diferença entre vigília e sono provoca a quase certeza de que se está dormindo.

Nota-se: a resolução de pensar no sonho não tem somente como consequência fazer do sono e da vigília um tema de reflexão. Esse tema, no movimento que o propõe e o faz variar, *ganha efeito* no sujeito que medita sob forma de recordações, de impressões fortes, de gestos voluntários, de diferenças sentidas, de recordações ainda, de visão clara, de espanto e de uma indiferenciação que está bem perto do sentimento de dormir. Pensar no sonho não é pensar em algo de exterior, de que eu conheceria os efeitos e as causas; não é evocar somente toda

---

3 (N.A.) Eu emprego, por divertimento, comodidade e fidelidade a Derrida esse termo parágrafo. Derrida, com efeito, diz de uma maneira imagética e agradável: "Descartes vai ao começo da linha." Sabe-se que não é nada disso.

uma fantasmagoria estranha, ou os movimentos do cérebro que podem provocá-lo; o pensamento do sonho é tal, quando se presta atenção a ele, que ele tem como efeito confundir para o sujeito que medita, e no próprio cerne de sua meditação, os limites percebidos do sono e da vigília. O sonho *perturba o sujeito* que nele pensa. Aplicar seu espírito ao sonho não é uma tarefa indiferente: é, talvez, inicialmente, um tema que nos propomos; mas logo se revela que é um risco ao qual nos expomos. Risco para o sujeito de ser modificado; risco de não estar absolutamente mais seguro de estar acordado; risco de *stupor*, diz o texto latino.

E é aí que o exemplo do sonho manifesta outro de seus privilégios: em vão ele modifica a esse ponto o sujeito que medita, não impede, no próprio cerne desse *stupor*, de continuar a meditar, a meditar de forma válida, a ver claramente certo número de coisas ou de princípios, a despeito da indistinção, por mais profunda que ela seja, entre vigília e sono. Embora eu não esteja mais seguro de estar acordado, continuo seguro do que minha meditação me deixa ver: é isso que mostra a passagem que segue e que começa justamente por uma espécie de resolução hiperbólica, "suponhamos, pois, que estamos dormindo", ou, como o diz mais fortemente o texto latino, *Age somniemus*. O pensamento do sonho tinha me conduzido à incerteza; esta, pelo espanto que provoca, com a quase certeza do sono: essa quase certeza, minhas resoluções fazem dela agora um fingimento sistemático. Adormecimento artificioso do sujeito que medita: *Age somniemus*, e, a partir daí, a meditação, de novo, vai poder desenvolver-se.

Podem-se ver agora todas as possibilidades que são dadas pelo caráter não "universal", certamente, mas modestamente costumeiro do sonho.

1. É uma experiência possível, imediatamente acessível, cujo modelo é proposto por mil recordações.

2. Essa experiência possível não é somente um tema para a meditação: ela acontece realmente e atualmente na meditação, segundo a série seguinte: pensar no sonho, recordar-se do sonho, procurar separar o sonho da vigília, não mais saber se se sonha ou não, fazer voluntariamente como se se estivesse sonhando.

3. Por esse exercício meditativo, o pensamento do sonho ganha efeito no próprio sujeito: ele o modifica surpreendendo-o com *stupor*.

4) Mas, modificando-o, fazendo dele um sujeito incerto de estar acordado, ela não o desqualifica como sujeito que medita: mesmo transformado em "sujeito supostamente dormindo", o sujeito que medita pode continuar de maneira segura o encaminhamento de sua dúvida.

Mas é preciso voltar atrás e comparar essa experiência do sonho com o exemplo da loucura que o precede imediatamente.

3. O "BOM" E O "MAU" EXEMPLO

Derrida: "O que se deve reter aqui é que, desse ponto de vista, o que dorme e o que sonha são mais loucos que o louco."

Para Derrida, a loucura não é excluída por Descartes; ela é somente desprezada. Desprezada em proveito de um exemplo melhor e mais radical. O exemplo do sonho prolonga, completa, generaliza o que o exemplo da loucura indicava de maneira tão inadequada. Passar da loucura ao sonho é passar de um "mau" a um "bom" instrumento de dúvida.

Ora, acredito que a oposição entre sonho e loucura seja de um tipo totalmente diferente. É preciso comparar passo a passo os dois parágrafos de Descartes e seguir em detalhe o sistema de sua oposição.

1. A *natureza* do exercício meditativo. Ela aparece claramente no *vocabulário* utilizado. Parágrafo da loucura: vocabulário da comparação. Se quero negar que "essas mãos e esse corpo sejam meus", é preciso que "eu me compare a alguns insensatos" (*comparare*); mas eu seria bem extravagante "se me pautasse em seus exemplos" (si *quod ab iis exemplum ad me transferrem*: se eu aplicasse a mim mesmo algum exemplo vindo deles). O louco: termo exterior ao qual me comparo.

Parágrafo do sonho: vocabulário da memória. "Tenho o costume de me imaginar em meus sonhos"; "quantas vezes me aconteceu"; "pensando cuidadosamente nele, torno a me recordar". O que sonha: o que me lembro de ter sido eu mesmo; do fundo de minha memória sobe o sonhador que eu fui eu mesmo, que serei de novo.

2. Os *temas* do exercício meditativo. Eles aparecem nos exemplos que o sujeito que medita se propõe.

Para a loucura: tomar-se por um rei quando se é pobre; acreditar-se vestido de ouro quando se está nu; imaginar que se tem um corpo de vidro ou que se é uma moringa. A loucura é completamente outra coisa, ela deforma e transporta; ela suscita outra cena.

Para o sonho: estar sentado (como estou agora); sentir o calor do fogo (como o sinto hoje); estender a mão (como me decido, no momento, a fazê-lo). O sonho não transporta a cena; ele desdobra os demonstrativos que apontam para a cena em que estou (esta mão? Talvez outra mão, em imagem. Este fogo? Talvez outro fogo, sonho). A imaginação onírica se fixa exatamente na percepção atual.

3. A *prova central* do exercício. Ela consiste na busca da diferença; esses temas propostos, posso tornar a levá-los em conta em minha meditação? Posso me perguntar seriamente se tenho um corpo de vidro, ou se não estou completamente nu em minha cama? Se sim, sou obrigado a duvidar até de meu corpo. Ele está salvo, em compensação, se minha meditação continua bem distinta da loucura e do sonho.

Sonho? Eu tento a prova: tenho lembrança de ter sonhado que balançava a cabeça. Vou, então, balançá-la de novo aqui. Há uma diferença? Sim: certa clareza, certa distinção. Mas, segundo tempo da prova, essa clareza e distinção pode encontrar-se no sonho? Sim, tenho a nítida lembrança disso. Então, o que eu acreditava ser o critério da diferença (clareza e distinção) pertence indiferentemente ao sonho e à vigília; ele não pode, então, fazer a diferença.

Loucura? A prova é logo feita. Ou antes, olhando-a de perto, vê-se bem que ela não ocorre, como ocorre para o sonho. Não é o caso, com efeito, que eu tente tomar-me por um louco que se toma por um rei; não é o caso também de me perguntar se não sou um rei (ou ainda um capitão de Tours) que se toma por um filósofo preso na meditação. A diferença com a loucura não tem de ser comprovada: ela é constatada. Mal os temas da extravagância são evocados, a distinção explode como um grito: *sed amentes sunt isti.*

4) O efeito do exercício. Ele aparece nas frases, ou, antes, nas frases-decisões, que terminam cada uma das duas passagens.

Parágrafo da loucura: "*Mais quoi ce sont des fous*" – "Mas o quê, são loucos"? (terceira pessoal do plural, eles, os outros, *isti*); "eu não deixaria de ser extravagante se me pautasse em seu exemplo": seria (observar o condicional) uma loucura tentar somente a prova, querer imitar todas essas delícias e fingir o louco com os loucos, como os loucos. Não é imitando os loucos que me persuadirá de que sou louco (como há pouco o pensamento do sonho vai me convencer de que talvez eu esteja dormindo); é só o projeto de imitá-los que é extravagante. A extravagância se refere à própria ideia de passar à prova, eis por que razão ela não existe, substituída só pela constatação da diferença.

Parágrafo do sonho: à frase "são loucos" corresponde exatamente: "Eu estou completamente estupefato" (*obstupescere*: ao grito da diferença corresponde o estupor da indistinção); e à frase "eu não deixaria de ser extravagante se..." corresponde "meu estupor (*stupor*) é tal que é quase capaz de me persuadir de que estou dormindo". A prova efetivamente tentada "funcionou" tão bem que aqui estou (observar o presente do indicativo) na incerteza de minha própria vigília. E é nessa incerteza que me decido a continuar minha meditação.

Seria louco querer fingir o louco (e renuncio a isso); mas é já ter a impressão de dormir que de pensar no sonho (e é o que vou meditar).

É extraordinariamente difícil ficar surdo ao eco que se fazem os dois parágrafos. Difícil não ficar surpreso com o sistema de oposição complexo que os subentende. Difícil não reconhecer aí dois exercícios ao mesmo tempo paralelos e diferentes: o exercício do *demens* e o do *dormiens*. Difícil não entender as palavras e as frases que se confrontam de parte a outra desse "todavia" de que Derrida destacou tão profundamente a importância, mas em que ele errou, eu penso, em não analisar a função no jogo do discurso. Difícil, verdadeiramente, dizer somente que a loucura está entre as razões de duvidar de um exemplo insuficiente, e pedagogicamente inábil, porque o sonhador é, mesmo assim, bem mais louco que o louco.

Toda a análise discursiva o mostra: a constatação de não loucura (e a recusa da prova) não está em continuidade com a prova do sono (e a constatação de que talvez se esteja dormindo).

Mas por que essa recusa da prova do *demens*? Pelo fato de ela não ocorrer se pode concluir que é excluída? Afinal de contas, Descartes fala tão pouco, e tão rápido, da loucura...

4. A DESQUALIFICAÇÃO DO SUJEITO

Derrida: "O que é significativo é que Descartes, no fundo, não fala jamais da loucura em si nesse texto... Não se trata da loucura nesse texto, não é o caso, mesmo que fosse para excluí-la."

Diversas vezes, Derrida faz sabiamente observar que é necessário, para bem compreender o texto de Descartes, referir-se à versão primeira e latina. Ele lembra – e tem razão – as palavras empregadas por Descartes na famosa frase: "Mas o quê, são loucos"? (*sed amentes sunt isti*), e eu não seria menos extravagante (*demens*) se me pautasse em seus exemplos. Infelizmente, ele fica, na análise, nessa simples lembrança das palavras.

Voltemos propriamente à passagem: "Como poderia eu negar que estas mãos e este corpo sejam meus, se não é porque me comparo a alguns insensatos...?" (O termo empregado é aqui *insani*.) Ora, esses *insani* que se tomam por reis ou por moringas, o que são eles? São *amentes*; e eu não seria menos *demens* se aplicasse a mim mesmo seus exemplos. Por que esses três termos, ou melhor, por que ter empregado primeiro o termo *insanus*, depois a dupla *amens-demens*? Quando se trata de caracterizá-los pelas inverosimilhanças de sua imaginação, os loucos são chamados *insani*: palavra que pertence tanto ao vocabulário corrente quanto à terminologia médica. Ser *insanus* é se tomar por aquilo que não se é, é acreditar em quimeras, é ser vítima de ilusões; isso para os sinais. E, para as causas, é ter o cérebro entupido de vapor. Mas quando Descartes quer não mais caracterizar a loucura, mas afirmar que não devo pegar o exemplo nos loucos, ele emprega os termos *demens* e *amens*: termo primeiramente jurídico, antes de ser médico, e que designa toda uma categoria de pessoas incapazes de alguns atos religiosos, civis, jurídicos; os dementes não dispõem da totalidade de seus direitos quando se trata de falar, de prometer, de se engajar, de assinar, de empreender uma ação etc. *Insanus* é um termo que caracteriza; *amens* e *demens*, termos que desqualificam. No primeiro, é o caso de sinais; nos outros, de capacidade.

As duas frases: para duvidar de meu corpo, é preciso que "eu me compare a alguns insensatos" e "mas o quê, são loucos"? não provam uma tautologia impaciente e irritada. Não se trata de maneira nenhuma de dizer: é preciso ser ou fazer como os loucos, mas: são loucos e eu não sou louco. Seria singularmente achatar o texto resumi-lo como o faz Derrida: "Já que estou aqui... eu não sou louco, nem você, e nós somos pessoas sensatas." O desenvolvimento do texto é completamente outro: duvidar de seu corpo é ser como os espíritos confusos, os doentes, os *insani*. Posso colocar-me em seu exemplo e, de minha parte, fingir, pelo menos, a loucura, e me tornar aos meus próprios olhos inseguro se sou louco ou não? Não posso nem o devo. Porque esses *insani* são *amentes*: e eu não seria menos que eles *demens* e juridicamente desqualificado, se me pautasse...

Derrida percebeu obscuramente essa conotação jurídica da palavra. Ele volta a ela diversas vezes, insistindo e hesitando. Descartes, diz ele, "trata a loucura como um índice para uma questão de direito e de valor epistemológico". Ou, ainda: "Não se trata aqui para Descartes de determinar o conceito de loucura, mas de se servir da noção corrente de extravagância com fins jurídicos e metodológicos para colocar questões de direito concernentes somente à verdade das ideias." Sim, Derrida tem razão em destacar que é o direito que está em questão nesse ponto. Sim, ele ainda tem razão em dizer que Descartes não quis "determinar o conceito de loucura" (e que ele jamais pretendeu?). Mas ele erra por ter visto que o texto de Descartes trata da separação entre dois tipos de determinações da loucura (as primeiras médicas, e as outras, jurídicas). Ele erra principalmente quando diz apressadamente que a questão de direito aqui colocada concerne à "verdade das ideias"; enquanto, as palavras o dizem claramente, ela concerne à qualificação do sujeito.

O problema pode, então, ser apresentado assim. Posso duvidar de meu próprio corpo, posso duvidar de minha atualidade? O exemplo dos loucos, dos *insani*, me convida a isso. Mas comparar-me a eles, fazer como eles implica que, eu também, vou me tornar, como eles, demente, incapaz e desqualificado em meu empreendimento de meditação: eu não seria menos *demens* se me pautasse em seus exemplos. Mas se, em compensação, eu tomo o exemplo do sonho, se finjo sonhar, então, completamente *dormiens* que estou, eu poderia continuar a meditar, a raciocinar, a ver claramente. *Demens*, eu não conseguiria continuar: só com essa hipótese eu sou obrigado a parar, a encarar outra coisa, a procurar se outro exemplo me permite duvidar de meu corpo. *Dormiens*, eu posso continuar minha meditação; fico qualificado para pensar; tomo, então, a resolução: *Age somniemus*, que introduz um novo momento da meditação.

Seria necessária, realmente, uma leitura bem distante para afirmar "que não se trata da loucura nesse texto".

Que seja, você dirá. Admitamos, apesar de Derrida, que seja necessário prestar tanta atenção ao texto e a todas as suas pequenas diferenças. Você demonstrou por isso que a loucura está realmente excluída do encaminhamento da dúvida? Será que Descartes não vai referir-se a ela ainda a propósito da imaginação? Não é dela que se tratará a propósito da extravagância dos pintores e de todas essas quimeras fantásticas que eles inventam?

5. A EXTRAVAGÂNCIA DOS PINTORES

Derrida: "O que Descartes parecia excluir mais acima como extravagância é aqui admitido como possibilidade... Ora, nessas representações, nessas imagens, nessas ideias no sentido cartesiano, tudo pode ser falso e fictício, como as representações desses pintores cuja imaginação, diz expressamente Descartes, 'é bastante extravagante para inventar algo de tão novo que jamais tenhamos visto nada de parecido'."

Com certeza, será o caso, várias vezes, da loucura, no resto da obra cartesiana. E seu papel desqualificante para o sujeito que medita não impedirá absolutamente que a meditação possa se referir a ela, porque não é pelo conteúdo dessas extravagâncias que a loucura é descartada: ela o é pelo sujeito que gostaria, ao mesmo tempo, de "passar por louco" e meditar, quando se trata de saber se o sujeito pode tornar a levá-la em conta, imitá-la, fingi-la e arriscar não saber mais se ele é razoável ou não. Eu acredito tê-lo dito: a loucura é excluída pelo sujeito que duvida para poder qualificar-se como sujeito que duvida. Mas ela não é excluída como objeto de reflexão e de saber. Não é característico que a loucura de que fala Descartes, no parágrafo estudado, seja definida em termos médicos como o resultado de um "cérebro confuso ou ofuscado pelos negros vapores da bile"?

Mas Derrida poderia insistir e fazer valer que a loucura se encontra ainda no movimento da dúvida, misturada à imaginação dos pintores. Ela está manifestamente presente, como o indica essa palavra "extravagante", empregada para descrever a imaginação dos pintores: "Se, por acaso, sua imaginação é bastante extravagante para inventar algo de tão novo que jamais tenhamos visto de parecido... com certeza, pelo menos as cores com as quais eles o compõem devem ser verdadeiras." Derrida sentiu perfeitamente o que tinha de singular a expressão: "Sua imaginação é bastante extravagante." Ele o sentiu tão bem que destacou em sua citação como ponto de referência, sem dúvida, de sua demonstração. E eu subscrevo inteiramente a necessidade de bem isolar, de bem colocar à parte essas poucas palavras.

Mas por uma razão diferente: simplesmente porque elas *não se encontram* no texto de Descartes. É uma adição do tradutor. O texto latino diz somente: "*Si forte aliquid excogitent ad eo novum ut nihil...*", "se, talvez, eles inventassem algo de tão novo". É curioso que Derrida, para fazer valer sua tese, tenha espontaneamente escolhido, retido e destacado o que precisamente *só* se encontra na tradução francesa das *Meditações*; curioso também que ele tenha insistido e afirmado que a palavra "extravagante" tinha sido empregada "expressamente" por Descartes.

Não parece, pois, que o exemplo do sonho seja somente para Descartes uma generalização ou uma radicalização do caso da loucura. Não é a título de exemplo fraco, menos bom, insuficiente, pouco "revelador", "ineficaz" que a loucura se distingue do sonho; e não é por seu menor valor que ela seria como deixada de lado depois de ter sido evocada. O exemplo da loucura se opõe ao do sonho; eles são confrontados um ao outro e opostos segundo todo um sistema de diferenças que são claramente articuladas no discurso cartesiano.

Ora, a análise de Derrida negligencia, eu receio, muitas dessas diferenças. Diferenças literais das palavras (*comparare/reminiscere*; *exemplum transferre*/persuadir; condicional/indicativo). Diferenças temáticas das imagens (estar perto do fogo, estender a mão e abrir os olhos/tomar-se por um rei, estar coberto de ouro, ter um corpo de vidro); diferenças textuais na disposição e na oposição dos parágrafos (o primeiro trata da distinção entre *insanus* e *demens*, e da *implicação jurídica* de *demens* por *insanus*; o segundo trata da distinção "lembrar-se que se dormiu/persuadir-se de que se dorme", e da *passagem real* de um ao outro em um espírito que se aplica a uma recordação assim). Mas diferenças principalmente no nível do que acontece na meditação, no nível dos *acontecimentos* que aí se sucedem: *atos* efetuados pelo sujeito que medita (comparação/reminiscência); *efeitos* provocados no sujeito que medita (percepção repentina e imediata de uma diferença/espanto-estupor-experiência de uma indistinção); qualificação do sujeito que medita (invalidade se ele fosse *demens*; validade se ele é *dormiens*).

Está bem claro: este último conjunto de diferenças comanda todos os outros; ele se refere menos à organização significante do texto do que à série de eventos (atos, efeitos, qualificações) que leva com ela a prática discursiva da meditação: trata-se das modificações do sujeito pelo próprio exercício do discurso. E eu tenho a impressão de que se um leitor, tão notavelmente quanto Derrida, falhou em tantas diferenças literárias, temáticas ou textuais, é por ter desconhecido as que formam seu princípio, a saber, as "diferenças discursivas".

*

Deve-se manter no espírito o próprio título de "meditações". Todo discurso, qualquer que seja, é constituído de um conjunto de enunciados que são produzidos cada um em seu lugar e seu tempo, como tantos eventos discursivos. Se se trata de uma pura demonstração, esses enunciados podem ser lidos como uma série de eventos ligados uns aos outros segundo certo número de regras formais; quanto ao sujeito do discurso, ele não é implicado na demonstração: ele fica, em relação a ela, fixo, invariável e como neutralizado. Uma "meditação", ao contrário, produz, como tantos eventos discursivos, enunciados novos que carregam com eles uma série de modificações do sujeito enunciador: por meio do que se diz na meditação, o sujeito passa da obscuridade à luz, da impureza à pureza, da obrigação das paixões ao desapego, da incerteza e dos movimentos desordenados à serenidade da sabedoria etc. Na meditação, o sujeito é incessantemente alterado por seu próprio movimento; seu discurso suscita efeitos no interior dos quais ele fica preso; ele o expõe a riscos, fá-lo passar por provas ou tentações, produz nele estados e lhe confere um *status* ou uma qualificação de que ele não era detentor no momento inicial. Em resumo, a meditação implica um sujeito móvel e modificável pelo próprio efeito dos eventos discursivos que acontecem. Pode-se ver a partir daí o que seria uma meditação demonstrativa: um conjunto de eventos discursivos que constituem, ao mesmo tempo, grupos de enunciados ligados uns aos outros por regras formais de dedução, e séries de modificações do sujeito enunciador, modificações que se encadeiam continuamente umas às outras; mais precisamente, em uma meditação demonstrativa, enunciados, formalmente ligados, modificam o sujeito à medida que eles se desenvolvem, liberam-no de suas convicções ou induzem, ao contrário, dúvidas sistemáticas, provocam iluminações ou resoluções, liberando-o de seus apegos ou de suas certezas imediatas, induzem estados novos; mas, inversamente, as decisões, as flutuações, os deslocamentos, as qualificações primeiras ou adquiridas do sujeito tornam possíveis conjuntos de enunciados novos, que, por sua vez, se deduzem regularmente uns dos outros.

É essa dupla leitura que exigem as *Meditações*: um conjunto de proposições que forma *sistema*, que cada leitor deve percorrer se quiser comprovar sua verdade; e um conjunto de modificações que forma *exercício*, que cada leitor deve efetuar, pelas quais cada leitor deve ser afetado, se quiser ser, por sua vez, o sujeito enunciador, por sua conta, dessa verdade. E se existem certas passagens das *Meditações* que se podem decifrar, de maneira exaustiva, como encadeamento sistemático de proposições – momentos de pura dedução –, existem, em compensação, espécies de "quiasmos", em que as duas formas do discurso se cruzam e o exercício que modifica o sujeito ordena a sequência das proposições, ou comanda a junção de grupos demonstrativos distintos. Parece que a passagem sobre a loucura e o sonho seja dessa ordem.

Retomemo-la agora em seu conjunto e como um entrecruzamento da trama demonstrativa e da trama ascética.

1. A passagem que precede imediatamente se apresenta como um silogismo prático:

Eu devo desconfiar do que me enganou uma vez.

Ora, os sentidos, de que mantenho tudo o que recebi de mais verdadeiro e de mais garantido, me enganaram, e mais de uma vez.

Não devo, então, fiar-me neles.

Está claro: trata-se aí de um fragmento dedutivo cujo alcance é inteiramente geral: *tudo* o que se recebeu como o mais *verdadeiro* cai sob o golpe da dúvida, com os sentidos que o trouxeram. *A fortiori*, não pode, então, nada restar que não se torne pelo menos tão duvidoso. Seria preciso generalizar ainda? A hipótese de Derrida, que o exemplo (ineficaz) da loucura e o (eficaz) do sonho são chamados para operar essa generalização, e para conduzir mais longe o silogismo da dúvida, não pode, portanto, ser mantida. Pelo que, a partir de então, são eles chamados?

2. Eles são chamados menos por uma objeção ou restrição do que por uma resistência: há coisas sensíveis de que "não se pode *razoavelmente* duvidar". É a palavra "*plane*" que o tradutor entende como "razoavelmente". Qual é, pois, essa "impossibilidade", quando se acaba de estabelecer um silogismo completamente obrigatório? Qual é, pois, esse obstáculo que se opõe a que se duvide "inteiramente", absolutamente", "completamente" (razoavelmente?), quando se acaba de fazer um raciocínio racionalmente inatacável? É a impossibilidade para o sujeito de efetuar realmente, no exercício que o modifica a ele próprio, uma dúvida tão geral; é a impossibilidade de se constituir ele próprio como sujeito universalmente em dúvida. O que cria ainda um problema, depois de um silogismo de alcance tão geral, é a retomada de um conselho de prudência em dúvida efetiva, é a transformação do sujeito "que sabe que deve duvidar de todas as coisas" em sujeito "que aplica a todas as coisas sua resolução de duvidar". Vê-se bem por que o tradutor traduziu "*plane*" por "razoavelmente": querendo efetuar essa dúvida racionalmente necessária, exponho-me a perder essa qualificação de "razoável" que coloquei em jogo desde o início das meditações (e sob três formas pelo menos: ter o espírito bastante maduro, estar livre de preocupações e de paixões, estar garantido de um tranquilo retiro). Para me resolver a duvidar de tudo, devo desqualificar-me como razoável? Se quero manter minha qualificação de razoável, devo renunciar a efetuar essa dúvida, ou, pelo menos, a efetuá-la em sua generalidade?

A importância das palavras "poder completamente duvidar" deve-se ao fato de que elas marcam o ponto de cruzamento das duas formas discursivas – a do sistema e a do exercício: no nível da discursividade ascética, não se pode ainda razoavelmente duvidar. É, portanto, esta que vai comandar o desenvolvimento seguinte, e o que aí se encontra comprometido não é a extensão das coisas duvidosas, é o *status* do sujeito que duvida, a elaboração qualificativa que lhe permite ser, ao mesmo tempo, "duvidoso de tudo" e razoável.

Mas qual é, então, o obstáculo, o ponto de resistência do exercício de dúvida?

3. Meu corpo, e a percepção imediata que tenho dele? Mais exatamente um domínio que se define como "o forte e o próximo" (em oposição a todas essas coisas "distantes" e "fracas" que posso sem problema *colocar* em dúvida): estou aqui, vestido

com um roupão, sentado perto do fogo, em resumo, todo o sistema de atualidade que caracteriza esse momento de minha meditação. É capital que Descartes aqui não evoque a certeza que se pode ter em geral de seu próprio corpo, mas tudo o que, nesse *instante* preciso da meditação, resiste *de fato* à efetuação da dúvida pelo sujeito que medita *atualmente*. Vê-se: não são certas coisas que por si mesmas (sua natureza, sua universalidade, sua inteligibilidade) resistiriam à dúvida; mas o que caracteriza a atualidade do sujeito que medita (o lugar de sua meditação, o gesto que ele está fazendo, as sensações que o atingem). Se ele duvidasse realmente de todo esse sistema de atualidade, seria ainda razoável? Ele não renunciaria justamente a todas essas garantias de uma razoável meditação que ele se proporcionou, escolhendo, como foi dito há pouco, o momento de seu empreendimento (bastante tarde em sua idade, mas não demais: o momento chegou que não se deve deixar passar), suas condições (estar na calma, sem preocupação que possa causar distração), seu lugar (um retiro tranquilo). Se devo me pôr a duvidar do lugar onde estou, da atenção que presto a esse papel e desse calor do fogo que marca meu instante presente, como poderia permanecer convencido do caráter razoável de meu empreendimento? Será que, colocando em dúvida essa atualidade, eu não iria imediatamente tornar impossível toda meditação razoável e tirar todo valor de minha resolução de descobrir, enfim, a verdade?

É para responder a essa questão que são chamados, um ao lado do outro, dois exemplos que obrigam, ambos, a colocar em dúvida o sistema de atualidade do sujeito.

4. Primeiro exemplo: a loucura. Os loucos, com efeito, se iludem completamente sobre o que constitui sua atualidade: eles se acreditam vestidos quando estão nus; reis quando são pobres. Mas posso retomar, para meu caso, esse exemplo? É por meio dele que vou poder transformar em resolução efetiva a proposição de que é preciso duvidar de tudo o que nos vem dos sonhos? Impossível: *isti sunt dementes*, isto é, eles são juridicamente desqualificados como sujeitos razoáveis, e qualificar-me como eles, conforme eles ("transferir para mim seu exemplo") me desqualificaria, por minha vez, e eu não poderia ser sujeito razoável de meditação ("eu não seria menos extravagante"...). Se nos servimos do exemplo da loucura para passar dos sistemas à ascese, da proposição à resolução, po-

demos nos constituir como sujeitos tendo de colocar tudo em dúvida, mas não podemos mais permanecer qualificados como sujeitos fazendo razoavelmente nossa meditação por meio da dúvida até uma eventual verdade. A resistência da atualidade ao exercício da dúvida fica reduzida por um exemplo muito forte: ele leva com ele a possibilidade de meditar de forma válida; as duas qualificações "sujeito que duvida" – "sujeito que medita" não são, nesse caso, simultaneamente possíveis.

Que a loucura seja estabelecida como desqualificadora em toda busca da verdade, que não seja "razoável" chamá-la a si para efetuar a dúvida necessária, que não se possa fingi-la não seria senão um instante, que a impossibilidade se manifeste logo na citação do termo *demens*: está exatamente aí o ponto decisivo em que Descartes se separa de todos aqueles para quem a loucura pode ser, de uma maneira ou de outra, portadora ou reveladora de verdade.

5. Segunda prova: o sonho. A loucura foi, portanto, excluí-da, não como um exemplo insuficiente, mas como prova excessiva e impossível. O sonho é, então, invocado: é que ele torna a atualidade do sujeito não menos duvidosa que a loucura (acredita-se que se está sentado a sua mesa e se está completamente nu em sua cama); mas que ele apresente em relação a ela certo número de diferenças: ele faz parte das virtualidades do sujeito (sou homem), de suas virtualidades frequentemente atualizadas (tenho costume de dormir e de sonhar), de suas recordações (recordo-me muito bem de ter sonhado), e de suas recordações que podem ocorrer com a impressão mais forte (a ponto que eu possa comparar validamente minha impressão atual e minha recordação de sonho). A partir dessas propriedades do sonho, é possível fazer o exercício de uma colocação em dúvida, pelo sujeito que medita, de sua própria atualidade. Primeiro momento (que define a prova): recordo-me de ter sonhado o que percebo atualmente como minha atualidade. Segundo momento (que parece um instante invalidar a prova): o gesto que faço no mesmo instante de minha meditação para saber se durmo parece ter a clareza e a distinção da vigília. Terceiro momento (que valida a prova): recordo-me não somente das imagens de meu sonho, mas de sua clareza tão grande quanto a de minhas impressões atuais. Quarto momento (o que conclui a prova): ao mesmo tempo, *vejo manifestamente* que não há marca certa para distinguir o sonho e a realidade; *e* eu não sei muito bem,

de tão espantado, se nesse momento preciso eu não estaria dormindo. Essas duas vertentes da prova conseguida (estupor incerto e visão manifesta) constituem o sujeito como *que duvida efetivamente* de sua própria atualidade, e como *que continua de forma válida* uma meditação que afasta tudo o que não é verdade manifesta. As duas qualificações (duvidando de tudo o que vem dos sentidos e meditando de forma válida) são realmente efetuadas. O silogismo tinha exigido sua colocação em jogo simultânea; a consciência de atualidade do sujeito que medita tinha colocado obstáculo a que essa exigência fosse cumprida. A tentativa para se pautar no exemplo dos loucos tinha confirmado essa incompatibilidade; o esforço para atualizar a vivacidade do sonho mostrou, em compensação, que essa incompatibilidade não é intransponível. E o sujeito que medita se encontra como sujeito que duvida no término das duas provas que se opõem: uma que constituiu o sujeito como razoável (diante do louco desqualificado), a outra que constituiu o sujeito como o que duvida (na indistinção do sonho e da vigília).

Essa qualificação do sujeito enfim conquistada (*Age somniemus*), a discursividade sistemática vai, então, poder cruzar de novo o discurso do exercício, tomar a dianteira, colocar em exame as verdades inteligíveis, até que um novo momento ascético constitua o sujeito que medita como ameaçado de erro universal pelo "grande enganador". Mas, mesmo nesse momento da meditação, a qualificação de "não louco" (como a qualificação de "sonhador eventual") permanecerá válida.

*

Parece-me que Derrida sentiu, com força e profundidade, que essa passagem sobre a loucura tinha um lugar singular no desenvolvimento das *Meditações*. E esse sentimento, ele o transcreve em seu texto, ao mesmo tempo em que procura dominá-lo.

1. Para explicar que é o caso da loucura, e nesse ponto preciso das *Meditações*, Derrida inventa uma alternância de voz que deslocaria, relançaria para fora e expulsaria do próprio texto a exclamação difícil: "Mas o quê, são loucos!"

Derrida, com efeito, se encontrava diante de um problema incômodo. Se é verdade, como ele o supõe, que todo esse movimento da meditação primeira opera uma generalização da dúvida, por que ele para, mesmo que um instante, na loucura ou até no sonho? Por que se preocupar em demonstrar que as sensações fortes e próximas não são menos duvidosas que as mais fracas e as mais distantes, a partir do momento em que acaba de ser estabelecido, *de uma maneira geral*, que não se deve confiar no que vem dos sentidos? Por que esse gancho para o ponto particular de meu corpo, desse papel, desse fogo, por que um desvio para os enganos singulares da loucura e do sonho?

A essa inflexão Derrida deu *status* de ruptura. Ele imaginou uma intervenção estranha, o escrúpulo ou a reticência de um atrasado que se preocupa com o movimento que o transborda e que realiza no último momento um combate de retaguarda. Mal Descartes acaba de dizer que não se deve confiar nos sentidos, que uma voz se ergueria, a de um camponês estranho a toda urbanidade filosófica; ele tentaria, com sua maneira simples, iniciar, limitar, pelo menos, a resolução do pensador: "Eu gostaria muito que você duvidasse de algumas de suas percepções, mas... que você esteja sentado aqui, perto do fogo, com essa linguagem, esse papel entre as mãos e outra coisa da mesma natureza",[4] seria preciso ser louco para duvidar disso; mais exatamente, só os loucos podem cometer erros sobre coisas tão certas. Ora, louco não sou, com certeza. É então que Descartes retomaria a palavra e diria a esse rústico, a esse teimoso: quero muito que você não seja louco, já que você não se decide a isso; mas lembre-se, no entanto, de que todas as noites você sonha, e seus sonhos quotidianos não são menos loucos que essa loucura que você recusa. E a reticência ingênua do que refuta que não pode duvidar de seu corpo porque ele não quer ser louco seria vencida pelo exemplo do sonho, de tal forma "mais natural", "mais comum", "mais universal".

Sedutora hipótese a de Derrida. Ela resolve da forma mais correta seu problema: mostrar que o filósofo vai direto ao questionamento da "totalidade do seu", que aí estão justamente a forma e a marca filosófica de sua operação: se chega a parar um instante em uma "modalidade do existente" tão singular quanto a loucura, não pode ser que um ingênuo o puxe pelo braço e o interrogue: por si mesmo, não se teria atrasado nessas his-

---

[4] (N.A.) Eu cito Derrida. Sabe-se que, no texto de Descartes, essas coisas das quais é tão difícil duvidar não são caracterizadas por sua "natureza", mas por sua proximidade e sua força. Por sua relação com o sujeito que medita.

tórias de reis nus e de moringas. Assim, a recusa da loucura, a exclamação abrupta "mas o quê, são loucos" se encontram elas próprias rejeitadas por Derrida e três vezes encerradas no *exterior* do discurso filosófico: visto que é outro sujeito que fala (não o filósofo das *Meditações*, mas esse refutador que faz ouvir sua voz mal-acabada); visto que ele fala de um lugar que é o da ingenuidade não filosófica; visto, enfim, que o filósofo, retomando a palavra e citando o exemplo mais "forte" e mais "comprovador" do sonho, desarma a objeção e faz aceitar bem pior que a loucura àquele mesmo que a rejeita.

Mas pode-se ver agora que preço Derrida pagou por sua hábil hipótese. Omissão de certo número de elementos *literais* (que aparecem desde que se tome o cuidado de comparar o texto latino com a tradução francesa); elisão das diferenças *textuais* (todo o jogo das oposições semânticas e gramaticais entre o parágrafo do sonho e o da loucura); apagamento, enfim e principalmente, da determinação *discursiva* essencial (dupla trama do exercício e da demonstração). Curiosamente, Derrida, imaginando atrás da escrita de Descartes essa outra voz ingênua que objeta, apagou todas as diferenças do texto; ou, antes, apagando todas essas diferenças, aproximando o mais possível a prova da loucura e a prova do sonho, fazendo de uma o primeiro rascunho, frágil e falho, da outra, reabsorvendo a insuficiência da primeira na universalidade do segundo, Derrida continuava a exclusão cartesiana. O sujeito que medita devia, para Descartes, excluir a loucura, qualificando-se de não louco. Ora, essa exclusão, por sua vez, é muito perigosa, sem dúvida, para Derrida: não mais por causa da desqualificação com que ela corre o risco de atingir o sujeito que filosofa, mas pela qualificação com a qual ela marcaria o discurso filosófico; ela o determinaria, com efeito, como "outro" diferente do discurso louco; ela estabeleceria entre eles uma relação de exterioridade; ela faria passar o discurso filosófico do "outro lado", na pura presunção de não ser louco. Divisão, exterioridade, determinação da qual se deve preservar o discurso do filósofo se ele tem de ser "projeto de exceder toda totalidade finita e determinada". Deve-se, portanto, excluir, porque determinante, essa exclusão cartesiana. E, para fazer isso, Derrida, como se vê, é obrigado a proceder a três operações: afirmar, contra toda a economia visível do texto, que o poder da dúvida própria à loucura está incluído, *a fortiori*, no sonho; imaginar (para dar conta que seja o caso, apesar de tudo, da loucura) que é outro que exclui a loucura, por sua própria conta e segundo a diagonal de uma objeção; enfim, tirar dessa exclusão todo *status* filosófico, denunciando sua rusticidade ingênua. Inverter a exclusão cartesiana em inclusão; excluir a exclusão, rejeitando-a na ingenuidade pré-filosófica: não foi preciso menos a Derrida para se desembaraçar do texto cartesiano e para reduzir a nada a questão da loucura. Pode-se constatar o resultado: a elisão das diferenças do texto e a invenção compensadora de uma diferença de voz reconduzem a exclusão cartesiana a um segundo nível; fica, enfim, excluído que o discurso filosófico exclui a loucura.

2. Mas a loucura não se deixa, talvez, reduzir assim. Supondo, com efeito, que Descartes não tenha "falado" da loucura, onde em seu texto é o caso dos *insani* e dos *dementes*, supondo que ele tenha cedido um instante a palavra a um rústico para levantar uma questão tão grosseira, não se poderia dizer que ele procedeu, ainda que de maneira insidiosa e silenciosa, à exclusão da loucura?

Não se poderia dizer que ele, de fato e constantemente, evitou a questão da loucura?

A essa objeção, Derrida responde antecipadamente: sim, o risco da loucura é enfrentado por Descartes; não como você o pretende de uma maneira prévia e quase marginal a propósito de um caso de moringas e de reis nus; mas no próprio cerne de seu empreendimento filosófico; precisamente onde seu discurso, livrando-se de todas as considerações naturais sobre os erros dos sentidos ou as obstruções do cérebro, ganha, na dúvida hiperbólica e na hipótese do gênio maligno, sua dimensão radical. É aí que a loucura é questionada e enfrentada; com o gênio maligno, com efeito, suponho que sou enganado mais radicalmente ainda que os que acreditam ter um corpo de vidro; chego até a me convencer de que 2 mais 3 não são 5; depois, com o *cogito*, atinjo essa ponta extrema, esse excesso em relação a toda determinação que me permite dizer que, enganado ou não, louco ou não, eu existo. O gênio maligno seria o ponto em que a filosofia arrisca ela própria, e no excesso que lhe é próprio, a loucura; e o *cogito*, o momento em que a loucura se apaga (não porque ela seria excluída, mas porque sua determinação diante da razão cessaria de ser pertinente). Não seria, portanto, necessário, segundo Derrida, atribuir muita importância à pequena farsa do camponês que irrompe, no início do texto, com seus loucos de aldeia: apesar de todos os seus guizos, eles não chegariam a colocar a questão da loucura. Em compensação, todas as ameaças da Desrazão fariam o papel, sob as figuras, de outra maneira inquietantes e sombrias, do gênio maligno. Assim também, a retomada pelo sonho das piores extravagâncias dos loucos seria, no início do texto, uma fácil vitória; em compensação, depois do grande desvario do gênio maligno, não seria necessário menos que a ponta do *cogito* (e seu excesso sobre a "totalidade do existente") para que as determinações da loucura e da razão aparecessem como não radicais. O grande teatro solene do universal enganador e do "eu penso" repetiria, mas, desta vez, na radicalidade filosófica, a fábula ainda natural do demente e do dormente.

Para manter tal interpretação, foi preciso primeiramente a Derrida negar que a loucura estivesse em questão lá onde ela era nomeada (e em termos específicos, cuidadosamente diferenciados); é preciso agora demonstrar que ela está em questão lá onde ela não é nomeada. Essa demonstração, Derrida a opera por duas séries de derivações semânticas. Basta citá-las:

Gênio maligno: "loucura total", "enlouquecimento total", "desordem do corpo" e "subversão do pensamento puro", "extravagância", "enlouquecimento que não posso dominar".

Cogito: "louca audácia", "projeto louco", "projeto que reconhece a loucura como sua liberdade", "desregramento e desmedida da hipérbole", "excesso inaudito e singular", "excesso para o Nada e para o Infinito", "ponta hiperbólica que deveria ser, como toda loucura pura em geral, silenciosa".

São necessárias todas essas derivações em torno do texto de Descartes para que o gênio maligno e o *cogito* se transformem, segundo o desejo de Derrida, na verdadeira cena de enfrentamento com a loucura. Mas é preciso mais: é preciso, dos próprios textos de Descartes, apagar tudo o que mostra que o episódio do gênio maligno é um exercício voluntário, controlado, dominado e conduzido do começo ao fim por um sujeito que medita que não se deixa jamais surpreender. Se é verdade que a hipótese do gênio maligno empurra a suspeita do erro para bem além dessas ilusões sensíveis de que alguns loucos dão o exemplo, o que forma essa ficção (e pelo próprio fato que ele a forma voluntariamente e por exercício) foge do risco de "recebê-los em sua crença", como é o caso e a desgraça dos loucos. Enganam-no, não lhe impõem. Tudo é ilusão, talvez, mas sem nenhuma credulidade. O gênio maligno engana, sem dúvida, mais do que um cérebro obstruído; ele pode fazer nascer todos os cenários ilusórios da loucura; ele é completamente diferente da loucura. Poder-se-ia até dizer que ele é seu contrário: visto que, na loucura, *eu creio* que uma púrpura ilusória cobre minha nudez e minha miséria, enquanto a hipótese do gênio maligno *me* permite *não crer* que esse corpo e essas mãos existem. Quanto à extensão da armadilha, o gênio maligno, é verdade, não resiste à loucura; mas quanto à posição do sujeito em relação à armadilha, gênio maligno e demência se opõem rigorosamente. Se o gênio maligno retoma os poderes da *loucura*, é depois que o exercício da meditação excluiu o risco de *ser louco*.

Releiamos o texto de Descartes. "Eu pensarei que o céu, o ar, a terra, as cores, as imagens, os sons e todas as outras coisas exteriores são apenas ilusões e devaneios" (então, que o louco acredita que suas ilusões e devaneios são realmente o céu, o ar e todas as coisas exteriores). "Eu me considerarei eu mesmo como não tendo mãos, nem olhos... mas acreditando falsamente ter todas essas coisas" (então, que o louco acredita falsamente que seu corpo é de vidro, mas ele *não* se considera como o que crê falsamente). "Eu tomarei muito cuidado para não receber em minha crença nenhuma falsidade" (então, que o louco as recebe todas).

Está claro: diante do astucioso enganador, o sujeito que medita se comporta não como um louco enlouquecido pelo erro universal, mas como um adversário não menos astucioso sempre desperto, constantemente racional e permanecendo em posição de mestre em relação a sua ficção: "Eu prepararei tão bem meu espírito em todas as astúcias desse grande enganador que, por mais poderoso e astucioso que ele seja, ele não poderá impor-me nada." Como estamos longe dos temas bem variados por Derrida: "Loucura total, enlouquecimento total que eu *não conseguiria dominar*, visto que ele me é *infligido* por hipótese e que *eu não sou mais responsável* por isso." Como imaginar que o sujeito que medita não seja mais responsável por aquilo que ele próprio chama "esse desígnio penoso e laborioso"?

*

Talvez fosse necessário se perguntar como um autor tão meticuloso como Derrida, e tão atento aos textos, pôde não somente cometer tantas omissões, mas operar também tantos deslocamentos, interversões, substituições? Mas talvez fosse necessário se perguntar, na medida em que Derrida apenas reanima em sua leitura uma tradição bem velha. Aliás, ele tem consciência disso; e essa fidelidade parece, com justa razão, confortá-lo. Ele se recusa, em todo caso, a pensar que os intérpretes clássicos falharam, por desatenção, pela importância e pela singularidade da passagem sobre a loucura e o sonho.

Estou de acordo sobre um fato, pelo menos: não é por um efeito de sua desatenção que os intérpretes clássicos apagaram, antes de Derrida e como ele, essa passagem de Descartes. É por sistema. Sistema de que Derrida é hoje o representante mais decisivo, em seu último esplendor: redução das práticas discursivas com vestígios textuais; elisão de acontecimentos que aí acontecem para só reter marcas para uma leitura; invenções de vozes por trás dos textos para não ter de analisar os modos de implicação do sujeito nos discursos; citação do originário como dito e não dito no texto para não substituir as práticas discursivas no campo das transformações onde elas se efetuam.

Não direi que é uma metafísica, *a* metafísica ou seu fecho que se esconde nessa "textualização" das práticas discursivas. Irei muito mais longe: direi que é uma pequena pedagogia historicamente bem-determinada que, de maneira muito visível, se manifesta. Pedagogia que ensina ao aluno que não há nada fora do texto, mas que nele, em seus interstícios, em seus brancos e seus não ditos, reina a reserva da origem; que não é, pois, necessário ir buscar em outra parte, mas que aqui mesmo, não nas palavras, certamente, mas nas palavras como rasuras, em seu esquema, se diz "o sentido do ser". Pedagogia que, inversamente, dá à voz dos mestres essa soberania sem limites que lhes permite indefinidamente redizer o texto.

O padre Bourdin supunha que, segundo Descartes, não era possível duvidar das coisas certas, seja dormindo, seja demente. Em relação a uma certeza fundada, o fato de sonhar ou de delirar não seria pertinente. Ora, a essa interpretação Descartes responde de uma maneira muito explícita: "Eu não me lembro de ter dito nada disso, nem mesmo sonhado dormindo." Com efeito: nada pode ser concebido claramente e distintamente que não seja verdadeiro (e nesse nível, o problema de saber se aquele que concebe sonha ou delira não se encontra colocado). Mas, acrescenta logo Descartes, quem, pois, pode distinguir "o que é claramente concebido e o que parece e parece sê-lo somente"? Quem, pois, como sujeito pensante e meditante, pode saber se ele sabe ou não claramente? Quem, pois, é capaz de não se iludir sobre sua própria certeza, e não se deixar que a imponham? Senão precisamente os que não são loucos? Os que são "sábios". E Descartes replica, visando ao padre Bourdin: "Mas porque só pertence às pessoas sábias distinguir entre o que é claramente concebido e o que parece e parece somente sê-lo, eu não me surpreendo que esse senhor tome aqui um pelo outro."

1973

Em Torno de Édipo

"Em torno de Édipo" ("Autour d'Œdipe"; conversa com R. O. Cruz, H. Pelegrino e M. J. Pinto), *Jornal do Brasil*, Caderno B, 26 de maio de 1973, p. 4.

Extraído da mesa-redonda que acompanhou o ciclo de conferências de M. Foucault na Pontifícia Universidade Católica (PUC) do Rio de Janeiro, de 21 a 25 de maio de 1973. O conjunto foi publicado sob o título "A verdade e as formas jurídicas" (ver *A Verdade e as Formas Jurídicas*, neste livro).

1973

A Sociedade Punitiva

"La société punitive", *Annuaire du Collège de France*, 73ᵉ *année, Histoire des systèmes de pensée, année 1972-1973*, 1973, p. 255-267.

No regime penal da Idade Clássica, podem-se encontrar, misturadas umas com as outras, quatro grandes formas de tática punitiva – quatro formas que têm origens históricas diferentes, que tiveram cada uma, segundo as sociedades e as épocas, um papel, senão exclusivo, pelo menos privilegiado.
 1. Exilar, cassar, banir, expulsar para fora das fronteiras, proibir certos lugares, destruir o lar, apagar o lugar de nascimento, confiscar os bens e as propriedades.
 2. Organizar uma compensação, impor resgate, converter o prejuízo provocado em uma dívida a reembolsar, reconverter o delito em obrigação financeira.
 3. Expor, marcar, ferir, amputar, fazer uma cicatriz, colocar um sinal no rosto ou no ombro, impor uma diminuição artificial e visível, supliciar, em resumo, apoderar-se do corpo e aí inscrever as marcas do poder.
 4. Prender.
 A título de hipótese, podem-se distinguir, segundo os tipos de punição que elas privilegiaram, sociedades com banimento (sociedade grega), sociedades com resgate (sociedades germânicas), sociedades com marcação (sociedades ocidentais do fim da Idade Média) e sociedades que prendem, a nossa?
 A nossa, a partir do século XVIII somente. Porque uma coisa é certa: a detenção, a prisão não fazem parte do sistema penal europeu antes das grandes reformas dos anos 1780-1820. Os juristas do século XVIII são unânimes neste ponto: "A prisão não é vista como uma pena segundo nosso direito civil... embora os príncipes, por razões de Estado, são levados, algumas vezes, a infligir essa pena, são demonstrações de autoridade, e a justiça ordinária não faz uso desses tipos de condenações"

(Serpillon, *Code criminel*, 1767[1]). Mas pode-se já dizer que uma tal insistência em *rejeitar* todo caráter penal na prisão indica uma incerteza crescente. Em todo caso, as prisões que se praticam nos século XVII e XVIII ficam à margem do sistema penal, mesmo se são completamente vizinhas e se não deixam de se aproximar dele:

– prisão-garantia, a que pratica a justiça durante a instrução de um caso de crime, o credor até o reembolso da dívida, ou o poder real quando ele teme um inimigo. Trata-se menos de punir um erro do que de se garantir com uma pessoa;

– prisão-substituta: a que se impõe a alguém que não depende da justiça criminal (seja por causa da natureza de seus erros, que são somente da ordem da moralidade ou da conduta; seja por um privilégio de *status*: os tribunais eclesiásticos, que, desde 1629, não têm mais o direito de pronunciar penas de prisão no sentido restrito, podem ordenar ao culpado que se retire em um convento; a *lettre de cachet* é frequentemente um meio para o privilegiado de escapar da justiça criminal; as mulheres são enviadas para as cadeias por erros que os homens vão expiar nas galeras).

Deve-se observar que (exceto nesse último caso) esse aprisionamento-substituto se caracteriza, em geral, pelo fato de que não foi decidido pelo Poder Judiciário; que sua duração não é fixada de uma vez por todas e que ele depende de um fim hipotético: a correção. Punição mais do que pena.

Ora, uns 50 anos depois dos grandes monumentos do direito criminal clássico (Serpillon, Jousse,[2] Muyart de Vouglans[3]), a prisão tornou-se a forma geral de penalidade.

Em 1831, Rémusat, em uma intervenção na Câmara, dizia: "O que é o sistema de penalidade admitido pela nova lei? É o encarceramento sob todas as suas formas. Comparem, com efeito, as quatro penas principais que continuam no Código Penal. Os trabalhos forçados são uma forma de encarceramento. A penitenciária é uma prisão ao ar livre. A detenção, a reclu-

---

1 Serpillon (F.), *Code criminel, ou Commentaire sur l'ordonnance de 1670*. Lyon, Perisse, 1767, vol. II, título XXV: *Des sentences, jugements et arrêts*, artigo 13, § 33, p. 1.095.
2 Jousse (D.), *Traité de la justice criminelle de France*, Paris, Debure, 1771, 4 vol.
3 Muyart de Vouglans (P.), *Institutes au droit criminel, ou Principes généraux en ces matières*, Paris, Le Breton, 1757.

são, o aprisionamento correcional são apenas, de alguma maneira, diversos nomes de um mesmo castigo."[4] E Van Meenen, abrindo o II Congresso Penitenciário em Bruxelas, lembrava o tempo de sua juventude quando a terra era ainda coberta "de rodas, de patíbulos, de forcas e de pelourinhos", com "esqueletos horrivelmente estendidos".[5] Tudo acontece como se a prisão, punição parapenal, tivesse, no fim do século XVIII, feito sua entrada no interior da penalidade e tivesse ocupado seu espaço muito rapidamente. Dessa invasão logo triunfante o Código Criminal austríaco, redigido sob José II, dá o testemunho mais manifesto.

A organização de uma penalidade de encarceramento não é simplesmente recente; ela é enigmática.

No mesmo momento em que ela se planejava, era o objeto de críticas muito violentas. Críticas formuladas a partir de princípios fundamentais. Mas também formuladas a partir de todas as disfunções que a prisão podia induzir no sistema penal e na sociedade em geral.

1. A prisão impede o Poder Judiciário de controlar e de verificar a aplicação das penas. A lei não penetra nas prisões, dizia Decazes em 1818.

2. A prisão, misturando uns com os outros condenados, ao mesmo tempo diferentes e isolados, constitui uma comunidade homogênea de criminosos que se tornam solidários no encarceramento e o continuarão fora. A prisão fabrica um verdadeiro exército de inimigos interiores.

3. Dando aos condenados um abrigo, alimentação, roupas e, frequentemente, trabalho, a prisão cria para os condenados um destino preferível, às vezes, ao dos operários. Não somente ela não pode ter efeito de dissuasão, mas atrai a delinquência.

4. Da prisão saem pessoas cujos hábitos e a infâmia com que são marcadas destinam definitivamente à criminalidade.

Imediatamente, então, a prisão é denunciada como um instrumento que, às margens da justiça, fabrica aqueles que essa

---
4 Rémusat (C.), "Discussion du projet de loi relatif à des réformes dans la législation pénale" (Câmera dos Deputados, 1º de dezembro de 1831), *Archives parlementaires*, II série, Paris, Paul Dupont, 1889, p. 185.
5 Van Meenen (presidente na Corte de Cassação de Bruxelas), "Discours d'ouverture du IIᵉ Congrès international pénitentiaire" (20-23 de setembro de 1847, Bruxelas), *Débats du Congrès pénitentiaire de Bruxelles*, Deltombe, 1847, p. 20.

justiça enviará ou tornará enviar à prisão. O círculo carcerário é claramente denunciado desde os anos 1815-1830. A essas críticas houve sucessivamente três respostas:

– imaginar uma alternativa para a prisão que conserva seus efeitos positivos (a segregação dos criminosos, sua colocação fora do circuito em relação à sociedade) e suprime suas consequências perigosas (sua volta à circulação). Retoma-se para isso o velho sistema da transportação que os britânicos tinham interrompido no momento da guerra da Independência e restaurado depois de 1790 para a Austrália. As grandes discussões em torno de Botany Bay ocorreram na França por volta dos anos 1824-1830. De fato, a deportação-colonização não substituirá jamais a prisão; ela exercerá, na época das grandes conquistas coloniais, um papel complexo nos circuitos controlados da delinquência. Todo um conjunto constituído pelos grupos de colonos mais ou menos voluntários, os regimentos coloniais, os batalhões da África, a Legião Estrangeira, Caiena virá, durante o século XIX, a funcionar em correlação com uma penalidade que permanecerá essencialmente carcerária;

– reformar o sistema interno da prisão, de maneira que ela cesse de fabricar esse exército de perigos interiores. É esse o objetivo que foi designado por toda a Europa como a "reforma penitenciária". Pode-se lhe dar como referências cronológicas as *Leçons sur les prisons*, de Julius (1828),[6] por um lado, e, por outro, o Congresso de Bruxelas, em 1847. Essa reforma compreende três aspectos principais: isolamento completo ou parcial dos detentos no interior das prisões (discussões em torno dos sistemas de Auburn e da Pensilvânia); moralização dos condenados pelo trabalho, pela instrução, pela religião, pelas recompensas, pelas reduções de penas; desenvolvimento das instituições parapenais de prevenção, ou de recuperação, ou de controle. Ora, essas reformas, às quais as revoluções de 1848 puseram fim, não modificaram em nada as disfunções da prisão denunciadas no período anterior;

---

6 Julius (N. H.), *Vorselungen über die Gefängnisskunde*, Berlim, Stuhr, 1828 (*Leçons sur les prisons, présentées en forme de cours au public de Berlin en l'année 1827*, trad. Lagarmitte, Paris, F. Levrault, 1831, 2 vol.).

• dar, finalmente, um *status* antropológico ao círculo carcerário; substituir o antigo projeto de Julius e de Charles Lucas[7] (fundar uma "ciência das prisões" capaz de dar os princípios arquiteturais, administrativos, pedagógicos de uma instituição que "corrige") por uma "ciência dos criminosos" que possa caracterizá-los em sua especificidade e definir os modos de reação social adaptados a seu caso. A classe dos delinquentes, à qual o circuito carcerário dava uma parte pelo menos de sua autonomia, e da qual ele garantia, ao mesmo tempo, o isolamento e o trancamento, aparece, então, como desvio psicossociológico. Desvio que tem a ver com um discurso "científico" (aonde vão se precipitar análises psicopatológicas, psiquiátricas, psicanalíticas, sociológicas); desvio a respeito do qual se perguntará se a prisão constitui mesmo uma resposta ou um tratamento apropriado.

O que no início do século XIX e com outras palavras se recriminava à prisão (constituir uma população "marginal" de "delinquentes") é tomado como uma fatalidade. Não somente isso é aceito como um fato, mas é constituído como dado primordial. O efeito "delinquência" produzido pela prisão se torna problema de delinquência ao qual a prisão deve dar uma resposta adaptada. Inversão criminológica do círculo carcerário.

*

É preciso se perguntar como uma tal inversão foi possível; como efeitos denunciados e criticados puderam, no fim das contas, ser assumidos como dados fundamentais para uma análise científica da criminalidade; como pôde acontecer que a prisão, instituição recente, frágil, criticável e criticada, tenha se engajado no campo institucional a uma profundidade tal que o mecanismo de seus efeitos pôde se dar como uma constante antropológica; qual é, finalmente, a razão de ser da prisão; a que exigência funcional ela se viu respondendo.

É tão mais necessário colocar a questão e principalmente mais difícil de a ela responder que se vê mal a gênese "ideológica" da instituição. Poder-se-ia pensar, com efeito, que a prisão

---

[7] Lucas (C.), *De la réforme des prisons, ou de la théorie de l'emprisonnement, de ses principes, de ses moyens et de ses conditions pratiques*, Paris, Legrand et Bergounioux, 1836-1838, 3 vol.

foi denunciada, e muito cedo, em suas consequências práticas; mas que ela estava tão fortemente ligada à nova teoria penal (a que preside à elaboração do código do século XIX) que foi necessário aceitá-la com ela; ou, ainda, que seria necessário recolocar em obra, e do começo ao fim, essa teoria se se quisesse fazer uma política radical da prisão.

Ora, desse ponto de vista, o exame das teorias penais da segunda metade do século XVIII dá resultados bastante surpreendentes. Nenhum dos grandes reformadores, sejam eles teóricos como Beccaria, juristas como Servan, legisladores como Le Peletier de Saint-Fargeau, um e outro, ao mesmo tempo, como Brissot, propõem a prisão como pena universal ou até maior. De modo geral, em todas essas elaborações, o criminoso é definido como o inimigo da sociedade. Nisso, os reformadores retomam e transformam o que tinha sido o resultado de toda uma evolução política e institucional desde a Idade Média: a substituição, no regulamento do litígio, de uma perseguição pública. O procurador do rei, intervindo, designa a infração não somente como ataque a uma pessoa ou a um interesse privado, mas como atentado à soberania do rei. Comentando as leis inglesas, Blackstone dizia que o procurador defende, ao mesmo tempo, a soberania do rei e os interesses da sociedade.[8] Em resumo, os reformadores em sua grande maioria, a partir de Beccaria, procuraram definir a noção de crime, o papel da parte pública e a necessidade de uma punição, a partir somente do interesse da sociedade ou da necessidade de protegê-la. O criminoso lesa antes de tudo a sociedade; rompendo o pacto social, ele se constitui nela como um inimigo interior. Desse princípio geral deriva certo número de consequências:

1. Cada sociedade, segundo suas necessidades próprias, deverá modular a escala das penas. Já que o castigo não deriva do erro em si, mas daquele causado à sociedade ou do perigo que ele a faz correr, mais uma sociedade será fraca, melhor ela deverá ser premunida, mais será necessário mostrar-se severo. Portanto, não há modelo universal da penalidade, relatividade essencial das penas.

---

8 Blackstone (sir W.), *Commentaries on the Law of England*, Oxford, Clarendon Press, 1758 (*Commentaire sur le code criminel d'Angleterre*, trad. abade Goyer, Paris, Knapen, 1776).

2. Se a pena fosse expiação, não haveria mal em que ela fosse muito forte; em todo caso, seria difícil estabelecer entre ela e o crime uma justa proporção. Mas, se se trata de proteger a sociedade, pode-se calculá-la de maneira que ela garanta exatamente sua função: para além disso, toda severidade suplementar se torna abuso de poder. A justiça da pena está em sua economia.

3. O papel da pena está inteiramente voltado para o exterior e para o futuro: impedir que o crime recomece. No limite, um crime de que se saberia com certeza que ele é o último não teria de ser punido. Portanto, colocar o culpado fora de estado de prejudicar e desviar os inocentes de toda infração semelhante. A certeza da pena, seu caráter inevitável, mais que toda severidade, constituem aqui sua eficácia.

Ora, a partir de tais princípios, não é possível deduzir o que acontecerá efetivamente na prática penal, a saber, a universalização da prisão como forma geral do castigo. Vê-se, ao contrário, aparecerem modelos punitivos muito diferentes:

• um é classificado na infâmia, isto é, nos efeitos da opinião pública. A infâmia é uma pena perfeita, visto que é a reação imediata e espontânea da própria sociedade: ela varia com cada sociedade; é graduada segundo a nocividade de cada crime; pode ser revogada por uma reabilitação pública; enfim, atinge somente o culpado. É, pois, uma pena que se ajusta ao crime sem ter de passar por um código, sem ter de ser aplicada por um tribunal, sem risco de ser desviada por um poder político. Ela é exatamente adequada aos princípios da penalidade. "O triunfo de uma boa legislação é quando a opinião pública é bastante forte para punir sozinha os delitos [...] Feliz o povo em que o sentimento da honra pode ser a única lei. Ele não tem quase necessidade de legislação. A infâmia, eis seu código penal";[9]

• outro modelo em operação nos projetos de reformas é o do talião. Impondo ao culpado um castigo do mesmo tipo e da mesma gravidade que o crime, fica-se seguro de obter uma penalidade, ao mesmo tempo, graduada e exatamente proporcional. A pena assume a forma de um contra-ataque. E, com a condição de que este seja pronto e inevitável, ela anula quase automaticamente as vantagens esperadas pelo infrator, tornando

---

9 Brissot de Warville (J.), *Théorie des lois criminelles*, Berlim, t. I, cap. II, seção II, p. 187.

o crime inútil. O benefício do delito é brutalmente levado a zero. Sem dúvida, o modelo do talião jamais foi proposto de uma forma detalhada; mas ele permitiu frequentemente definir tipos de punição. Beccaria, por exemplo: "Os atentados contra as pessoas devem ser punidos com penas corporais"; "as injúrias pessoais contra a honra devem ser pecuniárias". É encontrado também sob a forma de um "talião moral": punir o crime não revertendo seus efeitos, mas voltando-se para os inícios e para os vícios que são sua causa.[10] Le Peletier de Saint-Fargeau propunha à Assembleia nacional (21 de maio de 1791): a dor física para punir os crimes cuja atrocidade é o princípio; o trabalho penoso para punir os crimes cuja vagabundagem é o princípio; a infâmia para punir os crimes inspirados por um espírito "abjeto e degradado"; e[11]

• enfim, terceiro modelo, a colocação em escravidão em proveito da sociedade. Tal pena pode ser graduada, em sua intensidade e em sua duração, segundo o dano feito à coletividade. Ela se liga ao erro por intermédio desse interesse lesado. Beccaria, a propósito dos ladrões: "A escravidão temporária coloca o trabalho e a pessoa do culpado a serviço da sociedade para que esse estado de dependência total a indenize do injusto despotismo que ele exerceu violando o pacto social."[12] Brissot: "O que substituir à pena de morte? A escravidão, que coloca o culpado fora de estado de prejudicar a sociedade; o trabalho que o torna útil; a dor longa e permanente que assusta os que ficariam tentados a imitá-lo."[13]

É claro, em todos esses projetos, a prisão figura frequentemente como uma das penas possíveis: seja como condição do trabalho forçado, seja como pena de talião para aqueles que atentaram contra a liberdade dos outros. Mas ela não aparece como a forma geral da penalidade, nem como a condição de uma transformação psicológica e moral do delinquente.

---

10 Beccaria (C. de), *Dei Delitti e delle Pene*, Milão, 1764 (*Traité des délits et des peines*, trad. Collin de Plancy, Paris, Flammarion, col. "Champs", 1979, cap. XXVII, p. 118; cap. XXVIII, p. 121; cap. XXX, p. 125).
11 Le Peletier de Saint-Fargeau, "Rapport sur le projet de Code pénal" (Assembleia Nacional, 23 de maio de 1791), *Archives parlementaires de 1787 à 1860. Recueil complet des débats législatifs et politiques des Chambres françaises*, Paris, Paul Dupont, 1887, 1ª série, t. XXVI, p. 322.
12 Beccaria (C. de), *op. cit.*, p. 125.
13 Brissot de Warville (J.) *op. cit.*, p. 147.

É nos primeiros anos do século XIX que se verão os teóricos atribuírem esse papel à prisão. "O aprisionamento é a pena por excelência nas sociedades civilizadas. Sua tendência é moral quando ele é acompanhado da obrigação do trabalho" (P. Rossi, 1829).[14] Mas, nessa época, a prisão existirá já como instrumento maior da penalidade. A prisão, lugar de emenda, é uma reinterpretação de uma prática do aprisionamento que tinha se espalhado nos anos precedentes.

*

A prática da prisão não estava, então, implicada na teoria penal. Ela nasceu de outra forma e se formou por outras razões. E se impôs, de alguma maneira, do exterior da teoria penal, que se sentirá na obrigação de justificá-la mais tarde, o que fará Livingston, por exemplo, em 1820, dizendo que a pena de prisão tem a quádrupla vantagem de poder dividir-se em tantos graus quanto há de gravidade nos delitos; impedir a recidiva; permitir a correção; ser suficientemente suave para que os jurados não hesitem em punir e para que o povo não se revolte contra a lei.[15]

Para compreender o funcionamento real da prisão, sob sua disfunção aparente, e seu sucesso profundo sob seus insucessos de superfície, é preciso, sem dúvida, remontar a essas instâncias de controle parapenais nas quais ela figurou, com se viu no século XVII e principalmente no século XVIII.

Nessas instâncias, o encarceramento desempenha uma função que comporta três características distintas:

• ele intervém, na distribuição espacial dos indivíduos, pela prisão temporária dos mendigos e dos vagabundos. Sem dúvida, ordenações (fim do século XVII e século XVIII) os condenam às galeras, pelo menos em caso de recidiva. Mas a prisão continua de fato a punição mais frequente. Ora, se os encarceram, é menos para fixá-los aí onde os guardam do que para deslocá-los: proibir-lhes as cidades, mandá-los para o campo,

---

14 Rossi (P. L.), *Traité de droit pénal*, livro III, cap. VIII, "De l'emprisonnement", Paris, A. Sautelet, 1829, p. 169.
15 Livingston (F.), *Introductory Report to the System of Penal Law Prepared for the State of Louisiana*, La Nouvelle-Orléans, 1820 (*Rapport fait à l'Assemblée générale de l'État de la Louisiane sur le projet d'un code pénal*, La Nouvelle-Orléans, B. Levy, 1822).

ou, ainda, impedi-los de transitar em uma região, obrigá-los a ir aonde podem lhe dar trabalho. É uma maneira pelo menos negativa de controlar sua colocação em relação ao aparelho de produção agrícola ou manufatureira; uma maneira de agir sobre o fluxo de população levando em conta, ao mesmo tempo, as necessidades da produção e do mercado de trabalho;

• o encarceramento intervém também no nível da conduta dos indivíduos. Ele sanciona em um nível infrapenal maneiras de viver, tipos de discurso, projetos ou intenções políticas, comportamentos sexuais, rejeições da autoridade, bravatas à opinião, violências etc. Em resumo, intervém menos em nome da lei do que em nome da ordem e da regularidade. O irregular, o agitado, o perigoso e o infame são objeto de encarceramento. Enquanto a penalidade pune a infração, ele sanciona a desordem; e

• enfim, se é verdade que ele está nas mãos do poder político, que ele escapa totalmente ou em parte ao controle da justiça regrada (na França, ele é quase sempre decidido pelo rei, pelos ministros, intendentes, subdelegados), ele não é, bem longe disso, o instrumento do arbitrário e do absolutismo. O estudo das *lettres de cachet* (ao mesmo tempo, de seu funcionamento e de sua motivação) mostra que elas eram em sua extrema maioria solicitadas por pais de família, notabilidades menores, comunidades locais, religiosas, profissionais contra indivíduos que provocam neles incômodo e desordem. A *lettre de cachet* sobe de baixo para o alto (sob a forma de pedido) antes de abater o aparelho do poder sob forma de uma ordem levando o selo real. Ela é o instrumento de um controle local e, por assim dizer, capilar.

Poder-se-ia fazer uma análise do mesmo tipo das sociedades que se encontram na Inglaterra a partir do fim do século XVII. Animadas frequentemente por "dissidentes", elas se propõem denunciar, excluir, fazer sancionar indivíduos por afastamento de conduta, recusa de trabalho, desordens quotidianas. Entre essa forma de controle e a que é assegurada pela *lettre de cachet*, as diferenças, evidentemente, são enormes. Só para ver esta: as sociedades inglesas (pelo menos na primeira parte do século XVIII) são independentes de todo aparelho de Estado: bem mais, bastante populares em seu recrutamento, elas se atacam, em termos gerais, à imoralidade dos poderosos e dos ricos: enfim, o rigorismo de que elas fazem prova em relação a seus próprios membros e, sem dúvida, também uma maneira de fazê-los escapar de uma justiça penal extremamente rigorosa (a legislação penal inglesa, "caos sangrento", comportava mais casos capitais que nenhum outro código europeu). Na França, ao contrário, as formas de controle estavam fortemente ligadas a um aparelho de Estado que tinha organizado a primeira grande polícia da Europa que a Áustria de José II e depois a Inglaterra empreenderam imitar. A propósito da Inglaterra, é preciso justamente observar que, nos últimos anos do século XVIII (essencialmente depois dos Gordon Riots e no momento dos grandes movimentos populares mais ou menos contemporâneos da Revolução Francesa), novas sociedades de moralização apareceram, de recrutamento muito mais aristocrático (algumas dentre elas com um equipamento militar): elas exigiam a intervenção do poder real, o estabelecimento de uma nova legislação e a organização de uma polícia. A obra e o personagem de Colquhoun estão no centro desse processo.

O que transformou a penalidade na virada do século foi o ajustamento do sistema judiciário a um mecanismo de vigilância e de controle; foi sua integração comum em um aparelho de Estado centralizado; mas foi também o estabelecimento e o desenvolvimento de toda uma série de instituições (parapenais e, algumas vezes, não penais) que serviam de ponto de apoio, de posições avançadas ou de formas reduzidas ao aparelho principal. Um sistema geral de vigilância-encarceramento penetra toda a espessura da sociedade, assumindo formas que vão das grandes prisões construídas no modelo do pan-óptico até as sociedades de patronagem e que encontram seus pontos de aplicação não somente entre os delinquentes, mas entre as crianças abandonadas, os órfãos, os aprendizes, os colegiais, os operários etc. Em uma passagem de suas *Leçons sur les prisons*, Julius opunha as civilizações do espetáculo (e do ritual em que se trata de dar a todos o espetáculo de um evento único e a forma arquitetural maior é o teatro) às civilizações de vigilância (em que se trata de garantir a alguns um controle ininterrupto no maior número; forma arquitetural privilegiada: a prisão). E ele acrescentava que a sociedade europeia que tinha substituído pelo Estado a religião oferecia o primeiro exemplo de uma civilização da vigilância.[16]

---

16 Julius (N. H.), *op. cit.*, t. I, p. 384-386.

O século XIX fundou a idade do pan-optismo.

*

A que necessidades respondia essa transformação? Provavelmente a novas formas e a um novo jogo na prática da ilegalidade. Novas ameaças, principalmente.

O exemplo da Revolução Francesa (mas igualmente de outros movimentos nos 20 últimos anos do século XVIII) mostra que o aparelho político de uma nação está ao alcance das revoltas populares. Um motim de subsistência, uma revolta contra os impostos ou contribuições, a rejeição da conscrição não são mais esses movimentos localizados e limitados que podem atingir (e fisicamente) o representante do poder político, mas que deixam fora de alcance suas estruturas e sua distribuição. Eles podem questionar a posse e o exercício do poder político. Mas, por outro lado, e principalmente talvez, o desenvolvimento da indústria coloca maciça e diretamente o aparelho de produção em contato com aqueles que têm de fazê-lo funcionar. As pequenas unidades artesanais, as manufaturas com instrumentação reduzida e relativamente simples, as lojas com capacidade limitada garantindo mercados locais não ofereciam muito interesse em depredações ou em destruições globais. Mas o maquinismo, a organização das grandes fábricas, com estoques importantes de matérias-primas, a mundialização do mercado e o aparecimento dos grandes centros de redistribuição de mercadorias colocam as riquezas ao alcance de ataque incessantes. E esses ataques não vêm do exterior, desses deserdados ou desses mal-integrados que, sob o espólio do mendigo ou do vagabundo, causavam tanto medo no século XVIII, mas, de alguma maneira do interior, daqueles que têm como manipulá-los para torná-los produtivos. Desde a depredação quotidiana dos produtos armazenados até grandes "berços" coletivos dos maquinistas, um perigo perpétuo ameaça a riqueza investida no aparelho de produção. Toda a série de medidas tomadas no fim do século XVIII e no início do século XIX para proteger os portos, as docas e os arsenais de Londres, para desmantelar as redes de revendedores e dos receptadores podem servir de exemplo.

No campo, é uma situação aparentemente inversa que produz efeitos análogos. O parcelamento da propriedade rural, o desaparecimento mais ou menos completo das comunidades, a colocação em exploração dos terrenos solidificam a apropriação e tornam a sociedade rural intolerante a todo um conjunto de ilegalidades menores que se tinha de ter aceitado – por bem ou por mal – no regime da grande propriedade subexplorada. Desaparecem as margens nas quais os mais pobres e os mais móveis tinham podido subsistir, aproveitando as tolerâncias, as negligências, os regulamentos esquecidos ou os fatos consumados. Os apertos dos elos de propriedade, ou, antes, o novo *status* da propriedade fundiária e sua nova exploração, transformam em delito muitas ilegalidades instaladas. Importância, mais política que econômica, delitos rurais na França do Diretório e do Consulado (delitos que se articulam seja em lutas em forma de guerras civis, seja na resistência à circunscrição); importância também das resistências opostas na Europa aos diferentes códigos florestais do início do século XIX.

Mas talvez a forma mais importante da nova ilegalidade esteja em outra parte. Ele concerne menos ao corpo do aparelho de produção, ou ao da propriedade fundiária, que ao próprio corpo do operário e à maneira como ele está aplicado aos aparelhos de produção. Salários insuficientes, desqualificação do trabalho pela máquina, horários de trabalhos desmedidos, multiplicidades das crises regionais ou locais, interdição das associações, mecanismo do endividamento, tudo isso conduz os operários a condutas como o absenteísmo, a ruptura do "contrato de emprego", a migração, a vida "irregular". O problema é então fixar os operários no aparelho de produção, estabelecê-los ou deslocalizá-los para onde há necessidade deles, submetê-los a seu ritmo, impor-lhes a constância ou a regularidade exigida, em resumo, constituí-los como uma força de trabalho. Daí, uma legislação que cria novos delitos (obrigação da carteira, lei sobre o consumo de bebidas, interdição da loteria); daí, toda uma série de medidas que, sem ser absolutamente obrigatórias, operam uma divisão entre o bom e o mau operário, e procuram garantir uma organização do comportamento (a caixa de poupança, o estímulo ao casamento, mais tarde as cidades operárias); daí, o aparecimento de organismos de controle ou de pressão (associações filantrópicas, patrocínios); daí, enfim, toda uma imensa campanha de moralização operária. Essa campanha define o que ela quer conjurar como sendo a "dissipação" e o que ela quer estabelecer como sendo a "regularidade": um corpo operário concentrado, aplicado, ajustado ao tempo de produção, fornecendo exatamente a força exigida. Ela mostra na delinquência a continuação inevitável da irregularidade, dando, assim, *status* de consequência psicológica e moral com efeito de marginalização devido aos mecanismos de controle.

*

Pode-se retirar daí certo número de conclusões.
1. As formas de penalidade que se vê aparecer entre os anos 1760 e 1840 não estão ligadas a uma renovação da percepção moral. A natureza das infrações definidas pelo código não mudou no essencial (pode-se observar, entretanto, o desaparecimento, progressivo ou repentino, dos delitos religiosos: o aparecimento de certos delitos de tipo econômico e profissional); e se o regime das penas se atenuou consideravelmente, as infrações, estas se mantiveram mais ou menos idênticas. O que pôs em jogo a grande renovação da época foi um problema de corpo e de materialidade, é assim a questão física: nova forma de materialidade assumida pelo aparelho de produção, novo tipo de contato entre esse aparelho e o que o faz funcionar; novas exigências impostas aos indivíduos como forças produtivas. A história da penalidade no início do século XIX não tem a ver essencialmente com uma história das ideias morais; é um capítulo na história do corpo. Ou digamos, de outra maneira, que, interrogando as ideias morais a partir da prática e das instituições penais, descobre-se que a evolução da moral é antes de tudo a história do corpo, a história *dos* corpos. Pode-se compreender a partir daí:
• que a prisão se tenha tornado a forma geral da punição e se tenha substituído ao suplício. O corpo não tem mais de ser marcado; ele deve ser educado e reeducado; seu tempo deve ser medido e plenamente utilizado; suas forças devem ser continuamente aplicadas ao trabalho. A forma-prisão da penalidade corresponde à forma-salário do trabalho; e
• que a medicina, como ciência da normalidade dos corpos, tenha assumido lugar no cerne da prática penal (a pena deve ter por fim curar).
2. A transformação da penalidade não depende somente de uma história dos corpos, ela depende mais precisamente de uma história das relações entre o poder político e os corpos. A obri-

gação sobre os corpos, seu controle, sua sujeição, a maneira como esse poder se exerce direta ou indiretamente sobre eles, a maneira como ele os flexiona, os fixa, os utiliza estão no princípio da mudança estudada. Seria necessário escrever uma *Física* do poder e mostrar quanto ela foi modificada em relação às suas formas anteriores, no início do século XIX, quando do desenvolvimento das estruturas de Estado.

Uma nova *óptica*, inicialmente: órgão de vigilância generalizada e constante; tudo deve ser observado, visto, transmitido: organização de uma polícia; instituição de um sistema de arquivos (com fichas individuais), estabelecimento de um *pan-optismo*.

Uma nova *mecânica*: isolamento e reagrupamento dos indivíduos; localização dos corpos; utilização ótima das forças; controle e melhoria do rendimento; em resumo, um estabelecimento de toda uma *disciplina* da vida, do tempo, das energias.

Uma nova *fisiologia*: definição das normas, exclusão e recusa do que não lhes é conforme, mecanismo de seu restabelecimento por intervenções corretivas que são de uma maneira ambígua terapêuticas e punitivas.

3. Nessa "física", a delinquência desempenha uma função importante. Mas é preciso entender-se sobre o termo delinquência. Não se trata dos delinquentes, espécie de mutantes psicológicos e sociais, que seriam o objeto da repressão penal. Por delinquência é preciso, antes, entender o sistema casado penalidade-delinquente. A instituição penal, com, em seu centro, a prisão, fabrica uma categoria de indivíduos que criam circuito com ela: a prisão não corrige; ela recorre incessantemente aos mesmos; ela constitui pouco a pouco uma população marginalizada de que se serve para fazer pressão sobre as "irregularidades" ou "ilegalidades" que não se podem tolerar. E ela exerce essa pressão sobre as ilegalidades por intermédio da delinquência de três maneiras: conduzindo pouco a pouco a irregularidade ou a ilegalidade à infração, por meio de todo um jogo de exclusões e de sanções parapenais (mecanismo que se pode chamar "a indisciplina leva ao cadafalso"); integrando os delinquentes a seus próprios instrumentos de vigilância da ilegalidade (recrutamento de provocadores, de indicadores, de policiais; mecanismo que se pode chamar "todo ladrão pode tornar-se Vidocq"); canalizando as infrações dos delinquentes para as populações que interessa mais vigiar (princípio: "Um pobre é sempre mais fácil de roubar que um rico").

Se, portanto, para retomar a questão inicial: "Por que essa estranha instituição da prisão, por que essa escolha de uma penalidade cuja disfunção foi logo denunciada?", é preciso talvez procurar-lhe uma resposta desse lado: a prisão tem a vantagem de produzir a delinquência, instrumento de controle e de pressão sobre a ilegalidade, peça não desprezível no exercício do poder sobre os corpos, elemento dessa física do poder que suscitou a psicologia do sujeito.

*

O seminário deste ano foi consagrado a preparar a publicação do dossiê do caso Pierre Rivière.

1974

A Verdade e as Formas Jurídicas

"A verdade e as formas jurídicas" ("La vérité et les formes juridiques); trad. J. W. Prado Jr.), *Cadernos da PUC*, n. 16, junho de 1974, p. 5-133 (discussão com M. T. Amaral, R. O. Cruz, C. Katz, L. C. Lima, R. Machado, R. Muraro, H. Pelegrino, M. J. Pinto, A. R. de Sant'Anna). (Conferências na Pontifícia Universidade Católica do Rio de Janeiro, de 21 a 25 de maio de 1973.)

I

O que eu gostaria de lhes dizer nessas conferências são coisas talvez inexatas, falsas, errôneas, que apresentarei a título de hipóteses de trabalho, de hipóteses em vista de um trabalho futuro. Peço sua indulgência e, mais que isso, sua maldade. Gostaria, com efeito, muito que, no fim de cada conferência, vocês me fizessem perguntas, me fizessem críticas e objeções para que, na medida do possível e na medida em que meu espírito não seja ainda muito rígido, eu pudesse, pouco a pouco, adaptar-me a essas questões, e que pudéssemos assim, no fim dessas cinco conferências, ter cumprido juntos um trabalho ou feito, eventualmente, algum progresso.

Apresentarei hoje uma reflexão metodológica para introduzir o problema que, sob o título "A verdade e as formas jurídicas", pode parecer-lhes um pouco enigmático. Tentarei apresentar-lhes o que é o ponto de convergência de três ou quatro séries de pesquisas existentes, já exploradas, já inventariadas, para confrontá-las e reuni-las em uma espécie de pesquisa, não digo original, mas pelo menos renovadora.

Em primeiro lugar, uma pesquisa propriamente histórica: como domínios de saber puderam formar-se a partir das práticas sociais? A questão é a seguinte: existe uma tendência que poderíamos chamar, um pouco ironicamente, de marxismo acadêmico, e que consiste em procurar de que maneira as condições econômicas de existência podem encontrar na consciência dos homens seu reflexo e sua expressão. Parece-me que essa forma de análise, tradicional no marxismo universitário na França e na Europa, apresenta uma falha muito grave: a de supor, no fundo, que o sujeito humano, o sujeito de conhecimento, e as próprias formas do conhecimento são, de certa maneira, dados previamente e definitivamente, e que as condições econômicas, sociais e políticas da existência não fazem mais que se estabelecer ou se imprimir nesse sujeito definitivamente dado.

Meu objetivo será mostrar-lhes como as práticas sociais podem chegar a gerar domínios de saber que não somente evidenciam novos objetos, novos conceitos, novas técnicas, mas também dão origem a formas totalmente novas de sujeitos e sujeitos de conhecimento. O sujeito de conhecimento tem ele próprio uma história, a relação do sujeito com o objeto, ou, mais claramente, a própria verdade tem uma história.

Assim, eu gostaria particularmente de mostrar como se pôde formar, no século XIX, certo saber do homem, da individualidade, do indivíduo normal ou anormal, dentro ou fora da regra, um saber que, na verdade, nasceu das práticas sociais de controle e de vigilância. E como, de certa maneira, esse saber não se impôs a um sujeito de conhecimento, não se propôs a ele, nem se imprimiu nele, mas fez nascer um tipo absolutamente novo de sujeito de conhecimento. A história dos domínios de saber em relação com as práticas sociais, excluindo o primado de um sujeito de conhecimento dado definitivamente, é um primeiro eixo de pesquisa que lhes proponho.

O segundo eixo de pesquisa é um eixo metodológico, que se poderia chamar de análise dos discursos. Aqui ainda existe, parece-me, em uma tradição recente, mas já aceita nas universidades europeias, uma tendência a tratar o discurso como um conjunto de fatos linguísticos ligados entre si por regras sintáticas de construção.

Há alguns anos, era original e importante dizer e mostrar que o que era fato com a linguagem – poesia, literatura, filosofia, discurso em geral – obedecia a certo número de leis ou de regularidades internas: as leis e as regularidades da linguagem. O caráter linguístico dos fatos de linguagem foi uma descoberta que teve importância em determinada época.

O momento teria, então, acabado de considerar esses fatos de discurso não mais simplesmente sob seu aspecto linguístico, mas, de certa maneira – e aqui eu me inspiro nas pesquisas realizadas pelo anglo-americanos –, como jogos, jogos estratégicos de ação e de reação, de pergunta e resposta, de dominação e de esquiva, assim como de luta. O discurso é esse conjunto regular de fatos linguísticos em certo nível e de fatos polêmicos e estratégicos em outro nível. Essa análise do discurso como jogo estratégico e polêmico é, em meu entender, um segundo eixo de pesquisa.

Enfim, o terceiro eixo de pesquisa que lhes proponho, e que vai definir, por seu encontro com os dois primeiros, o ponto de convergência no qual me situo, consistiria em uma reelaboração da teoria do sujeito. Essa teoria foi profundamente modificada e renovada, ao longo dos últimos anos, por certo número de teorias, ou, mais seriamente ainda, por certo número de práticas, entre as quais a psicanálise se situa, é claro, no primeiro plano. A psicanálise foi certamente a prática e a teoria que reavaliaram da maneira mais fundamental a prioridade um pouco sagrada conferida ao sujeito, que tinha se estabelecido no pensamento ocidental a partir de Descartes.

Há dois ou três séculos, a filosofia ocidental postulava, de maneira explícita ou implícita, o sujeito como fundamento, como núcleo central de todo conhecimento, como aquilo em que e a partir do que a liberdade se revelava e a verdade podia eclodir. Ora, parece-me que a psicanálise colocou em questão, da maneira insistente, essa posição absoluta do sujeito. Mas se a psicanálise o fez, em compensação, no domínio do que se poderia chamar a teoria do conhecimento, ou no da epistemologia, ou no da história das ciências, ou ainda no da história das ideias, parece-me que a teoria do sujeito continuou ainda muito filosófica, muito cartesiana e kantiana – porque, no nível de generalidade em que me situo, não faço diferença entre as concepções cartesiana e kantiana.

Atualmente, quando se estuda história – história das ideias, do conhecimento ou simplesmente história –, apega-se a esse sujeito de conhecimento, a esse sujeito da representação como ponto de origem a partir do qual o conhecimento é possível e a verdade aparece. Seria interessante tentar ver como se produz, através da história, a constituição de um sujeito que não é dado definitivamente, que não é aquilo a partir do que a verdade chega à história, mas de um sujeito que se constitui no próprio interior da história, e que é, a cada instante, fundado e refundado pela história. É para essa crítica radical do sujeito humano pela história que devemos dirigir-nos.

Certa tradição universitária ou acadêmica do marxismo ainda não parou com essa concepção filosófica tradicional do sujeito. Ora, a meu ver, é o que deve ser feito: mostrar a constituição histórica de um sujeito de conhecimento por meio de um discurso tomado como um conjunto de estratégias que fazem parte das práticas sociais.

Isso é o fundo teórico dos problemas que eu gostaria de levantar. Pareceu-me que, entre as práticas sociais, cuja análise histórica permite localizar a emergência de novas formas de subjetividade, as práticas jurídicas ou, mais precisamente, as práticas judiciárias são as mais importantes.

A hipótese que eu gostaria de propor é que há duas histórias da verdade. A primeira é uma espécie de história interna da verdade, a história de uma verdade que se corrige a partir de seus próprios princípios de regulação: é a história da verdade tal como ela se fez em ou a partir da história das ciências. Por outro lado, parece-me que existe na sociedade, ou pelo menos em nossas sociedades, vários outros lugares em que a verdade se forma onde certo número de regras do jogo são definidas – regras do jogo segundo as quais se vê surgirem certas formas de subjetividade, certos domínios de objeto, certos tipos de saber –, e, por conseguinte, pode-se, a partir daí, fazer uma história externa, exterior, da verdade.

As práticas judiciárias, a maneira pela qual entre os homens se arbitram os erros e as responsabilidades, o modo pelo qual, na história do Ocidente, se concebeu e se definiu a maneira pela qual os homens podiam ser julgados em função dos erros cometidos, a maneira pela qual se impôs a indivíduos determinados a reparação de algumas de suas ações e a punição de outras, todas essas regras ou, se quiserem, todas essas práticas regulares, evidentemente, mas também modificadas incessantemente através da história, me parecem uma das formas pelas quais nossa sociedade definiu tipos de subjetividade, formas de saber e, consequentemente, relações entre o homem e a verdade que merecem ser estudadas.

Eis a visão geral do tema que pretendo desenvolver: as formas jurídicas e, por conseguinte, sua evolução no campo do direito penal como lugar de origem de um número determinado de formas de verdade. Tentarei mostrar-lhes como certas formas de verdade podem ser definidas a partir da prática penal. Porque o que chamam *enquête*[1] (inquérito) – investigação tal qual é e foi praticado pelos filósofos do século XV ao XVIII, e também pelos cientistas, fossem eles geógrafos, botânicos, zoólogos, economistas – é uma forma bastante característica da verdade em nossas sociedades.

Ora, onde se encontra a origem do inquérito? Ele é encontrado em uma prática política e administrativa, de que vou lhes falar, mas também na prática judiciária. Foi na metade da Idade Média que o inquérito apareceu como forma de pesquisa da verdade no interior da ordem judiciária. Foi para saber exatamente quem fez o quê, em que condições e em que momento que o Ocidente elaborou as técnicas complexas de inquérito que puderam, em seguida, ser utilizadas na ordem científica e na ordem da reflexão filosófica.

Da mesma maneira, no século XIX, inventaram também, a partir de problemas jurídicos, judiciários, penais, formas de análise bastante curiosas que eu chamarei de *exame*,[2] e não mais de inquérito. Tais formas de análise deram origem à sociologia, à psicologia, à psicopatologia, à criminologia, à psicanálise. Tentarei mostrar-lhes como, quando se busca a origem dessas formas de análise, vê-se que elas nasceram em ligação direta com a formação de certo número de controles políticos e sociais, no momento da formação da sociedade capitalista, no fim do século XIX.

Temos assim, traçada em grandes características, a formulação do que será tratado nas conferências seguintes. Na próxima, falarei do nascimento do inquérito no pensamento grego, em algo que não é nem totalmente um mito nem inteiramente uma tragédia: a história de Édipo. Falarei da história de Édipo não como ponto de origem, de formulação do desejo ou das formas do desejo do homem, mas, ao contrário, como episódio bastante curioso da história do saber e ponto de emergência da investigação. Na conferência seguinte, tratarei da relação que

---

1 Em francês no texto. (Nota do tradutor francês)
2 Em francês no texto. (Nota do tradutor francês)

se estabeleceu na Idade Média, do conflito, da oposição entre o regime da *prova*[3] e o sistema do inquérito.

Finalmente, nas duas últimas conferências, falarei do nascimento do que chamo de exame ou as ciências do exame, que estão em relação com a formação e a estabilização da sociedade capitalista.

Para o momento, gostaria de retomar, de maneira diferente, as reflexões metodológicas de que falava há pouco. Teria sido possível, e talvez mais honesto, citar apenas um nome, o de Nietzsche; porque o que digo aqui só tem sentido se é colocado em relação com a obra de Nietzsche, que me parece ser, entre os modelos aos quais se pode recorrer para as pesquisas que proponho, o melhor, o mais eficaz e o mais atual. Em Nietzsche, encontra-se efetivamente um tipo de discurso que faz a análise histórica da formação do próprio sujeito, a análise histórica do nascimento de certo tipo de saber – sem jamais admitir a preexistência de um sujeito de conhecimento. O que me proponho agora é seguir, na obra de Nietzsche, os lineamentos que podem nos servir de modelo para as análises em questão.

Tomarei como ponto de partida um texto de Nietzsche datado de 1873 e que só apareceu em edição póstuma. O texto diz: "No desvio de algum canto do universo inundado dos fogos de inúmeros sistemas solares, houve um dia um planeta no qual animais inteligentes inventaram o conhecimento. Foi o minuto mais orgulhoso e mais mentiroso da 'história universal'."[4]

Nesse texto, extremamente rico e difícil, deixarei de lado várias coisas, inclusive – e principalmente – a célebre frase: "Foi o minuto mais mentiroso". Considerarei, inicialmente e de bom grado, a insolência, a desenvoltura de Nietzsche dizendo que o conhecimento foi inventado em um astro e em um momento determinado. Eu falo de insolência nesse texto de Nietzsche, porque não se deve esquecer que em 1873 estamos senão em pleno kantismo, pelo menos em pleno neokantismo. E a ideia de que o tempo e o espaço não são formas de conhecimento, mas, ao contrário, espécies de rochedos primitivos sobre os quais o conhecimento vem se fixar, é para a época absolutamente inadmissível.

---

3 Em francês no texto. (Nota do tradutor francês)
4 Nietzsche (F.), *Vérité et Mensonge au sens extra-moral* (1873; trad. M. Haar e M. de Launay), in *Œuvres philosophiques complètes*, Paris, Gallimard, 1975, t. I, vol. II: *Écrits posthumes (1870-1873)*, p. 277.

É nisso que gostaria de me ater, fixando-me primeiramente no termo de invenção em si. Nietzsche afirma que, em um ponto determinado do tempo e em um lugar determinado do Universo, animais inteligentes inventaram o conhecimento. A palavra que ele emprega, "invenção" – o termo alemão é *Erfindung* –, é frequentemente retomada em seus textos e sempre com um sentido e uma intenção polêmicas. Quando fala de invenção, Nietzsche teve sempre na cabeça uma palavra que se opõe a "invenção": a palavra "origem". Quando ele diz "invenção", é para não dizer "origem"; quando diz *Erfindung*, é para não dizer *Ursprung*.

Tem-se certo número de provas. Apresentarei duas delas ou três. Por exemplo, em um texto que é, penso, da *Gaia ciência*, em que ele fala de Schopenhauer censurando-lhe sua análise da religião, Nietzsche diz que Schopenhauer cometeu o erro de procurar a origem – *Ursprung* – da religião em um sentimento metafísico que estaria presente em todos os homens e que conteria, por antecipação, o núcleo de toda religião: eis uma análise da história da religião que é totalmente falsa, porque admitir que a religião se origina de um sentimento metafísico significa, pura e simplesmente, que a religião já era dada, pelo menos no estado implícito, envolvida nesse sentimento metafísico. Ora, diz Nietzsche, a história não é isso, não é dessa maneira que se faz a história, não foi também assim que as coisas aconteceram. Porque a religião não tem origem, ela não tem *Ursprung*, ela foi inventada, houve uma *Erfindung* da religião. Em dado momento, algo aconteceu que fez aparecer a religião. A religião foi fabricada; ela não existia antes. Entre a grande continuidade da *Ursprung* descrita por Schopenhauer e a ruptura que caracteriza a *Erfindung* de Nietzsche, há uma oposição fundamental.

Falando da poesia, ainda na *Gaia ciência*, Nietzsche afirma que há aqueles que procuram a origem, *Ursprung*, da poesia, quando, para dizer a verdade, não há *Ursprung* da poesia, só há uma invenção da poesia.[5] Um dia, alguém teve a ideia bastante curiosa de utilizar certo número de propriedades rítmicas ou musicais da linguagem para falar, para impor essas palavras, para estabelecer por meio dessas palavras certa relação de poder sobre os outros. A poesia também foi inventada ou fabricada.

---

5 Nietzsche (F.), *Le Gai Savoir* (1883); trad. da 2ª ed. de 1887 por P. Klossowski), livro V, § 353: *De l'origine des religions*, op. cit., t. V, 1967, p. 238-239.

Há ainda a célebre passagem no fim do primeiro discurso de *A genealogia da moral*, em que Nietzsche se refere a essa espécie de grande fábrica, de grande usina onde se produz o ideal.[6] O ideal não tem origem. Ele também foi inventado, fabricado, produzido por uma série de mecanismos, de pequenos mecanismos.

A invenção, *Erfindung*, é para Nietzsche, por um lado, uma ruptura, por outro, algo que possui um pequeno começo, baixo, mesquinho, inconfessável. Esse é o ponto crucial da *Erfindung*. Foi por obscuras relações de poder que a poesia foi inventada. Foi igualmente por puras e obscuras relações de poder que a religião foi inventada. Vilania, pois, de todos os começos quando eles são opostos à solenidade da origem tal como ela é concebida pelos filósofos. O historiador não deve temer as mesquinharias, porque foi de mesquinharia em mesquinharia, de pequena coisa em pequena coisa que, finalmente, as grandes coisas se formaram. Na solenidade da origem é preciso opor, em bom método histórico, a pequenez meticulosa e inconfessável dessas fabricações, dessas invenções.

O conhecimento foi, portanto, inventado. Dizer que ele foi inventado é dizer que não tem origem. É dizer, da maneira mais precisa, por mais paradoxal que seja, que o conhecimento não está absolutamente inscrito na natureza humana. O conhecimento não constitui o mais antigo instinto do homem, ou, inversamente, não há no comportamento humano, no apetite humano, no instinto humano algo como um germe do conhecimento. De fato, diz Nietzsche, o conhecimento tem uma relação com os instintos, mas ele não pode estar presente neles, e nem mesmo ser um instinto entre os outros. O conhecimento é simplesmente o resultado do jogo, do enfrentamento, da junção, da luta e do compromisso entre os instintos. É porque os instintos se encontram, se batem e chegam, finalmente, ao fim de suas batalhas, a um compromisso de que algo aconteceu. Esse algo é o conhecimento.

---

6 Nietzsche (F.), *La Généalogie de la morale* (1887; trad. I. Hildenbrand e J. Gratien), Première Dissertation, § 14: "Quelqu'un veut-il plonger un instant le regard dans le secret où *se fabriquent les idéaux terrestres?...* Cette officine où l'on *fabrique des idéaux* – il me paraît qu'elle pue le mensonge" (*op. cit.*, t. VII, 1971, p. 243-244).

Por conseguinte, para Nietzsche, o conhecimento não é da mesma natureza que os instintos, ela não é como um refinamento dos próprios instintos. O conhecimento tem por fundamento, por base e por ponto de partida os instintos, mas os instintos em sua confrontação, de que ele é somente o resultado, na superfície. O conhecimento é como uma explosão, como uma luz que se difunde, mas que é produzida por mecanismos ou realidades que são de natureza totalmente diversa. O conhecimento é o efeito dos instintos; é como um golpe de sorte, ou como o resultado de um longo compromisso. Ele é ainda, diz Nietzsche, como "uma faísca entre duas espadas", mas que não é feito com o mesmo ferro.

Efeito de superfície, não esboçado antecipadamente na natureza humana, o conhecimento faz seu jogo diante dos instintos, acima deles, no meio deles; ele os comprime, traduz certo estado de tensão ou de apaziguamento entre os instintos. Mas não se pode deduzir o conhecimento de maneira analítica, segundo uma espécie de derivação natural. Não se pode, de maneira necessária, deduzi-lo dos próprios instintos. O conhecimento, no fundo, não faz parte da natureza humana. É a luta, o combate, o resultado do combate, e é, consequentemente, o risco e o acaso que vão dar lugar ao conhecimento. O conhecimento não é instintivo, ele é contrainstintivo; assim como não é natural, é contranatural.

É o primeiro sentido que pode ser dado à ideia de que o conhecimento é uma invenção e que não tem origem. Mas o outro sentido que pode ser dado a essa afirmação seria que o conhecimento, além de não estar ligado à natureza humana, de não derivar da natureza humana, não é nem aparentado, por um direito de origem, com o mundo a conhecer. Não há, segundo Nietzsche, nenhuma semelhança, nenhuma afinidade prévia entre o conhecimento e as coisas que seria necessário conhecer. Em termos mais rigorosamente kantianos, seria preciso dizer que as condições da experiência e as condições do objeto da experiência são totalmente heterogêneas.

Eis a grande ruptura com o que tinha sido a tradição da filosofia ocidental, enquanto o próprio Kant tinha sido o primeiro a dizer explicitamente que as condições da experiência e as do objeto da experiência eram idênticas. Nietzsche pensa, ao contrário, que entre o conhecimento e o mundo a conhecer há tanta diferença que entre o conhecimento e a natureza humana.

Têm-se então uma natureza humana, um mundo, e algo entre os dois que se chama o conhecimento, sem que haja entre eles nenhuma afinidade, semelhança nem mesmo elo de natureza. O conhecimento não tem relação de afinidade com o mundo a conhecer, diz Nietzsche frequentemente. Só citarei um texto da *Gaia ciência*, aforismo 109: "O caráter do conjunto do mundo é de toda eternidade o do caos, em razão não da ausência de necessidade, mas da ausência de ordem, de articulação, de forma, de beleza, de sabedoria."[7] O mundo não procura absolutamente imitar o homem, ele ignora toda lei. Preservemo-nos de dizer que há leis na natureza. É contra um mundo sem ordem, sem encadeamento, sem forma, sem beleza, sem sabedoria, sem harmonia, sem lei que o conhecimento deve lutar. É a ele que o conhecimento se refere. Não há nada no conhecimento que o habilita, por um direito qualquer, a conhecer esse mundo. Não é natural à natureza ser conhecida. Assim, entre o instinto e o conhecimento, encontra-se não uma continuidade, mas uma relação de luta, de dominação, de servidão, de compensação; da mesma maneira não pode haver, entre o conhecimento e as coisas que o conhecimento deve conhecer, nenhuma relação de continuidade natural. Não pode haver senão uma relação de violência, de dominação, de poder e de força, de violação. O conhecimento só pode ser uma violação das coisas a conhecer, e não uma percepção, um reconhecimento, uma identificação destas ou com estas.

Parece-me que há, nessa análise de Nietzsche, uma dupla e muito importante ruptura com a tradição da filosofia ocidental, de que se deve reter a lição. A primeira é a ruptura entre o conhecimento e as coisas. O que é que, efetivamente, na filosofia ocidental, garantia que as coisas a conhecer e o conhecimento em si estavam em relação de continuidade? O que garantia ao conhecimento o poder de conhecer verdadeiramente as coisas do mundo e não ser indefinidamente erro, ilusão, arbitrário? O que garantia isso na filosofia ocidental, senão Deus? Deus, certamente, desde Descartes, para não dizer além, e mesmo ainda com Kant, é o princípio que garante que há uma harmonia entre o conhecimento as coisas a conhecer. Para demonstrar que o conhecimento era um conhecimento fundado, na verdade, nas coisas do mundo, Descartes teve de afirmar a existência de Deus.

---

7 Nietzsche (F.), *Le Gai Savoir*, op. cit., livro III, § 109, p. 126.

Se não existe mais relação entre o conhecimento e as coisas a conhecer, se a relação entre o conhecimento e as coisas conhecidas é arbitrária, se ela é relação de poder e de violência, a existência de Deus no centro do sistema de conhecimento não é mais indispensável. Na mesma passagem de *A gaia ciência* em que ele evoca a ausência de ordem, de encadeamento, de forma, de beleza no mundo, Nietzsche pergunta precisamente: "Quando todas essas sombras de Deus cessarão de nos obscurecer? Quando teremos totalmente desdivinizado a natureza?"[8]

A ruptura da teoria do conhecimento com a teologia começa de maneira restrita com uma análise como a de Nietzsche.

Em segundo lugar, eu diria que, se é verdade que entre o conhecimento e os instintos – tudo o que faz, tudo o que trama o animal humano – não há senão ruptura, relações de dominação e de servidão, relações de poder, então desaparece não mais Deus, mas o sujeito em sua unidade e sua soberania.

Remontando à tradição filosófica a partir de Descartes, para não ir mais longe, vê-se que a unidade do sujeito humano era garantida pela continuidade que vai do desejo ao conhecimento, do instinto ao saber, do corpo à verdade. Tudo isso garantia a existência do sujeito. Se é verdade que há, por um lado, os mecanismos do instinto, os jogos do desejo, os enfrentamentos da mecânica do corpo e da vontade, e, por outro – em um nível da natureza totalmente diferente –, o conhecimento, então não se precisa mais da unidade do sujeito humano. Podemos admitir sujeitos, ou podemos admitir que o sujeito não existe. Eis em que o texto de Nietzsche que citei, consagrado à invenção do conhecimento, me parece estar em ruptura com a tradição mais antiga e mais estabelecida da filosofia ocidental.

Ora, quando Nietzsche diz que o conhecimento é o resultado dos instintos, mas que não é um instinto, nem deriva diretamente dos instintos, o que quer ele dizer exatamente e como ele concebe esse curioso mecanismo pelo qual os instintos, sem ter nenhuma relação de natureza com o conhecimento, podem, por seu simples jogo, produzir, fabricar, inventar um conhecimento que não tem nada a ver com eles? Eis a segunda série de problemas que eu gostaria de abordar.

Existe um texto em *A gaia ciência*, aforismo 333, que se pode considerar como uma das análises mais estritas que

---

8 *Ibid.*

Nietzsche fez dessa fabricação, dessa invenção do conhecimento. Nesse longo texto intitulado "O que significa conhecer?", Nietzsche retoma um texto de Spinoza, em que este opunha *intelligere*, compreender, a *ridere*, *lugere* e *detestari*.[9] Spinoza dizia que, se queremos compreender as coisas, se queremos efetivamente compreendê-las em sua natureza, em sua essência e, portanto, em sua verdade, é preciso que nos reservemos de rir delas, de deplorá-las ou de detestá-las. É somente quando as paixões se acalmam que podemos enfim compreender. Nietzsche diz que não somente isso não é verdade, mas que é exatamente o contrário que acontece. *Intelligere*, compreender, nada mais é que certo jogo, ou melhor, o resultado de certo jogo, de certa composição ou compensação entre *ridere*, rir; *lugere*, deplorar; e *destetari*, detestar.

Nietzsche diz que nós compreendemos somente porque há por trás de tudo isso o jogo e a luta desses três instintos, desses três mecanismos, ou dessas três paixões que são o riso, o choro e o ódio.[10] Em relação a isso, é preciso considerar várias coisas.

Primeiramente, devemos observar que essas três paixões, ou essas três pulsões – rir, deplorar, detestar –, têm em comum o fato de ser uma maneira não de se aproximar do objeto, de se identificar com ele, mas, ao contrário, de manter o objeto a distância, de se diferenciar dele ou de se colocar em ruptura com ele, de se proteger dele pelo riso, de desvalorizá-lo pelo lamento, de afastá-lo e eventualmente destruí-lo pelo ódio. Por conseguinte, todas essas pulsões que estão na raiz do conhecimento e o produzem têm em comum distanciar o objeto, uma vontade de se afastar dele e de afastá-lo ao mesmo tempo, enfim, de destruí-lo. Por trás do conhecimento, há uma vontade, sem dúvida obscura, não de trazer o objeto para si, de identificar-se com ele, mas, ao contrário, uma vontade obscura de se afastar dele e destruí-lo. Maldade radical do conhecimento.

Chega-se assim a uma segunda ideia importante: que essas pulsões – rir, deplorar, detestar – são todas da ordem das más relações. Por trás do conhecimento, na raiz do conhecimento,

---

9 *Op. cit.*, § 333, p. 210.
10 As vontades de ironizar (*Verlechen*), de deplorar (*Beklagen*), de infamar (*Verwünschen*), propõe a tradução Klossowski, ed. 1982, t. V, p. 222. (Nota do tradutor francês)

Nietzsche não coloca uma espécie de afeição, de pulsão ou de paixão que nos faria gostar do objeto a conhecer, mas, antes, pulsões que nos colocam em posição de ódio, de desprezo ou de medo diante das coisas que são ameaçadoras e presunçosas.

Se essas três pulsões – rir, deplorar, odiar – chegam a produzir o conhecimento, não é, segundo Nietzsche, porque elas se acalmaram, como para Spinoza, ou se reconciliaram, ou porque chegaram a uma unidade. É, ao contrário, porque lutaram entre si, porque se enfrentaram. É porque essas pulsões combateram entre si, porque tentaram, como diz Nietzsche, prejudicar umas as outras, é porque estão nesse estado de guerra que chegam a uma espécie de estado, de corte em que finalmente o conhecimento vai aparecer como a "faísca entre duas espadas".

Não há, pois, no conhecimento, uma adequação ao objeto, uma relação de assimilação, mas, antes, uma relação de distância e de dominação; não há, no conhecimento, algo como felicidade e amor, mas ódio e hostilidade; não há unificação, mas sistema precário de poder. Os grandes temas tradicionalmente apresentados na filosofia ocidental foram inteiramente questionados no texto citado de Nietzsche.

A filosofia ocidental – e, desta vez, não é necessário referir-se a Descartes, pode-se remontar a Platão – sempre caracterizou o conhecimento pelo logocentrismo, pela semelhança, pela adequação, pela beatitude, pela unidade. Todos esses grandes temas são agora questionados. Daí se compreende por que é a Spinoza que Nietzsche se refere, porque Spinoza, de todos os filósofos ocidentais, é aquele que levou mais longe essa concepção do conhecimento como adequação, beatitude e unidade. Nietzsche coloca no centro, na raiz do conhecimento, algo como o ódio, a luta, a relação de poder.

Compreende-se, então, por que Nietzsche afirma que o filósofo é aquele que se engana mais facilmente sobre a natureza do conhecimento, visto que ele o pensa sempre sob a forma da adequação, do amor, da unidade, da pacificação. Ora, se queremos saber o que é o conhecimento, não devemos nos aproximar da forma de vida, de existência, de ascetismo próprio ao filósofo. Se queremos realmente conhecer o conhecimento, saber o que ele é, apreendê-lo em sua raiz, em sua fabricação, devemos nos aproximar não dos filósofos, mas dos políticos, devemos compreender quais são as relações de luta e de poder. É somente nessas relações de luta e de poder, pela maneira como as coisas entre si, os homens entre si se odeiam, lutam, procuram dominar-se uns aos outros, querem exercer, uns sobre os outros, relações de poder, que se compreende em que consiste o conhecimento.

Pode-se, então, compreender como uma análise desse tipo nos introduz, de maneira eficaz, em uma história política do conhecimento, dos fatos de conhecimento e do sujeito de conhecimento.

Mas, antes, eu gostaria de responder a uma objeção possível: "Tudo isso é muito bonito, mas não é Nietzsche; é seu delírio, sua obsessão de encontrar em toda parte relações de poder, de introduzir essa dimensão do político até na história do conhecimento ou na história da verdade que lhe fez acreditar que Nietzsche dizia isso."

Eu responderei duas coisas. Primeiramente, tomei esse texto de Nietzsche em função de meus interesses, não para mostrar a concepção nietzschiana do conhecimento – porque há inúmeros textos bastante contraditórios entre si a esse respeito –, mas somente para mostrar que existe em Nietzsche certo número de elementos que colocam a nossa disposição um modelo para uma análise histórica do que eu chamaria a política da verdade. É um modelo que se encontra efetivamente em Nietzsche, e penso até que ele constitui em sua obra um dos modelos mais importantes para a compreensão de alguns elementos aparentemente contraditórios de sua concepção do conhecimento.

Com efeito, se se admite que está aí o que Nietzsche entende por descoberta do conhecimento, se todas essas relações estão por trás do conhecimento que, de certa maneira, não é senão seu resultado, podem-se, então, compreender certos textos de Nietzsche.

Primeiramente, todos aqueles em que Nietzsche afirma que não há conhecimento em si. Ainda uma vez, é preciso pensar em Kant, aproximar os dois filósofos e verificar todas as suas diferenças. O que a crítica kantiana questionava era a possibilidade de um conhecimento do em si, um conhecimento de uma verdade ou de uma realidade em si. Nietzsche diz, em *A genealogia da moral*: "Preservemo-nos, pois, melhor doravante, senhores filósofos, [...] dos tentáculos de conceitos contraditórios tais como 'razão pura', 'espiritualidade absoluta', 'conhecimento em si'."[11] Ou ainda, em *A vontade de poder*, Nietzsche afirma que não há ser em si, assim como não pode haver conhecimento em si.[12] E quando ele diz isso, ele designa algo totalmente diferente do que Kant entendia por conhecimento em si. Nietzsche quer dizer que não há uma natureza do conhecimento, uma essência do conhecimento, de condições universais do conhecimento, mas que o conhecimento é, cada vez, o resultado histórico e pontual de condições que não são da ordem do conhecimento. O conhecimento é, com efeito, um acontecimento que pode ser colocado sob o signo da atividade. O conhecimento não é uma faculdade nem uma estrutura universal. Mesmo quando ele utiliza certo número de elementos, que podem ser tidos como universais, o conhecimento será somente da ordem do resultado, do acontecimento, do efeito.

Pode-se compreender, assim, a série de textos em que Nietzsche afirma que o conhecimento tem um caráter perspectivo. Quando ele diz que o conhecimento é sempre uma perspectiva, não quer dizer, no que seria uma mistura de kantismo e de empirismo, que o conhecimento se encontra limitado no homem por certo número de condições, de limites derivados da natureza humana, do corpo humano ou da estrutura do próprio conhecimento. Quando ele fala do caráter perspectivo do conhecimento, Nietzsche quer designar o fato de que só há conhecimento sob a forma de certo número de atos que são diferentes entre si e múltiplos em sua essência; atos pelos quais o ser humano se apodera violentamente de certo número de coisas, reage a certo número de situações, impõe-lhes relações de forças. Isto é, o conhecimento é sempre certa relação estratégica na qual o homem se encontra colocado. É essa relação estratégica que vai definir o efeito de conhecimento, e é por isso que seria totalmente contraditório imaginar um conhecimento que não fosse em sua natureza obrigatoriamente parcial, oblíquo, perspectivo. O caráter perspectivo do conhecimento não deriva da natureza humana, mas sempre do caráter polêmico e estratégico do conhecimento. Pode-se falar do caráter perspec-

---

11 Nietzsche (F.), *La Généalogie de la morale*, op. cit., Troisième Dissertation: "Que signifient les idéaux ascétiques?", § 12, p. 309.
12 Id., *La Volonté de puissance* (1885-1888; trad. G. Bianquis), t. I, livro I: *Critique des valeurs supérieures, rapportées à la vie*, § 175, p. 92.

tivo do conhecimento porque há uma batalha e que o conhecimento é o efeito dessa batalha.

É por isso que encontramos em Nietzsche a ideia, que volta constantemente, de que o conhecimento é, ao mesmo tempo, o que há de mais generalizante e de mais particular. O conhecimento esquematiza, ignora as diferenças, assimila as coisas entre si, e isso sem nenhum fundamento na verdade. Por isso, o conhecimento é sempre um desconhecimento. Por outro lado, é sempre algo que visa, maldosa, insidiosa e agressivamente, a indivíduos, a coisas, a situações. Só há conhecimento na medida em que, entre o homem e o que ele conhece, se estabelece, se trama algo como uma luta singular, um *tête-à-tête*[13] –*face a face* –, um duelo. Há sempre no conhecimento algo que é da ordem do duelo e que faz com que ele seja sempre singular. Isso é o caráter contraditório do conhecimento, tal como é definido nos textos de Nietzsche que aparentemente se contradizem: generalizante e sempre singular.

Eis, pois, como por meio dos textos de Nietsche é possível restituir não uma teoria geral do conhecimento, mas um modelo que permite abordar o objeto dessas conferências: o problema da formação de certo número de domínios de saber a partir das relações de força e das relações políticas na sociedade.

Retomo agora meu ponto de partida. Em certa concepção que o meio universitário tem do marxismo ou em certa concepção do marxismo que se impôs à Universidade, há sempre, no fundamento da análise, a ideia de que as relações de forças, as condições econômicas, as relações sociais existem previamente aos indivíduos, mas, ao mesmo tempo, impõem-se a um sujeito de conhecimento que permanece idêntico, salvo em relação às ideologias assumidas como erros.

Chega-se, assim, a essa noção muito importante e, ao mesmo tempo, embaraçadora de ideologia. Nas análises marxistas tradicionais, a ideologia é uma espécie de elemento negativo pelo qual se traduz o fato de que a relação do sujeito com a verdade, ou simplesmente a relação de conhecimento, é confundida, obscurecida, velada pelas condições de existência, pelas relações sociais ou pelas formas políticas que se impõem do exterior ao sujeito do conhecimento. A ideologia é a marca, o estigma dessas condições políticas ou econômicas de existência

---

13 Em francês no texto. (Nota do tradutor francês)

sobre um sujeito de conhecimento que, de direito, deveria ser aberto à verdade.

O que pretendo mostrar nessas conferências é como, de fato, as condições políticas, econômicas de existência não são um véu ou um obstáculo para o sujeito de conhecimento, mas aquilo pelo que se formam os sujeitos de conhecimento, e, portanto, as relações de verdade. Não pode haver certos tipos de sujeitos de conhecimento, certas ordens de verdade, certos domínios de saber senão a partir de condições políticas que são a base em que se formam o sujeito, os domínios de saber e as relações com a verdade. É somente desembaraçando-nos desses grandes temas do sujeito de conhecimento – ao mesmo tempo originário e absoluto –, utilizando eventualmente o modelo nietzschiano que poderemos fazer uma história da verdade.

Apresentarei alguns esquemas dessa história a partir das práticas judiciárias das quais nasceram os modelos de verdade que circulam ainda em nossa sociedade, que aí se impõem ainda e que valem não somente no domínio da política, no domínio do comportamento quotidiano, mas até na ordem da ciência. Até na ciência encontram-se modelos de verdade cuja formação depende das estruturas políticas que não se impõem do exterior ao sujeito de conhecimento, mas que são, elas mesmas, constitutivas do sujeito de conhecimento.

II

Gostaria de lhes falar hoje da história de Édipo, sujeito que há um ano se tornou consideravelmente fora de moda. A partir de Freud, a história de Édipo era considerada como contando a fábula mais antiga de nosso desejo e de nosso inconsciente. Ora, desde a publicação, no ano passado, do livro de Deleuze e Guattari, *O anti-Édipo*,[14] a referência a Édipo exerce um papel inteiramente diferente.

Deleuze e Guattari tentaram mostrar que o triângulo edipiano pai-mãe-filho não tem a ver com uma verdade atemporal nem com uma verdade profundamente histórica de nosso desejo. Eles tentaram mostrar que esse famoso triângulo edipiano

---

14 Deleuze (G.) e Guattari (F.), *Capitalisme et Schizophrénie*, t. I: L'Anti-Œdipe, Paris, Éd. de Minuit, 1972.

constitui, para os analistas que o manipulam no interior da cura, certa maneira de conter o desejo, de garantir que o desejo não vem investir-se, difundir-se no mundo que nos cerca, no mundo histórico, que o desejo permanece no interior da família e se desenvolve como um pequeno drama quase burguês entre o pai, a mãe e o filho.

Édipo não seria, pois, uma verdade da natureza, mas um instrumento de limitação e de obrigação que os psicanalistas, a partir de Freud, utilizam para conter o desejo e fazê-lo entrar em uma estrutura familiar definida por nossa sociedade em determinado momento. Em outros termos, Édipo, segundo Deleuze e Guattari, não é o conteúdo secreto de nosso inconsciente, mas a forma de obrigação que a psicanálise tenta impor, na cura, a nosso desejo e a nosso inconsciente. Édipo é um instrumento de poder, é certa maneira pela qual o poder médico e psicanalítico se exerce sobre o desejo e o inconsciente.

Confesso que um problema como esse me atrai muito e que também me sinto tentado a pesquisar, por trás do que se pretende que é a história de Édipo, algo que tem a ver não com a história indefinida, sempre recomeçada, de nosso desejo e de nosso inconsciente, mas com a história de um poder, um poder político.

Faço um parêntese para lembrar que tudo o que tento dizer, tudo o que Deleuze, com mais profundidade, mostrou em seu *Anti-Édipo*, faz parte de um conjunto de pesquisas que não concernem, ao contrário do que se diz nos jornais, ao que tradicionalmente se chama "estrutura". Nem Deleuze, nem Lyotard, nem Guattari, nem eu fazemos jamais análises de estrutura, não somos absolutamente "estruturalistas". Se me perguntassem o que faço e o que outros fazem melhor que eu, eu diria que não fazemos uma pesquisa de estrutura. Eu faria um jogo de palavras e diria que fazemos pesquisas de dinastia. Eu diria, brincando com as palavras gregas δύ ναμις δυναστεία, que procuramos fazer aparecer o que, na história de nossa cultura, ficou até aqui mais escondido, mais oculto, mais profundamente investido: as relações de poder. Curiosamente, as estruturas econômicas de nossa sociedade são mais bem conhecidas, mais bem inventariadas, mais bem destacadas que as estruturas de poder político. Eu gostaria de mostrar, nessa série de conferências, de que maneira as relações políticas se estabeleceram e foram profundamente investidas em nossa cultura, dando lugar a uma série de fenômenos que só podem ser explicados se os colocarmos em relação não com as estruturas econômicas, as relações econômicas de produção, mas com as relações políticas que cercam toda a trama de nossa existência.

Pretendo mostrar como a tragédia de Édipo, a que se pode ler em Sófocles – deixarei de lado o problema do fundo mítico ao qual ela se liga –, é representativa e de certa maneira instauradora de um tipo determinado de relação entre poder e saber, entre poder político e conhecimento, de que nossa civilização ainda não se liberou. Parece-me que há realmente um complexo de Édipo em nossa civilização. Mas ele não diz respeito a nosso inconsciente e a nosso desejo, nem às relações entre desejo e inconsciente. Se existe complexo de Édipo, ele não funciona no nível individual, mas coletivo; não a propósito do desejo e do inconsciente, mas a propósito do poder e do saber. É essa espécie de "complexo" que eu gostaria de analisar.

A tragédia de *Édipo*[15] é fundamentalmente o primeiro testemunho que temos das práticas judiciárias gregas. Como todo mundo sabe, trata-se de uma história em que pessoas – um soberano, um povo –, ignorando certa verdade, conseguem, por uma série de técnicas de que falaremos, descobrir uma verdade que coloca em questão a própria soberania do soberano. A tragédia de *Édipo* é, pois a história de uma pesquisa da verdade; é um procedimento de pesquisa da verdade que obedece exatamente às práticas judiciárias gregas da época. Por essa razão, o primeiro problema que se apresenta é o de saber o que era na Grécia arcaica a pesquisa judiciária da verdade.

O primeiro testemunho que temos da pesquisa da verdade no procedimento judiciário grego remonta à *Ilíada*. Trata-se da história do debate que opõe Antíloco e Menelau durante os jogos organizados por ocasião da morte de Pátroclo.[16] Entre esses jogos, há uma corrida de carros que, como de costume, ocorria em um circuito com ida e volta, passando por um limite que era preciso contornar o mais perto possível. Os organizadores dos jogos tinham colocado nesse lugar alguém que

---

15 Sophocle, *Œdipe roi* (trad. P. Masqueray), Paris, Les Belles Lettres, "Collection des universités de France", 1940.
16 Homero, *Ilíade*, t. IV, canto XXIII, 262-652 (trad. P. Mazon), Paris, Les Belles Lettres, "Collection des universités de France", 1938, p. 108-123.

devia ser o responsável pela regularidade da corrida, e de quem Homero diz, sem nomeá-lo pessoalmente, que ele é uma testemunha, ἵστωρ, o que está lá para ver. A corrida se desenvolve, e os que estão na frente no momento da virada são Antíloco e Menelau. Uma irregularidade aconteceu e, quando Antíloco chega em primeiro lugar, Menelau introduz uma contestação e diz ao juiz, ou ao júri, que deve conceder o prêmio que Antíloco cometeu uma irregularidade. Contestação, litígio, como estabelecer a verdade? Curiosamente, nesse texto de Homero, não se faz apelo ao que viu, à famosa testemunha que estava perto da margem e que deveria atestar o que aconteceu. Não o convocam para testemunhar, nenhuma pergunta lhe é dirigida. Há somente contestação entre os adversários de Menelau e Antíloco. Esta se desenvolve da maneira seguinte: depois da acusação de Menelau: "Você cometeu uma irregularidade", e a defesa de Antíloco: "Eu não cometi irregularidade", Menelau lança um desafio: "Ponha sua mão direita sobre a fronte do seu cavalo, segure com a mão esquerda seu chicote e jure diante de Zeus que você não cometeu irregularidade." Nesse momento, Antíloco, diante desse desafio que é uma *épreuve*[17] – prova, renuncia à prova, renuncia a prestar juramento e reconhece assim que cometeu a irregularidade.[18]

Eis uma maneira singular de produzir a verdade, de estabelecer a verdade jurídica. Não se passa pela testemunha, mas por uma espécie de jogo de prova, de desafio lançado por um adversário ao outro. Um lança um desafio, o outro deve aceitar o risco ou a isso renunciar. Se por acaso tivesse aceitado o risco, se tivesse realmente jurado, a responsabilidade do que aconteceria, a descoberta final da verdade, incumbiria imediatamente aos deuses. E seria Zeus que, punindo aquele que prestou o falso juramento, se fosse o caso, teria manifestado a verdade com seu raio.

Eis a velha e bem arcaica prática da prova da verdade, em que esta é estabelecida não por uma constatação, uma testemunha, uma investigação ou uma inquirição, mas por um jogo de prova. A prova é característica da sociedade grega arcaica. Vamos também encontrá-la na alta Idade Média.

---

17 Em francês no texto. (Nota do tradutor francês)
18 *Ibid.*, 581-585, p. 121.

É evidente que, quando Édipo e toda a cidade de Tebas procuram a verdade, não é esse modelo que eles utilizam Os séculos passaram. É, no entanto, interessante observar que encontramos ainda na tragédia de Sófocles um ou dois restos da prática de estabelecimento da verdade pela prova. Inicialmente, na cena entre Creonte e Édipo. Quando Édipo critica seu cunhado por ter truncado a resposta do oráculo de Delfos, dizendo: "Você inventou tudo isso simplesmente para tomar meu poder, para me substituir." E Creonte responde, sem procurar estabelecer a verdade por meio de testemunhas: "Pois bem, vamos jurar. E eu vou jurar que não fiz nenhum complô contra você." Isso é dito em presença de Jocasta, que aceita o jogo, que é como a responsável pela regularidade do jogo. Creonte responde a Édipo segundo a velha fórmula do litígio entre guerreiros.[19]

Poderíamos dizer, em segundo lugar, que em toda a peça encontramos esse sistema do desafio e da prova. Édipo, quando fica sabendo que a peste de Tebas era devida à maldição dos deuses em consequência da sujeira e do assassinato, se engaja em banir a pessoa que teria cometido esse crime, sem saber, naturalmente, que tinha sido ele próprio que o cometera. Ele se acha assim implicado por seu próprio juramento, da mesma maneira que, durante rivalidades entre guerreiros arcaicos, os adversários se incluíam nos juramentos de promessa e de maldição. Esses restos da antiga tradição reaparecem algumas vezes ao longo da peça. Mas, na verdade, toda a tragédia de Édipo se funda em um mecanismo inteiramente diferente. É esse mecanismo de estabelecimento da verdade que eu gostaria de expor.

Parece-me que esse mecanismo da verdade obedece inicialmente a uma lei, a uma espécie de forma pura, que poderíamos chamar a lei das metades. É por metades que se ajustam e se encaixam que procede a descoberta da verdade em *Édipo*. Édipo manda consultar o lugar de Delfos, o rei Apolo. A resposta de Apolo, quando a examinamos em detalhe, é dada em duas partes. Apolo começa dizendo: "O país é atingido por uma imundície." A essa primeira resposta falta, de certa maneira, uma metade: há uma imundície, mas quem sujou ou o que foi sujo? Por conseguinte, é preciso se fazer uma segunda

---

19 Sophocle, *op. cit.*, 642-648, p. 164.

pergunta, e Édipo força Creonte a dar uma segunda resposta, perguntando a que é devida a sujeira. A segunda metade aparece: o que causou a sujeira foi um assassinato. Mas quem diz assassinato diz duas coisas; ele diz quem foi assassinado e quem assassinou. Perguntam a Apolo: "Quem foi assassinado?" A resposta é: Laio, o antigo rei. Perguntam: "Quem o assassinou?" Nesse momento, o rei Apolo se recusa a responder, e, como diz Édipo, não se pode forçar a verdade dos deuses. Fica, então, faltando uma metade. À imundície correspondia a metade do assassinato. Ao assassinato correspondia a primeira metade: quem foi assassinado. Mas falta a segunda metade: o nome do assassino.

Para saber o nome do assassino, vai ser preciso apelar a alguma coisa, a alguém, já que não se pode forçar a vontade dos deuses. Esse outro, o duplo de Apolo, seu duplo humano, sua sombra mortal, é o adivinho Tirésias, que, como Apolo, é alguém divino, θεῖος μάντις, o adivinho divino. Ele é muito próximo de Apolo, ele é também chamado rei, ἄναξ mas é perecível, enquanto Apolo é imortal; e principalmente é cego, está mergulhado na noite, enquanto Apolo é o deus do sol. Ele é a metade de sombra da verdade divina, o duplo que o deus-luz projeta em negro sobre a superfície da Terra. É essa metade que vão interrogar. E Tirésias responde a Édipo, dizendo: "Foi você quem matou Laio."

Por conseguinte, podemos dizer que, desde a segunda cena de *Édipo*, tudo foi dito e representado. Tem-se a verdade, já que Édipo é efetivamente designado pelo conjunto constituído pelas respostas de Apolo, por um lado, e a resposta de Tirésias, por outro. O jogo das metades está completo: imundície, assassinato; quem foi morto, quem matou. Temos tudo. Mas sob a forma bem particular da profecia, da predição, da prescrição. O adivinho Tirésias não diz exatamente a Édipo: "Foi você que matou." Ele diz: "Você prometeu banir aquele que matou, eu lhe ordeno a cumprir sua promessa e se expulsar a si mesmo." Da mesma maneira, Apolo não tinha dito exatamente: "Há imundície e é por isso que a cidade está mergulhada na peste." Apolo disse: "Se vocês querem que a peste acabe, é necessário que lavem a imundície." Tudo isso foi dito sob a forma do futuro, da prescrição, da predição; nada se refere à atualidade do presente, nada é apontado com o dedo.

Tem-se toda a verdade, mas sob a forma prescritiva e profética que é característica ao mesmo tempo do oráculo e do adivinho. A essa verdade, que, de certa maneira, é completa, total, em que tudo foi dito, falta, no entanto, algo que é a dimensão do presente, da atualidade, da designação de alguém. Falta o testemunho do que aconteceu realmente. Curiosamente, toda essa antiga história é formulada pelo adivinho e pelo deus sob a forma do futuro. Precisamos agora do presente e do testemunho do passado: o testemunho presente do que realmente aconteceu.

Essa segunda metade, passado e presente, dessa prescrição e dessa previsão é dada pelo resto da peça. Ela também é dada por um estranho jogo de metades. Primeiramente, é preciso estabelecer quem matou Laio. Isso é obtido durante a peça pela união de dois testemunhos. O primeiro é dado espontaneamente e por inadvertência por Jocasta, quando ela diz: "Você sabe bem, Édipo, que não foi você quem matou Laio, contrariamente ao que diz o adivinho. A melhor prova disso é que Laio foi morto por vários homens na encruzilhada de três caminhos." A esse testemunho vai responder a inquietude, quase a certeza já, de Édipo: "Matar um homem na encruzilhada de três caminhos, foi exatamente o que fiz; eu me lembro que chegando a Tebas matei alguém na encruzilhada de três caminhos" Assim, pelo jogo dessas duas metades que se completam, a recordação de Jocasta e a recordação de Édipo, temos essa verdade quase completa, a verdade sobre o assassinato de Laio. Quase completa, porque falta ainda um pequeno fragmento: a questão de saber se ele foi morto por um só ou por vários, o que, aliás não está resolvido na peça.

Mas isso é apenas a metade da história de Édipo, porque Édipo não é somente aquele que matou o rei Laio, ele é também aquele que matou seu próprio pai e que, depois de tê-lo matado, casou-se com sua própria mãe. Essa segunda metade da história falta ainda depois da junção dos testemunhos de Jocasta e de Édipo. O que falta é exatamente o que lhes dá uma espécie de esperança, porque o deus predisse que Laio não seria morto por qualquer um, mas por seu filho. Por conseguinte, enquanto não se tiver provado que Édipo é o filho de Laio, a predição não será realizada. Essa segunda metade é necessária para que a totalidade da predição seja estabelecida, na última parte da peça, pela união de dois testemunhos diferentes. Um será o do escravo que vem de Corinto anunciar a Édipo que Políbio está morto. Édipo, que não chora a morte de seu pai, se alegra dizendo: "Ah! Mas pelo menos eu não o matei, ao contrário do que diz a predição." E o escravo replica: "Políbio não era seu pai."

Temos assim um novo elemento: Édipo não é o filho de Políbio. É então que intervém o último escravo, o que tinha fugido após o drama, o que tinha se escondido no fundo do Citéron, o que tinha escondido a verdade em sua cabana, o pastor de ovelhas, que é chamado para ser interrogado sobre o que aconteceu e que diz: "Com efeito, eu dei outrora a esse mensageiro uma criança que vinha do palácio de Jocasta e de quem me disseram que ele era seu filho."

Vemos que falta ainda a última certeza, porque Jocasta não está presente para atestar que foi ela quem deu a criança ao escravo. Mas, exceto essa pequena dificuldade, agora o ciclo está completo. Sabemos que Édipo era filho de Laio e de Jocasta, que ele foi dado a Políbio, que foi ele que, acreditando ser o filho de Políbio e retornando a Tebas – que não sabia ser sua pátria –, para escapar da profecia, matou, na encruzilhada dos três caminhos, o rei Laio, seu verdadeiro pai. O ciclo está fechado. Ele se fechou por uma série de encaixes de metades que se ajustam umas às outras. Como se toda essa longa e complexa história da criança ao mesmo tempo exilada e fugindo da profecia, exilada por causa da profecia, tinha sido quebrada em duas, e, em seguida, cada fragmento, quebrado de novo em dois, e todos esses fragmentos repartidos entre mãos diferentes. Foi necessária essa reunião do deus e de seu profeta, de Jocasta e de Édipo, do escravo de Corinto e do escravo de Citéron para que todas essas metades e essas metades de metades viessem ajustar-se umas às outras, adaptar-se, encaixar-se e reconstituir o perfil total da história.

Essa forma, realmente impressionante no *Édipo* de Sófocles, não é somente uma forma de retórica. Ela é, ao mesmo tempo, religiosa e política. Consiste na famosa técnica do σύμβολον, o símbolo grego. Um instrumento de poder, de exercício de poder que permite a alguém, que detém um segredo ou um poder, de quebrar em duas partes um objeto qualquer, em cerâmica, de guardar uma das partes e de confiar a outra a alguém que deve levar a mensagem ou atestar sua autenticidade. É pelo ajustamento dessas duas metades que se poderá reconhecer a autenticidade da mensagem, isto é, a continuidade do poder que se exerce. O poder se manifesta, completa seu ciclo, mantém sua unidade graças a esse jogo de pequenos fragmentos – separados uns dos outros – de um mesmo conjunto, de um único objeto, cuja configuração geral é a forma manifesta do poder. A história de Édipo é a fragmentação dessa peça cuja posse integral, reunificada, autentica a detenção do poder e as ordens dadas por ele. As mensagens, os mensageiros que ele envia e que devem voltar autenticarão sua ligação com o poder pelo fato de que cada um deles detém um fragmento da peça e pode ajustá-lo aos outros fragmentos. Essa é a técnica jurídica, política e religiosa do que os gregos chamam σύμβολον, o símbolo.

A história de Édipo, tal como é representada na tragédia de Sófocles, obedece a esse σύμβολον: forma não retórica, mas religiosa, política, mágica, por assim dizer, do exercício do poder.

Se observarmos agora não a forma desse mecanismo em que o jogo das metades se fragmentam e acabam por se ajustar, mas o efeito que é produzido por esses ajustes recíprocos, veremos uma série de coisas. Primeiramente, uma espécie de deslocamento na medida em que as metades se ajustam. O primeiro jogo de metades que se ajustam é o do rei Apolo e do adivinho Tirésias: o nível da profecia ou dos deuses. Em seguida, a segunda série de metades que se ajustam é formada por Édipo e Jocasta. Seus dois testemunhos se encontram no meio da peça. É o nível dos reis, dos soberanos. Finalmente, a última dupla de testemunhos que intervém, a última metade que vem completar a história, não é constituída pelos deuses nem pelos reis, mas pelos servos e pelos escravos. O mais humilde escravo de Políbio e principalmente o mais oculto dos pastores da floresta do Citéron vão enunciar a verdade última e trazer o último testemunho.

Temos, assim, um resultado curioso. O que tinha sido dito em termos de profecia no início da peça vai ser dito de novo sob a forma de testemunhos pelos dois pastores. E assim como a peça passa dos deuses aos escravos, os mecanismos da enunciação da verdade ou da forma sob a qual a verdade se enuncia mudam igualmente. Quando o deus e o adivinho falam, a verdade se formula em forma de prescrição e de profecia, sob a forma de um olhar eterno e todo-poderoso do deus Sol, sob a forma do olhar do adivinho que, embora cego, vê o passado, o presente e o futuro. É essa espécie de olhar mágico-religioso que faz brilhar no início da peça uma verdade na qual Édipo e o Coro não querem acreditar. No nível mais baixo, encontramos também o olhar. Porque, se os dois escravos podem testemunhar, é porque viram. Um viu Jocasta lhe entregar essa criança e se lembra de tê-lo levado ao palácio de Políbio. Trata-se ainda aqui do olhar. Não mais do grande olhar eterno, esclarecedor, resplandecente, fulgurante do deus e de seu adivinho, mas do das pessoas que viram e se recordam de ter visto com seus próprios olhos humanos. É o olhar da testemunha. É a esse olhar que Homero não fazia referência quando falava do conflito e do litígio entre Antíloco e Menelau.

Podemos, então, dizer que toda a peça de *Édipo* é uma maneira de deslocar a enunciação da verdade de um discurso de tipo profético e prescritivo para outro discurso de ordem retrospectiva, não mais da ordem da profecia, mas do testemunho. É ainda certa maneira de deslocar o brilho, ou a luz da verdade do brilho, profético e divino, para o olhar, de alguma maneira empírico e quotidiano, dos pastores. Há uma correspondência entre os pastores e os deuses. Eles dizem a mesma coisa, eles veem a mesma coisa, mas não com a mesma linguagem nem com os mesmos olhos. Em toda a tragédia, vemos essa mesma verdade que se apresenta e se formula de duas maneiras diferentes, com outras palavras em outro discurso, com outro olhar. Mas esses olhares se correspondem um ao outro. Os pastores respondem exatamente aos deuses e pode-se até dizer que os pastores os simbolizam. O que dizem os pastores é, no fundo, mas de outra maneira, o que os deuses já haviam dito.

Temos aí um dos traços mais fundamentais da tragédia de Édipo: a comunicação entre os pastores e os deuses, entre a recordação dos homens e as profecias divinas. Essa correspondência define a tragédia e estabelece um mundo simbólico em que a recordação e o discurso dos homens são como uma margem empírica da grande profecia dos deuses.

Eis um dos pontos sobre os quais devemos insistir para compreender esse mecanismo da progressão da verdade em *Édipo*. Por um lado se encontram os deuses, por outro, os pastores. Mas, entre os dois, há o nível dos reis, ou melhor: o nível de Édipo. Qual é seu nível de saber, o que significa seu olhar?

A esse respeito, é preciso retificar algumas coisas. Diz-se habitualmente, quando se analisa a peça, que Édipo é o que não sabia nada, que era cego, que tinha os olhos cobertos e a memória bloqueada, porque ele não tinha jamais mencionado e parecia ter esquecido seus próprios gestos, matando o rei na encruzilhada dos três caminhos. Édipo, o homem do esquecimento, o homem do não saber, o homem do inconsciente para Freud. Conhecem-se todos os jogos de palavras que foram feitos com o nome de Édipo. Mas não esqueçamos que esses jogos são múltiplos e que os próprios gregos já tinham observado que em Οἰδίπους temos a palavra οἶδα que significa, ao mesmo tempo, "ter visto" e "saber". Eu gostaria de mostrar que Édipo, nesse mecanismo do σύμβολον, de metades que se comunicam, de jogo de respostas entre os pastores e os deuses, não é o que não sabia, mas, ao contrário, o que sabia demais. O que unia seu saber e seu poder de certa maneira condenável e que a história de Édipo devia expulsar definitivamente da história.

O próprio título da tragédia de Sófocles é interessante: *Édipo* é o *Édipo rei*, Οἰδίπους τύραννος. É difícil traduzir a palavra τύραννος. A tradução não dá conta do significado exato da palavra. Édipo é o homem do poder, o homem que exerce certo poder. E é característico que o título da peça de Sófocles não seja *Édipo, o incestuoso*, nem *Édipo, o assassino de seu pai*, mas *Édipo rei*. O que significa a realeza de Édipo?

Podemos observar a importância da temática do poder ao longo de toda a peça. Durante toda ela, o que está em questão é essencialmente o poder de Édipo, e é isso que faz com que ele se sinta ameaçado.

Édipo, em toda a tragédia, não dirá jamais que é inocente, que fez, talvez, alguma coisa, mas que isso foi contra sua vontade, que, quando matou esse homem, não sabia que se tratava de Laio. Essa defesa no nível da inocência e da inconsciência não é jamais empreendida pelo personagem de Sófocles em *Édipo rei*.

É somente em *Édipo em Colona*[20] que se verá gemer um Édipo cego e miserável ao longo da peça, dizendo: "Eu nada podia, os deuses me armaram uma armadilha que eu não conhecia." Em *Édipo rei*, ele não se defende absolutamente no plano de sua inocência. Seu problema é somente o poder. Poderá ele conservar o poder? É esse poder que está em jogo do início ao fim da peça.

---

20 Sophocle, *Œdipe à Colone* (trad. P. Masqueray), Paris, Les Belles Lettres, "Collection des universités de France", 1924, 273-277, p. 165, e 547-548, p. 176-177.

Na primeira cena, é em sua condição de soberano que os habitantes de Tebas recorrem a Édipo contra a peste. "Você tem o poder, você deve curar-nos da peste." E ele responde dizendo: "Tenho muito interesse em curá-los da peste, porque essa peste que os atinge me atinge também em minha soberania e em minha realeza." É enquanto interessado na manutenção de sua própria realeza que Édipo quer procurar a solução do problema. E, quando começa a sentir-se ameaçado pelas respostas que surgem em torno de si, quando o oráculo o designa e o adivinho diz de maneira ainda muito mais clara que é ele o culpado, Édipo, sem responder em termos de inocência, diz a Tirésias: "Você quer meu poder; você armou um complô contra mim para me privar de meu poder."[21]

Ele não se assusta com a ideia de que poderia ter matado o pai ou o rei. O que o assusta é perder seu próprio poder.

No momento da grande disputa com Creonte, ele lhe diz: "Você trouxe um oráculo de Delfos, mas esse oráculo, você o falsificou, porque, filho de Laio, você reivindica um poder que me foi dado."[22] Aqui ainda, Édipo se sente ameaçado por Creonte no nível do poder, e não no nível de sua inocência ou de sua culpabilidade. O que está em questão em todos esses enfrentamentos do início da peça é o poder.

E quando, no fim da peça, a verdade vai ser descoberta, quando o escravo de Corinto diz a Édipo: "Não se inquiete, você não é o filho de Políbio",[23] Édipo não pensará no fato de que, não sendo o filho de Políbio, ele poderá ser o filho de outro e, talvez, de Laio. Ele diz: "Você diz isso para me envergonhar, para fazer o povo acreditar que sou filho de um escravo; mas mesmo se sou o filho de um escravo, isso não me impedirá de exercer o poder; eu sou um rei como os outros."[24] Ainda aqui é do poder que se trata. É como chefe da justiça, como soberano que Édipo convocará nesse momento a última testemunha: o escravo de Citéron. É como soberano que, ameaçando-o de tortura, lhe arrancará a verdade. E, quando a verdade é arrancada, quando se sabe quem era Édipo e o que ele fez – assassinato do pai, incesto com a mãe –, que diz o povo de Tebas?

---

21 Sophocle, *Œdipe roi*, *op. cit.*, 399-400, p. 155.
22 *Ibid.*, 532-542, p. 160.
23 *Ibid.*, 1016-1018, p. 178.
24 *bid.*, 1202, p. 185.

"Nós o chamávamos nosso rei." Significando isso que o povo de Tebas, ao mesmo tempo que reconhecia em Édipo aquele que havia sido seu rei, pelo uso do imperfeito – "chamávamos" – declara-o agora destituído da realeza.

O que está em questão é a queda do poder de Édipo. A prova disso é que, quando Édipo perde o poder em proveito de Creonte, as últimas réplicas da peça giram ainda em torno do poder. A última palavra dirigida a Édipo, antes que o levem para o interior do palácio, é pronunciada pelo novo rei, Creonte: "Não tente mais ser o mestre."[25] A palavra empregada é κρατεῖν; o que quer dizer que Édipo não deve mais comandar. E Creonte acrescenta ainda: ἀκράτησας, uma palavra que quer dizer "depois de ter chegado ao cume", mas que é também um jogo de palavras em que o α tem um sentido privativo: "não possuindo mais o poder"; ἀκράτησας significa ao mesmo tempo: "você que subiu até o pico e que agora não tem mais o poder".

Depois disso, o povo intervém e saúda Édipo pela última vez dizendo: "Você que era κράτιστος", isto é: "Você que estava no pico do poder." Ora, a primeira saudação do povo de Tebas a Édipo era ὦ κρατύνων Οἰδίπους, isto é, Édipo todo-poderoso!". Entre essas duas saudações do povo se desenvolveu toda a tragédia. A tragédia do poder e da detenção do poder político. Mas o que é esse poder de Édipo? Como se caracteriza ele? Suas características estão presentes no pensamento, na história e na filosofia gregas da época. Édipo é chamado βασιλεύς ἄναξ, o primeiro dos homens, o que tem a κράτεια, o que detém o poder, e ele é até chamado τύραννος. Tirano não deve ser entendido aqui em seu sentido restrito, tanto é verdade que Políbio, Laio e todos os outros foram também chamados τύραννος.

Certo número de características desse poder aparece na tragédia de Édipo. Édipo tem o poder. Mas ele o obteve por uma série de histórias, de aventuras, que fizeram dele, no início, o homem mais miserável – filho expulso, perdido, viajante errante – e, em seguida, o homem mais poderoso. Ele conheceu um destino desigual. Conheceu a miséria e a glória. Esteve no ponto mais alto, quando se acreditava que era o filho de Políbio, e esteve no ponto mais baixo, quando se tornou um personagem errante de cidade em cidade. Mais tarde, de novo, atingiu o pico. "Os anos que cresceram comigo", diz ele, "ora me rebaixaram, ora me exaltaram".

---

25 Ibid., 1522-1523, p. 196.

Essa alternância do destino é um traço característico de dois tipos de personagem. O personagem legendário do herói épico que perdeu sua cidadania e sua pátria e que, depois de certo número de provas, encontra a glória; e o personagem histórico do tirano grego do fim do século VI e do início do século V. O tirano sendo o que, depois de ter conhecido várias aventuras e depois de ter chegado ao pico do poder, estava sempre ameaçado de perdê-lo. A irregularidade do destino é característica do personagem do tirano tal como ele é descrito nos textos gregos dessa época.

Édipo é aquele que, depois de ter conhecido a miséria, conheceu a glória; aquele que se tornou rei depois de ter sido herói. Mas, se ele se torna rei, é porque curou a cidade de Tebas, matando a divina Cantora, a Cadela que devorava todos os que não decifravam seus enigmas. Ele tinha curado a cidade, isso tinha lhe permitido se reerguer, como ele diz, respirar no momento quando ela tinha perdido o fôlego. Para designar essa cura da cidade, Édipo emprega a expressão ὄρθωσαν, "reerguer", ἀνόρθωσαν πόλιν, "reerguer a cidade". Ora, é essa expressão que encontramos no texto de Sólon. Sólon, que não é exatamente um tirano, mas o legislador, se vangloriava de ter reerguido a cidade ateniense no fim do século VI. É também a característica de todos os tiranos que surgiram na Grécia durante os séculos VII e VI. Não somente eles conheceram altos e baixos, mas tiveram também como papel reerguer as cidades por meio de uma distribuição econômica justa, como Kypsélos em Corinto, ou por meio das leis justas, como Sólon em Atenas. Eis, pois, duas características fundamentais do tirano grego tal como no-lo mostram os textos da época de Sófocles ou mesmo anteriores a esta.

Encontra-se também em *Édipo* uma série de características não mais positivas, mas negativas da tirania. Várias coisas são censuradas em Édipo em suas discussões com Tirésias e Creonte, até mesmo com o povo. Creonte, por exemplo, lhe diz: "Você está errado; você se identifica com essa cidade onde não nasceu, imagina que você é essa cidade e que essa cidade lhe pertence; eu também faço parte dessa cidade, ela não é somente sua."[26] Ora, se consideramos as histórias que Heródoto, por exemplo, contava sobre os antigos tiranos gregos, em particular

---

26 *Ibid.*, 629-630, p. 163.

sobre Kypsélos de Corinto, vemos que se trata de alguém que julgava possuir a cidade.²⁷ Kypsélos dizia que Zeus tinha lhe dado a cidade e que ele a tinha entregado aos cidadãos. Encontra-se exatamente a mesma coisa na tragédia de Sófocles. Da mesma maneira, Édipo é aquele que não atribui importância às leis e que as substitui por suas vontades e suas ordens. Ele o diz claramente. Quando Creonte lhe censura por querer exilá-lo, dizendo que essa decisão não era justa, Édipo responde: "Pouco me importa o que seja justo ou não, é preciso obedecer assim mesmo."²⁸ Sua vontade será a lei da cidade. É por isso que, no momento em que começa sua queda, o Coro do povo censurará a Édipo ter desprezado a δίκη,²⁹ a justiça. É preciso, portanto, reconhecer em Édipo um personagem bem-definido, destacado, catalogado, caracterizado pelo pensamento grego do século V: o tirano.

Esse personagem do tirano não é somente caracterizado pelo poder, mas também por certo tipo de saber. O tirano grego não era simplesmente o que tomava o poder. Ele era o que tomava o poder porque detinha ou fazia valer o fato de deter certo saber superior em eficácia ao dos outros. É precisamente o caso de Édipo. Édipo é o que conseguiu resolver por seu pensamento, por seu saber o famoso enigma da Esfinge. E assim como Sólon pôde dar efetivamente a Atenas leis justas, assim como Sólon pôde reerguer a cidade porque ele era σοφός, sábio, Édipo também pôde resolver o enigma da Esfinge, porque ele era σοφός.

O que é esse saber de Édipo? Como se caracteriza ele? O saber de Édipo é caracterizado ao longo de toda a peça. Édipo diz a todo momento que venceu os outros, que resolveu o enigma da Esfinge, que curou a cidade por meio do que chama γνώμη, seu conhecimento ou sua τέχνη. Outras vezes, para designar seu modo de saber, ele se diz o que encontrou, ηὕρηκα. É a palavra que Édipo utiliza mais frequentemente para designar o que fez outrora e está tentando fazer agora. Se Édipo resolveu

---

27 Hérodote, *Histoires* (trad. Ph. Legrand), Paris, Les Belles Lettres, "Collection des universités de France", 1946, livro V: *Terpsichore*, § 92, p. 126-127. Kypsélos reinou em Corinto de 657 a 627 a.C.
28 Sophocle, *op. cit.*, 627-628, p. 163.
29 O texto português traz aqui τύχη, palavra que significa antes a fortuna, a sorte, não a justiça. Além disso, essa palavra não está no canto da Cantora, o qual denomina, ao contrário, Δίχη, "a Justiça"; ver *Œdipe roi*, 885 (trad. fr. Mazon), Paris, Les Belles Lettres, p. 104. (Nota do tradutor francês)

o enigma da Esfinge, é porque "encontrou". Se quer salvar de novo Tebas, precisa de novo encontrar, εὑρίσκειν. O que significa εὑρίσκειν? Essa atividade de "encontrar" é caracterizada inicialmente na peça como uma coisa que se faz sozinha. Édipo insiste sobre isso sem cessar. "Quando resolvi o enigma da Esfinge, não me dirigi a ninguém", diz ele ao povo e ao adivinho. Ele diz ao povo: "Vocês não teriam de forma alguma podido ajudar-me a resolver o enigma da Esfinge; vocês não podiam fazer nada contra a divina Cantora." E diz a Tirésias: "Mas que adivinho é você, que não foi capaz de livrar Tebas da Esfinge? Enquanto todos estão mergulhados no terror, eu livrei Tebas sozinho; não aprendi nada com ninguém, não me servi de nenhum mensageiro, vim em pessoa." Encontrar é algo que se faz sozinho. Encontrar é também o que se faz quando se abrem os olhos. E Édipo é o homem que não cessa de dizer: "Eu investiguei, e já que ninguém foi capaz de me dar informações, reabri os olhos e os ouvidos, eu vi." O verbo οἶδα, que significa ao mesmo tempo "saber" e "ver", é frequentemente utilizado por Édipo. Οἰδίπους é aquele que é capaz dessa atividade de ver e de saber. Ele é o homem do ver, o homem do olhar, e o será até o fim.

Se Édipo cai em uma armadilha, é precisamente porque, em sua vontade de encontrar, ele levou o testemunho, a recordação, a busca das pessoas que viram, até o momento em que se desencravou, do fundo do Citéron, o escravo que tinha assistido a tudo e que sabia a verdade. O saber de Édipo é essa espécie de saber de experiência. É ao mesmo tempo esse saber solitário, de conhecimento, do homem que, sozinho, sem se apoiar no que dizem, sem escutar ninguém, quer ver com seus próprios olhos. Saber autocrático do tirano que, por ele mesmo, pode e é capaz de governar a cidade. A metáfora do que governa, do que comanda é frequentemente utilizada por Édipo para designar o que ele faz. Édipo é o capitão, o que na proa do navio abre os olhos para ver. E é precisamente porque ele abre os olhos sobre o que está chegando que encontra o acidente, o inesperado, o destino, a τύχη. Porque ele era esse homem com o olhar autocrático, aberto sobre as coisas, Édipo caiu na armadilha.

O que eu gostaria de mostrar é que, no fundo, Édipo representa na peça de Sófocles certo tipo do que eu chamaria saber-e-poder, poder-e-saber. É porque ele exerce certo poder tirânico e solitário, desviado tanto do oráculo dos deuses – que não quer ouvir – quanto do que diz e quer o povo, que, em sua sede de governar, descobrindo para ele somente, ele encontra, em última instância, o testemunho dos que viram.

Vê-se assim como o jogo das metades pôde funcionar e como Édipo é, no fim da peça, um personagem supérfluo. Isso na medida em que esse saber tirânico, esse saber de quem quer ver com seus próprios olhos sem escutar nem os deuses nem os homens permite o ajustamento exato do que tinham dito os deuses e do que sabia o povo. Édipo, sem o querer, consegue estabelecer a união entre a profecia dos deuses e a memória dos homens. O saber edipiano, o excesso de poder, o excesso de saber foram tais que ele se tornou inútil: o círculo se fechou sobre ele, ou melhor, os dois fragmentos da téssera se ajustaram e Édipo, em seu poder solitário, tornou-se inútil. Nos dois fragmentos ajustados, a imagem de Édipo tornou-se monstruosa. Édipo podia muito por seu poder tirânico, ele sabia muito em seu saber solitário. Nesse excesso, era ainda o esposo de sua mãe e o irmão de seus filhos. Édipo é o homem do excesso, o homem que teve tudo demais: em seu poder, em seu saber, em sua família, em sua sexualidade. Édipo, homem duplo, que era demais em relação à transparência simbólica do que sabiam os pastores e do que tinham dito os deuses.

A tragédia de Édipo é bastante próxima, então, do que será, alguns anos depois, a filosofia platônica. Para Platão, para dizer a verdade, o saber dos escravos, memória empírica do que foi visto, será desvalorizado em proveito de uma memória mais profunda, essencial, que é a memória do que foi visto no céu inteligível. Mas o importante é o que vai ser fundamentalmente desvalorizado, desqualificado, tanto na tragédia de Sófocles quanto em *A república*, de Platão: é o tema, ou melhor, o personagem, a forma de um saber político ao mesmo tempo privilegiado e exclusivo. O que é visado pela tragédia de Sófocles ou pela filosofia de Platão, quando elas estão situadas em uma dimensão histórica, o que é visado por trás de Édipo σοφός, Édipo, o sábio, o tirano que sabe, o homem da τέχνη, da γνώμη, é o famoso sofista, profissional do poder político e do saber, que existia efetivamente na sociedade ateniense da época de Sófocles. Mas, por trás dele, o que é fundamentalmente visado por Platão e por Sófocles é outra categoria de personagem, cujo sofista era como o pequeno representante, a continuação e o fim histórico: o personagem do tirano. Este, nos séculos VII e VI, era o homem do poder e do saber, o que dominava tanto pelo poder que ele exercia quanto pelo poder que possuía. Finalmente, sem que isso esteja presente no texto de Platão ou no de Sófocles, o que é visado por trás de tudo isso é o grande personagem histórico que existiu efetivamente, ainda que tomado em um contexto legendário: o famoso rei assírio.

Nas sociedades europeias do Estado mediterrâneo, no fim do segundo milênio e no início do primeiro, o poder político era sempre detentor de certo tipo de saber. Pelo fato de deter o poder, o rei e os que o cercavam detinham um saber que não podia e não devia ser comunicado aos outros grupos sociais. Saber e poder eram exatamente correspondentes, correlativos, superpostos. Não podia haver saber sem poder. E não podia haver poder político sem a detenção de certo saber especial.

É essa forma de poder-saber que Dumézil, em seus estudos sobre as três funções, isolou, mostrando que a primeira função, a do poder político, era a de um poder político mágico e religioso.[30] O saber dos deuses, o saber da ação que se pode exercer sobre os deuses ou sobre nós, todo esse saber mágico-religioso está presente na função política.

O que aconteceu na origem da sociedade grega, na origem da idade grega do século V, na origem de nossa civilização, é o desmantelamento dessa grande unidade de um poder político que seria ao mesmo tempo um saber. É o desmantelamento dessa unidade de um poder mágico-religioso que existia nos grandes impérios assírios, que os tiranos gregos, impregnados de civilização oriental, tentaram reabilitar em seu proveito, e que os sofistas dos séculos VI e V ainda utilizaram como podiam, sob a forma de lições pagas em dinheiro. Assistimos a essa longa decomposição durante os cinco ou seis séculos da Grécia arcaica. E, quando a Grécia clássica aparece – Sófocles representa sua data inicial, o ponto de eclosão –, o que deve desaparecer para que essa sociedade exista é a união do poder e do saber. A partir desse momento, o homem do poder será o homem da ignorância. Finalmente, o que aconteceu a Édipo é que, por saber demais, ele não sabia nada. A partir desse

---

30 Dumézil (G.), *Jupiter, Mars, Quirinus. Essai sur la conception indo-européenne de la société et sur les origines de Rome*, Paris, Gallimard, 1941. *Mythe et Épopée*, t. I: *L'Idéologie des trois fonctions dans les épopées des peuples indo-européens*, Paris, Gallimard, 1968.

momento, Édipo vai funcionar como o homem do poder, cego, que não sabia, e que não sabia porque podia demais.

Assim, enquanto o poder é tachado de ignorância, de inconsciência, de esquecimento, de obscuridade, haverá, por um lado, o adivinho e o filósofo em comunicação com a verdade, as verdades eternas dos deuses ou do espírito e, por outro, o povo que, sem nada deter do poder, possui nele a recordação ou pode ainda prestar testemunho da verdade. Assim, além de um poder que se tornou monumentalmente cego como Édipo, há os pastores, que se lembram, e os adivinhos, que dizem a verdade.

O Ocidente vai ser dominado pelo grande mito segundo o qual a verdade não pertence jamais ao poder político, o poder político é cego, o verdadeiro saber é o que se possui quando se está em contato com os deuses ou quando se recordam das coisas, quando se olha o grande sol eterno ou se abrem os olhos ao que aconteceu. Com Platão começa um grande mito ocidental: que há antinomia entre saber e poder. Se há saber, é preciso que ele renuncie ao poder. Onde saber e ciência se encontram em sua verdade pura, não pode mais haver poder político.

Esse grande mito deve ser liquidado. É esse mito que Nietzsche começou a demolir, mostrando, em inúmeros textos já citados, que, por trás de todo saber, por trás de todo conhecimento, o que está em jogo é uma luta de poder. O poder político não está ausente do saber, ele é tramado com o saber.

III

Na conferência anterior, eu fiz referência a duas formas ou tipos de regulamento judiciário, de litígio, de contestação ou de disputa presentes na civilização grega. A primeira forma, bastante arcaica, se encontra em Homero. Dois guerreiros se enfrentavam para saber quem estava errado e quem tinha razão, quem tinha violado o direito do outro. A tarefa de resolver essa questão equivalia a uma disputa regrada, um desafio entre os dois guerreiros. Um lançava ao outro o desafio seguinte: "Você é capaz de jurar diante dos deuses que não fez aquilo de que eu o acuso?" Em um procedimento como este, não há juiz, sentença, verdade, investigação nem testemunho para saber quem disse a verdade. O encargo de decidir, não quem disse a verdade, mas quem tem razão, é confiado à luta, ao desafio, ao risco que cada um vai correr.

A segunda forma é a que se ocorre ao longo de *Édipo rei*. Para resolver um problema que é também, em certo sentido, um problema de contestação, um litígio criminoso – quem matou o rei Laio? –, aparece um personagem novo em relação ao antigo procedimento de Homero: o pastor. No fundo de sua cabana, ainda que sendo um homem sem importância, um escravo, o pastor viu e, porque ele dispõe desse pequeno fragmento de recordação, porque carrega em seu discurso o testemunho do que viu, pode contestar e abater o orgulho do rei ou a presunção do tirano. A testemunha, a humilde testemunha, só por meio do jogo da verdade que ela viu e que enuncia, pode sozinha vencer os mais poderosos. *Édipo rei* é uma espécie de resumo da história do direito grego. Várias peças de Sófocles, como *Antígona* e *Electra*, são uma espécie de ritualização teatral da história do direito. Essa dramatização da história do direito grego nos apresenta um resumo de uma das grandes conquistas da democracia ateniense: a história do processo por meio do qual o povo se apoderou do direito de julgar, do direito de dizer a verdade, de opor a verdade a seus próprios mestres, de julgar os que o governam.

Essa grande conquista da democracia grega, esse direito de testemunhar, de opor a verdade ao poder, constituiu-se em um longo processo nascido e instaurado de modo definitivo em Atenas, ao longo do século V. Esse direito de opor uma verdade sem poder a um poder sem verdade deu lugar a uma série de grandes formas culturais características da sociedade grega.

Primeiramente, a elaboração do que se poderia chamar de as formas racionais da prova e da demonstração: como apresentar a verdade, em que condições, que formas observar, que regras aplicar. Essas formas são: a filosofia, os sistemas racionais, os sistemas científicos. Em segundo lugar, e entretendo uma relação com as formas precedentes, desenvolveu-se uma arte de persuadir, de convencer as pessoas da verdade do que se diz, de obter a vitória para a verdade ou, ainda, pela verdade. Tem-se aqui o problema da retórica grega. Em terceiro, há o desenvolvimento de um novo tipo de conhecimento: o conhecimento por testemunho, por recordação, por investigação. Saber de investigação que os historiadores, como Heródoto, pouco antes de Sófocles, os naturalistas, os botânicos, os geógrafos, os viajantes gregos vão desenvolver, e que Aristóteles vai totalizar e tornar enciclopédico.

Houve na Grécia, portanto, uma espécie de grande revolução que, por meio de uma série de lutas e de contestações políticas, teve como resultado a elaboração de uma forma determinada de descoberta judiciária, jurídica da verdade. Esta constitui a matriz, o modelo a partir do qual uma série de outros saberes – filosóficos, retóricos e empíricos – puderam desenvolver-se e caracterizar o pensamento grego.

Muito curiosamente, a história do nascimento da investigação ficou esquecida e se perdeu, tendo sido retomada, sob outras formas, vários séculos mais tarde, na Idade Média.

Na Idade Média europeia, assiste-se a uma espécie de segundo nascimento da investigação, mais obscuro e mais lento, mas que obteve um sucesso bem mais efetivo que o primeiro. O método grego da investigação tinha ficado estacionário, não tinha chegado à fundação de um conhecimento racional capaz de se desenvolver indefinidamente. Em compensação, a investigação que nasce na Idade Média tomará dimensões extraordinárias. Seu destino será praticamente coextensivo ao destino próprio da cultura dita "europeia" ou "ocidental".

O velho direito que regulava os litígios entre os indivíduos nas sociedades germânicas, no momento em que estas entram em contato com o Império Romano, era em certo sentido muito próximo, em algumas de suas formas, do direito grego arcaico. Era um direito no qual o sistema do inquérito não existia, porque os litígios entre os indivíduos eram regulados pelo jogo da prova.

O antigo direito germânico na época em que Tácito começa a analisar essa curiosa civilização que se estende até as portas do Império pode ser caracterizado, esquematicamente, da maneira seguinte.

Em primeiro lugar, não há ação pública, isto é, não há ninguém – representante da sociedade, grupo, poder ou o que detém o poder – encarregado de fazer acusações contra os indivíduos. Para que houvesse um processo de ordem penal, era preciso que houvesse erro, que alguém, pelo menos, pretendesse ter sofrido um erro ou tivesse se apresentado como vítima, e que essa pretensa vítima designasse seu adversário, a vítima podendo ser a pessoa diretamente ofendida ou alguém que pertencesse a sua família e assumisse a causa do parente. O que caracterizava uma ação penal era sempre uma espécie de duelo, de oposição entre indivíduos, entre famílias ou grupos. Não havia intervenção de nenhum representante da autoridade. Tratava-se de uma reclamação feita por um indivíduo a outro, que não só compreendia a intervenção desses dois personagens: o que se defende e o que acusa. Conhecemos somente dois casos bastante curiosos em que havia uma espécie de ação pública: a traição e a homossexualidade. A comunidade intervinha então, considerando-se como lesada, e coletivamente exigia do indivíduo a reparação. Por conseguinte, a primeira condição para que houvesse ação penal no antigo direito germânico era a existência de dois personagens, e jamais de três.

A segunda condição era que, uma vez introduzida a ação penal, uma vez que um indivíduo se declarasse vítima e reclamasse reparação a outrem, a liquidação judiciária devia fazer-se como uma espécie de continuação da luta entre os indivíduos. Uma espécie de guerra particular, individual se desenvolve, e o procedimento penal será apenas a ritualização dessa luta entre os indivíduos. O direito germânico não opõe a guerra à justiça, não identifica justiça e paz. Mas, ao contrário, supõe que o direito é certa maneira singular e regrada de conduzir a guerra entre os indivíduos e de encadear os atos de vingança. O direito é, então, uma maneira regrada de fazer a guerra. Por exemplo, quando alguém morre, um de seus próximos parentes pode exercer a prática judiciária da vingança, o que significa não renunciar a matar alguém, em princípio, o assassino. Entrar no domínio do direito significa matar o assassino, mas matá-lo segundo certas regras, certas formas. Se o assassino cometeu o crime dessa maneira ou daquela, será preciso matá-lo cortando-o em pedaços ou cortando-lhe a cabeça, e colocá-la em uma estaca na entrada de sua casa. Esses atos vão ritualizar o gesto de vingança e caracterizá-lo como vingança judiciária. O direito é, pois, a forma ritual da guerra.

A terceira condição é que, se é verdade que não há oposição entre direito e guerra, não deixa de ser verdade que é possível chegar a um acordo, isto é, interromper essas hostilidades regradas. O antigo direito germânico propõe sempre a possibilidade, ao longo dessa série de vinganças recíprocas e rituais, de chegar a um acordo, a uma transação. Pode-se interromper a série de vinganças com um pacto. Nesse momento, os dois adversários recorrem a um árbitro, que, de acordo com eles e com seu consentimento recíproco, vai estabelecer uma quantia de dinheiro que constitui o resgate. Não o resgate da falta, porque não há falta, mas unicamente erro e vingança. Nesse procedimento do direito germânico, um dos dois adversários resgata o direito de ter a paz, de escapar à vingança possível de seu adversário. Ele resgata sua própria vida, e não o sangue que derramou, pondo assim fim à guerra. A interrupção da guerra ritual é o terceiro ato ou o ato final do drama judiciário no antigo direito germânico.

O sistema que regula os conflitos e os litígios nas sociedades germânicas dessa época é então inteiramente governado pela luta e pela transação; é uma prova de força que pode terminar por uma transação econômica. Trata-se de um procedimento que não permite a intervenção de um terceiro indivíduo, que se colocaria entre os dois outros como o elemento neutro, em busca da verdade, tentando saber qual dos dois disse a verdade. Um procedimento de investigação, uma busca da verdade não intervém jamais em um sistema desse tipo. É dessa maneira que o antigo direito germânico se constituiu, antes da invasão do Império Romano.

Não me demorarei na longa série de peripécias que fez com que esse direito germânico entrasse em rivalidade, em concorrência, às vezes em cumplicidade, com o direito romano, que reinava nos territórios ocupados pelo Império Romano. Entre o século V e o X de nossa era, houve uma série de penetrações e de conflitos entre esses dois sistemas de direito. Cada vez que, sobre as ruínas do Império Romano, um Estado começa a se esboçar, cada vez que uma estrutura de Estado começa a nascer, então o direito romano, velho direito de Estado, é revigorado. É assim que, sob os reinos merovíngios e principalmente na época do Império Carolíngio, o direito romano ultrapassou, de certa maneira, o direito germânico. Por outro lado, cada vez que há dissolução desses embriões, desses esboços de Estado, o antigo direito germânico reaparece. Quando o Império Carolíngio desmorona, no século X, o direito germânico triunfa, e o direito romano cai durante vários séculos no esquecimento, só reaparecendo lentamente no fim do século XII e durante o século XIII. Assim, o direito feudal é essencialmente de tipo germânico. Ele não apresenta nenhum dos elementos de procedimentos de investigação, de estabelecimento da verdade das sociedades gregas ou do Império Romano.

No direito feudal, o litígio entre dois indivíduos era regulado pelo sistema da *épreuve*[31] – prova. Quando um indivíduo se apresentava como portador de uma reivindicação, de uma contestação, acusando outro de ter matado ou roubado, o litígio entre os dois era resolvido por uma série de provas aceitas por um e pelo outro e à qual os dois eram submetidos. Esse sistema era uma maneira de provar não a verdade, mas a força, o peso, a importância de quem falava.

Havia, em primeiro lugar, provas sociais, provas da importância social de um indivíduo. No antigo direito da Borgonha, no século XI, quando alguém era acusado de assassinato, podia perfeitamente estabelecer sua inocência reunindo em torno dele 12 testemunhas que juravam que ele não tinha cometido o assassinato. O juramento não se fundava, por exemplo, no fato de que eles teriam visto em vida a pretensa vítima, ou em um álibi para o pretenso assassino. Para prestar juramento, para testemunhar que um indivíduo não tinha matado, era preciso ser parente do acusado. Era preciso ter relações sociais de parentesco com ele, que garantissem não sua inocência, mas sua importância social. Isso mostrava a solidariedade que um indivíduo determinado poderia obter, seu peso, sua influência, a importância do grupo ao qual ele pertencia e pessoas prontas a apoiá-lo em uma batalha ou um conflito. A prova da inocência, a prova de que não se cometeu o ato em questão não era absolutamente o testemunho.

Havia, em segundo lugar, provas de tipo verbal. Quando um indivíduo era acusado de algo – roubo ou assassinato –, ele devia responder a essa acusação por certo número de fórmulas, garantindo que ele não tinha cometido assassinato ou roubo. Pronunciando essas fórmulas, ele podia fracassar ou ter êxito. Em alguns casos, pronunciava-se a fórmula e se perdia. Não por ter dito uma falsidade ou porque se provasse que se tinha mentido, mas por não ter pronunciado a fórmula como era preciso. Um erro de gramática, uma mudança de palavras invalidavam a fórmula, e não a verdade do que se pretendia provar. A confirmação do fato de que no nível da prova não se tratava senão de um jogo verbal é que, no primeiro caso de um menor, de uma mulher ou de um padre, o acusado podia ser substituído por outra pessoa. Essa outra pessoa, que mais

---

31 Em francês no texto. (Nota do tradutor francês)

tarde se tornará na história do direito o advogado, era a que devia pronunciar as fórmulas no lugar do acusado. Se ela se enganasse pronunciando-as, aquele em nome de quem ela falava perdia o processo.

Havia, em terceiro lugar as velhas provas mágico-religiosas do juramento. Pedia-se ao acusado para prestar juramento, e, no caso em que ele não o ousasse ou hesitasse, perdia o processo.

Existiam, finalmente, as famosas provas corporais, físicas, chamadas ordálios, que consistiam em submeter uma pessoa a uma espécie de jogo, de luta com seu próprio corpo, para constatar se venceria ou se seria derrotada. Por exemplo, na época do Império Carolíngio, havia uma prova célebre imposta àquele que fosse acusado de assassinato em certas regiões do norte da França. O acusado devia andar sobre brasas e, dois dias depois, se ainda tivesse cicatrizes, perdia o processo. Havia ainda outras provas, como o ordálio da água, que consistia em amarrar a mão direita no pé esquerdo de uma pessoa e lançá-la na água. Se ela não se afogasse, perdia o processo, porque a água em si não a recebia bem. E se ela se afogasse, tinha ganhado o processo, visto que a água não a teria rejeitado. Todos esses enfrentamentos do indivíduo ou de seu corpo com os elementos naturais são uma transposição simbólica da própria luta dos indivíduos entre si, cuja semântica deveria ser estudada. No fundo, trata-se sempre de uma batalha, trata-se sempre de saber quem é o mais forte. No velho direito germânico, o processo é só a continuação regrada, ritualizada da guerra.

Eu poderia ter dado exemplos mais convincentes, tais como as lutas entre dois adversários ao longo de um processo, lutas físicas, os famosos julgamentos de Deus. Quando dois indivíduos se enfrentavam por causa da propriedade de um bem, ou por causa de um assassinato, era-lhes sempre possível, se estivessem de acordo, lutar, obedecendo a regras determinadas – duração da luta, tipo de armas –, diante de uma assistência presente somente para garantir a regularidade do que acontecia. Aquele que ganhasse o combate ganhava o processo, sem que se lhe tivesse dado a possibilidade de dizer a verdade, ou, antes, sem que se lhe tivessem pedido que provasse a verdade de sua pretensão.

No sistema da prova judiciária feudal, tratava-se não da busca da verdade, mas de uma espécie de jogo de estrutura binária. O indivíduo aceita a prova ou renuncia a ela. Se ele renuncia, se não quer tentar a prova, perde o processo por antecipação. Acontecendo a prova, ele vence ou perde. Não há outra possibilidade. A forma binária é a primeira característica da prova.

A segunda característica é que a prova acaba por uma vitória ou por uma derrota. Há sempre alguém que ganha e alguém que perde, o mais forte e o mais fraco, um desfecho favorável ou desfavorável. Em nenhum momento aparece algo como a sentença, assim como vai acontecer a partir do fim do século XII e no início do século XIII. A sentença consiste na enunciação, feita por um terceiro, do que segue: determinada pessoa, tendo dito a verdade, tem razão; outra, tendo dito uma mentira, não tem razão. Por conseguinte, a sentença não existe no direito feudal: a separação da verdade e do erro entre os indivíduos não exerce aí nenhuma função; existe simplesmente a vitória ou a derrota.

A terceira característica é que essa prova é, de certa maneira, automática. A presença de um terceiro personagem não é necessária para distinguir os dois adversários. É o equilíbrio das forças, a sorte, o vigor, a resistência física, a agilidade intelectual que vão distinguir os indivíduos, segundo um mecanismo que se desenvolve automaticamente. A autoridade não intervém senão como testemunha da regularidade do procedimento. No momento em que as provas judiciárias se desenvolvem, alguém que leva o nome de juiz está presente – o soberano político ou alguém designado com o consentimento mútuo dos dois adversários – simplesmente para constatar que a luta se desenvolveu regularmente. O juiz não dá um testemunho sobre a verdade, mas sobre a regularidade do procedimento.

A quarta característica é que, nesse mecanismo, a prova não serve para nomear, para localizar aquele que disse a verdade, mas para estabelecer que o mais forte é, ao mesmo tempo, o que tem razão. Em uma guerra ou uma prova não judiciária, um dos dois é sempre o mais forte, mas isso não prova que ele tenha razão. A prova judiciária é uma maneira de ritualizar a guerra ou de transpô-la simbolicamente. É uma maneira de lhe dar certo número de formas derivadas e teatrais, de maneira que o mais forte será designado, por essa razão, como o que tem razão. A prova é um operador do direito, um comutador da força em direito, espécie de *shifter* que permite a passagem da força ao direito. Ela não tem uma função apofântica, não tem a função de designar, de manifestar ou de fazer aparecer a verdade. É um operador do direito, e não um operador de verdade ou um operador apofântico. Eis em que consiste a prova no antigo direito feudal.

Esse sistema de práticas judiciárias desaparece no fim do século XII e durante o século XIII. Durante toda a segunda metade da Idade Média, vai-se assistir à transformação dessas antigas práticas e à invenção de novas formas de justiça, de novas formas de prática e de procedimento judiciários. Formas que são absolutamente capitais para a história da Europa e para a história do mundo inteiro, na medida em que a Europa impôs violentamente seu jugo a toda a superfície da Terra. O que foi inventado nessa reelaboração do direito é algo que não concerne tanto aos conteúdos quanto às formas e às condições de possibilidade do saber. O que se inventou no direito nessa época é uma maneira determinada de saber, uma condição de possibilidade do saber, cujo destino vai ser capital no mundo ocidental. Essa modalidade de saber é o inquérito, que apareceu pela primeira vez na Grécia e que ficou dissimulada depois da queda do Império Romano, durante vários séculos. O inquérito, que ressurge nos séculos XII e XIII, é, entretanto, um tipo bastante diferente daquela cujo exemplo vimos no *Édipo*.

Por que a antiga forma judiciária, de que lhes apresentei alguns traços fundamentais, desaparece nessa época? Pode-se dizer, esquematicamente, que um dos traços fundamentais da sociedade feudal europeia ocidental é que a circulação dos bens é relativamente pouco garantida pelo comércio. Ela é garantida por mecanismos de herança ou de transmissão testamentária e, principalmente, pela contestação belicosa, militar, extrajudiciária ou judiciária. Um dos meios mais importantes de garantir a circulação dos bens na alta Idade Média era a guerra, a rapina, a ocupação da terra, de um castelo ou de uma cidade. Estamos em uma fronteira movediça entre o direito e a guerra, na medida em que o direito é certa maneira de continuar a guerra. Por exemplo, alguém que dispõe de uma força armada ocupa uma terra, uma floresta, uma propriedade qualquer e, nesse momento, faz prevalecer seus direitos. Começa uma longa contestação no fim da qual o que não possui força armada e quer a recuperação de sua terra não consegue a retirada do invasor a não ser por meio de um pagamento. Esse acordo se situa na fronteira do judiciário e do belicoso, e é uma das maneiras mais frequentes para alguém se enriquecer. A circulação, a troca de bens, as falências, os enriquecimentos foram feitos, na maior parte dos casos, no alto feudalismo, segundo esse mecanismo.

É interessante, aliás, comparar a sociedade feudal na Europa e as sociedades ditas "primitivas" estudadas atualmente pelos etnólogos. Nestas, a troca de bens se faz pela contestação e pela rivalidade, dadas principalmente sob a forma do prestígio ao nível das manifestações e sinais. Em uma sociedade feudal, a circulação dos bens se faz também sob forma de rivalidade e de contestação. Mas rivalidade e contestação não mais de prestígio, mas, antes, belicosas. Nas sociedades ditas "primitivas", as riquezas se trocam em prestações de rivalidade, porque são não somente bens, mas também sinais. Nas sociedades feudais, as riquezas se trocam não somente porque são bens e sinais, mas porque são bens, sinais e armas. A riqueza é o meio pelo qual se podem exercer tanto a violência quanto o direito sobre a vida e a morte dos outros. Guerra, litígio judiciário e circulação de bens fazem parte, ao longo da Idade Média, de um grande processo único e flutuante.

Há, pois, uma dupla tendência característica da sociedade feudal. Por um lado, há uma concentração de armas nas mãos dos mais poderosos que tendem a impedir sua utilização pelos menos poderosos. Vencer alguém é privá-lo de suas armas, donde se segue uma concentração do poder armado, que, nos Estados feudais, deu mais força aos mais poderosos e, finalmente ao mais poderoso dentre todos: o monarca. Por outro lado e simultaneamente, há as ações e os litígios judiciários que eram uma maneira de fazer circular os bens. Compreende-se, assim, por que os mais poderosos procuraram controlar os litígios judiciários, impedindo que eles se desenvolvessem espontaneamente entre os indivíduos, e por que eles tentaram apoderar-se da circulação judiciária e litigiosa dos bens, o que implicou a concentração das armas e do Poder Judiciário, que se formava, na época, nas mãos dos mesmos indivíduos.

A existência do Poder Executivo, Legislativo e Judiciário é uma ideia aparentemente bastante antiga no direito constitucional. Falando a verdade, trata-se de uma ideia recente, que data mais ou menos de Montesquieu. O que nos interessa aqui, entretanto, é ver como algo como um Poder Judiciário se formou. Na alta Idade Média, não havia Poder Judiciário. A liquidação era feita entre os indivíduos. Pedia-se ao mais poderoso ou àquele que exercia a soberania não que fizesse justiça, mas que constatasse, em função de seus poderes políticos, mágicos e religiosos, a regularidade do procedimento. Não havia Poder Judiciário autônomo, nem mesmo Poder Judiciário nas mãos do que detinha o poder das armas, o poder político. Na medida em que a contestação judiciária garantia a circulação dos bens, o direito de ordenar e de controlar essa contestação judiciária, porque era um meio de acumular riquezas, foi confiscado pelos mais ricos e mais poderosos.

A acumulação da riqueza e do poder das armas e a constituição do Poder Judiciário nas mãos de alguns são um mesmo processo que esteve em vigor na alta Idade Média e atingiu sua maturidade no momento da formação da primeira grande monarquia medieval, no meio ou no fim do século XII. Nesse momento, aparecem coisas totalmente novas em relação à sociedade feudal, ao Império Carolíngio e às antigas regras do direito romano.

1. Uma justiça que não é mais contestação entre indivíduos e livre-aceitação por esses indivíduos de certo número de regras de liquidação, mas que, ao contrário, vai impor-se do alto aos indivíduos, aos adversários, às partes. A partir de então, os indivíduos não terão mais o direito de resolver, regular ou irregularmente, seus litígios; eles deverão submeter-se a um poder exterior a eles, o qual se impõe como Poder Judiciário e poder político.

2. Aparece um personagem totalmente novo, sem precedentes no direito romano: o procurador. Esse curioso personagem, que aparece na Europa em torno do século XII, vai apresentar-se como o representante do soberano, do rei ou do patrão. Desde que haja crime, delito ou contestação entre dois indivíduos, ele se apresenta como o representante de um poder lesado só pelo fato de que um delito ou um crime aconteceu. O procurador vai acompanhar a vítima, ele estará por trás daquele que deveria fazer queixa, dizendo: "Se é verdade que esse homem lesou outro, eu, representante do soberano, posso afirmar que o soberano, seu poder, a ordem que ele faz reinar, a lei que ele estabeleceu foram igualmente lesados por esse indivíduo. Assim, eu também me coloco contra ele." O soberano, o poder político vêm dessa maneira acompanhar e, pouco a pouco, substituir a vítima. Esse fenômeno, absolu-

tamente novo, vai permitir ao poder político apoderar-se dos procedimentos judiciários. O procurador, portanto, se apresenta como o representante do soberano lesado pelo erro.

3. Uma noção absolutamente nova aparece: a infração. Enquanto o drama judiciário ocorria entre dois indivíduos, a vítima e o acusado, não se tratava senão do erro que um indivíduo tinha cometido contra o outro. A questão era saber, se havia existido erro, quem tinha razão. A partir do momento em que o soberano, ou seu representante, o procurador, diz: "eu também fui lesado pelo erro", isso significa que o erro não é somente uma ofensa de um indivíduo ao outro, mas também a ofensa de um indivíduo contra o Estado, o soberano como representante do Estado; um ataque não contra o indivíduo, mas contra a própria lei do Estado. Assim, na noção de crime, a antiga noção de erro será substituída pela da infração. A infração não é um erro cometido por um indivíduo contra outro, é uma ofensa ou lesão de um indivíduo contra a ordem, contra o Estado, contra a lei, contra a sociedade, contra a soberania, o soberano. A infração é uma das grandes invenções do pensamento medieval. Vemos assim como o poder do Estado confisca todo o procedimento judiciário, todo o mecanismo de liquidação interindividual dos litígios na alta Idade Média.

4. Há ainda uma última descoberta, uma última invenção tão diabólica quanto a do procurador e da infração: o Estado, ou, melhor, o soberano (visto que não se pode falar de Estado nessa época), é não somente a parte lesada, mas a que exige a reparação. Quando um indivíduo perde o processo, ele é declarado culpado e deve ainda uma reparação a sua vítima. Mas essa reparação não é absolutamente a do antigo direito feudal ou do antigo direito germânico. Não se trata mais de resgatar sua paz, prestando contas a seu adversário. Vai-se exigir do culpado não somente a reparação do erro feito contra outro indivíduo, mas também a reparação da ofensa que ele cometeu contra o soberano, o Estado, a lei. É assim que aparece, com o mecanismo das multas, o grande mecanismo das confiscações. Confiscações dos bens que são, para as grandes monarquias nascentes, um dos grandes meios de enriquecer e de ampliar suas propriedades. As monarquias ocidentais foram fundadas sobre a apropriação da justiça, que lhes permitia a aplicação desses mecanismos de confiscação. Eis o pano de fundo político dessa transformação.

É preciso agora explicar o estabelecimento da sentença, explicar como se chega ao fim de um processo em que um dos personagens principais é o procurador. Se a principal vítima de uma infração é o rei, se é o procurador que se queixa em primeiro lugar, compreende-se que a liquidação judiciária não pode mais ser obtida pelos mecanismos da prova. O rei ou seu representante, o procurador, não podem mais arriscar sua própria vida ou seus próprios bens cada vez que um crime é cometido. Não é em pé de igualdade, como em uma luta entre dois indivíduos, que o acusado e o procurador se enfrentam. É preciso encontrar um novo mecanismo que não seja mais o da prova, da luta entre dois adversários, para saber se alguém é culpado ou não. O modelo belicoso não pode mais ser aplicado.

Que modelo, então, se vai adotar? É um dos grandes momentos da história do Ocidente. Havia dois modelos para resolver o problema. Em primeiro lugar, um modelo intrajurídico. No próprio direito feudal, no antigo direito germânico, havia um caso em que a coletividade, em sua totalidade, podia intervir, acusar alguém e obter sua condenação: era o flagrante delito, caso em que um indivíduo era surpreendido no momento exato em que estava cometendo o crime. Nesse momento, as pessoas que o surpreendiam tinham o direito de levá-lo ao soberano, ao detentor de um poder político e dizer: "Nós o vimos fazendo tal coisa e, por conseguinte, é preciso puni-lo ou exigir dele uma reparação." Havia assim, na própria esfera do direito, um modelo de intervenção coletiva e de decisão autoritária para a liquidação de um litígio de ordem judiciária. Era o caso do flagrante delito, quando o crime era surpreendido em sua atualidade. Esse modelo, evidentemente, não podia ser utilizado quando não se surpreendia o indivíduo no momento em que ele cometia o crime, o que era o mais frequente. O problema, então, era saber em que condições se podia generalizar o modelo do flagrante delito e utilizá-lo nesse novo sistema do direito que estava nascendo, inteiramente comandado pela soberania política e pelos representantes do soberano político.

Preferiu-se utilizar um segundo modelo, extrajudiciário, que, por sua vez, se subdivide em dois, ou melhor, que tinha, nessa época, uma existência dupla, uma dupla inserção. Trata-se do modelo do inquérito que tinha existido na época do Império Carolíngio. Quando os representantes do soberano tinham de resolver um problema de direito, de poder, ou uma questão de impostos, de costumes, de renda fundiária ou de propriedade, procedia-se a algo perfeitamente ritualizado e regular: a *inquisitio*, o inquérito. O representante do poder chamava as pessoas consideradas como aptas a conhecer os costumes, o direito ou os títulos de propriedade. Ele reunia essas pessoas, fazendo-as jurar dizer a verdade, dizer o que conheciam, o que tinham visto ou o que sabiam por ter ouvido dizer. Em seguida, deixadas entre si, essas pessoas deliberavam. No fim dessa deliberação, pedia-se a solução do problema. Era um método de gestão administrativa, que os funcionários do Império Carolíngio praticavam regularmente. Ele foi ainda empregado, após sua dissolução, por Guilherme, o Conquistador, na Inglaterra. Em 1066, os conquistadores normandos ocuparam a Inglaterra; eles se apoderaram dos bens anglo-saxões e entraram em litígio com a população autóctone e consigo mesmos, a respeito da posse desses bens. Guilherme, o Conquistador, para colocar tudo em ordem, para integrar a nova população normanda à antiga população anglo-saxônica, fez um enorme inquérito sobre o estado das propriedades, seus estados de impostos, o sistema da renda fundiária etc. Trata-se do famoso *Domesday Book*, o único exemplo global que possuíamos desses inquéritos que eram uma antiga prática administrativa dos imperadores carolíngios.

Esse procedimento de inquérito administrativo tem algumas características importantes:

1. O poder político é o personagem essencial.

2. O poder se exerce inicialmente fazendo perguntas, interrogando. Ele não sabe a verdade e procura saber.

3. O poder, para determinar a verdade, se dirige aos notáveis, às pessoas consideradas como aptas a saber, dadas sua situação, sua idade, sua riqueza, sua notabilidade etc.

4. Ao contrário do que se via no fim de *Édipo rei*, o rei consulta os notáveis sem forçá-los a dizer a verdade pelo uso da violência, da pressão ou da tortura. Pede-se que eles se reúnam livremente e deem um parecer coletivo. Deixam-nos dizer coletivamente o que eles estimam ser a verdade.

Temos assim um tipo de estabelecimento da verdade totalmente ligado à gestão administrativa da primeira grande forma de Estado conhecida no Ocidente. Esses procedimentos de inquérito foram, no entanto, esquecidos durante os séculos X e XI na Europa do alto feudalismo e teriam sido totalmente esquecidos se a Igreja não os tivesse utilizado na gestão de seus próprios bens. Seria preciso, no entanto, complicar um pouco a análise. Porque, se a Igreja utilizou de novo o método carolíngio de inquérito, é porque ela o tinha praticado já antes do Império Carolíngio, por razões mais espirituais que administrativas.

Havia, com efeito, uma prática de inquérito na Igreja da alta Idade Média, na Igreja merovíngia e carolíngia. Esse método se chamava *visitatio* e consistia na visita que o bispo devia estatutariamente fazer, percorrendo sua diocese, e que foi retomado em seguida pelas grandes ordens monásticas. Chegando a um lugar determinado, o bispo instituía, em primeiro lugar, a *inquisitio generalis*, a inquisição geral, interrogando todos aqueles que deviam saber – os notáveis, os mais idosos, os mais eruditos, os mais virtuosos – sobre o que havia acontecido em sua ausência, principalmente se tinha havido falta, crime etc. Se essa investigação chegasse a uma resposta positiva, o bispo passava ao segundo estágio, à *inquisitio specialis*, inquisição especial, que consistia em procurar quem tinha feito o quê, em determinar, na verdade, quem era o autor e qual era a natureza do ato. Finalmente, um terceiro ponto: a confissão do culpado podia interromper a inquisição em qualquer estágio, em sua forma geral ou especial. Aquele que tivesse cometido o crime podia apresentar-se e proclamar publicamente: "Sim, um crime foi cometido. Consistiu nisso. Eu sou seu autor."

Essa forma espiritual, essencialmente religiosa, de inquérito eclesiástico subsistiu durante toda a Idade Média, tendo assumido funções administrativas e econômicas. Quando a Igreja se tornou o único corpo econômico-político coerente da Europa, nos séculos X, XI e XII, a inquisição eclesiástica foi ao mesmo tempo a inquisição espiritual sobre os pecados, faltas e crimes cometidos, e a investigação administrativa sobre a maneira como os bens da Igreja eram administrados e os lucros reunidos, acumulados, distribuídos etc. Esse modelo ao mesmo tempo religioso e administrativo da investigação subsistiu até o século XII, quando o Estado que nascia, ou, antes, a pessoa do soberano que surgia como fonte de todo o poder, vem a confiscar os procedimentos judiciários. Esses procedimentos judiciários não podem mais funcionar segundo o sistema da prova. De que maneira, então, o procurador vai estabelecer se alguém é ou não culpado? O modelo espiritual e administrativo, religioso e político, a maneira de gerir e de supervisionar e de controlar as almas se encontra na Igreja: o inquérito compreendida como olhar tanto sobre os bens e as riquezas quanto sobre os corações, os atos, as intenções. É esse modelo que vai ser retomado no procedimento judiciário. O procurador do rei vai fazer a mesma coisa que os visitantes eclesiásticos faziam nas paróquias, dioceses e comunidades. Ele vai procurar estabelecer por *inquisitio*, por inquérito, se houve crime, qual e quem o cometeu.

Essa é a hipótese que eu gostaria de apresentar. O inquérito teve uma dupla origem. Uma origem administrativa, ligada ao surgimento do Estado na época carolíngia, e uma origem religiosa, eclesiástica, mas constantemente presente na Idade Média. É esse procedimento de inquérito que o procurador do rei – a justiça monárquica nascente – utilizou para preencher a função do flagrante delito, de que falei antes. O problema era saber como generalizar o flagrante delito para crimes que não eram do domínio, do campo da atualidade; como o procurador do rei podia levar o culpado diante de uma instância judiciária que determinasse o poder, se ele não sabia quem era o culpado, já que não tinha havido flagrante delito. A investigação vai ser o substituto do flagrante delito. Se, com efeito, se chega a reunir pessoas que podem, sob juramento, garantir que viram, que sabem, que estão a par; se é possível estabelecer através delas que algo realmente aconteceu, ter-se-á indiretamente, pelo inquérito por intermédio das pessoas que sabem, o equivalente do flagrante delito. E poder-se-á tratar de gestos, atos, delitos, crimes que não estão mais no campo da atualidade, como se tivessem sido apreendidos em flagrante delito. Tem-se aí uma nova maneira de prolongar a atualidade, de transferi-la de uma época a outra e de oferecê-la ao olhar, ao saber, como se ela estivesse ainda presente. Essa inserção do procedimento de inquérito, reatualizando, tornando presente, sensível imediato, verdadeiro o que aconteceu, como se aí se estivesse presente, constitui uma descoberta capital.

Podemos tirar dessa análise algumas conclusões.

1. Tem-se o hábito de opor as antigas provas do direito bárbaro ao novo procedimento racional do inquérito. Eu evoquei antes as diferentes maneiras pelas quais se tentava estabelecer quem tinha razão na alta Idade Média. Temos a impressão de que estão aí sistemas bárbaros, arcaicos, irracionais. Fica-se impressionado pelo fato de que se tenha precisado esperar até

o século XII para se chegar finalmente, com o procedimento de inquérito, a um sistema racional de estabelecimento da verdade. Não acredito, no entanto, que o procedimento de inquérito seja simplesmente o resultado de uma espécie de progresso da racionalidade. Não foi racionalizando os procedimentos judiciários que se chegou ao procedimento de investigação. Foi toda uma transformação política, uma nova estrutura política que tornou não somente possível, mas necessária a utilização desse procedimento no domínio judiciário. O inquérito na Europa medieval é principalmente um processo de governo, uma técnica de administração, uma modalidade de gestão; em outras palavras, o inquérito é uma maneira determinada de exercer o poder. Nós nos enganaríamos se víssemos no inquérito o resultado natural de uma razão que age sobre si mesma, que se elabora, que faz seus próprios progressos; se aí víssemos o efeito de um conhecimento, de um sujeito de conhecimento elaborando-se.

Nenhuma história feita em termos de progresso da razão, de refinamento do conhecimento pode dar conta da aquisição da racionalidade do inquérito. Seu surgimento é um fenômeno político complexo. É a análise das transformações políticas da sociedade medieval que explica como, por que e em que momento aparece esse tipo de estabelecimento da verdade a partir de procedimentos jurídicos completamente diferentes. Nenhuma referência a um sujeito de conhecimento e a sua história interna dava conta desse fenômeno. É somente a análise dos jogos de força política, das relações de poder que pode explicar o surgimento do inquérito.

2. O inquérito deriva de certo tipo de relações de poder, de uma maneira de exercer o poder. Ela se introduz no direito a partir da Igreja e, por conseguinte, é impregnada de categorias religiosas. Na concepção da alta Idade Média, o essencial era o erro, o que tinha acontecido entre dois indivíduos; não havia falta nem infração. A falta, o pecado, a culpabilidade moral não intervinham absolutamente. O problema era saber se tinha havido ofensa, quem a tinha praticado e se aquele que pretendia tê-la sofrido era capaz de suportar a prova que ele propunha a seu adversário. Não havia falta, culpabilidade, nem relação com o pecado. Em compensação, a partir do momento em que o inquérito se introduz na prática judiciária, ela traz consigo a importante noção de infração. Quando um indivíduo comete um erro contra o outro, há sempre *a fortiori* um erro pratica-

do contra a soberania, contra a lei, contra o poder. Por outro lado, dadas todas as implicações e conotações religiosas do inquérito, o erro será uma falta moral, quase religiosa ou com conotação religiosa. Tem-se assim, por volta do século XII, uma curiosa conjunção entre o ataque à lei e a falta religiosa. Lesar o soberano e cometer um pecado são duas coisas que começam a juntar-se. Elas serão profundamente ligadas no direito clássico. Não estamos ainda totalmente livres dessa conjunção.

3. O inquérito que aparece no século XII, em consequência dessa transformação nas estruturas políticas e nas relações de poder, reorganizou inteiramente (ou, em torno dela, se reorganizaram) todas as práticas judiciárias da Idade Média, da época clássica e até as da época moderna. De maneira mais geral, essa investigação judiciária se difundiu em muitos outros domínios de práticas – sociais, econômicas – e em muitos domínios do saber. Foi a partir dessas investigações judiciárias conduzidas pelos procuradores do rei que foi difundida, a partir do século XIII, uma série de procedimentos de investigação.

Alguns eram principalmente administrativaos ou econômicos. Foi assim que, por meio das investigações sobre o estado da população, o nível das riquezas, a quantidade de dinheiro e de recursos, os agentes reais garantiram, estabeleceram e aumentaram o poder real. Foi dessa maneira que todo um saber econômico, de administração econômica dos Estados, se acumulou no fim da Idade Média e nos séculos XVII e XVIII. Foi a partir daí que uma forma regular de administração dos Estados, de transmissão e de continuidade do poder político nasceu, assim como ciências como a economia política, a estatística etc.

Essas técnicas de investigação se difundiram também em domínios não diretamente ligados aos domínios de exercício do poder: os domínios do saber ou do conhecimento no sentido tradicional da palavra.

A partir dos séculos XIV e XV aparecem os tipos de investigação que procuram estabelecer a verdade a partir de certo número de testemunhos cuidadosamente recolhidos em domínios como o da geografia, da astronomia, do conhecimento dos climas. Aparece, em especial, uma técnica de viagem – empreendimento político de exercício do poder e empreendimento de curiosidade e de aquisição de saber – que finalmente conduziu à descoberta da América. Todas as grandes investigações que dominaram o fim da Idade Média são, no fundo, a eclosão e a dispersão dessa primeira forma, dessa matriz que nasceu no século XII. Até domínios como a medicina, a botânica, a zoologia são, a partir dos séculos XVI e XVII, irradiações desse processo. Todo o grande movimento cultural que, depois do século XII, começa a preparar a Renascença pode ser definido em grande parte como o do desenvolvimento, do florescimento da investigação como forma geral do saber.

Enquanto a investigação se desenvolve como forma geral do saber no interior do qual a Renascença vai eclodir, a prova tende a desaparecer. Desta nós só encontraremos os elementos, os restos, sob a forma da famosa tortura, mas misturada já com a preocupação de obter a confissão, prova de verificação. Pode-se fazer toda uma história da tortura, situando-a entre os procedimentos de prova e de investigação. A prova tende a desaparecer da prática judiciária; ela desaparece também dos domínios do saber. Poder-se-iam indicar dois exemplos.

Em primeiro lugar, a alquimia. A alquimia é um saber que tem por modelo a prova. Não se trata de fazer uma investigação para saber o que acontece, para saber a verdade. Trata-se essencialmente de um enfrentamento entre duas forças: a do alquimista que procura e a da natureza que dissimula seus segredos; a da sombra e a da luz, a do bem e a do mal, a de Satã e a de Deus. O alquimista realiza uma espécie de luta na qual ele é, ao mesmo tempo, o espectador – o que verá o desfecho do combate – e um dos combatentes, dado que pode ganhar ou perder. Pode-se dizer que a alquimia é uma forma química, naturalista da prova. Tem-se a confirmação de que o saber alquímico é essencialmente uma prova no fato de que ele não se transmitiu absolutamente, não se acumulou, como um resultado do inquérito que teriam permitido chegar à verdade. O saber alquímico se transmitiu unicamente sob a forma de regras, secretas ou públicas, de procedimentos: eis como é preciso fazer, eis como é preciso agir, eis que princípios respeitar, que orações fazer, que textos ler, que códigos devem estar presentes. A alquimia constitui essencialmente um *corpus* de regras jurídicas, de procedimentos. O desaparecimento da alquimia, o fato de que um saber do tipo novo se tenha constituído absolutamente fora de seu domínio é devido ao fato de que esse novo saber tomou como modelo a matriz do inquérito. Todo saber de investigação, saber naturalista, botânico, mineralógico, filológico, é absolutamente estranho ao saber alquímico, que obedece ao modelo judiciário da prova.

Em segundo lugar, a crise da Universidade medieval no fim da Idade Média pode também ser analisada em termos de oposição entre o inquérito e a prova. Na Universidade medieval, o saber se manifestava, se transmitia e se autenticava por meio de rituais determinados, dos quais o mais célebre e o mais conhecido era a *disputatio*, a disputa. Tratava-se do enfrentamento entre dois adversários que utilizavam a arma verbal, os procedimentos retóricos e as demonstrações fundadas essencialmente no apelo à autoridade. Apelava-se não às testemunhas de verdade, mas às testemunhas de força. Na *disputatio*, mais um dos participantes tinha autores de seu lado, mais ele podia invocar testemunhos de autoridade, de força, de gravidade – e não testemunhos de verdade –, e mais ele teria possibilidades de vencer. A *disputatio* é uma forma de prova, de manifestação do saber, de autenticação do saber que obedece ao esquema geral da prova. O saber medieval, e principalmente o saber enciclopédico da Renascença, como o de Pico de Mirândola, que vai se chocar com a forma medieval da Universidade, será precisamente um saber do tipo da investigação. Ter visto, ter lido os textos, saber o que foi efetivamente dito; conhecer tanto o que foi dito quanto a natureza a respeito da qual algo foi dito; verificar o que os autores disseram pela constatação da natureza; utilizar os autores não mais como autoridade, mas como testemunho – tudo isso vai constituir uma das grandes revoluções na forma de transmissão do saber. O desaparecimento da alquimia e da *disputatio*, ou melhor, o fato de que esta última tenha sido relegada às formas universitárias completamente esclerosadas e não tenha mais apresentado, a partir do século XVI, nenhuma atualidade, nenhuma eficacidade nas formas de autenticação real do saber é um dos inúmeros sinais do conflito entre a investigação e a prova e do triunfo da investigação sobre a prova, no fim da Idade Média.

Como conclusão, poderíamos dizer: a investigação não é absolutamente um conteúdo, mas uma forma de saber. Forma de saber situada na junção de um tipo de poder e de certo número de conteúdos de conhecimento. Os que querem estabelecer uma relação entre o que é conhecido e as formas políticas, sociais ou econômicas que servem de contexto a esse conhecimento têm o costume de estabelecer essa relação por intermédio da consciência ou do sujeito do conhecimento. Parece-me que a verdadeira junção entre os processos econômico-políticos e os conflitos do saber poderia ser encontrada nessas formas que são, ao mesmo tempo, modalidades de exercício do poder e modalidades de aquisição e de transmissão do saber. O inquérito é precisamente uma forma política, uma forma de gestão, de exercício do poder, que, por meio da instituição judiciária, tornou-se, na cultura ocidental, uma maneira de autenticar a verdade, de adquirir coisas que vão ser consideradas como verdadeiras, e de transmiti-las. O inquérito é uma forma de saber-poder. É a análise dessas formas que deve conduzir-nos à análise mais restrita das relações entre os conflitos de conhecimento e as determinações econômico-políticas.

IV

Na conferência anterior, procurei mostrar quais foram os mecanismos e os efeitos da estatização da justiça penal na Idade Média. Eu gostaria que nos situássemos, agora, no fim do século XVIII e início do século XIX, no momento em que se constitui o que tentarei analisar nesta conferência e na próxima sob o nome de "sociedade disciplinar". A sociedade contemporânea, por razões que explicarei, merece o nome de sociedade disciplinar. Gostaria de mostrar quais são as formas das práticas penais que caracterizam essa sociedade; quais são as relações do poder subjacentes a essas práticas penais; quais são as formas de saber, os tipos de conhecimento, os tipos de sujeito de conhecimento que emergem, que aparecem a partir – e no espaço – dessa sociedade disciplinar que é a sociedade contemporânea.

A formação da sociedade disciplinar pode ser caracterizada pela aparição, no fim do século XVIII e no início do século XIX, de dois fatos contraditórios, ou melhor, de um fato que tem dois aspectos, dois lados aparentemente contraditórios: a reforma, a reorganização do sistema judiciário e do sistema penal nos diferentes países da Europa e do mundo. Essa transformação não apresenta as mesmas formas, a mesma amplitude, a mesma cronologia nos diferentes países.

Na Inglaterra, por exemplo, as formas de justiça ficaram relativamente estáveis, enquanto o conteúdo das leis, o conjunto das condutas penalmente repreensíveis se modificou profundamente. No século XVIII, havia na Inglaterra 315 condutas suscetíveis de levar alguém à forca, ao cadafalso; 315 casos punidos pela morte. Isso tornava o Código Penal, a lei penal, o sistema penal inglês do século XVIII um dos mais selvagens e sangrentos que a história das civilizações conheceu. Essa situação foi profundamente modificada no início do século XIX, sem que as formas e as instituições judiciárias tenham se modificado profundamente. Na França, ao contrário, modificações muito profundas nas instituições judiciárias aconteceram sem que o conteúdo da lei penal tenha se modificado.

Em que consistem essas transformações dos sistemas penais? Em uma reelaboração teórica da lei penal. Isso pode ser encontrado em Beccaria, Bentham, Brissot e nos legisladores que são os autores do primeiro e do segundo Código Penal francês da época revolucionária.

O princípio fundamental do sistema teórico da lei penal, definido por esses autores, é que o crime, no sentido penal do termo, ou, mais tecnicamente, a infração, não deve mais ter nenhuma relação com a falta moral ou religiosa. A falta é uma infração à lei natural, à lei religiosa, à lei moral. O crime, ou a infração penal, é a ruptura com a lei civil, explicitamente estabelecida no interior de uma sociedade pelo lado legislativo do poder político. Para que haja infração, é necessário que haja um poder político, uma lei, e que essa lei tenha sido efetivamente formulada. Antes que a lei exista, não pode haver infração. Segundo esses teóricos, só podem ser penalizadas as condutas efetivamente definidas como repreensíveis pela lei.

Um segundo princípio é que, para serem boas leis, essas leis positivas formuladas pelo poder político no interior de uma sociedade não devem transcrever em termos positivos a lei natural, a lei religiosa ou a lei moral. Uma lei penal deve simplesmente representar o que é útil para a sociedade. A lei define como repreensível o que é prejudicial à sociedade, definindo assim, negativamente, o que lhe é útil.

O terceiro princípio se deduz naturalmente dos dois primeiros: é necessária uma definição clara e simples do crime. O crime não é algo de aparentado com o pecado e com a falta; é algo que é erro para a sociedade; é um dano social, uma perturbação, um incômodo para toda a sociedade.

Há também, por conseguinte, uma nova definição do criminoso. O criminoso é aquele que causa dano, perturba a sociedade. O criminoso é o inimigo social. Encontramos isso muito claramente em todos esses teóricos e também em Rousseau, que afirma que o criminoso é aquele que rompeu o pacto social. O criminoso é um inimigo interior. Essa ideia do criminoso como inimigo interior, como indivíduo que, no interior da sociedade, rompeu o pacto que se havia teoricamente estabelecido, é uma definição nova e capital na história da teoria do crime e da penalidade.

Se o crime é um dano social, se o criminoso é o inimigo da sociedade, como a lei penal deve tratar esse criminoso ou reagir a esse crime? Se o crime é uma perturbação para a sociedade, se o crime não tem mais nada a ver com a falta, com a lei natural, divina, religiosa, é claro que a lei penal não pode prescrever uma vingança, a redenção de um pecado. A lei penal deve somente permitir a reparação da perturbação causada à sociedade. A lei penal deve ser feita de maneira que o dano causado pelo indivíduo à sociedade seja apagado; se isso não é possível, é preciso que o dano não possa recomeçar pelo indivíduo em questão ou por outro. A lei penal deve reparar o mal ou impedir que males semelhantes possam ser cometidos contra o corpo social.

Daí decorrem, para esses teóricos, quatro tipos possíveis de punição. Primeiramente, a punição expressa na afirmação: "Você rompeu o pacto social, não pertence mais ao corpo social, você mesmo se colocou fora do espaço da legalidade; nós o expulsaremos do espaço social onde essa legalidade funciona." É a ideia, encontrada frequentemente nesses autores – Beccaria, Bentham etc. –, de que no fundo a punição ideal seria simplesmente expulsar as pessoas, exilá-las, bani-las ou deportá-las. É a deportação.

A segunda possibilidade é uma espécie de exclusão no lugar. Seu mecanismo não é mais da deportação material, da transferência para fora do espaço social, mas do isolamento no interior do espaço moral, psicológico, público constituído pela opinião. É a ideia de punição no nível do escândalo, da vergonha, da humilhação de quem cometeu uma infração. Publica-se sua falta, mostra-se sua pessoa em público, suscita-se no público uma reação de aversão, de desprezo, de condenação. Era isso a pena. Beccaria e outros inventaram mecanismos para provocar a vergonha e a humilhação.

A terceira pena é a reparação do dano social: o trabalho forçado. Ela consiste em forçar as pessoas a uma atividade útil ao Estado ou à sociedade, de tal maneira que o dano causado seja compensado. Tem-se, assim, uma teoria do trabalho forçado.

Enfim, em quarto lugar, a pena consiste em fazer com que o dano não possa ser cometido de novo; em fazer com que o indivíduo em questão ou outros não possam mais ter vontade de causar à sociedade o dano que foi anteriormente ocasionado; a fazê-los sentir repugnância pelo crime que cometeram. Para obter esse resultado, a pena ideal que a ela se ajusta exatamente é a pena do talião. Projetos efetivamente apresentados não somente por teóricos puros como Beccaria, mas também por legisladores como Brissot e Le Peletier de Saint-Fargeau, que participaram da elaboração do primeiro Código Penal revolucionário. Já se estava bem adiantado na organização da penalidade centrada na infração penal e na infração a uma lei representando a utilidade pública. Tudo deriva daí, até o âmbito das penas e o modo pelo qual elas são aplicadas.

Têm-se, assim, esses projetos, esses textos e até esses decretos adotados pelas Assembleias. Mas, se observamos o que realmente aconteceu, como funcionou a penalidade algum tempo depois, por volta de 1820, no momento da Restauração na França e da Santa Aliança na Europa, observamos que o sistema das penas adotado pelas sociedades industriais em vias de formação, em vias de desenvolvimento, foi inteiramente diferente do que tinha sido projetado alguns anos antes. Não que a prática tenha desmentido a teoria, mas ela se desviou rapidamente dos princípios teóricos que encontramos em Beccaria e em Bentham.

Retomemos o sistema das penas. A deportação desapareceu bastante rapidamente; o trabalho forçado foi em geral uma pena puramente simbólica em sua função de reparação; os mecanismos do escândalo jamais chegaram a ser postos em prática; a pena do talião desapareceu rapidamente, tendo sido denunciada como arcaica para uma sociedade suficientemente desenvolvida.

Esses projetos bem precisos de penalidade foram substituídos por uma pena bastante curiosa, de que Beccaria tinha falado ligeiramente e que Brissot mencionava de maneira bem marginal: trata-se do aprisionamento, da prisão.

A prisão não pertence ao projeto teórico da reforma da penalidade no século XVIII. Ela surge no início do século XIX como uma instituição de fato, quase sem justificação teórica.

Não somente a prisão – pena que se vai generalizar efetivamente no século XIX – não estava prevista no programa do século XVIII, mas ainda a legislação penal vai sofrer uma inflexão formidável em relação ao que era estabelecido na teoria.

Com efeito, a legislação penal, desde o início do século XIX, e de maneira cada vez mais rápida e acelerada durante todo o século, vai se desviar do que podemos chamar a utilidade social; ela não procurará mais visar ao que é socialmente útil, mas, ao contrário, procurará ajustar-se ao indivíduo. Podemos citar como exemplo as grandes reformas da legislação penal na França e em outros países europeus entre 1825 e 1850--1860 e que consistem na organização do que chamamos as circunstâncias atenuantes: o fato de que a aplicação rigorosa da lei, tal como se encontra no Código, pode ser modificada por determinação do juiz ou do júri e em função do indivíduo em julgamento. O princípio de uma lei universal só representando os interesses sociais é consideravelmente deturpado pela utilização das circunstâncias atenuantes, que vão ter importância cada vez maior. Além disso, a penalidade que se desenvolve no século XIX propõe cada vez menos definir de maneira abstrata e geral o que é prejudicial à sociedade, afastar os indivíduos que são prejudiciais à sociedade ou impedi-los de recidiva. A penalidade, no século XIX, tem em vista, de uma maneira cada vez mais insistente, menos a defesa geral da sociedade que o controle e a reforma psicológica e moral das atitudes e do comportamento dos indivíduos. É uma forma de penalidade totalmente diferente da que era prevista no século XVIII, na medida em que o grande princípio de penalidade era, para Beccaria, aquele segundo o qual não haveria punição sem uma lei explícita e sem um comportamento explícito violando essa lei. Enquanto não houvesse lei e infração explícita, não poderia haver punição. Era o princípio fundamental de Beccaria.

Toda a penalidade do século XIX se torna um controle, não tanto sobre o que fazem os indivíduos – é conforme ou não à lei? –, mas sobre o que eles podem fazer, o que são capazes de fazer, o que estão sujeitos a fazer, o que estão na iminência de fazer.

Assim, a grande noção da criminologia e da penalidade, pelo fim do século XIX, foi a escandalosa noção, em termos de teoria penal, de *periculosidade*. A noção de *periculosidade* significa que o indivíduo deve ser considerado pela sociedade no nível de suas virtualidades, e não no nível de seus atos; não no nível das infrações efetivas a uma lei efetiva, mas *no nível das virtualidades de comportamento que elas representam*.

O último ponto capital que a teoria penal coloca em questão mais fortemente ainda que Beccaria é que, para garantir o controle dos indivíduos – o que não é mais uma reação penal ao que eles fizeram, mas um controle de seu comportamento no mesmo momento em que este se esboça –, a instituição penal não pode mais ficar inteiramente nas mãos de um poder autônomo, o Poder Judiciário.

Chega-se, assim, à contestação da grande separação atribuída a Montesquieu, ou pelo menos formulada por ele, entre Poder Judiciário, Poder Executivo e Poder Legislativo. O controle dos indivíduos, essa espécie de controle penal punitivo dos indivíduos no nível de suas virtualidades, não pode ser efetuado pela justiça em si, mas por uma série de outros poderes laterais, à margem da justiça, como a polícia e toda uma rede de instituições de vigilância e de correção: a polícia para a vigilância; as instituições psicológicas, psiquiátricas, criminológicas, médicas, pedagógicas para a correção. É assim que, no século XIX, se desenvolve em torno da instituição judiciária, e para lhe permitir assumir a função de controle dos indivíduos no nível de sua *periculosidade*, uma gigantesca série de instituições que vão enquadrar os indivíduos ao longo de sua existência: instituições pedagógicas como a escola; psicológicas ou psiquiátricas como o hospital, o asilo, a polícia... Toda essa rede de um poder que não é judiciário deve preencher uma das funções que a justiça se atribui nesse momento: não mais a de punir as infrações dos indivíduos, mas a de corrigir suas virtualidades.

Entramos, assim, na idade do que eu chamaria a ortopedia social. Trata-se de uma forma de poder, de um tipo de sociedade que eu designo como sociedade disciplinar em oposição às sociedades propriamente penais que tínhamos conhecido antes. É a idade do controle social. Entre os teóricos que citei há pouco, há alguém que, de certa maneira, previu e apresentou uma espécie de esquema dessa sociedade de vigilância, da grande ortopedia social. Trata-se de Bentham. Peço desculpas aos historiadores da filosofia por essa afirmação, mas penso que Bentham é mais importante para nossa sociedade que Kant ou Hegel. Deveríamos prestar-lhe homenagem em cada uma de nossas sociedades. Foi ele quem programou, definiu e descreveu da maneira mais precisa as formas de poder nas quais vivemos e que apresentou um maravilhoso e célebre pequeno modelo dessa sociedade da ortopedia generalizada: o famoso *pan-óptico*.[32] Uma forma de arquitetura que permite um tipo de poder do espírito sobre o espírito; uma espécie de instituição que deve valer para as escolas, os hospitais, as prisões, as casas de correção, os hospícios, as fábricas.

O *pan-óptico* é um edifício em forma de anel, no meio do qual há um pátio, com uma torre no centro. O anel se divide em pequenas celas que dão tanto para o interior quanto para o exterior. Em cada uma dessas pequenas celas há, segundo o objetivo da instituição, uma criança aprendendo a escrever, um operário trabalhando, um prisioneiro se corrigindo, um louco atualizando sua loucura. Na torre central, há um vigia. Como cada célula dá ao mesmo tempo para o interior e para o exterior, o olhar do vigia pode atravessar toda a célula; não há nenhum ponto de sombra, e, por conseguinte, tudo o que faz o indivíduo é exposto ao olhar de um vigia que observa através das persianas, os guichês semifechados, de modo a poder tudo ver, sem que ninguém, em contrapartida, possa vê-lo. Para Bentham, essa pequena e maravilhosa astúcia arquitetônica podia ser utilizada por uma série de instituições. O *pan-óptico* é a utopia de uma sociedade e de um tipo de poder que é, no fundo, a sociedade que conhecemos atualmente, utopia que efetivamente se realizou. Esse tipo de poder pode perfeitamente receber o nome de pan-optismo. Vivemos em uma sociedade na qual reina o pan-optismo.

O pan-optismo é uma forma de poder que repousa não mais em uma investigação, mas em algo de totalmente diferente que eu chamarei de exame. O inquérito era um procedimento pelo qual, na prática judiciária, procurava-se saber o que havia acontecido. Tratava-se de reatualizar um acontecimento passado por meio dos testemunhos apresentados por pessoas que, por uma razão ou outra, por seu saber ou pelo fato de ter estado presentes no acontecimento, eram tidas como aptas a saber.

Com o pan-óptico vai acontecer algo de totalmente diferente; não há mais inquérito, mas vigilância, exame. Não se trata mais de reconstituir um acontecimento, mas algo, ou, antes, alguém que se deve vigiar sem interrupção e totalmente. Vigilância permanente dos indivíduos por alguém que exerce sobre eles um

---

32 Bentham (J.), *Panoptique. Mémoire sur un nouveau principe pour construire des maisons d'inspection, et nommément des maisons de force*, Paris, Imprimerie nationale, 1791 (reeditado por Pierre Belfond, 1977).

poder – professor, chefe de oficina, médico, psiquiatra, diretor de prisão – e que, enquanto ele exerce o poder, tem a possibilidade tanto de vigiar quanto de constituir, sobre aqueles que ele vigia, ao sujeito deles, um saber. Um saber que tem agora como característica não mais determinar se algo aconteceu ou não, mas de determinar se um indivíduo se conduz ou não como deve, em conformidade ou não com a regra, se ele progride ou não. Esse novo saber não se organiza mais em torno das questões: "Isso foi feito? Quem fez?"; ele não se ordena mais em termos de presença ou de ausência, de existência ou de não existência. Ele se ordena em torno da norma, em termos do que é normal ou não, correto ou não, do que se deve fazer ou não.

Tem-se, então, em oposição ao grande saber do inquérito – organizado no meio da Idade Média por meio da confiscação estatal da justiça, que consistia em obter os instrumentos de reatualização dos fatos pelo testemunho –, um novo saber, de tipo totalmente diferente, um saber de vigilância, de exame, organizado em torno da norma pelo controle dos indivíduos ao longo de sua existência. Essa é a base do poder, a forma do saber-poder que vai dar lugar não às grandes ciências da observação, como no caso do inquérito, mas ao que chamamos "ciências humanas": psiquiatria, psicologia, sociologia.

Eu gostaria agora de analisar como isso aconteceu. Como se chegou a ter, por um lado, uma teoria penal determinada que programava claramente certo número de coisas e, por outro, uma prática real, social que conduziu a resultados totalmente diferentes.

Tomarei sucessivamente dois exemplos, que se encontram entre os mais importantes e determinantes desse processo: o da Inglaterra e o da França. Deixarei de lado o dos Estados Unidos, que é também importante. Gostaria de mostrar como na França, e principalmente na Inglaterra, existiu uma série de mecanismos de controle; controle da população, controle permanente do comportamento dos indivíduos. Esses mecanismos se formaram obscuramente durante o século XVIII para responder a certo número de necessidades, e, assumindo cada vez mais importância, eles finalmente se estenderam a toda a sociedade e se impuseram na prática penal. Essa nova teoria não era capaz de dar conta desses fenômenos de vigilância que nasceram totalmente fora dela, ela não era capaz de programá-los. Poder-se-ia até dizer que a teoria penal do século XVIII ratifica uma prática judiciária que se formou na Idade Média: a estatização da justiça. Beccaria pensa nos termos de uma justiça estatizada.[33] Embora ele tenha sido, em certo sentido, um grande reformador, não viu nascer, ao lado e fora dessa justiça estatizada, processos de controle que serão o verdadeiro conteúdo da nova prática penal.

O que são esses mecanismos de controle, de onde eles vêm e a que respondem? Tomemos o exemplo da Inglaterra. Desde a segunda metade do século XVIII se formaram, em níveis relativamente baixos da escala social, grupos espontâneos de pessoas que se atribuíam, sem nenhuma delegação de um poder superior, a tarefa de manter a ordem e de criar, para si mesmos, novos instrumentos para garantir a ordem. Esses grupos eram numerosos e proliferaram durante todo o século XVIII.

Seguindo uma ordem cronológica, houve, em primeiro lugar, as comunidades religiosas dissidentes do anglicanismo – os quacres, os metodistas –, que se encarregavam de organizar sua própria polícia. É assim que, entre os metodistas, Wesley, por exemplo, fazia visita às comunidades metodistas, em viagem de inspeção, um pouco como os bispos da alta Idade Média. Todos os casos de desordem: embriaguez, adultério, recusa de trabalhar, lhe eram submetidos. As sociedades de amigos de inspiração quacre funcionavam de modo semelhante. Todas essas sociedades tinham a dupla tarefa de vigilância e de assistência. Elas se atribuíam a tarefa de assistir os que não possuíam meios de subsistência, os que não podiam trabalhar porque eram muito velhos, doentes, doentes mentais. Mas, ao mesmo tempo que os assistiam, atribuíam-se a possibilidade e o direito de observar em que condições era dada a assistência: observar se o indivíduo que não trabalhava era efetivamente doente, se sua pobreza e sua miséria não eram devidas à devassidão, à embriaguez, aos vícios. Tratava-se, pois, de grupos de vigilância espontânea, com uma origem, um funcionamento e uma ideologia profundamente religiosos.

Houve, em segundo lugar, ao lado dessas comunidades propriamente religiosas, sociedades que lhes eram aparentadas, ainda que guardando certa distância, certo afastamento. Por

---

33 Beccaria (C. de), *Dei Delitti e delle Pene*, Milão, 1764 (*Traité des délits et des peines*, trad. Collin de Plancy, Paris, Flammarion, col. "Champs", 1979). Há tradução brasileira.

exemplo, no fim do século XVII, em 1692, na Inglaterra, houve a fundação de uma sociedade que se chamava, de maneira bastante característica, Sociedade para a Reforma das Maneiras (do comportamento, da conduta). Tratava-se de uma sociedade muito importante que tinha, na época de Guilherme III, 100 filiais na Inglaterra e 10 na Irlanda, só na cidade de Dublin. Essa sociedade, que desapareceu no século XVIII e reapareceu, sob a influência de Wesley, na segunda metade do século, propunha-se reformar as maneiras: fazer respeitar o domingo (é, em grande parte, à ação dessas grandes sociedades que devemos o *exciting* domingo inglês), impedir o jogo, a embriaguez, reprimir a prostituição, o adultério, as imprecações, as blasfêmias, tudo o que podia manifestar um desprezo por Deus. Tratava-se, como diz Wesley em seus sermões, de impedir a classe mais baixa e a mais vil de aproveitar-se dos jovens sem experiência e de lhes extorquir seu dinheiro.

Por volta do fim do século XVIII, essa sociedade foi ultrapassada em importância por outra, inspirada por um bispo e certos aristocratas da Corte, chamada Sociedade da Proclamação por ter obtido do rei uma proclamação para o incentivo da devoção e da virtude. Essa sociedade, em 1802, se transformou e recebeu o título característico de Sociedade para a Supressão do Vício, sendo seu objetivo fazer respeitar o domingo, impedir a circulação de livros licenciosos e obscenos, intentar ações em justiça contra a má literatura e mandar fechar as casas de jogo e de prostituição. Essa sociedade, ainda que de funcionamento essencialmente moral, próxima dos grupos religiosos, era já, no entanto, um pouco laicizada.

Em terceiro lugar encontramos, no século XVIII, na Inglaterra, outros grupos mais interessantes e mais inquietantes: grupos de autodefesa de caráter paramilitar. Eles surgiram em resposta às primeiras agitações sociais, não ainda proletárias, aos grandes movimentos políticos, sociais, tendo ainda forte conotação religiosa, do fim do século, particularmente os dos partidários de lorde Gordon. Em resposta a essas grandes agitações populares, os meios mais afortunados, a aristocracia, a burguesia, se organizavam em grupos de autodefesa. É assim que uma série de associações – a Infantaria Militar de Londres, a Companhia da Artilharia – se organizaram espontaneamente, sem apoio ou com o apoio lateral do poder. Elas tinham por função fazer reinar a ordem política, penal, ou simplesmente a ordem, em um bairro, uma cidade, uma região ou um condado.

Última categoria, as sociedades propriamente econômicas. As grandes companhias, as grandes sociedades comerciais se organizaram em sociedades de polícia, de polícia privada, para defender seu patrimônio, seu estoque, suas mercadorias, os barcos ancorados no porto de Londres, contra amotinados, o banditismo, a pilhagem quotidiana, os pequenos ladrões. Essas polícias esquadrinhavam os bairros de Londres ou de grandes cidades como Liverpool, com organizações privadas.

Essas sociedades respondiam a uma necessidade demográfica ou social, à urbanização, ao grande deslocamento das populações do campo para as cidades; respondiam também, e voltaremos a este assunto, a uma transformação econômica importante, a uma nova forma de acumulação da riqueza, na medida em que, quando a riqueza começa a se acumular sob a forma de estoques, mercadorias armazenadas, máquinas, torna-se necessário fazer guardar, vigiar e garantir sua segurança; respondiam, enfim, a uma nova situação política, às novas formas das revoltas populares que, de origem essencialmente camponesa nos séculos XVI e XVII, se tornam agora grandes revoltas urbanas populares e, em seguida, proletárias.

É interessante observar a evolução dessas associações espontâneas na Inglaterra do século XVIII. Há um triplo deslocamento ao longo de toda essa história.

Consideremos o primeiro deslocamento. No início, esses grupos eram quase populares, da pequena burguesia. Os quacres e os metodistas do fim do século XVII e do início do século XVIII, que se organizavam para tentar suprimir os vícios, reformar as maneiras, eram pequeno-burgueses que se reuniam com a intenção de fazer evidentemente reinar a ordem entre eles e em torno deles. Mas essa vontade de fazer reinar a ordem era, no fundo, uma maneira de escapar ao poder político, porque este detinha um instrumento formidável, terrível e sanguinário: sua legislação penal. Em mais de 300 casos, com efeito, podia-se ser enforcado. Isso significava que era muito fácil para o poder, para a aristocracia, para os que detinham o aparelho judiciário exercer pressões terríveis sobre as camadas populares. Compreende-se como os grupos religiosos dissidentes tinham interesse em tentar escapar a esse Poder Judiciário tão sanguinário e ameaçador.

Para escapar a esse Poder Judiciário, os indivíduos se organizavam em sociedades de reforma moral, proibiam a embriaguez, a prostituição, o roubo, tudo o que permitia ao poder atacar o grupo, destruí-lo, servir-se de um pretexto qualquer para enviar ao cadafalso. Tratava-se, então, mais de grupos de autodefesa contra a lei do que de grupos de vigilância efetiva. Esse reforço da penalidade autônoma era uma maneira de escapar à penalidade estatal.

Ora, durante o século XVIII, esses grupos vão mudar de inserção social e vão abandonar cada vez mais seu recrutamento popular ou pequeno-burguês. No fim do século XVIII, são a aristocracia, os bispos, as pessoas mais ricas que vão suscitar esses grupos de autodefesa moral, essas ligas pela supressão dos vícios.

Tem-se, assim, um deslocamento social que indica perfeitamente como esse empreendimento de reforma moral deixa de ser uma autodefesa penal para tornar-se, ao contrário, um reforço do poder da própria autoridade penal. Ao lado do temível instrumento penal que ele possui, o poder vai atribuir-se esses instrumentos de pressão, de controle. Trata-se, de certa maneira, de um mecanismo de estatização dos grupos de controle.

O segundo deslocamento consiste nisto: enquanto no primeiro grupo tratava-se de fazer reinar uma ordem moral diferente da lei, que permitiria aos indivíduos escapar à lei, no fim do século XVIII, esses grupos – agora controlados, animados pelos aristocratas e pelas pessoas ricas – têm como objetivo essencial obter do poder político novas leis que ratificarão esse esforço moral. Tem-se, assim, um deslocamento da moralidade para a penalidade.

Em terceiro lugar, pode-se dizer que, a partir de então, esse controle moral vai ser exercido pelas classes superiores, pelos detentores do poder, pelo próprio poder sobre as camadas inferiores, mais pobres, as camadas populares. Ele se torna, assim, um instrumento de poder das classes ricas sobre as classes pobres, das classes que exploram sobre as classes exploradas, o que confere uma nova polaridade política e social a essas instâncias de controle. Citarei um texto, datado de 1804, do fim dessa evolução que tento esquematizar, escrito por um bispo chamado Watson, que pregava diante da Sociedade para a Supressão do Vício: "As leis são boas, mas, infelizmente, são transgredidas pelas classes inferiores. As classes superiores, certamente, não as levam muito em consideração. Mas esse fato não teria importância se as classes superiores não servissem de exemplo às classes inferiores."[34] Impossível ser mais claro: as leis são boas, boas para os pobres; infelizmente, os pobres escapam às leis, o que é realmente detestável. Os ricos também escapam às leis, contudo isso não tem nenhuma importância, porque elas não foram feitas para eles. Entretanto, isso tem como consequência que os pobres seguem o exemplo dos ricos para não respeitar as leis. Daí que o bispo Watson diga aos ricos: "Eu lhes peço que sigam essas leis que não foram feitas para vocês, porque assim haverá pelo menos a possibilidade de controle e de vigilância das classes mais pobres."

Nessa estatização progressiva, nesse deslocamento das instâncias de controle das mãos dos grupos da pequena burguesia tentando escapar ao poder para aquelas do grupo social que detém efetivamente o poder, em toda essa evolução, podemos observar como se introduz e se difunde, em um sistema penal estatizado – que ignorava por definição a moral e pretendia cortar os elos com a moralidade e a religião –, uma moralidade de origem religiosa. A ideologia religiosa, surgida e fomentada nos pequenos grupos quacres, metodistas, na Inglaterra, no fim do século XVII, vem agora apontar para o outro polo, para a outra extremidade da escala social, do lado do poder, como instrumento de um controle exercido do alto para baixo. Autodefesa no século XVII; instrumento de poder no início do século XIX. É o mecanismo do processo que podemos observar na Inglaterra.

Na França, aconteceu um processo bastante diferente. Isso se explica pelo fato de que a França, país de monarquia absoluta, possuía um poderoso aparelho de Estado que a Inglaterra no século XVIII já não possuía mais, na medida em que tinha sido em parte abalado pela revolução burguesa do século XVII. A Inglaterra tinha se liberado dessa monarquia absoluta, queimando essa etapa na qual a França ficou durante 150 anos.

Esse poderoso aparelho de Estado monárquico na França se apoiava em um duplo instrumento: um instrumento judici-

---

[34] Watson (R.; bispo de Llandaff), *A Sermon Preached Before the Siociety for the Suppression of Vice, in the Parish Church of St George* (3 de maio de 1804), Londres, Printed for the Society for the Suppression of Vice, 1804. A Sociedade para a Supressão do Vício e o ensino da religião sucedem, em 1802, à Sociedade pela Proclamação contra o Vício e a imoralidade, fundada em 1787 para apoiar a proclamação de Jorge III.

ário clássico – os parlamentos, as cortes – e um instrumento parajudiciário, a polícia, cuja invenção é privilégio da França. Uma polícia que compreendia os intendentes, o corpo de polícia montada, os tenentes de polícia; que era dotada de instrumentos arquitetônicos como a Bastilha, Bicêtre, as grandes prisões; que possuía também seus aspectos institucionais, como as curiosas lettres de cachet[35]

A lettre de cachet não era uma lei ou um decreto, mas uma ordem do rei que concernia a uma pessoa, individualmente, obrigando-a a fazer alguma coisa. Podia-se até obrigar alguém a se casar pela lettre de cachet. Na maioria dos casos, contudo, era um instrumento de punição.

Podia-se exilar alguém por lettre de cachet, privá-lo de certas funções, aprisioná-lo. Ela era um dos grandes instrumentos de poder da monarquia absoluta. As lettres de cachet foram muito estudadas na França e tornou-se comum classificá-las como algo temível, instrumento do arbitrário real abatendo-se sobre alguém como um raio, podendo aprisioná-lo para sempre. É preciso ser mais prudente e dizer que as lettres de cachet não funcionaram somente dessa maneira. Assim como vimos que as sociedades de moralidade eram uma maneira de escapar ao direito, assim podemos observar, a respeito das lettres de cachet, um jogo bastante curioso.

Examinando as lettres de cachet enviadas pelo rei em quantidade bem numerosa, observa-se que, na maior parte dos casos, não era ele quem tomava a decisão de enviá-las. Ele o fazia em alguns casos, para os negócios de Estado. Mas a maioria dessas cartas – dezenas de milhares de lettres de cachet foram enviadas pela monarquia – era, na verdade, solicitada por indivíduos diversos: maridos ultrajados por suas esposas, pais de família descontentes com seus filhos, famílias que queriam se livrar de um indivíduo, comunidades religiosas perturbadas por alguém, comunas descontentes com seu vigário. Todos esses indivíduos ou pequenos grupos pediam ao intendente do rei uma lettre de cachet; este fazia uma investigação para saber se o pedido era justificado. Quando era o caso, escrevia ao

---

[35] Em francês no texto (Nota do tradutor francês). Na sequência do texto, por comodidade, o itálico foi suprimido. Ver Le Désordre des familles. Lettres de cachet des archives de la Bastille (apresentado por A. Farge e M. Foucault), Paris, Gallimard-Julliard, col. "Archives", n. 91, 1982.

ministro do rei encarregado da tarefa, pedindo-lhe que mandasse uma *lettre de cachet* permitindo a alguém mandar prender sua mulher que o enganava, seu filho pródigo, sua filha que se prostituía ou o pároco da aldeia que não demonstrava boa conduta. De maneira que a *lettre de cachet* se apresentava – sob seu aspecto de instrumento terrível do arbitrário real – como investida de uma espécie de contrapoder, poder que vinha de baixo e que permitia a grupos, a comunidades, a famílias ou a indivíduos exercer um poder sobre alguém. Eram instrumentos de controle, de certa maneira espontânea, de controle pelo nível baixo que a sociedade, a comunidade exercia sobre si própria. A *lettre de cachet* consistia, pois, em uma maneira de regular a moralidade quotidiana da vida social, uma maneira para o grupo ou os grupos – familiares, religiosos, paroquiais, regionais, locais – garantir seu próprio controle policial e sua própria ordem.

Observando as condutas que suscitavam o pedido da *lettre de cachet* e que eram sancionadas por ela, podem-se distinguir três categorias.

Em primeiro, a categoria do que se poderiam chamar as condutas de imoralidade: devassidão, adultério, sodomia, embriaguez. Tais condutas provocavam por parte das famílias e das comunidades um pedido de *lettre de cachet* que era imediatamente aceito. Tem-se, então, aqui a repressão moral.

Em segundo, há as *lettres de cachet* enviadas para sancionar condutas religiosas julgadas perigosas e dissidentes. É dessa maneira que se prendiam os bruxos, que há muito tempo não morriam mais nas fogueiras.

Em terceiro, é interessante observar que, no século XVIII, *lettres de cachet* foram bastante utilizadas em casos de conflitos do trabalho. Quando os empregadores, os patrões ou os mestres não estavam satisfeitos com seus aprendizes ou seus operários nas corporações, eles podiam se livrar deles expulsando-os, ou, em casos mais raros, solicitando uma *lettre de cachet*.

A primeira greve da história da França que pode ser assim caracterizada é a dos relojoeiros, em 1724. Os patrões relojoeiros reagiram contra ela, localizando os que consideravam como líderes e, em seguida, escreveram ao rei pedindo uma *lettre de cachet* que logo foi remetida. Algum tempo depois, o ministro do rei quis anular a *lettre de cachet* e liberar os operários grevistas. Foi a própria corporação dos relojoeiros que solicitou, então, ao rei que não liberasse os operários e mantivesse a *lettre de cachet*.

Vemos, pois, como os controles sociais, relativos aqui não mais à moralidade ou à religião, mas aos problemas de trabalho, se exercem por baixo e pelo intermédio do sistema das *lettres de cachet* sobre a população operária que está aparecendo.

No caso em que a *lettre de cachet* era punitiva, ela tinha como resultado a prisão do indivíduo. É interessante observar que a prisão não era uma pena legal no sistema penal dos séculos XVII e XVIII. Os juristas são perfeitamente claros a esse respeito. Eles afirmam que, quando a lei pune alguém, a punição será a condenação à morte, a ser queimado, a ser esquartejado, a ser marcado, a ser banido, a pagar uma multa. A prisão não é uma pena.

A prisão, que vai se tornar a grande pena do século XIX, tem sua origem precisamente nessa prática parajudiciária da *lettre de cachet*, de utilização do poder real pelo controle espontâneo dos grupos. Quando uma *lettre de cachet* era enviada contra alguém, esse alguém não era nem enforcado, nem marcado, nem tinha de pagar uma multa. Ele era colocado na prisão e devia ficar aí por um tempo não fixado com antecedência. A *lettre de cachet* dizia raramente que alguém devia ficar na prisão por seis meses ou um ano, por exemplo. Em geral, ela determinava que alguém devia ficar detido até nova ordem, e a nova ordem não intervinha senão quando a pessoa que tinha pedido a *lettre de cachet* afirmava que o indivíduo preso tinha se corrigido. Essa ideia de prender para corrigir, de conservar a pessoa como prisioneira até que ela se corrigisse, essa ideia paradoxal, estranha, sem nenhum fundamento ou justificativa no nível do comportamento humano, tem sua origem precisamente nessa prática.

Aparece também a ideia de uma penalidade que tem por função não de ser uma resposta a uma infração, mas de corrigir os indivíduos no nível de seus comportamentos, de suas atitudes, de suas disposições, do perigo que eles representam, no nível de suas virtualidades possíveis. Essa forma de penalidade aplicada às virtualidades dos indivíduos, de penalidade que procura corrigi-los pela reclusão e pela internação não pertence, para dizer a verdade, ao universo do direito, não nasce da teoria jurídica do crime, não é derivada dos grandes reformadores como Beccaria. Essa ideia de uma penalidade que procura corrigir prendendo é uma ideia policialesca, nascida paralelamente com a justiça, fora da justiça, em uma prática dos controles sociais ou em um sistema de trocas entre o pedido do grupo e o exercício do poder.

Gostaria agora, depois dessas duas análises, de tirar algumas conclusões provisórias que tentarei utilizar na próxima conferência.

Os dados do problema são os seguintes: como o conjunto teórico das reflexões sobre o direito penal, que deveria ter conduzido a certas disposições, foi, na realidade, remexido e recoberto por uma prática penal totalmente diferente, que teve sua própria elaboração teórica no século XIX, quando a teoria da pena, da criminologia foi retomada? Como a grande lição de Beccaria pôde ser esquecida, relegada e finalmente sufocada por uma prática da penalidade totalmente diferente, fundada nos indivíduos, em seus comportamentos e suas virtualidades, com a função de corrigi-los?

Parece-me que a origem disso se encontra em uma prática extrapenal. Na Inglaterra, são os próprios grupos que, para escapar ao direito penal, se atribuíram instrumentos de controle que foram finalmente confiscados pelo poder central. Na França, onde a estrutura do poder político era diferente, os instrumentos estatais estabelecidos no século XVII pelo poder real para controlar a aristocracia, a burguesia e os amotinadores foram reutilizados de baixo para cima por grupos sociais.

É então que se apresenta a questão de saber o porquê desse movimento, desses grupos de controle, a questão de saber a que eles responderam. Não vimos a que necessidades originárias eles respondiam; mas por que tiveram eles esse destino, por que sofreram esse deslocamento, por que o poder ou os que o detinham retomaram esses mecanismos de controle situados no nível mais baixo da população?

Para responder, é preciso levar em consideração um fenômeno importante: a nova forma assumida pela produção. O que está na origem do processo que procurei analisar é a nova forma material da riqueza. Dizendo a verdade, o que surge na Inglaterra no fim do século XVIII, muito mais que na França, aliás, é o fato de que a fortuna, a riqueza se investe cada vez mais no interior de um capital que não é mais pura e simplesmente monetário. A riqueza dos séculos XVI e XVII era essencialmente constituída pela fortuna das terras, pelas espécies monetárias ou, eventualmente, pelas letras de câmbio que os indivíduos podiam trocar. No século XVIII aparece uma forma de riqueza que é agora investida no interior de um novo tipo de materialidade, que não é mais monetária: que é investida nas mercadorias, nos estoques, nas máquinas, nas oficinas, nas matérias-primas, nas mercadorias que devem ser expedidas. E o nascimento do capitalismo, ou a transformação e a aceleração da instalação do capitalismo, vai se traduzir nesse novo modo de investimento material da fortuna. Ora, essa fortuna constituída de estoques, de matérias-primas, de objetos importados, de máquinas, de oficinas está diretamente exposta à depredação. Toda essa população de pessoas pobres, de desempregados, de pessoas que procuram trabalho tem agora uma espécie de contato direto, físico com a fortuna, com a riqueza. O roubo de navios, a pilhagem das lojas e dos estoques, as depredações nas oficinas se tornaram correntes no fim do século XVIII na Inglaterra. E, justamente, o grande problema do poder na Inglaterra nessa época é instaurar mecanismos de controle que permitam a proteção dessa nova forma material da riqueza. Compreende-se, então, por que o criador da polícia na Inglaterra, Colquhoun, era alguém que no início foi comerciante, depois encarregado por uma companhia de navegação de organizar um sistema para vigiar as mercadorias armazenadas nas docas de Londres. A polícia de Londres nasceu da necessidade de proteger as docas, os entrepostos, as lojas, os estoques. É a primeira razão, muito mais forte na Inglaterra do que na França, do aparecimento da necessidade absoluta desse controle. Em outras palavras, é a razão pela qual esse controle, com um funcionamento de base quase popular, foi retomado de cima em determinado momento.

A segunda razão é que tanto na França quanto na Inglaterra a propriedade das terras vai igualmente mudar de forma, com a multiplicação da pequena propriedade, a divisão e a delimitação das propriedades. O fato de que a partir daí não haja mais grandes espaços desertos ou quase não cultivados, nem terras comuns nas quais todos podem viver, vai dividir a propriedade, fragmentá-la, fechá-la em si mesma e expor cada proprietário às depredações.

E, principalmente entre os franceses, haverá essa perpétua ideia fixa da pilhagem camponesa, da pilhagem da terra, desses vagabundos e trabalhadores agrícolas frequentemente desempregados, na miséria, vivendo como podem, roubando cavalos, frutas, legumes. Um dos grandes problemas da Revolução Francesa foi o de fazer desaparecer esse tipo de rapina camponesa. As grandes revoltas políticas da segunda parte da

Revolução Francesa na Vendeia e na Provença foram, de certa forma, o resultado político de um mal-estar dos pequenos camponeses, dos trabalhadores agrícolas, que não encontravam mais, nesse novo sistema de divisão da propriedade, os meios de existência que tinham sob o regime das grandes propriedades agrícolas.

Foi, portanto, essa nova distribuição espacial e social da riqueza industrial e agrícola que tornou necessários novos controles sociais no fim do século XVIII.

Esses novos sistemas de controle social estabelecidos agora pelo poder, pela classe industrial, pela classe dos proprietários foram justamente pegos dos controles de origem popular ou semipopular, aos quais foi dada uma versão autoritária e estatal.

Isto é, a meu ver, a origem da sociedade disciplinar. Tentarei explicar na próxima conferência como esse movimento – de que apenas mostrei o esboço no século XVIII – foi institucionalizado e se tornou uma forma de relação política interna da sociedade no século XIX.

V

Na última conferência, procurei definir o que chamei de pan-optismo. O pan-optismo é um dos traços característicos de nossa sociedade. É um tipo de poder que se exerce sobre os indivíduos sob a forma de vigilância individual e contínua, sob forma de controle, de punição e de recompensa, e sob forma de correção, isto é, de formação e de transformação dos indivíduos em função de certas normas. Esse triplo aspecto do pan-optismo – vigilância, controle e correção – parece ser uma dimensão fundamental e característica das relações de poder que existem em nossa sociedade.

Em uma sociedade como a sociedade feudal, não se encontra nada de parecido com o pan-optismo. Isso não quer dizer que, em uma sociedade de tipo feudal ou nas sociedades europeias do século XVII, não tivesse havido instâncias de controle social, de punição e de recompensa. Entretanto, a maneira pela qual estas se distribuíam era completamente diferente da maneira como elas se instalaram no fim do século XVIII e no início do século XIX. Vivemos hoje em uma sociedade programada, no fundo, por Bentham, sociedade pan-óptica, sociedade na qual reina o pan-optismo.

Tentarei mostrar nesta conferência que o aparecimento do pan-optismo comporta uma espécie de paradoxo. No mesmo momento em que aparece, ou, mais exatamente, nos anos que precederam imediatamente sua aparição, vemos formar-se certa teoria do direito penal, da penalidade, da punição, de que Beccaria é o representante mais importante, a qual se funda essencialmente em um legalismo estrito. Essa teoria da punição subordina o fato de punir, a possibilidade de punir à existência de uma lei explícita, à constatação explícita de uma infração a essa lei e finalmente a uma punição que teria como função reparar ou prevenir, na medida do possível, o erro que fez a infração à sociedade. Essa teoria legalista, teoria propriamente social, quase coletivista, se opõe inteiramente ao pan-optismo. No pan-optismo, a vigilância dos indivíduos se exerce no nível não do que se faz, mas do que se é, no nível não do que se fez, mas do que se pode fazer. Com ele, a vigilância tende cada vez mais a individualizar o autor do ato, parando de considerar a natureza jurídica, a qualificação penal do ato em si. O pan-optismo se opõe, portanto, à teoria legalista que tinha se formado nos anos precedentes.

De fato, o que é importante observar e que constitui um fato histórico essencial é que essa teoria legalista foi substituída, em um primeiro momento – e, ulteriormente, dissimulada e totalmente obscurecida –, pelo pan-optismo, que tinha se formado à margem ou ao lado dela. É o nascimento do pan-optismo, que se forma e que é movido por uma força de deslocamento, desde o século XVII e até o século XIX, e ao longo de todo o espaço social; é essa retomada pelo poder central dos mecanismos populares de controle que caracteriza a evolução do século XVII e que explica como inicia, na aurora do século XIX, a era do pan-optismo que vai recobrir toda a prática e, até certo ponto, toda a teoria do direito penal.

Para justificar as teses que estou apresentando, gostaria de me referir a algumas autoridades. As pessoas do início do século XIX, ou, pelo menos, algumas dentre elas, não ignoraram o aparecimento do que chamei, um pouco arbitrariamente, mas, em todo caso, em homenagem a Bentham, o pan-optismo. Dizendo a verdade, várias pessoas refletiram e ficaram intrigadas pelo que estava acontecendo em sua época, pela organização da penalidade ou da moral estatal. Há um autor, muito importante na época, professor na Universidade de Berlim e colega de Hegel, que escreveu e publicou, em 1830, um grande tratado em diversos volumes intitulado *Lições sobre as prisões*.[36] Esse homem, chamado Julius, de quem recomendo a leitura e que deu durante vários anos um curso em Berlim sobre as prisões, é um personagem extraordinário que tinha, em alguns momentos, um fôlego quase hegeliano.

Em suas *Lições sobre as prisões*, há uma passagem que diz: "Os arquitetos modernos estão descobrindo uma forma que não era conhecida antes. Outrora", diz ele, referindo-se à civilização grega, "a grande preocupação dos arquitetos era resolver o problema de saber como tornar acessível o espetáculo de um evento, de um gesto, de um só indivíduo ao maior número possível de pessoas. É o caso", diz Julius, "do sacrifício religioso, evento único no qual deve participar o maior número possível de pessoas; é o caso também do teatro, que deriva, aliás, do sacrifício; e dos jogos do circo, dos oradores e dos discursos. Ora", diz ele, "esse problema presente na sociedade grega na medida em que esta era uma comunidade que participava dos acontecimentos fortes que formavam sua unidade – sacrifícios religiosos, teatro ou discursos políticos –, continuou a dominar a civilização ocidental até a época moderna. O problema das igrejas é ainda exatamente o mesmo. Todos devem estar presentes, ou todos devem servir de assistência no caso do sacrifício da missa ou da palavra do padre. Atualmente", continua Julius, "o problema fundamental que se apresenta para a arquitetura moderna é o inverso. Quer-se fazer com que o maior número de pessoas seja oferecido como espetáculo a um só indivíduo encarregado de vigiá-las".[37]

Escrevendo isso, Julius pensava no pan-óptico de Bentham e, de modo geral, na arquitetura das prisões e, até certo ponto, dos hospitais, das escolas. Ele se referia ao problema de uma arquitetura não mais do espetáculo, como a da Grécia, mas de uma arquitetura da vigilância, que permite em um só olhar percorrer o maior número de rostos, de corpos, de atitudes, o maior número de celas possível. "Ora", diz Julius, "o aparecimento desse problema arquitetural é correlativo com o desa-

---

36 Julius (N. H.), *Vorlesungen über die Gefängnisskunde*, Berlim, Stuhr, 1828 (*Leçons sur les prisons, présentées en forme de cours au public de Berlin en l'année 1827*, trad. Lagarmitte, Paris, F. G. Levrault, 1831).
37 *Lições sobre as prisões*, t. I, p. 384-386.

parecimento de uma sociedade que vivia sob a forma de uma comunidade espiritual e religiosa e do aparecimento de uma sociedade estatal. O Estado se apresenta como certa disposição espacial e social dos indivíduos, na qual todos estão submetidos a uma só vigilância". Concluindo sua exposição sobre esses dois tipos de arquitetura, Julius afirma que "não se trata de um simples problema de arquitetura e [que] essa diferença é capital na história do espírito humano".[38]

Julius não foi o único em seu tempo a perceber esse fenômeno de inversão do espetáculo em vigilância ou do nascimento de uma sociedade do pan-optismo. Em muitos textos, encontram-se análises do mesmo tipo. Citarei apenas um desses textos, escrito por Treilhard, conselheiro de Estado, jurista do Império e que é a apresentação do *Código de instrução criminal*, de 1808. Nesse texto, Treilhard afirma: "O Código de Instrução Criminal que lhes apresento constitui uma verdadeira novidade não somente na história da justiça, da prática judiciária, mas na das sociedades humanas. Com ele damos ao procurador, que representa o poder estatal ou o poder social em face dos acusados, um papel completamente novo."[39] E Treilhard utiliza uma metáfora: o procurador não deve ter como única função a de perseguir os indivíduos que tenham cometido infrações; sua função principal e primeira deve ser vigiar os indivíduos antes mesmo que a infração seja cometida. O procurador não é somente o agente da lei que age quando esta é violada; o procurador é antes de tudo um olhar, um olho perpetuamente aberto sobre a população. O olho do procurador deve transmitir as informações ao olho do procurador-geral, que, por sua vez, as transmite ao grande olho da vigilância, que era, na época, o ministro da Polícia. Este transmite as informações ao olho daquele que se encontra no ponto mais elevado da sociedade: o imperador, que, precisamente na época, era simbolizado por um olho. O imperador é o olho universal voltado para a sociedade em toda a sua extensão. Olho assistido por uma série de olhares, dispostos em forma de pirâmide a partir do olho imperial e que vigiam toda a sociedade. Para Treilhard, para os legistas do Império, para os que fundaram

---

38 *Ibid.*, p. 384.
39 Treilhard (J.-B.), *Exposé des motifs des lois composant le Code d'instruction criminel*, Paris, Hacquart, 1808, p. 2.

o direito penal francês – o qual teve, infelizmente, muita influência no mundo inteiro –, essa grande pirâmide de olhares constituía a nova forma de justiça.

Não analisarei aqui todas as instituições nas quais são atualizadas essas características do pan-optismo, próprias à sociedade moderna, industrial, capitalista. Gostaria simplesmente de apreender esse pan-optismo, essa vigilância na base, no lugar onde ele aparece, talvez, menos claramente, onde está mais afastado do centro da decisão, do poder do Estado; mostrar como esse pan-optismo existe, no nível mais simples e no funcionamento quotidiano das instituição que enquadram a vida e os corpos dos indivíduos; o pan-optismo no nível, pois, da existência individual.

Em que consistia e principalmente para que servia o pan-optismo? Vou propor uma adivinhação. Apresentarei o regulamento de uma instituição que realmente existiu nos anos 1840-1845 na França, no início, então, do período que estou analisando. Darei o regulamento sem dizer se é uma fábrica, uma prisão, um hospital psiquiátrico, um convento, uma escola, uma caserna; é preciso adivinhar de que instituição se trata. Era uma instituição na qual havia 400 pessoas que não eram casadas e que deviam levantar-se todas as manhãs às 5 horas; às 5h50, elas deviam ter acabado sua *toilette*,[40] [arrumado] sua cama e ter tomado seu café; às 6 horas começava o trabalho obrigatório, que terminava às 8h15 da noite, com uma hora de intervalo para o almoço; às 8h15, jantar, oração coletiva; a retirada para os dormitórios se efetuava às 9 horas exatamente. O domingo era um dia especial; o artigo 5º do regulamento dessa instituição dizia: "Queremos guardar o espírito de que o domingo deve ter, isto é, consagrá-lo ao cumprimento do dever religioso e ao repouso. Entretanto, como o tédio não demoraria a tornar o domingo mais cansativo que os outros dias da semana, exercícios diversos deverão ser feitos de modo a passar esse dia de maneira cristã e alegre." De manhã: exercícios religiosos, em seguida, exercícios de leitura e de redação e, finalmente, recreio nas últimas horas da manhã; de tarde: catecismo, as vésperas e passeio depois das 4 horas, se não estiver frio. No caso de estar fazendo frio, leitura em comum. Os exercícios religiosos e a missa não eram feitos na igreja pró-

---

40 Em francês no texto. (Nota do tradutor francês)

xima, porque isso permitiria aos pensionistas desse estabelecimento entrar em contato com o mundo exterior; assim, para que a própria igreja não fosse o lugar ou o pretexto de um contato com o mundo exterior, os serviços religiosos aconteciam em uma capela construída no interior do estabelecimento. "A igreja paroquial", diz ainda esse regulamento, "poderia ser um ponto de contato com o mundo, e é por essa razão que uma capela foi consagrada no interior do estabelecimento". Os fiéis de fora não eram admitidos. Os pensionistas não podiam sair do estabelecimento senão durante os passeios do domingo, mas sempre sob a vigilância do pessoal religioso. Esse pessoal vigiava os passeios, os dormitórios e garantia a vigilância e o uso das oficinas. O pessoal religioso garantia, então, não somente o controle do trabalho e da moralidade, mas, também, o controle econômico. Esses pensionistas não recebiam salário, mas um prêmio, uma soma global fixada entre 40 e 80 francos por ano, que não lhes era dada senão no momento em que iam embora. No caso em que uma pessoa do outro sexo precisava entrar no estabelecimento por razões materiais ou econômicas, ela devia ser escolhida com o maior cuidado e ficar aí muito pouco tempo. O silêncio lhes era imposto sob pena de expulsão. De modo geral, os dois princípios de organização, segundo o regulamento, eram: os pensionistas não devem jamais ficar sozinhos no dormitório, no restaurante, na oficina ou no pátio; e toda mistura com o mundo exterior deve ser evitada, devendo reinar um só espírito no estabelecimento.

Que instituição era essa? No fundo, a questão não tem importância, porque isso podia ser indiferentemente qualquer uma: uma instituição para homens ou para mulheres, para jovens ou para adultos, uma prisão, um internato, uma escola ou uma casa de correção. Não é um hospital, porque se fala muito de trabalho. Não é também uma caserna, porque aí se trabalha. Podia ser um hospital psiquiátrico, ou até uma casa de tolerância. De fato, era simplesmente uma fábrica. Uma fábrica de mulheres na região do Ródano e que compreendia 400 operárias.[41]

---

41 Trata-se do regulamento da tecelagem de sedas de Jujurieu (Ain), 1840. Citado por Michel Foucault in *Surveiller et Punir. Naissance de la prison*, Paris, Gallimard, col. "Bibliothèque des histoires", 1975, p. 305.

Alguém poderia dizer que isso é um exemplo caricatural, que faz rir, uma espécie de utopia. As fábricas-prisão, as fábricas-convento, usinas sem salário onde o tempo do operário é inteiramente comprado, uma vez por todas, a um preço anual que não era recebido a não ser na saída. Trata-se de um sonho de patrão ou do que o desejo do capitalista sempre produziu no nível dos fantasmas, um caso limite que jamais teve existência histórica real. A isso eu responderei: esse sonho patronal, esse pan-óptico industrial realmente existiu, e em larga escala, no início do século XIX. Em uma única região da França, no Sudeste, havia 40 mil operárias têxteis que trabalhavam nesse regime, o que era naquele momento um número considerável. O mesmo tipo de instituição também existiu em outras regiões e em outros países; na Suíça, em especial, e na Inglaterra. Aliás, foi assim que Owen teve a ideia de suas reformas. Nos Estados Unidos, havia um complexo inteiro de fábricas têxteis organizadas segundo o modelo das fábricas-prisão, das fábricas-pensionato, das fábricas-convento.

Trata-se, pois, de um fenômeno que teve, na época, um alcance econômico e demográfico muito grande. Tanto que podemos dizer que não somente tudo isso foi o sonho do patronato, mas que foi o sonho realizado do patronato. De fato, há duas espécies de utopia: as utopias proletárias socialistas, que têm frequentemente a má tendência de se realizar. A utopia de que falo, a da fábrica-prisão, realmente aconteceu. E não somente ela se realizou na indústria, mas também em uma série de instituições que surgiam na mesma época. Instituições que, no fundo, obedeciam aos mesmos princípios e aos mesmos modelos de funcionamento; instituições de tipo pedagógico como as escolas, os orfanatos, os centros de formação; instituições correcionais como a prisão, a casa de reeducação, a casa de correção; instituições ao mesmo tempo correcionais e terapêuticas como o hospital, o hospital psiquiátrico, tudo o que os americanos chamam *asylums* (asilos) e que um historiador americano analisou em um livro recente.[42] Nesse livro, ele procurou analisar como apareceram, nos Estados Unidos,

---

42 Goffman (E.), *Asylums*, New York, Doubleday, 1961 (*Asiles. Études sur la condition sociale des malades mentaux et autres exclus*, trad. C. e L. Laîné, Paris, Éd. de Minuit, col. "Le Sens commun", 1968). Há tradução brasileira. Asilos, Ed. Perpectiva, São Paulo.

esses edifícios e essas instituições que se difundiram por toda a sociedade ocidental. Essa história começa a ser feita pelos Estados Unidos; será necessário fazê-la também por outros países, tentando principalmente dar a medida de sua importância, medir seu alcance político e econômico.

É preciso ir ainda mais longe. Não somente houve instituições industriais e a seu lado uma série de outras instituições, mas, de fato, o que aconteceu é que essas instituições industriais foram, em certo sentido, aperfeiçoadas; foi em sua construção que os esforços se concentraram imediatamente, elas é que eram visadas pelo capitalismo. Entretanto, muito rapidamente elas pareceram não ser viáveis nem governáveis pelo capitalismo. A carga econômica dessas instituições se revelou imediatamente muito pesada, e a estrutura rígida dessas fábricas-prisão levou logo muitas delas à ruína. Finalmente, elas todas desapareceram. Com efeito, no momento em que houve uma crise de produção, em que foi necessário licenciar certo número de operários, em que foi preciso readaptar a produção, no momento em que o ritmo de crescimento da produção se acelerou, essas casas enormes, com um número fixo de operários e um equipamento montado de maneira definitiva, se revelaram absolutamente não válidas. Preferiu-se fazer desaparecerem essas instituições, conservando, de certa maneira, algumas das funções que elas preenchiam. Técnicas laterais ou marginais se organizaram para garantir, no mundo industrial, as funções de internação, de reclusão, de fixação da classe operária, preenchidas inicialmente por essas instituições rígidas, quiméricas, um pouco utópicas. Medidas foram tomadas então, tais como a criação de cidades operárias, caixas de poupança, caixas de assistência, de uma série de meios pelos quais se tentou fixar a população operária, o proletariado em formação no próprio corpo do aparelho de produção.

A questão à qual seria necessário responder é a seguinte: a que se visava com essa instituição da reclusão em suas duas formas – a forma compacta, forte, encontrada no início do século XIX e mesmo depois em instituições como as escolas, os hospitais psiquiátricos, as casas de correção, as prisões, e, em seguida, a reclusão em sua forma suave, difusa, encontrada em instituições como a cidade operária, a caixa de poupança, a caixa de assistência?

À primeira vista, poder-se-ia dizer que essa reclusão moderna, que aparece no século XIX nas instituições às quais me refiro, é uma herança direta das duas correntes ou tendências que encontramos no século XVIII. Por um lado, a técnica francesa da internação e, por outro, o procedimento de controle de tipo inglês. Na conferência anterior, tentei mostrar como, na Inglaterra, a vigilância social tinha sua origem no controle exercido no interior do grupo religioso pelo próprio grupo, e isso especialmente nos grupos dissidentes, e como, na França, a vigilância e o controle social eram exercidos por um aparelho de Estado – aliás fortemente infiltrado por interesses particulares – que tinha como sanção principal a internação nas prisões ou em outras instituições de reclusão. Por conseguinte, poder-se-ia dizer que a reclusão no século XIX é uma combinação de controle moral e social, nascido na Inglaterra, e da instituição propriamente francesa e estatal da reclusão em um lugar, em um edifício, em uma instituição, em uma arquitetura.

Entretanto, o fenômeno que aparece no século XIX se apresenta, apesar de tudo, como uma novidade tanto em relação ao modo de controle inglês quanto em relação à reclusão francesa. No sistema inglês do século XVIII, o controle é exercido pelo grupo sobre um indivíduo ou sobre indivíduos pertencentes a esse grupo. Tal era a situação, pelo menos em seu momento inicial, no fim do século XVII e no início do século XVIII. Os quacres, os metodistas exerciam sempre o controle sobre os que pertenciam a seus próprios grupos ou sobre os que se encontravam no espaço social e econômico do próprio grupo. Somente mais tarde as instâncias se deslocaram para o alto e para o Estado. Era o fato de um indivíduo pertencer a um grupo que fazia com que ele pudesse ser vigiado por seu próprio grupo. Já nas instituições que se formam no século XIX, não é absolutamente como membro de um grupo que o indivíduo é vigiado; ao contrário, é justamente porque ele é um indivíduo que se encontra colocado em uma instituição, essa instituição sendo o que vai constituir o grupo, a coletividade que será vigiada. É como indivíduo que se entra na escola, é como indivíduo que se entra no hospital ou que se entra na prisão. A prisão, o hospital, a escola, a oficina não são formas de vigilância do próprio grupo. É a estrutura de vigilância que, chamando a ela os indivíduos, tomando-os individualmente, integrando-os, vai constituí-los secundariamente como grupo. Vemos, então, como, na relação entre a vigilância e o grupo, há uma diferença capital entre os dois momentos.

No que concerne ao modelo francês, a internação no século XIX é também bastante diferente do que era na França no século XVIII. Nessa época, quando alguém era internado, tratava-se sempre de um indivíduo marginalizado em relação à família, ao grupo social, à comunidade local à qual pertencia; alguém que não estava na regra e que tinha se tornado marginal por sua conduta, sua desordem, a irregularidade de sua vida. A internação respondia a essa marginalização de fato, por uma espécie de marginalização de segundo grau, a punição. Era como se se dissesse ao indivíduo: "Já que você se separou de seu grupo, vamos separá-lo definitiva ou provisoriamente da sociedade." Havia, portanto, na França, nessa época, uma reclusão de exclusão.

Na época atual, todas essas instituições – fábrica, escola, hospital psiquiátrico, hospital, prisão – têm por finalidade não excluir, mas, ao contrário, fixar os indivíduos. A fábrica não exclui os indivíduos, ela os prende a um aparelho de produção. A escola não exclui os indivíduos, mesmo fechando-os; ela os fixa em um aparelho de transmissão do saber. O hospital psiquiátrico não exclui os indivíduos, ele os prende a um aparelho de correção, a um aparelho de normalização dos indivíduos. O mesmo se dá com a casa de correção ou a prisão. Mesmo se os efeitos dessas instituições são a exclusão do indivíduo, elas têm como finalidade primeira fixar os indivíduos em um aparelho de normalização dos homens. A fábrica, a escola, a prisão ou os hospitais têm por objetivo ligar o indivíduo a um processo de produção, de formação ou de correção dos produtores. Trata-se de garantir a produção, ou os produtores, em função de uma norma determinada.

Pode-se, então, opor a reclusão do século XVIII, que exclui os indivíduos do círculo social, à reclusão que aparece no século XIX, que tem por função prender os indivíduos aos aparelhos de produção, de formação, de reforma ou de correção dos produtores. Trata-se, então, de uma inclusão por exclusão. Eis por que razão oporei a reclusão ao sequestro; a reclusão do século XVIII, que tem por função essencial a exclusão dos marginais ou o reforço da marginalidade, e o sequestro do século XIX, que tem por finalidade a inclusão e a normalização.

Existe, finalmente, um terceiro conjunto de diferenças em relação ao século XVIII, que dá uma configuração original à reclusão do século XIX. Na Inglaterra, no século XVIII, havia um processo de controle que era, no começo, nitidamente extraestatal e até antiestatal; uma espécie de reação de defesa dos grupos religiosos contra a dominação do Estado, pela qual eles garantiam seu próprio controle. Na França, havia, ao contrário, um aparelho fortemente estatizado, pelo menos em sua forma e em seus instrumentos, por quanto ele consistia essencialmente na instituição das *lettres de cachet*[43]. Havia, pois, uma fórmula absolutamente extraestatal na Inglaterra e uma fórmula absolutamente estatal na França. No século XIX, aparece algo de novo e de muito mais suave e rico: uma série de instituições – escolas, fábricas... – de que é difícil dizer se são francamente estatais ou extraestatais, se fazem parte ou não do aparelho de Estado. Na França, por exemplo, houve um conflito para que as instituições pedagógicas essenciais fossem controladas pelo aparelho de Estado; fez-se disso um desafio político. Mas, no nível em que me situo, a questão não é pertinente; não me parece que essa diferença seja muito importante. O que é novo, o que é interessante é que, no fundo, o Estado e o que não é estatal vêm confundir-se, entrecruzar-se no interior dessas instituições. Mais que as instituições estatais ou não estatais, é preciso dizer que existe uma rede institucional de sequestro, que é intraestatal. A diferença entre aparelho de Estado e o que não é aparelho de Estado não me parece importante para analisar as funções desse aparelho geral de sequestro, dessa rede de sequestro no interior da qual nossa existência se encontra aprisionada.

Para que servem essa rede e essas instituições? Podemos caracterizar a função dessas instituições da maneira seguinte. Primeiramente, essas instituições – pedagógicas, médicas, penais ou industriais – têm a propriedade muito curiosa de acarretar o controle, a responsabilidade da totalidade ou da quase totalidade do tempo dos indivíduos; são, pois, instituições que, de certa maneira, se encarregam de toda a dimensão temporal da vida dos indivíduos.

Penso que a esse respeito é possível opor a sociedade moderna à sociedade feudal. Na sociedade feudal e em muitas sociedades que os etnólogos chamam primitivas, o controle dos indivíduos se faz essencialmente a partir da inserção local, do fato de pertencerem a determinado lugar. O poder feudal se

---

43 Em francês no texto. (Nota do tradutor francês)

exerce sobre os homens na medida em que eles pertencem a certa terra. A inscrição geográfica local é um meio de exercício do poder. Este se inscreve nos homens por intermédio de sua localização. Em compensação, a sociedade moderna que se forma no início do século XIX é, no fundo, indiferente ou relativamente indiferente à pertença espacial dos indivíduos; ela não se interessa pelo controle espacial dos indivíduos sob a forma de sua pertença a uma terra, a um lugar, mas simplesmente na medida em que precisa que os homens coloquem seu tempo a sua disposição. É preciso que o tempo dos homens seja oferecido ao aparelho de produção; que o aparelho de produção possa utilizar o tempo de vida, o tempo de existência dos homens. É por isso e sob essa forma que o controle se exerce. Duas coisas são necessárias para que a sociedade industrial se forme. Por um lado, é preciso que o tempo dos homens seja colocado no mercado, oferecido aos que querem comprá-lo, e comprar em troca de um salário; e é preciso, por outro lado, que o tempo dos homens seja transformado em tempo de trabalho. É por isso que, em toda uma série de instituições, encontramos o problema e as técnicas da extração máxima de tempo.

Vimos, no exemplo a que me referi, esse fenômeno em sua forma compacta, em seu estado puro. O tempo exaustivo da vida dos trabalhadores, de manhã à noite e da noite à manhã, é comprado de uma vez por todas, ao preço de uma recompensa, por uma instituição. Encontramos o mesmo fenômeno em outras instituições, nas instituições pedagógicas fechadas, que se abrirão pouco a pouco durante o século, nas casas de correção, nos orfanatos e nas prisões. Além disso, temos uma quantidade de formas difusas, em especial a partir do momento em que se percebeu que não era possível gerir essas fábricas-prisão, quando se foi obrigado a voltar a um tipo de trabalho em que as pessoas viriam de manhã, trabalhariam e deixariam o trabalho à noite. Vemos multiplicarem-se, então, instituições em que o tempo das pessoas, mesmo se ele não é efetivamente extraído em sua totalidade, se encontra controlado para se tornar tempo de trabalho.

Durante o século XIX, uma série de medidas será adotada visando a suprimir as festas e a diminuir o tempo de descanso; uma técnica muito sutil se elabora ao longo do século para controlar a economia dos operários. Para que a economia, por um lado, tenha a flexibilidade necessária, era preciso, sendo preciso, poder licenciar os indivíduos; mas, por outro, para que os operários pudessem, depois do tempo de desemprego indispensável, recomeçar a trabalhar, sem que, nesse intervalo, morressem de fome, era preciso que tivessem reservas e economias. Daí o aumento dos salários que vemos claramente se esboçar na Inglaterra nos anos 1840 e na França nos anos 1850. Mas, a partir do momento em que os operários têm dinheiro, não é preciso que eles utilizem suas economias antes da hora em que estarão desempregados. Eles não devem utilizar suas economias no momento em que desejarem, para fazer a greve ou a festa. Aparece, então, a necessidade de controlar as economias do operário. Daí a criação, na década de 1820 e principalmente a partir dos anos 1840 e 1850, das caixas de poupança, das caixas de assistência, que permitem drenar as economias dos operários e controlar a maneira como elas são utilizadas. Dessa maneira, o tempo do operário, não somente o tempo de sua jornada de trabalho, mas o de sua vida inteira, poderá efetivamente ser utilizado da melhor maneira pelo aparelho de produção. É assim que, sob a forma de instituições aparentemente de proteção e de segurança, se estabelece um mecanismo pelo qual o tempo inteiro da existência humana é colocado à disposição do mercado do trabalho e das exigências do trabalho. A extração da totalidade do tempo é a primeira função dessas instituições de sujeição. Seria possível mostrar, igualmente, como, nos países desenvolvidos, esse controle geral do tempo é exercido pelo mecanismo do consumo e da publicidade.

   A segunda função das instituições de sujeição é não mais a de controlar o tempo dos indivíduos, mas a de controlar simplesmente seus corpos. Há algo de muito curioso nessas instituições. É que, se elas são todas aparentemente especializadas – fábricas feitas para produzir, hospitais, psiquiátricos ou não, feitos para curar, escolas para ensinar, prisões para punir –, o funcionamento dessas instituições implica uma disciplina geral da existência que ultrapassa amplamente suas finalidades aparentemente precisas. É muito curioso observar, por exemplo, como a imoralidade (a imoralidade sexual) constituiu, para os patrões das fábricas no início do século XIX, um problema considerável. E isso não simplesmente em função dos problemas de natalidade, que se controlava mal, pelo menos no nível da incidência demográfica. A razão é que o patronato não suportava a devassidão operária, a sexualidade operária. Pode-se perguntar também por que nos hospitais, psiquiátricos ou não, que são feitos para curar, o comportamento sexual, a atividade sexual, era proibido. Pode-se invocar certo número de razões de higiene. Elas são, no entanto, marginais em vista de uma espécie de decisão geral, fundamental, universal segundo a qual um hospital, psiquiátrico ou não, deve encarregar-se não somente da função particular que ele exerce sobre os indivíduos, mas, também, da totalidade de sua existência. Por que nas escolas não se aprende somente a ler, mas se obriga as pessoas a se lavarem? Há aqui uma espécie de polimorfismo, de polivalência, de indiscrição, de não discrição, de sincretismo dessa função de controle da existência.

Mas, se analisarmos de perto as razões pelas quais toda a existência dos indivíduos se acha controlada por essas instituições, veremos que se trata, no fundo, não somente de apropriar, de extrair a quantidade máxima de tempo, mas também de controlar, de formar, de valorizar, segundo um sistema determinado, o corpo do indivíduo. Se fizéssemos uma história do controle social do corpo, poderíamos mostrar que, até o século XVIII inclusive, o corpo dos indivíduos é essencialmente a superfície de inscrição de suplícios e de penas; o corpo era feito para ser supliciado e castigado. Já nas instâncias de controle que surgem a partir do século XIX, o corpo adquire uma significação totalmente diferente; ele não é mais o que deve ser supliciado, mas o que deve ser formado, reformado, corrigido, o que deve adquirir aptidões, receber certo número de qualidades, qualificar-se como corpo capaz de trabalhar. Vemos, assim, aparecer claramente a segunda função da sujeição. A primeira função era de extrair o tempo, fazendo com que o tempo dos homens, o tempo de sua vida se transformasse em tempo de trabalho. Sua segunda função consiste em fazer com que o corpo dos homens se torne força de trabalho. A função de transformação do corpo em força de trabalho responde à função de transformação de tempo em tempo de trabalho.

A terceira função dessas instituições de sujeição consiste na criação de um novo e curioso tipo de poder. Qual é a forma de poder que se exerce nessas instituições? Um poder polimorfo, polivalente. Há, por um lado, em certo número de casos, um poder econômico. No caso de uma fábrica, o poder econômico oferece um salário em troca de um tempo de trabalho em um aparelho de produção que pertence ao proprietário. Há, além disso, um poder econômico de outro tipo: o caráter pago do tratamento, em certo número de instituições hospitalares. Mas, por outro lado, em todas essas instituições há um poder não somente econômico, mas também político. As pessoas que dirigem essas instituições se atribuem o direito de dar ordens, de estabelecer regulamentos, de tomar medidas, de expulsar indivíduos, de aceitar outros. Em terceiro lugar, esse mesmo poder, econômico e político, é também um Poder Judiciário. Nessas instituições, não somente se dão ordens, tomam-se decisões, não somente se garantem funções como a produção, a aprendizagem, mas tem-se também o direito de punir e de recompensar, tem-se o poder de fazer comparecer diante das instâncias de julgamento. O micropoder que funciona no interior dessas instituições é, ao mesmo tempo, um Poder Judiciário. O fato é surpreendente, por exemplo, no caso das prisões, nas quais os indivíduos são enviados porque foram julgados por um tribunal, mas onde sua existência é colocada sob a observação de uma espécie de microtribunal, de pequeno tribunal permanente, constituído pelos guardas e pelo diretor do presídio, que, de manhã à noite, vai puni-los segundo seu comportamento. O sistema escolar também é inteiramente fundado em uma espécie de poder judiciário. A todo momento pune-se e recompensa-se, avalia-se, classifica-se, diz-se quem é o melhor, quem é o menos bom. Poder Judiciário que, consequentemente, imita – de maneira bastante arbitrária, se não se considera sua função geral – o modelo do Poder Judiciário. Por que, para ensinar algo a alguém, se deve punir e recompensar? Esse sistema parece evidente, mas, se refletirmos, veremos que a evidência se dissolve. Se lermos Nietzsche, veremos que podemos conceber um sistema de transmissão do saber que não fica no interior de um aparelho de poder judiciário, político, econômico.

Finalmente, há uma quarta característica do poder. Poder que, de certa maneira, atravessa e anima esses outros poderes. Trata-se de um poder epistemológico: poder de extrair dos indivíduos um saber e de extrair um saber sobre esses indivíduos submetidos ao olhar e já controlados por esses diferentes poderes. Isso acontece, portanto, de duas maneiras. Em uma instituição como a fábrica, por exemplo, o trabalho operário e o saber do operário sobre seu próprio trabalho, as melhorias técnicas, as pequenas invenções e descobertas, as microadaptações que ele poderá fazer durante o trabalho são imediatamente observados e registrados, extrações, então, de sua prática, acumuladas pelo poder que se exerce sobre ele por intermédio da vigilância. Dessa maneira, o trabalho do operário é tomado pouco a pouco em certo saber da produtividade ou em certo saber técnico da produção que vão permitir um reforço do controle. Vê-se, então, como se forma um saber extraído dos próprios indivíduos, a partir de seu próprio comportamento.

Há, além disso, um segundo saber que se forma a partir dessa situação. Um saber sobre os indivíduos que nasce da observação dos indivíduos, de sua classificação, do registro e da análise de seus comportamentos, de sua comparação. Vê-se nascer assim, ao lado desse saber tecnológico, próprio a todas as instituições de sequestro, um saber de observação, um saber, de alguma forma, clínico, como o da psiquiatria, da psicologia, da psicossociologia, da criminologia. É assim que os indivíduos sobre os quais se exerce o poder são ou aquilo a partir do que se vai extrair o saber que eles mesmos formaram e que será retranscrito e acumulado segundo novas normas, ou objetos de um saber que permitirá da mesma maneira novas formas de controle. É assim, por exemplo, que um saber psiquiátrico nasceu e se desenvolveu até Freud, que foi o primeiro a romper com ele. O saber psiquiátrico se formou a partir do campo de uma observação exercida prática e exclusivamente pelos médicos, enquanto eles detinham o poder no interior de um campo institucional fechado que era o asilo, o hospital psiquiátrico. Da mesma maneira, a pedagogia se formou a partir das próprias adaptações da criança às tarefas escolares, adaptações observadas e extraídas de seu comportamento para se tornar, em seguida, leis de funcionamento das instituições e formas de poder exercidas sobre a criança.

Nessa terceira função das instituições de sequestro por meio desses jogos do poder e do saber, poder múltiplo e saber que interferem e se exercem simultaneamente nessas instituições, tem-se a transformação da força do tempo e da força do trabalho e sua integração na produção. Que o tempo de vida se torne força de trabalho, que a força de trabalho se torne força produtiva, tudo isso é possível pelo jogo de uma série de instituições que, esquematicamente, globalmente, as define como instituições de sequestro. Parece-me que, quando interrogamos de perto essas instituições de sequestro, encontramos sempre, qualquer que seja seu ponto de inserção, seu ponto de aplicação particular, um esquema geral, um grande mecanismo de transformação: como fazer do tempo e do corpo dos homens, da vida dos homens, algo que seja força produtiva? É esse conjunto de mecanismos que é garantido pelo sequestro.

Para terminar, apresentarei, de uma maneira um pouco abrupta, algumas conclusões. Primeiramente, parece-me que a partir dessa análise se pode explicar o aparecimento da prisão, instituição de que já lhes disse que é bastante enigmática. De que maneira, a partir de uma teoria do direito penal como a de Beccaria, se pôde chegar a algo de tão paradoxal quanto a prisão? Como uma instituição tão paradoxal e tão cheia de inconvenientes pôde impor-se a um direito penal que era, em aparência, de uma rigorosa racionalidade? Como um projeto de prisão corretiva pôde impor-se à racionalidade legalista de Beccaria? Parece-me que, se a prisão se impôs, é porque ela não era, no fundo, senão a forma concentrada, exemplar, simbólica de todas essas instituições de sequestro criadas no século XIX. De fato, a prisão é isomorfa de tudo isso. No grande pan-optismo social, cuja função é precisamente a de transformar a vida dos homens em força produtiva, a prisão exerce uma função muito mais simbólica e exemplar do que realmente econômica, penal ou corretiva. A prisão é a imagem inversa da sociedade, imagem transformada em ameaça. A prisão emite dois discursos. Ela diz: "Eis o que é a sociedade; você não pode me criticar na medida em que só faço o que fazem a você cada dia na fábrica, na escola. Eu sou, portanto, inocente; sou apenas a expressão de um consenso social." É isto que se encontra na teoria da penalidade ou da criminologia: a prisão não está em ruptura com o que acontece todos os dias. Mas, ao mesmo tempo, a prisão emite outro discurso: "A melhor prova de que você não está na prisão é que eu exista como instituição particular, separada das outras, destinada somente aos que cometeram uma falta contra a lei."

Assim, a prisão ao mesmo tempo se inocenta de ser prisão pelo fato de parecer-se com todo o resto, e inocenta todas as outras instituições de serem prisões, já que ela se apresenta como sendo válida unicamente para os que cometeram uma falta. É justamente essa ambiguidade na posição da prisão que me parece explicar seu incrível sucesso, seu caráter por assim dizer evidente, a facilidade com a qual ela foi aceita; enquanto, desde o momento em que ela apareceu, desde o momento em que se desenvolveram as grandes prisões penais, de 1817 a 1830, todo mundo conhecia tanto seus inconvenientes quanto seu caráter funesto e perigoso. É a razão pela qual a prisão pôde inserir-se e se insere de fato na pirâmide dos pan-optismos sociais.

A segunda conclusão é mais polêmica. Alguém disse: a essência concreta do homem é o trabalho. Para dizer a verdade, essa tese foi enunciada por diversas pessoas. Nós a encontramos em Hegel, nos pós-hegelianos, e também em Marx, o Marx de certo período, como diria Althusser; como eu não me interesso pelos autores, mas pelo funcionamento dos enunciados, pouco importa quem disse ou quando isso foi dito. O que eu gostaria de mostrar é que, de fato, o trabalho não é absolutamente a essência concreta do homem ou da existência do homem em sua forma concreta. Para que os homens sejam efetivamente colocados no trabalho, ligados ao trabalho, é preciso uma operação ou uma série de operações complexas pelas quais os homens se encontram efetivamente – e de uma maneira não analítica, mas sintética – ligados ao aparelho de produção para o qual eles trabalham. É preciso a operação ou a síntese operada por um poder político para que a essência do homem possa aparecer como sendo o trabalho.

Não penso, portanto, que se possa admitir pura e simplesmente a análise tradicionalmente marxista, que supõe que, o trabalho sendo a essência concreta do homem, é o sistema capitalista que transforma esse trabalho em lucro, em superlucro ou em mais-valia. Com efeito, o sistema capitalista penetra muito mais profundamente em nossa existência. Tal como foi instaurado no século XIX, esse regime foi obrigado a elaborar um conjunto de técnicas políticas, técnicas de poder, pelo qual o homem se encontra ligado a algo como o trabalho; um conjunto de técnicas pelo qual o corpo e o tempo dos homens se tornam tempo de trabalho e força de trabalho, e podem ser efetivamente utilizados para se transformar em superlucro. Mas, para que haja superlucro, é preciso que haja subpoder. É preciso que, no próprio nível da existência do homem, uma trama de poder político microscópico, capilar, tenha se estabelecido, fixando os homens no aparelho de produção, fazendo deles agentes da produção, trabalhadores. A ligação do homem ao trabalho é sintética, política; é uma ligação operada pelo poder. Não há superlucro sem subpoder. Eu falo de subpoder porque se trata do poder que descrevi há pouco, e não do que é chamado tradicionalmente poder político; não se trata de um aparelho de Estado, nem da classe no poder, mas do conjunto de pequenos poderes, de pequenas instituições situadas em um nível mais baixo. O que pretendi fazer é a análise do subpoder como condição de possibilidade do superlucro.

A última conclusão é de que esse subpoder, condição do superlucro, estabelecendo-se, começando a funcionar, provocou o nascimento de uma série de saberes – saber do indivíduo, da normalização, saber corretivo – que se multiplicaram nessas instituições de subpoder, fazendo aparecer as ditas "ciências do homem" e o homem como objeto de ciência.

Vemos, assim, como a destruição do superlucro implica necessariamente o questionamento e o ataque do subpoder; como o ataque do subpoder se liga obrigatoriamente ao questionamento das ciências humanas e do homem considerado como objeto privilegiado e fundamental de um tipo de saber. Vemos também, se minha análise é exata, que não podemos situar as ciências do homem no nível de uma ideologia que seja pura e simplesmente o reflexo e a expressão, na consciência dos homens, das relações de produção. Se o que eu disse é verdade, tanto esses saberes quanto essas formas de poder não são o que, acima das relações de produção, exprime essas relações ou permite reconduzi-las. Esses saberes e esses poderes se encontram enraizados muito mais profundamente, não somente na existência dos homens, mas também nas relações de produção. Isso porque, para que haja relações de produção que caracterizem as sociedades capitalistas, é necessário que haja, além de certo número de determinações econômicas, essas relações de poder e essas formas de funcionamento do saber. Poder e saber se encontram, assim, profundamente enraizados; eles não se superpõem às relações de produção, mas se encontram muito profundamente enraizados no que as constitui. Vemos, por conseguinte, como a definição do que se chama a ideologia deve ser revista. A investigação e o exame são precisamente formas de saber-poder que vêm funcionar no nível da apropriação dos bens na sociedade feudal, e no nível da produção e da constituição do superlucro capitalista. É nesse nível fundamental que se situam as formas de saber-poder como a investigação ou o exame.

MESA-REDONDA

R. O. Cruz: Depois da obra de Deleuze, *O anti-Édipo*,[44] como você situa a prática psicanalítica? Estaria ela condenada a desaparecer?

M. Foucault: Não estou certo de que só a leitura do livro de Deleuze nos permitiria responder a essa questão. Não estou certo de que ele próprio o fizesse. Parece-me que Guattari – que escreveu o livro com ele e que é um psiquiatra e um psicanalista conhecido – continua a praticar curas que, pelo menos sob certos aspectos, ficam próximas das curas psicanalíticas. O que há de essencial no livro de Deleuze é o questionamento da relação de poder que se estabelece, na cura psicanalítica, entre o psicanalista e o paciente; relação de poder bastante semelhante à que existe na psiquiatria clássica. Acredito que o essencial do livro consiste até em mostrar como o Édipo, o triângulo edipiano, longe de ser o que é descoberto pela psicanálise, o que é liberado pelo discurso do paciente no divã, é, ao contrário, uma espécie de instrumento de bloqueio pelo qual a psicanálise impede a pulsão e o desejo do doente de se liberar, de se exprimir. Deleuze descreve a psicanálise como sendo, no fundo, um empreendimento de refamiliarização, ou de familiarização forçada de um desejo que, segundo ele, não tem na família seu ponto de origem, seu objeto e seu centro de delimitação.

Como situar um desaparecimento possível da psicanálise? O problema é saber: é possível encarar uma cura, digamos, psicoterápica, moral, que não passe por um tipo qualquer de relações de poder?

É o que se discute. Em minha opinião, em *O anti-Édipo* [a diferença entre][45] as versões mínima e máxima não é abordada com muita clareza; o que Deleuze e Guattari tentarão esclarecer em seu próximo livro; trata-se, talvez, de uma obscuridade desejada. A versão mínima diria que o Édipo, o pretenso complexo de Édipo, é, então, essencialmente o instrumento pelo qual o psicanalista encontra na família os movimentos e o fluxo do desejo. A versão máxima consistiria em dizer que o simples fato de que alguém seja designado como doente, o

---

44 Deleuze (G.) e Guattari (F.), *Capitalisme et Schizophrénie*, t. I: *L'Anti--Œdipe*, Paris, Éd. de Minuit, 1972.
45 Passagem truncada. (Nota do tradutor francês)

simples fato de que ele venha se fazer tratar indica já entre ele e seu médico, ou entre ele e os que o cercam, ou entre ele e a sociedade que o designa como doente, uma relação de poder. E é o que deve ser eliminado.

A noção de esquizofrenia que encontramos em *O anti-Édipo* é, ao mesmo tempo, talvez a mais geral e por conseguinte a menos elaborada: espaço no qual todo indivíduo se situa. Essa noção de esquizofrenia não é clara. A esquizofrenia, tal como Deleuze a entende, deve ser interpretada como sendo a maneira pela qual a sociedade, em certo momento, impõe aos indivíduos certo número de relações de poder? Ou a esquizofrenia é a própria estrutura do desejo não edipiano? Penso que Deleuze estaria mais inclinado a dizer que a esquizofrenia, o que ele chama assim, é o desejo não edipiano. Entendo por Édipo não um estágio constitutivo da personalidade, mas um empreendimento de imposição, de obrigação pela qual o psicanalista – representando, aliás, em si, a sociedade – triangula o desejo.

H. Pelegrino: Penso que o Édipo é isso. Mas o Édipo não é só isso. O Édipo é essa coação,[46] mas o Édipo é mais que isso. Aliás, na conferência, você falou de Édipo. Sua posição me pareceu extremamente curiosa. Você parece distinguir um Édipo que é o Édipo do poder, o Édipo da ciência, um Édipo que decifra enigmas, mas que não é ainda o Édipo da consciência; é um Édipo cientista, do conhecimento. E há também um Édipo da sabedoria. Então, o poder e a ciência se unem em Édipo para reprimir o traumatismo originário de Édipo, que vem do fato de ele ser condenado à morte por sua mãe, Jocasta, e por seu pai, Laio. No fundo, Édipo recusa a mancha. Ele se defende de sua própria noite, sendo um homem de poder e de ciência. De que ele se defende? Ele se defende da noite. O que é a noite? A noite é a morte. Então, Édipo não quer ser um homem condenado à morte. Ele foi condenado à morte por Jocasta e por Laio. Mas nós somos todos condenados à morte desde o dia em que nascemos. Começamos a morrer desde o instante de nosso nascimento. Então, na medida em que Édipo, tendo renunciado à visão que serve para não ver – porque, antes da investigação policial-militar que ele conduziu contra si próprio, ele tinha olhos para não ver –, a partir do momento em que ele assumiu a cegueira, a obscuridade e a noite, na

---

46 Em francês no texto. (Nota do tradutor francês)

medida em que isso aconteceu, ele começou a ser um homem de sabedoria. Então penso que Édipo é também um homem da liberdade. E o problema edipiano não é somente o da *obrigação*, mas é também uma tentativa para vir aquém da situação de coação,[47] para se cegar, para perder a visão paranoica, para perder o conhecimento, para perder a ciência, para perder o poder, para adquirir, enfim, a sabedoria.

M. Foucault: Para falar francamente, devo dizer que estou inteiramente em desacordo não propriamente com o que você diz, mas com sua maneira de encarar as coisas. Não é absolutamente nesse nível que me situo. Eu não falei de Édipo. E devo dizer que para mim Édipo não existe. Existe um texto de Sófocles que se chama *Édipo rei*; existe outro que se chama *Édipo em Colona*; existe certo número de textos gregos anteriores e posteriores a Sófocles, que contam uma história. Mas dizer que Édipo é isso, que Édipo tem medo da morte significa que você faz uma análise que eu chamaria pré-deleuziana. Pós-freudiana, mas pré-deleuziana. Isso quer dizer que você admite essa espécie de identificação constitutiva entre Édipo e nós. Cada um de nós é Édipo. Ora, a análise de Deleuze, e é nisso que ela me parece muito interessante, consiste em dizer: Édipo não somos nós, Édipo são os outros. Édipo é o outro. E Édipo é precisamente esse grande Outro que é o médico, o psicanalista. Édipo é, se você quiser, a família como poder. É o psicanalista como poder. É isso Édipo. Não somos Édipo. Somos os outros na medida em que, efetivamente, aceitamos o jogo de poder. Mas, na análise que pude fazer, me referi unicamente à peça de Sófocles, e Édipo aí não é o homem do poder. Eu disse que Sófocles, nessa tragédia que se chama *Édipo rei*, no fundo, quase não falou de incesto. E é verdade! Ele só falou do assassinato do pai. Por outro lado, tudo o que vemos desenrolar-se na peça é um conflito entre os protagonistas, certo número de procedimentos de verdade, medidas de caráter profético e religioso, e outros, ao contrário, de caráter claramente judiciário. Foi todo esse jogo de busca da verdade que Sófocles abordou. E é assim que a peça aparece mais como uma espécie de história dramatizada do direito grego do que como a representação do desejo incestuoso. Você vê, então, que meu tema, e nisso eu sou Deleuze, é: Édipo não existe.

---

47 Em francês no texto.

H. Pelegrino: Penso que você realmente tem razão, no sentido em que o Édipo, tal como nós o entendemos, no fundo, não é tanto um problema de desejo quanto um problema de medo do nascimento. Em minha opinião, o incestuoso é aquele que visa a destruir o triângulo para formar uma díade, para formar um ponto. No fundo, o projeto originário do incestuoso é de não ter nascido. E, por conseguinte, de não ser condenado à morte. Daí esse rancor, fundamental em psicanálise, que encontramos todos na relação com nossas mães, que nos deram à luz, e nós não as perdoaremos por isso. Aqui o problema de Édipo é menos o do desejo que o do medo do desejo.

M. Foucault: Você vai achar que sou detestável e terá razão, sou detestável. Édipo, eu não o conheço. Quando você diz que Édipo é o desejo, não é o desejo, eu respondo: como queira. Quem é Édipo? O que é isso?

H. Pelegrino: Uma estrutura fundamental da existência humana.

M. Foucault: Então eu lhe respondo em termos deleuzianos – e aqui sou inteiramente deleuziano – que não é absolutamente uma estrutura fundamental da existência humana, mas certo tipo de coação,[48] certa relação de poder que a sociedade, a família, o poder político etc. estabelecem sobre os indivíduos.

H. Pelegrino: A família é uma fábrica de incesto.

M. Foucault: Tomemos as coisas de outra maneira: a ideia de que o que se deseja em primeiro lugar, fundamental e essencialmente, o que se torna o correlativo do primeiro objeto do desejo, é a mãe. É nesse momento que se instaura a discussão. Deleuze lhe dirá, e estou de novo com ele: por que se desejaria sua mãe? Já não é tão divertido ter uma mãe... O que se deseja? Bem, desejam-se coisas, histórias, contos, Napoleão, Joana d'Arc, tudo. Todas essas coisas são objetos de desejo.

H. Pelegrino: Mas o outro também é objeto de desejo. A mãe é o primeiro outro. A mãe se constitui em proprietária da criança.

M. Foucault: Aí Deleuze lhe dirá: não, precisamente, não é a mãe que constitui o outro, o outro fundamental e essencial do desejo.

H. Pelegrino: Qual é o outro fundamental do desejo?

---

48 Em francês no texto.

M. Foucault: Não há outro fundamental do desejo. Há todos os outros. O pensamento de Deleuze é profundamente pluralista. Ele fez seus estudos ao mesmo tempo que eu, e ele preparava uma dissertação sobre Hume. Eu fazia uma sobre Hegel. Eu estava do outro lado, porque, nessa época, eu era comunista, enquanto ele já era pluralista. E eu penso que isso sempre o ajudou. Seu tema fundamental: como se pode fazer uma filosofia que seja não humanista, não militar, uma filosofia do plural, uma filosofia da diferença, uma filosofia do empírico no sentido mais ou menos metafísico da palavra.

H. Pelegrino: É como homem adulto que ele fala de uma criança. A criança, por definição, não pode ter esse pluralismo, esse leque de objetos. É, de maneira característica, a relação que estabelecemos com o mundo. Mas não podemos sobrecarregar uma pobre criança recém-nascida com todo esse leque de possibilidades, que são nossas possibilidades como adultos. Inclusive o problema da psicose. É isto que quero dizer: o outro é o mundo, os outros são todas as coisas. Mas uma criança, quando é recém-nascida, não pode ter esse leque de possibilidades que é o nosso. Em razão de uma dependência inexorável, ele tem como objeto primordial a mãe que se transforma, então, por coação[49] quase biológica, em objeto primordial da criança.

M. Foucault: Aqui, é preciso prestar atenção nas palavras. Se você diz que o sistema de existência familiar, de educação, de cuidados especiais dispensados à criança leva o desejo da criança a ter como objeto primeiro – primeiro cronologicamente – a mãe, penso que posso estar de acordo. Isso nos remete à estrutura histórica da família, da pedagogia, dos cuidados dispensados à criança. Mas, se você diz que a mãe é o objeto primordial, o objeto essencial, o objeto fundamental, que o triângulo edipiano caracteriza a estrutura fundamental da existência humana, eu digo não.

H. Pelegrino: Há hoje as experiências de um psicanalista muito importante que se chama René Spitz. Ele mostra o fenômeno hospitalar. As crianças que não têm "maternagem" morrem, morrem por falta de "mãe materna".[50]

---

49 Em francês no texto.
50 Spitz (R.), "Hospitalism: An Inquiry into the Genesis of Psychiatric Conditions in Early Childhood", *in The Psychoanalytic Study of the Child*, Londres,

M. Foucault: Compreendo. Isso só prova uma coisa: não que a mãe seja indispensável, mas que o hospital não é bom.

H. Pelegrino: A mãe é necessária, mas ela não é suficiente. A mãe deve fazer mais que prover as necessidades, ela deve dar amor.

M. Foucault: Ouça. Aí eu fico um pouco embaraçado. Sou um pouco forçado a falar de Deleuze, e principalmente em um domínio que não é o meu. A psicanálise propriamente dita é ainda mais o domínio de Guattari que o de Deleuze. Para voltar a essa história de Édipo: o que fiz não é absolutamente uma reinterpretação do mito de Édipo, mas, ao contrário, uma maneira de não falar de Édipo como estrutura fundamental, primordial, universal, mas simplesmente de recolocar, de tentar analisar um pouco a própria tragédia de Sófocles, em que se pode ver, de maneira muito clara, que não é jamais o caso de culpabilidade ou de inocência, mas que, no fundo, se trata apenas de uma questão de incesto. Eis o que posso dizer. Parece-me muito mais interessante recolocar a tragédia de Sófocles em uma história da verdade do que recolocá-la em uma história do desejo ou no interior da mitologia que exprime a estrutura essencial e fundamental do desejo. Transferir, pois, a tragédia de Sófocles, de uma mitologia do desejo a uma história absolutamente real, histórica, da verdade.

M. J. Pinto: Em sua segunda conferência, você deu ao mito de Édipo uma interpretação – e aqui emprego a palavra no sentido nietzschiano, definida por você em sua conferência de segunda-feira –, interpretação, eu dizia, completamente diferente da interpretação freudiana e, mais recentemente, da de Lévi-Strauss, para citar apenas duas interpretações desse famoso mito. Em sua opinião, sua interpretação é mais válida que essas ou todas as interpretações estão no mesmo plano de importância? Haveria uma que sobredeterminaria as outras? Você pensa que o sentido de um discurso é fundado em uma interpretação privilegiada ou no conjunto de todas essas interpretações? Pode-se dizer que a interpretação é o lugar em que se anula a diferença sujeito/objeto?

Imago Publishing, 1945, t. I ("Hospitalisme. Une enquête sur la genèse des états psychopathiques de la première enfance", *Revue française de psychanalyse*, XIIIᵉ année, n. 3, 1949, p. 397-425).

M. Foucault: Há duas palavras que são fundamentais nessa pergunta, a palavra "mito" e a palavra "interpretação". Eu não falei absolutamente do mito de Édipo. Eu falei da tragédia de Sófocles, nada além. É o conjunto dos textos que nos ensinam o que eram os mitos gregos, que nos permitem perceber o que era o mito grego de Édipo, ou os mitos gregos sobre Édipo, porque havia muitos; deixei tudo isso totalmente de lado. Fiz a análise de um texto, e não a análise de um mistério. Quis justamente desmitificar essa história de Édipo, tomar a tragédia de Sófocles sem relacioná-la com o fundo mítico, mas colocando-a em relação com uma coisa totalmente diferente. Com o que eu a relacionei? Pois bem, com as práticas judiciárias. E é aqui que aparece o problema da interpretação. Isto é: eu não quis procurar o sentido do mito, saber se esse sentido é mais importante. O que fiz, o que quis fazer, enfim, minha análise, não visava tanto às palavras quanto ao tipo de discurso que é desenvolvido na peça, a maneira, por exemplo, como as pessoas, os personagens se fazem perguntas, se respondem uns aos outros; algo como a estratégia do discurso de uns em relação aos outros, as táticas empregadas para chegar à verdade. Nas primeiras cenas, vê-se um tipo de pergunta e de resposta, um tipo de informação que é característica do discurso usado nos oráculos, nas adivinhações, em suma, pelo conjunto das prescrições religiosas. A maneira como as perguntas e as respostas são formuladas, as palavras empregadas, o tempo dos verbos, tudo isso indica um tipo de discurso prescritivo, profético. O que me impressionou, no fim da peça, quando da confrontação dos dois escravos – o de Corinto e o de Citéron – organizada por Édipo, é que Édipo desempenhou exatamente o papel do magistrado grego do século V. Ele faz exatamente esse tipo de pergunta, ele diz a cada escravo: "Você é aquele mesmo que...?" etc. Ele os submete a um interrogatório idêntico. Pergunta a um e ao outro se eles se reconhecem; pergunta ao escravo de Corinto e ao do Citéron: "Aquele homem, você o reconhece? É aquele que lhe disse tal coisa? Você se lembra dele?" É exatamente a forma desse novo procedimento de busca da verdade que começou a ser empregada no fim do século VI e no século V. Temos a prova disso no texto, porque, em certo momento, quando o escravo do Citéron não ousa dizer a verdade, não ousa dizer que ele recebeu a criança das mãos de Jocasta e que, em vez de expô-lo à morte, ele o deu a outro escravo, não ousando dizer isso, e se recusa a falar. E Édipo lhe diz: "Se você não fala, vou torturá-lo." Ora, no direito grego do século V, o que interrogava tinha o direito de mandar torturar o escravo de outro para saber a verdade. Em Demóstenes, encontramos ainda algo como isso, a ameaça de mandar torturar o escravo de seu adversário para extorquir-lhe a verdade. Era, portanto, essencialmente a forma do discurso como estratégia verbal para obter a verdade, era isso o objeto, a própria base de minha análise. Portanto, não uma interpretação no sentido da interpretação literária, nem uma análise à maneira de Lévi-Strauss. Isso responde a sua pergunta?

M. J. Pinto: A diferença sujeito/objeto. Como você apresentou em sua análise, há um sujeito de conhecimento e um objeto a conhecer. Em sua primeira conferência, tentou mostrar que não há justamente essa diferença.

M. Foucault: Você poderia explicitar um pouco? Sua primeira proposição, isto é: você teve a impressão de que eu fazia uma diferença entre o sujeito do conhecimento e...

M. J. Pinto: Pareceu-me que você se colocava como um sujeito que procura conhecer uma verdade, uma verdade objetiva.

M. Foucault: Você quer dizer que eu me coloquei...?

M. J. Pinto: Sim, sim, eu compreendi assim.

M. Foucault: Eu me coloquei como um sujeito[51] de conhecimento...

M. J. Pinto: Eu me refiro principalmente à primeira conferência, em que você levantou o problema segundo o qual o próprio sujeito é formado pela ideologia.

M. Foucault: Não absolutamente pela ideologia. Eu precisei que não era uma análise de tipo ideológico que estava apresentando. Retomemos, por exemplo, o que eu dizia ontem. Se você ler Bacon, ou, em todo caso, na tradição da filosofia empirista – e não somente da filosofia empirista, mas finalmente da ciência experimental, da ciência da observação inglesa, a partir do fim do século XVI, e depois a francesa etc. –, nessa prática da ciência da observação, você tem um sujeito, de certa maneira neutro, sem preconceitos, que, diante do mundo exterior, é capaz de ver o que acontece, de apreendê-lo, de compará-lo. Esse tipo de sujeito, ao mesmo tempo vazio, neutro, que serve de ponto de convergência para todo o mundo empírico e que

---

51 Em francês no texto.

vai tornar-se o sujeito enciclopédico do século XVIII, como ele se formou? É um sujeito natural? Será que todo homem pôde fazer isso? Será necessário admitir que, se não o fez antes do século XV, mas no século XVI, foi somente porque tinha preconceitos ou ilusões? Será que eram véus ideológicos que o impediam de ter esse olhar neutro e acolhedor sobre o mundo? Tal é a interpretação tradicional, e penso ainda que é a interpretação dada pelos marxistas, que dirão: os pesos ideológicos de certa época impediam que... Eu direi não, não me parece que tal análise seja suficiente. De fato, esse sujeito considerado neutro é em si uma produção histórica. Foi necessária toda uma rede de instituições, de práticas para chegar ao que constitui essa espécie de ponto ideal, de lugar a partir do qual os homens deveriam ter sobre o mundo um olhar de pura observação. No conjunto, parece-me que a constituição histórica dessa forma de objetividade poderia ser encontrada nas práticas judiciárias e, em especial, na prática do *inquérito*.[52] Isso responde a sua questão?

M. T. *Amaral*: Você tem a intenção de desenvolver um estudo do discurso através da estratégia...

M. *Foucault*: Sim, sim.

M. T. *Amaral*: Você disse que seria uma das pesquisas que faria... muito espontaneamente...?

M. *Foucault*: De fato, eu disse que tinha três projetos que convergiam, mas eles não se situam no mesmo nível. Trata-se, por um lado, de uma espécie de análise do discurso como estratégia, um pouco à maneira do que fazem os anglo-saxões, em especial Wittgenstein, Austin, Strawson, Searle. O que me parece um pouco limitado na análise de Searle, de Strawson etc. é que as análises da estratégia de um discurso que se fazem em torno de uma xícara de chá, em um salão de Oxford, só dizem respeito a jogos estratégicos que são interessantes, mas que me parecem profundamente limitados. O problema seria saber se não poderíamos estudar a estratégia do discurso em um contexto histórico mais real, ou no interior de práticas que são de uma espécie diferente daquela das conversações de salão. Por exemplo, na história das práticas judiciárias, parece-me que se pode encontrar, se pode aplicar a hipótese, se pode projetar uma análise estratégica do discurso no interior

---

52 Em francês no texto.

dos processos históricos reais e importantes. É, aliás, um pouco o que, em suas pesquisas atuais, Deleuze faz a respeito do tratamento psicanalítico. Quer-se ver como, na cura psicanalítica, se realiza essa estratégia do discurso, estudando a cura psicanalítica não como processo de revelação, mas, ao contrário, como jogo estratégico entre dois indivíduos falantes, em que um se cala, mas cujo silêncio estratégico é pelo menos tão importante quanto o discurso. Assim, os três projetos de que falei não são incompatíveis, mas trata-se de aplicar uma hipótese de trabalho em um domínio histórico.

A. R. de Sant'Anna: Dada sua posição de estrategista, seria pertinente aproximá-lo da problemática do *pharmakon* e de colocá-lo ao lado dos sofistas (da verossimilhança), e não do lado dos filósofos (da palavra de verdade)?

M. Foucault: Ah, sobre isso estou radicalmente do lado dos sofistas. Aliás, estou dando minha primeira aula no Collège de France sobre os sofistas. Penso que os sofistas são muito importantes. Porque temos aí uma prática e uma teoria do discurso que é essencialmente estratégica: construímos discursos e discutimos não para chegar à verdade, mas para vencer. É o jogo: quem vai perder, quem vai ganhar? É por isso que a luta entre Sócrates e os sofistas me parece muito importante. Para Sócrates, só vale a pena falar se se quiser dizer a verdade. Em segundo lugar, se, para os sofistas, falar, discutir é procurar obter a vitória a qualquer preço, na verdade ao preço das astúcias mais grosseiras, é que para eles a prática do discurso não é dissociável do exercício do poder. Falar é exercer um poder, falar é arriscar seu poder, falar é arriscar ganhar ou perder tudo. E aí há ainda algo muito interessante, que o socratismo e o platonismo afastaram completamente: o falar, o *logos*, enfim, a partir de Sócrates, não é mais o exercício de um poder; é um *logos* que é somente um exercício da memória. Essa passagem do poder à memória é algo de muito importante. Em terceiro lugar, parece-me que é também importante, entre os sofistas, essa ideia de que o *logos*, enfim, o discurso, é algo que tem uma existência material. Isso quer dizer que, nos jogos sofísticos, uma vez que uma coisa é dita, foi dita. No jogo entre os sofistas, discute-se: você disse tal coisa; você a disse e fica preso a ela pelo fato de tê-la dito. Não pode se liberar dela. Isso acontece não em função de um princípio de contradição, com que os sofistas se preocupam pouco, mas, de certa maneira, porque agora o que se disse está aí, materialmente. Está aí materialmente, e você não pode fazer mais nada. Aliás, eles se serviram muito dessa materialidade do discurso, visto que foram os primeiros a utilizar toda essa contradição, esses paradoxos com os quais os historiadores, em seguida, se deleitaram. Foram eles que disseram primeiramente: quando digo a palavra carro, o carro passa efetivamente por minha boca? Se um carro não pode passar pela minha boca, não posso pronunciar a palavra carro. Enfim, eles usaram essa dupla materialidade: a de que falamos e a da palavra em si. Pelo fato de que, para eles, o *logos* era, ao mesmo tempo, um evento que havia acontecido uma vez por todas, a batalha tinha começado, os dados tinham sido lançados, e eis que não se podia fazer mais nada. A frase tinha sido dita. E depois, é ao mesmo tempo uma materialidade, isso tem certo eco; e vê-se, aliás, como os historiadores, a partir daí, desenvolveram todo esse problema do corporal, incorporal, relativamente indiferente. Ora, aqui ainda, o *logos* platônico tende a ser cada vez mais imaterial, mais imaterial que a razão, a razão humana. Então, a materialidade do discurso, o caráter factual do discurso, a relação entre discurso e poder, tudo isso me parece um núcleo de ideias que eram profundamente interessantes, e que o platonismo e o socratismo afastaram totalmente em proveito de certa concepção do saber.

R. Machado: [incompreensível][53]... quando se discute a verdade.

M. Foucault: Aqui lhe direi que os discursos são efetivamente eventos, os discursos têm uma materialidade.

R. Machado: Não estou falando dos seus, estou falando dos outros discursos, ao longo de toda a história do discurso.

M. Foucault: Certamente, mas aqui sou obrigado a dizer-lhe o que entendo por discurso. O discurso funcionou exatamente assim; simplesmente, toda uma tradição filosófica o disfarçou, o escondeu. Alguém em minha conferência, um estudante de direito, disse: "Então, estou contente, enfim reabilitam o direito." Sim, todo mundo riu, mas eu não quis responder a sua observação. E ele continuou: "É muito bom o que você diz." Porque, de fato, sempre houve certa dificuldade, certa ignorância, em todo caso, da filosofia, não a respeito da teoria do direito, visto que

---

53 A fita é aqui inaudível.

toda a filosofia ocidental esteve ligada à teoria do direito, mas ela foi muito impermeável à prática em si do direito, à prática judiciária. No fundo, a grande oposição entre o rétor e a filosofia – o desprezo que o filósofo, o homem da verdade, o homem do saber sempre teve por aquele que era apenas um orador: o rétor, o homem de discurso, de opinião, o que procura efeitos, o que procura conseguir a vitória –, essa ruptura entre filosofia e retórica me parece caracterizar o que aconteceu no tempo de Platão.[54] E o problema é reintroduzir a retórica, o orador, a luta do discurso no interior do campo da análise; não para fazer, como os linguistas, uma análise sistemática dos procedimentos retóricos, mas para estudar o discurso, até o discurso de verdade, como procedimentos retóricos, maneiras de vencer, de produzir eventos, de produzir decisões, de produzir batalhas, de produzir vitórias. Para "retorizar" a filosofia.

R. Machado: É preciso destruir a vontade de verdade, não é?

M. Foucault: Sim.

L. C. Lima: Trata-se, se compreendi sua intenção, de propor uma análise que conjugue o binômio saber e poder. Quando você disse, agora mesmo, que não se tratava do mito de Édipo, mas de ler o texto de Sófocles, parece-me que se tratava implicitamente de reprivilegiar o *énoncé*[55] – enunciado, donde essa necessidade de reler o texto, de reler o enunciado. A primeira razão que vejo nisso é que, sem dúvida, o tipo de leitura lévi-straussiana do texto, por exemplo, não me permite ler o poder que está no texto. Então, aí, você diz: o que vamos reler no Édipo não é a questão da culpabilidade ou da inocência. No fundo, Édipo se conduz como um juiz que reproduz a estratégia do discurso grego etc. Voltamos necessariamente a Deleuze. Deleuze faz a comparação, ele procura mostrar que se, por um lado, o complexo de Édipo, uma edipianização, é própria a certa formação social, por outro, é uma espécie de *hantise*[56] – ideia fixa, de *obsession*[57] – obsessão da sociedade. Essa obsessão não se teria atualizado, não se faria presente

---

54 A tradução portuguesa traz: "me parece mais característico do que o que aconteceu no tempo de Platão".
55 Em francês no texto.
56 Em francês no texto.
57 Em francês no texto.

senão em uma formação social, com o aparecimento do *Urstaat*, o Estado originário. Ele diz então que é nessa formação social na qual Édipo se atualiza que começa a haver o "*impérialisme du signifiant*"[58] – imperalismo do significante. Trata-se da sua parte, de "*rompre avec l'impérialisme du signifiant*"[59] – romper com o imperialismo do significante, de "*proposer une stratégie du langage*"[60] – propor uma estratégia da linguagem: do discurso como estratégia, o discurso não mais como busca da verdade, mas como exercício de poder. A primeira conclusão que tirarei disso é provocadora: parece-me que o que está sendo proposto é uma volta ao regime da *épreuve*[61] – prova contra o regime da *enquête*[62] – inquérito. A segunda: parece-me que se colocássemos a cadeia seguinte: Édipo atualizado, imperialismo do significante contra liberação do desejo, contra Édipo, o *refoulement d'Œdipe*[63] – recalque de Édipo, se se trata agora de propor uma liberação do desejo contra essa repressão causada por Édipo e, por conseguinte, uma análise não mais do texto como cadeia significante, mas do discurso como estratégia, como rerretorização do discurso, eu me pergunto: como, operacionalmente, isso se distingue da análise clássica do discurso pronunciado?

M. Foucault: Há uma tradição de pesquisas que vão nessa direção e que já obtiveram resultados muito importantes. Suponho que você conheça a obra de Dumézil, ainda que ela seja muito menos conhecida que a de Lévi-Strauss. Tem-se o costume de classificar Dumézil entre os ancestrais do estruturalismo, de dizer que ele foi um estruturalista ainda pouco consciente de si mesmo, não tendo ainda os meios de análise rigorosos e matemáticos que tinha Lévi-Strauss, que ele fez, sob certos aspectos, de maneira empírica, ainda pesadamente histórica, um esboço do que Lévi-Strauss fará mais tarde. Dumézil não fica absolutamente contente com o tipo de interpretação de sua obra de análise histórica e é cada vez mais hostil à obra de Lévi-Strauss. O próprio Dumézil não foi o primeiro

---

58 Em francês no texto.
59 Em francês no texto.
60 Em francês no texto.
61 Em francês no texto.
62 Em francês no texto.
63 Em francês no texto.

nesse terreno, nem o último. Há, atualmente, na França, um grupo em torno de Jean-Pierre Vernant que retoma um pouco as ideias de Dumézil e tenta aplicá-las. Na análise de Dumézil, há a pesquisa de uma estrutura, isto é, a tentativa de mostrar que em um mito, por exemplo, a oposição entre dois personagens era uma oposição de tipo estrutural, isto é, que continha certo número de transformações coerentes. Nesse sentido, Dumézil fazia exatamente estruturalismo. Mas o importante nele, o que até agora foi um pouco negligenciado, quando se relê Dumézil, apoia-se em dois pontos importantes. Primeiramente, Dumézil dizia que, quando fazia comparações, podia tomar como exemplo um mito sânscrito, uma lenda sânscrita, e depois compará-los. Com o quê? Não obrigatoriamente com outro mito, mas, por exemplo, com um ritual assírio ou ainda com uma prática judiciária romana. Para ele, não há, portanto, privilégio absoluto atribuído ao mito verbal, ao mito como produção verbal, mas ele admite que as mesmas relações possam intervir tanto em um discurso quanto em um ritual religioso ou em uma prática social. Penso que Dumézil, longe de identificar ou de projetar todas as estruturas sociais, as práticas sociais, os ritos, em um universo do discurso, recoloca, no fundo, a prática do discurso no interior das práticas sociais. Tal é a diferença fundamental entre Dumézil e Lévi-Strauss. Em segundo lugar, dada a homogeneização feita entre o discurso e a prática social, ele trata o discurso como sendo uma prática que tem sua eficácia, seus resultados, que produz algo na sociedade, que é destinada a ter um efeito, obedecendo, por conseguinte, a uma estratégia. Na linha de Dumézil, Vernant e outros retomaram os mitos assírios e mostraram que esses grandes mitos da juventude do mundo eram mitos que tinham por função essencial restaurar, revigorar o poder real. Cada vez que um rei substituía outro, ou que tinha chegado ao fim do período de seus quatro anos de governo e que outro devia começar, recitavam-se ritos que tinham por função revigorar o poder real ou a própria pessoa do rei. Em resumo, vemos esse problema do discurso como ritual, como prática, como estratégia no interior das práticas sociais.

Então, você disse que se acaba colocando no primeiro plano o enunciado, a coisa dita, a cena do que foi dito. Precisamos saber o que entendemos por enunciado. Se queremos chamar "enunciado" o conjunto das palavras, o conjunto de elementos significantes, e depois o sentido do significante e do significado, direi que não é isso que eu e Dumézil entendemos por enunciado, enfim, por discurso. Há, na Europa, toda uma tradição de análise do discurso a partir das práticas judiciárias, políticas etc. Há, na França, Glotz, Gernet, Dumézil e, atualmente, Vernant, que para mim foram as pessoas mais significativas.

O estruturalismo consiste em tomar conjuntos de discursos e tratá-los somente como enunciados, procurando as leis de passagem, de transformação, os isomorfismos entre esses conjuntos de enunciados. Não é isso que me interessa.

L. C. Lima: Significa que a diferença é uma diferença de *corpus*. A comparação de um mito com outro supõe um *corpus*, enquanto você propõe a comparação entre *corpus* heterogêneos.

M. Foucault: Entre *corpus* heterogêneos, mas com uma espécie de isotopia, isto é, tendo como campo de aplicação um domínio histórico particular. O recorte de Lévi-Strauss supõe, na verdade, certa homogeneidade, visto que se trata de mitos, de discursos, mas não há homogeneidade histórica, ou histórico-geográfica; ao passo que o que Dumézil procura é estabelecer, no interior de um conjunto constituído pelas sociedades indo-europeias, o que constitui um *corpus*, uma isotopia geográfica e política, histórica e linguística, uma comparação entre os discursos teóricos e as práticas.

M. T. Amaral: Referir-se a um sujeito para compreender as formações discursivas é um processo mitificante no qual se esconde o volume do discurso. Referir-se à prática e à história não significa ocultar de novo esse discurso?

M. Foucault: Você acusa certa forma de análise de esconder os níveis do discurso da prática discursiva, da estratégia discursiva. Você quer saber se a análise que proponho não ocultaria outras coisas?

M. T. Amaral: Você nos mostrou como as formações discursivas constituem um fato – e penso que elas são o único fato que podemos realmente considerar como tal – e que interpretá-lo, remetê-lo a um sujeito ou a objetos era mitificar. Em sua conferência, entretanto, você se referiu às práticas e à história; por conseguinte, não compreendo muito bem.

M. Foucault: Você me atribui a ideia de que o único elemento na realidade analisável, o único que se exporia a nós seria o discurso. E que, por conseguinte, o resto não existe. Só existe o discurso.

M. T. Amaral: Não digo que o resto não existe; digo que não é acessível.

M. Foucault: Isso é um problema importante. Na verdade, não haveria sentido em dizer que apenas o discurso existe. Um exemplo muito simples: a exploração capitalista, de certa maneira, se realizou sem que jamais sua teoria tenha sido realmente formulada diretamente em um discurso. Ela pôde ser revelada ulteriormente por um discurso analítico: o discurso histórico ou discurso econômico. Mas os processos históricos se exerceram – ou não – no interior de um discurso? Eles se exerceram sobre a vida das pessoas, sobre seus corpos, sobre seus horários de trabalho, sobre sua vida e sua morte. Entretanto, se quisermos fazer o estudo do estabelecimento e dos efeitos da exploração capitalista, o que teremos de tratar? Onde o veremos traduzir-se? Nos discursos, compreendidos no sentido amplo, isto é, nos registros do comércio, dos índices de salários, das alfândegas. Nós o encontraremos ainda nos discursos no sentido restrito: nas decisões tomadas pelos conselhos de administração e nos regulamentos das fábricas, nas fotografias [*sic*] etc. Tudo isso, em certo sentido, são elementos do discurso. Mas não há somente um único universo do discurso no exterior do qual nos colocaríamos e que em seguida nos estudaremos. Poderíamos, por exemplo, estudar o discurso moral que o capitalismo ou seus representantes, o poder capitalista, desenvolveram para explicar que a salvação era trabalhar sem jamais exigir um aumento qualquer de salário. Essa "ética do trabalho" constituiu um tipo de discurso extraordinariamente importante desde o fim do século XVIII até o fim do século XIX. Discurso moral que encontramos nos catecismos católicos, nos guias espirituais protestantes, nos livros escolares, nos jornais etc. Podemos, então, pegar esse *corpus*, esse conjunto do discurso moral capitalista e, pela análise, mostrar a que finalidade estratégica isso corresponderia, fazendo, assim, a relação entre esse discurso e a própria prática da exploração capitalista. E nesse momento a exploração capitalista nos servirá como elemento extradiscursivo para estudar a estratégia desses discursos morais. É verdade, no entanto, que essas práticas, esses processos de exploração capitalista serão conhecidos, de certa maneira, por um número de elementos discursivos.

Em resumo, podemos perfeitamente colocar em ação, em seguida, outro procedimento que não contraria o precedente. Pegar, por exemplo, discursos econômicos capitalistas: pode-se perguntar como se estabeleceu a contabilidade das empresas capitalistas. Pode-se fazer a história desse controle que a empresa capitalista efetuou, desde os salários contabilizados, que aparecem a partir do fim da Idade Média, até a gigantesca contabilidade nacional de nossos dias. Pode-se perfeitamente fazer a análise desse tipo de discurso, com a intenção de mostrar a que estratégia ele se prendia, para que servia, como funcionava na luta econômica. E a partir do que se faria isso? A partir de certas práticas que seriam conhecidas por meio de outros discursos.

H. Pelegrino: Você afirma que a relação entre o analista e o paciente é uma relação de poder. Estou de acordo, mas não acho que uma análise deva ser necessariamente algo que constitui uma relação de poder, na qual o analista tem o poder e o analisado é submetido a esse poder. Se assim for, posso dizer-lhe que a análise é má, que é mal feita e se transforma em uma psicoterapia diretiva. O analista se põe a exercer um papel substitutivo, dominador. Não é um analista. Para dizer a verdade, quando um analista tem o poder, ele é investido de um poder que o paciente lhe dá. Porque precisa que o analista tenha poder, porque, por certo lado, o paciente é dependente do poder do analista. E, mesmo, acontece frequentemente que um paciente dê ao analista, confira ao analista um poder onipotente, que é o reflexo dos desejos de onipotência do paciente. Então, toda a análise, em última instância, consiste em questionar esse poder que o analisado quer dar ao analista. O analisado quer desistir de sua cura e de sua procura, para que o analista o substitua na tarefa de existir. O analista, se é um bom analista, deve justamente questionar e destruir essa *démarche*[64] transferencial pela qual o paciente quer dar-lhe o poder, investi-lo de um poder que ele não pode aceitar e que deve tentar dissolver em uma atmosfera de acordo humano, atmosfera de igualdade absoluta, em uma atmosfera de busca da verdade.

M. Foucault: Essa discussão é extremamente importante. Há 60 anos, em 1913,[65] estavam aqui para falar de psicanálise

---

64 Em francês no texto. (Nota do tradutor francês)
65 Freud não destaca a constituição de um grupo de psicanalistas no Brasil senão a partir de 1928.

brasileiros e alemães (nenhum francês, porque nesse época eles não sabiam nada a esse respeito). A discussão era tão vigorosa quanto a de agora. Mas do que ela tratava? Do problema de saber se tudo era efetivamente sexual. Ou seja, o tema do debate era a questão da sexualidade, da generalidade e da extensão da sexualidade, o que provocou discussões igualmente violentas.

Acho formidável que tenhamos discutido durante 15 minutos sobre psicanálise e que as palavras sexualidade, libido e desejo não tenham sido praticamente pronunciadas. Para alguém como eu, que, há certo número de anos, está colocando as coisas do lado da relação de poder, ver como se discute agora a respeito da psicanálise me deixa muito feliz. Penso que passamos, atualmente, por uma transformação completa dos problemas tradicionais.

Não sei se já chegou ao Brasil um livro escrito por Castel, intitulado *O Psicanalismo*,[66] que saiu há três semanas. Robert Castel é um amigo, trabalhamos juntos. Ele tenta retomar essa ideia de que, em última análise, a psicanálise procura somente deslocar, modificar, enfim, retomar as relações de poder que são as da psiquiatria tradicional. Eu tinha exprimido isso, desajeitadamente, no fim da *História da loucura*. Mas Castel trata o assunto muito seriamente, com uma documentação, em especial sobre a prática psiquiátrica, psicanalítica, psicoterapêutica, em uma análise em termos de relação de poder. Penso que é um trabalho muito interessante, mas que pode ferir muito os psicanalistas. O que é curioso é que esse livro saiu em março, e, quando deixei a França, no início de maio, os jornais não tinham ainda ousado falar dele.

Quando você diz que a psicanálise é feita para destruir a relação de poder, estou de acordo. Estou de acordo quando penso que se pode perfeitamente imaginar certa relação que se verificaria entre dois indivíduos, entre vários indivíduos, e que teria por função tentar dominar e destruir completamente as relações de poder; enfim, tentar controlá-las de uma maneira qualquer, porque a relação de poder passa por nossa carne, nosso corpo, nosso sistema nervoso. A ideia de uma psicoterapia, de uma relação em grupo, de uma relação que tentaria quebrar completamente essa relação de poder é uma

---

66 Castel (R.), *Le Psychanalysme*, Paris, Maspero, col. "Textes à l'appui: psychiatries", 1973.

ideia profundamente fecunda, e seria formidável se os psicanalistas colocassem essa relação de poder no próprio seio de seu projeto.

Mas devo dizer que a psicanálise, tal como é praticada atualmente, a tantos francos por sessão, não dá lugar ao que se possa dizer: ela é destruição das relações de poder. Até agora, foi conduzida sob a forma de uma normalização.

H. Pelegrino: Há uma série de sintomas importantes, como, por exemplo, a antipsiquiatria, o movimento argentino; e naturalmente você já teve conhecimento de um grupo italiano de psicanalistas, um grupo brilhante que rompeu com a Internacional e fundou a IV Internacional. É preciso, pois, que se observe não um ou dois exemplos isolados, que dariam da psicanálise a visão de uma instituição globalmente opressiva. Penso que hoje isso não é uma visão correta; assim, existe já um movimento que tomou corpo e que se coloca justamente na posição de um questionamento radical do poder. Isso é a prova de que a psicanálise é exatamente um processo de destruição de uma relação de poder de dominação nominal.

M. Foucault: Repito que não sou psicanalista, mas me surpreendo quando ouço dizer que a psicanálise é a destruição das relações de poder. Eu diria que há, atualmente, no meio psicoterapêutico, certo número de pessoas que, partindo de experiências e de princípios diferentes, tentam ver como se poderia fazer uma psicoterapia que não estaria sujeita a essas relações de poder. Podemos citá-las, mas não podemos dizer que a psicanálise seja isso. Os que tentam destruir essas relações de poder enfrentam grandes dificuldades e é com uma modéstia louvável que se referem a suas tentativas.

H. Pelegrino: Mas hoje há psicanalistas e psicanalistas. Nós, felizmente, já perdemos essa unidade monolítica que nos caracterizava.

M. Foucault: Permita-me falar como historiador. Encarando a psicanálise como fenômeno cultural que teve uma real importância no mundo ocidental, poderíamos dizer que, como prática, encarada como um todo, a psicanálise exerceu uma função no sentido da normalização. Aliás, poder-se-ia dizer a mesma coisa da Universidade, que reconstitui também as relações de poder; mas há, contudo, algumas universidades que tentaram e tentam não preencher essa função. Estou de acordo com você no que concerne ao esforço que se faz atualmente no sentido da destruição das relações de poder no interior da psicanálise, mas eu não qualificaria a psicanálise como ciência que coloca em questão o poder. Assim também não qualificaria a teoria freudiana de experimento de contestação do poder. Talvez a diferença entre nossos pontos de vista seja devida à diferença entre nossos contextos respectivos. Na França, houve certo número de pessoas que chamamos freudo-marxistas que tiveram alguma importância ideológica. Segundo elas, haveria duas teorias que seriam, por essência, revolucionárias e contestatórias: a teoria marxista e a teoria freudiana. Uma centrada nas relações de produção e a outra, nas relações de prazer; revolução nas relações de produção, revolução no desejo etc. Ora, até na teoria marxista poderemos encontrar muitos exemplos de recondução das relações de poder...

L. C. Lima: Parece-me que a questão central não é a psicanálise; é o tratamento da ideia de poder. A maneira como ela está sendo tratada a converte em fetiche. Isto é: cada vez que se fala de poder, pensa-se na exploração; eu pago um analista, portanto sou oprimido. Fala-se na Universidade, mas Foucault é pago para nos falar. Não é o problema do pagamento em si que determina uma relação negativa. Se tomarmos o poder como uma realidade una, todo poder significa opressão: eu converto o poder em fetiche. Terei, antes, de analisar as condições negativas e positivas do poder, porque, se não faço essa distinção, estarei restabelecendo simplesmente uma base anarquista ou, em uma versão mais contemporânea, uma versão acadêmica, erudita de um pensamento *hippie*.

C. Katz: Eu gostaria de acrescentar que não vejo onde está o caráter pernicioso do pensamento *hippie*, anarquista. Em minha opinião, Deleuze é *hippie* e anarquista, e não vejo em que é pernicioso.

M. Foucault: Eu não quis absolutamente identificar poder e opressão. Por quê? Primeiramente, porque penso que não há um poder, mas que, em uma sociedade, existem relações de poder extraordinariamente numerosas, múltiplas, em diferentes níveis, em que umas se apoiam nas outras e umas contestam as outras. Relações de poder muito diferentes vêm se atualizar no interior de uma instituição; por exemplo, nas relações sexuais, temos relações de poder, e seria simplista dizer que essas relações são a projeção do poder de classe. Mesmo de um ponto de vista estritamente político, em certos países do Ocidente, o poder, o poder político é exercido por indivíduos ou classes sociais que não detêm absolutamente o poder econômico. Essas relações de poder são sutis, em diversos níveis, e não podemos falar de *um* poder, mas, antes, descrever relações de poder; tarefa difícil e que implicaria um longo processo. Poderíamos estudá-las do ponto de vista da psiquiatria, da sociedade, da família. Essas relações são tão múltiplas que não poderiam ser definidas como opressão, resumindo tudo em uma frase: "O poder oprime." Não é verdade. O poder não oprime, por duas razões: primeiramente, porque proporciona prazer, pelo menos para certas pessoas. Temos toda uma economia libidinal do prazer, toda uma erótica do poder; isso vem provar que o poder não é somente opressivo. Em segundo lugar, o poder pode criar. Na conferência de ontem, tentei mostrar que coisas como as relações de poder, as confiscações etc. produziram algo de maravilhoso, que é um tipo de saber que se transforma em *inquérito*[67] e dá lugar a uma série de conhecimentos. Em resumo, não aprovo a análise simplista que consideraria o poder como uma só coisa. Alguém disse aqui que os revolucionários procuram tomar o poder. Aí, eu seria muito mais anarquista. É preciso dizer que não sou anarquista no sentido em que não admito essa concepção inteiramente negativa do poder; mas não estou de acordo com você quando diz que os revolucionários procuram tomar o poder. Ou, antes, estou de acordo, acrescentando "Graças a Deus, sim!" Para os revolucionários autênticos, apoderar-se do poder significa apoderar-se de um tesouro que se encontra nas mãos de uma classe, para entregá-lo a outra classe, no caso o proletariado. Acredito que é assim que se concebem a revolução e a tomada do poder. Observe, então, a União Soviética. Temos aí um regime no qual as relações de poder na família, na sexualidade, nas fábricas, nas escolas permanecem as mesmas. O problema é saber se podemos, no regime atual, transformar em níveis microscópicos – na escola, na família – as relações de poder, de tal maneira que, quando houver uma revolução político-econômica, não encontraríamos, depois, as mesmas relações de poder que encontramos agora. É o problema da revolução cultural na China...

---

67 Em francês no texto. (Nota do tradutor francês)

R. Muraro: Uma vez que a arqueologia parece não obedecer a um método, podemos considerá-la como uma atividade aparentada com a arte?

M. Foucault: É verdade que o que tento fazer é cada vez menos inspirado pela ideia de fundar uma disciplina mais ou menos científica. O que procuro fazer não é algo que esteja ligado à arte, mas, antes, uma espécie de atividade. Uma espécie de atividade, mas não uma disciplina. Uma atividade essencialmente histórico-política. Não penso que a história possa servir à política pelo fato de lhe fornecer modelos ou exemplos. Não procuro saber, por exemplo, em que medida a situação da Europa no início do século XIX é semelhante à situação do resto do mundo no fim do século XX. Esse sistema de analogia não me parece fecundo. Por outro lado, parece-me que a história pode servir à atividade política e que esta, por sua vez, pode servir à história na medida em que a tarefa do historiador, ou melhor, do arqueólogo seria descobrir as bases, as continuidades no comportamento, no condicionamento, nas condições de existência, nas relações de poder etc. Essas bases, que se constituíram em dado momento, que substituíram outras bases e que ficaram, estão atualmente escondidas sob outras produções, ou estão escondidas simplesmente porque fizeram de tal forma parte de nosso corpo, de nossa existência. Assim, parece-me evidente que tudo isso teve uma gênese histórica. Nesse sentido, a análise arqueológica teria, primeiramente, a função de descobrir as continuidades obscuras incorporadas em nós. Partindo do estudo de sua formação, poderíamos, em segundo lugar, constatar a utilidade que elas tiveram e que têm ainda hoje; como elas agem na economia atual de nossas condições de existência. Em terceiro lugar, a análise histórica permitiria ainda saber determinar a que sistema de poder estão ligadas essas bases, essas continuidades, e, por conseguinte, como fazer para abordá-las. Por exemplo, no domínio da psiquiatria, parece-me que é interessante saber como se instaurou o saber psiquiátrico, a instituição psiquiátrica no início do século XIX, ver como tudo isso foi iniciado no interior de uma série de relações econômicas ou pelo menos úteis, se queremos lutar agora contra todas as instâncias de normalização. Para mim, a arqueologia é isto: uma tentativa histórico-política que não se funda em relações de semelhança entre o passado e o presente, mas, antes, em relações de continuidade e na possibilidade de

definir atualmente objetivos táticos de estratégia de luta, precisamente em função disso.
Participante não identificado: Deleuze disse que você era um poeta. Ora, você acaba de afirmar que não é um poeta, que a arqueologia não é uma arte, não é uma teoria, não é um poema; é uma prática. A arqueologia é uma máquina milagrosa?
M. Foucault: A arqueologia é uma máquina, sem dúvida, mas por que milagrosa? Uma máquina crítica, uma máquina que recoloca em questão certas relações de poder, uma máquina que tem, ou pelo menos deveria ter, uma função liberadora. Na medida em que chegamos a atribuir à poesia uma função liberadora, eu diria não que a arqueologia é, mas que eu gostaria que ela fosse poética. Não me lembro bem em que Deleuze disse que eu era um poeta, mas se quero dar um sentido a essa afirmação seria nisto: que Deleuze quis dizer que meu discurso não procura obedecer às mesmas leis de verificação que regem a história propriamente dita, uma vez que esta tem por único fim dizer a verdade, dizer o que aconteceu, no nível do elemento, do processo, da estrutura das transformações. Eu diria, de maneira muito mais pragmática, que, no fundo, minha máquina é boa; não na medida em que transcreve ou fornece o modelo do que aconteceu, mas na medida em que consegue dar do que aconteceu um modelo tal que permita que nós nos liberemos do que aconteceu.
A. R. de Sant'Anna: Você já disse que o hermetismo é uma forma de controle do poder e nisso havia também uma referência à forma obscura do pensamento lacaniano. Por outro lado, sinto em você um desejo de escrever um livro tão claro que eu chamaria isso um projeto mallarmeano de um livro antimallarmeano. Então, quando se considera a opacidade do discurso literário em oposição ao discurso da transparência, não estaríamos com Mallarmé (o retorno da linguagem[68]) e com Borges (a heterotopia[69]), privilegiando o mesmo discurso da opacidade, principalmente se considerássemos que "com Nietzsche, com Mallarmé, o pensamento foi reconduzido, e violentamente, para a própria linguagem, para seu ser único e difícil"[70]?

---

68 Em francês no texto.
69 Em francês no texto.
70 Citação *des Mots et les Choses*, Paris, Gallimard, 1966, p. 317.

M. Foucault: É preciso destacar que não subscrevo sem restrições ao que disse em meus livros... No fundo, escrevo pelo prazer de escrever. O que quis dizer sobre Mallarmé e Nietzsche é que houve, na segunda metade do século XIX, um movimento de que encontramos os ecos em disciplinas como a linguística ou em experiências poéticas como as de Mallarmé; é toda uma série de movimentos que tendiam a se perguntar *grosso modo*: o que é a linguagem? Enquanto as pesquisas anteriores tinham principalmente visado a saber como nós nos servimos da linguagem para transmitir ideias, representar o pensamento, ligar significações, agora, ao contrário, a capacidade da linguagem, sua materialidade, se tornou um problema.

Parece-me que temos aí, quando abordamos o problema da materialidade da linguagem, uma espécie de retorno ao tema da sofística. Não penso que esse retorno, essa preocupação em torno do ser da linguagem possam ser identificados com o esoterismo. Mallarmé não é um autor claro, nem pretendia sê-lo, mas não me parece que esse esoterismo esteja obrigatoriamente implicado no retorno ao problema do ser da linguagem. Se consideramos a linguagem como uma série de fatos tendo um *status* determinado de materialidade, essa linguagem é um abuso de poder pelo fato de que se pode utilizá-la de determinada maneira, de tal modo obscura que ela vem se impor do exterior à pessoa a quem é dirigida, criando problemas sem solução, seja de compreensão, seja de reutilização, de retorção, de respostas, de críticas etc. O retorno ao ser da linguagem não está, portanto, ligado à prática do esoterismo.

Gostaria de acrescentar que a arqueologia, essa espécie de atividade histórico-política, não se traduz obrigatoriamente em livros, nem em discursos, nem em artigos. Em última análise, o que atualmente me incomoda é justamente a obrigação de transcrever, de encerrar tudo isso em um livro. Parece-me que se trata de uma atividade ao mesmo tempo prática e teórica que deve ser realizada por meio de livros, de discursos e de discussões como esta, por meio de ações políticas, da pintura, da música...

1974

O Poder Psiquiátrico

"Le pouvoir psychiatrique", *Annuaire du Collège de France*, 74ᵉ année, *Histoire des systèmes de pensée, année 1973-1974*, 1974, p. 293-300.

Por muito tempo, e ainda em nossos dias, em boa parte, a medicina, a psiquiatria, a justiça penal, a criminologia ficaram nos confins de uma manifestação da verdade nas normas do conhecimento e de uma produção da verdade na forma da prova: tendendo sempre esta a se esconder sob aquela e a fazer-se justificar por ela. A crise atual dessas "disciplinas" não questiona simplesmente seus limites ou suas incertezas no campo do conhecimento, ela questiona o conhecimento, a forma do conhecimento, a norma "sujeito-objeto"; interroga as relações entre as estruturas econômicas e políticas de nossa sociedade e o conhecimento (não em seus conteúdos verdadeiros ou falsos, mas em suas funções de poder-saber). Crise, por conseguinte, histórico-política.

Vejamos primeiramente o exemplo da medicina; com o espaço que lhe é conexo, a saber, o hospital. Ainda por muito tempo, o hospital permaneceu um lugar ambíguo: de constatação para uma verdade oculta e de prova para uma verdade a produzir.

Uma ação direta sobre a doença: não somente permitir-lhe revelar sua verdade aos olhos do médico, mas produzi-la. Supunha-se, com efeito, que o doente, deixado no estado livre – em seu "meio", em sua família, em seu círculo, com seu regime, seus costumes, seus preconceitos, suas ilusões –, só podia ser afetado por uma doença complexa, confusa, emaranhada, uma espécie de doença contra a natureza que era, ao mesmo tempo, a mistura de várias doenças e o impedimento para a verdadeira doença produzir-se na autenticidade de sua natureza. O papel do hospital era, pois, afastando essa vegetação parasita, essas formas aberrantes, não somente de deixar ver a doença tal como ela é, mas de produzi-la, enfim, em sua verdade até aí fechada e entravada. Sua natureza própria, seus caracteres essenciais, seu desenvolvimento específico iam poder, enfim, pelo efeito da hospitalização, tornar-se realidade. Julgava-se que o hospital do século XVIII criava as condições para que viesse à tona a verdade da doença. Era, portanto, um lugar de observação e de demonstração, mas também de purificação e de prova. Ele constituía uma espécie de aparelhagem complexa que devia, ao mesmo tempo, fazer aparecer e produzir realmente a doença: lugar botânico para a contemplação das espécies, lugar ainda alquímico para a elaboração das substâncias patológicas.

Foi essa dupla função que ficou encarregada por muito tempo ainda pelas grandes estruturas hospitalares instauradas no século XIX. E, durante um século (1760-1860), a prática e a teoria da hospitalização, e, de uma maneira geral, a concepção da doença, foram dominadas por este equívoco: o hospital, estrutura de acolhimento da doença, deve ser um espaço de conhecimento ou um lugar de prova?

Daí toda uma série de problemas que atravessaram o pensamento e a prática dos médicos. Eis alguns deles:

1. A terapêutica consiste em suprimir o mal, em reduzi-lo à inexistência; mas, para que essa terapêutica seja racional, para que possa fundar-se na verdade, não é preciso que ela deixe a doença desenvolver-se? Quando se deve intervir, e em que sentido? É preciso mesmo intervir? É preciso agir para que a doença se desenvolva ou para que ela cesse? Para atenuá-la ou para conduzi-la a seu termo?

2. Há doenças e modificações de doenças. Doenças puras e impuras, simples e complexas. Não existe, finalmente, uma só doença, da qual todas as outras seriam as formas mais ou menos longinquamente derivadas, ou se devem admitir categorias irredutíveis? (Discussão entre Broussais e seus adversários sobre a noção de irritação. Problema das febres essenciais.)

3. O que é uma doença normal? O que é uma doença que segue seu curso? Uma doença que conduz à morte ou uma doença que se cura espontaneamente, terminada sua evolução? Era assim que Bichat se interrogava sobre a posição da doença entre a vida e a morte.

Conhece-se a prodigiosa simplificação que a biologia pasteuriana introduziu em todos esses problemas. Determinando o agente do mal e fixando-o como um organismo singular, ela permitiu que o hospital se tornasse um lugar de observação, de diagnóstico, de identificação clínica e experimental, mas também de intervenção imediata, de contra-ataque voltado contra a invasão microbiana.

Quanto à função da prova, vê-se que ela pode desaparecer. O lugar onde se produzirá a doença será o laboratório, a proveta; mas, aí, a doença não se efetua em uma crise; reduz-se seu processo a um mecanismo que se aumenta; é transformada em um fenômeno verificável e controlável. O meio hospitalar não tem mais de ser para o doente o lugar favorável a um acontecimento decisivo; ele permite simplesmente uma redução, uma transferência, um aumento, uma constatação; a prova se transforma em prova na estrutura técnica do laboratório e na percepção do médico.

Se se quisesse fazer uma "etnoepistemologia" do personagem médico, seria preciso dizer que a revolução pasteuriana o privou de seu papel, sem dúvida milenar, na produção ritual e na prova da doença. E o desaparecimento desse papel, provavelmente, foi dramatizado pelo fato de que Pasteur não simplesmente mostrou que o médico não tinha de ser o produtor da doença "em sua verdade", mas que, por ignorância da verdade, ele tinha se tornado, milhares de vezes, o propagador e o reprodutor: o médico, indo de leito em leito, era um dos agentes maiores do contágio. Pasteur criava para os médicos uma formidável ferida narcísica que eles levaram muito tempo para perdoar-lhe: essas mãos do médico que deviam percorrer o corpo do doente, apalpá-lo, examiná-lo, essas mãos que deviam descobrir a doença, trazê-la a claro, mostrá-la, Pasteur as designou como portadoras do mal. O espaço hospitalar e o saber do médico tinham tido até aí como função produzir a verdade "crítica" da doença; e eis que o corpo do médico, o amontoado hospitalar apareciam como produtores da realidade da doença.

Asseptizando o médico e o hospital, deram-lhe uma nova inocência, de onde eles extraíram novos poderes e um novo *status* na imaginação dos homens. Mas é outra história.

*

Essas algumas considerações podem ajudar a compreender a posição do louco e a do psiquiatra no interior do espaço asilar.

Há, provavelmente, uma correlação histórica entre dois fatos: antes do século XVIII, a loucura não era sistematicamente internada; e era essencialmente considerada como uma forma do erro ou da ilusão. Ainda no início da Idade Clássica, a loucura era percebida como pertencente às quimeras do mundo; ela podia viver no meio delas e não tinha de ser separada dele a não ser que assumisse formas extremas ou perigosas. Compreende-se, nessas condições, que o lugar privilegiado em que a loucura podia e devia explodir em sua verdade não podia ser o espaço artificial do hospital. Os lugares terapêuticos que eram reconhecidos eram, inicialmente, a natureza, visto que ela era a forma visível da verdade; tinha em si o poder de dissipar o erro, de fazer dissiparem-se as quimeras. As prescrições dadas pelos médicos eram, pois, geralmente, a viagem, o repouso, o passeio, o retiro, o corte com o mundo artificial e vão da cidade. Esquirol se lembrará ainda quando, projetando os planos de um hospital psiquiátrico, recomendará que cada pátio desse amplamente para a vista de um jardim. O outro lugar terapêutico colocado em uso era o teatro, natureza inversa: representava-se ao doente a comédia de sua própria loucura, colocavam-na em cena, davam-lhe por um momento uma realidade fictícia; faziam, por meio de cenários e disfarces, como se ela fosse verdadeira, mas de maneira que, caindo na armadilha, o erro acabasse por se revelar aos olhos daquele mesmo que era sua vítima. Essa técnica, também ela, não tinha ainda desaparecido completamente no século XIX; Esquirol, por exemplo, recomendava intentar processos aos melancólicos para estimular sua energia e seu gosto de combater.

A prática do internamento no início do século XIX coincide com o momento em que a loucura é percebida menos em relação ao erro do que em relação à conduta regular e normal; quando ela aparece não mais como julgamento perturbado, mas como confusão na maneira de agir, de querer, de experimentar paixões, de tomar as decisões e de ser livre; resumindo, quando se inscreve não mais no eixo verdade-erro-consciência, mas no eixo paixão-vontade-liberdade; momento de Hoffbauer e de Esquirol. "Há alienados cujo delírio é dificilmente visível; não são aqueles cujas paixões, afecções morais sejam desordenadas, pervertidas ou aniquiladas... A diminuição do delírio só é um sinal de cura quando os alienados voltam a suas primeiras afecções."[1] Qual é, com efeito, o processo da cura? O movimento pelo qual o erro se dissipa e a verdade se esclarece novamente? Não; mas "a volta das afecções morais em seus justos limites, o desejo de rever seus amigos, seus filhos, as lágrimas da sensibilidade, a necessidade de desafogar seu coração, de se reencontrar no meio de sua família, de retomar seus hábitos".[2]

Qual poderá ser, então, o papel do asilo nesse movimento de volta das condutas regulares? É claro, ele terá, primeiramente, a função que se atribuía aos hospitais, no fim do século XVIII: permitir descobrir a verdade da doença mental, afastar tudo o que pode, no ambiente do doente, mascará-la, misturá-la, dar-lhe formas aberrantes, mantê-la também e relançá-la. Mas, mais ainda que um lugar de descoberta, o hospital de que Esquirol deu o modelo é um lugar de enfrentamento; a loucura, vontade perturbada, paixão perversa, deve encontrar aí uma vontade correta e paixões ortodoxas. Seu face a face, seu choque inevitável, e, para dizer a verdade, desejável, produzirá dois efeitos: a vontade doente, que podia muito bem ficar inapreensível, já que não se exprimia em nenhum delírio, produzirá em toda clareza seu mal pela resistência que oporá à vontade certa do médico; e, por outro lado, a luta que se estabelece a partir daí deverá, se for bem conduzida, conduzir à vitória da vontade certa, à submissão, à renúncia da vontade perturbada. Um processo, pois, de oposição, de luta e de dominação. "É preciso aplicar um método perturbador, quebrar o espasmo pelo espasmo... É preciso subjugar todo o caráter de certos doentes, vencer suas pretensões, domar sua exaltação, quebrar seu orgulho, ao mesmo tempo em que é preciso excitar, incentivar os outros."[3]

Assim se estabelece a função muito curiosa do hospital psiquiátrico do século XIX; lugar de diagnóstico e de classificação, retângulo botânico em que as espécies de doenças são divididas em pátios, cuja disposição faz pensar em uma vasta horta; mas também espaço fechado para um enfrentamento, lugar

---

1 Esquirol (J. E. D.), *De La folie* (1816), § 1: "Symptômes de la folie", in *Des maladies mentales considérées sous les rapports médical, hygiénique et médico-légal*, Paris, Baillière, 1838, t. I, p. 16 (reed., Paris, Frénésie, col. "Les Introuvables de la psychiatrie", 1989).
2 *Ibid.*
3 Esquirol (J. E. D.), *op. cit.*, § V: "Traitement de la folie", p. 132-133.

de uma luta, campo institucional no qual se trata de vitória e submissão. O grande médico de asilo – seja Leuret, Charcot ou Kraepelin – é, ao mesmo tempo, o que pode dizer a verdade da doença pelo saber que tem sobre ela e o que pode produzir a doença em sua verdade e submetê-la à realidade, pelo poder que sua vontade exerce sobre o próprio doente. Todas as técnicas ou procedimentos colocados em operação nos asilos do século XIX – o isolamento, o interrogatório privado ou público, os tratamentos-punição como a ducha, os discursos morais (incentivos ou censuras), a disciplina rigorosa, o trabalho obrigatório, as recompensas, as relações preferenciais entre o médico e alguns de seus doentes, as relações de avassalamento, de pose, de domesticidade, às vezes de servidão entre o doente e o médico –, tudo isso tinha por função fazer do personagem médico o "mestre da loucura": aquele que a faz aparecer em sua verdade (quando ela se oculta, quando fica escondida e silenciosa) e aquele que a domina, a acalma e a reabsorve, depois de tê-la sabiamente desencadeado.

Digamos, pois, de uma maneira esquemática: no hospital pasteuriano, a função "produzir a verdade" da doença não cessou de se atenuar; o médico produtor de verdade desaparece em uma estrutura de conhecimento. Ao contrário, no hospital de Esquirol ou de Charcot, a função "produção de verdade" se hipertrofia, se exalta em torno do personagem do médico. Charcot, taumaturgo da histeria, é, com certeza, o personagem mais altamente simbólico desse tipo de funcionamento.

Ora, essa exaltação se produz em uma época em que o poder médico encontra suas garantias e suas justificações nos privilégios do conhecimento: o médico é competente, o médico conhece as doenças e os doentes, ele detém um saber científico que é do mesmo tipo que o do químico ou do biólogo: eis o que o motiva agora a intervir e a decidir. O poder que o asilo dá ao psiquiatra deverá, então, justificar-se (e mascarar-se ao mesmo tempo como superpoder primordial) produzindo fenômenos integráveis à ciência médica. Compreende-se por que a técnica da hipnose e da sugestão, o problema da simulação, o diagnóstico diferencial entre doença orgânica e doença psicológica estiveram durante tão longos anos (de 1860 a 1890, pelo menos) no centro da prática e da teoria psiquiátricas. O ponto de perfeição, de muito milagrosa perfeição foi alcançado quando os doentes do serviço de Charcot se puseram a reproduzir, por exigência do poder-saber médico, uma sintomatologia normatizada sobre a epilepsia, isto é, suscetível de ser decifrada, conhecida e reconhecida nos termos de uma doença orgânica.

Episódio decisivo em que se redistribuem e vêm superpor-se exatamente as duas funções do asilo (prova e produção da verdade, por um lado; constatação e conhecimento dos fenômenos, por outro). O poder do médico lhe permite produzir doravante a realidade de uma doença mental da qual o próprio é reproduzir fenômenos inteiramente acessíveis ao conhecimento. A histérica era a doente perfeita, já que *dava a conhecer*: ela retranscrevia ela própria os efeitos do poder médico em formas que o médico podia descrever segundo um discurso cientificamente aceitável. Quanto à relação de poder que tornava possível essa operação, como poderia ter sido detectado em seu papel determinante, visto que – virtude suprema da histeria, docilidade sem igual, verdadeira santidade epistemológica – as doentes o retomavam a seu encargo elas próprias e aceitavam sua responsabilidade: ele aparecia, na sintomatologia, como sugestibilidade mórbida. Tudo se explicava doravante na limpidez do conhecimento purificado de todo poder, entre o sujeito conhecedor e o objeto conhecido.

*

Hipótese: a crise foi aberta, e, na idade maldesenhada ainda da antipsiquiatria, começa quando se teve a suspeita, logo a certeza, de que Charcot produzia efetivamente a crise de histeria que ele descrevia. Tem-se aí um pouco o equivalente da descoberta feita por Pasteur de que o médico transmitia as doenças que devia supostamente combater.

Parece-me, em todo caso, que todas as grandes sacudidas que abalaram a psiquiatria desde o fim do século XIX questionaram essencialmente o poder do médico. Seu poder e o efeito que ele produzia no doente, mais ainda que seu saber e a verdade do que ele dizia sobre a doença. Digamos mais exatamente que, de Bernheim a Laing ou a Basaglia, o que esteve em questão foi a maneira como o poder do médico estava implicado na verdade do que ele dizia e, inversamente, a maneira como esta podia ser fabricada e comprometida por seu poder. Cooper disse: "A violência está no coração de nosso problema."[4] E Basaglia: "A característica dessas instituições (escola, fábrica, hospital) é uma separação decidida entre os que detêm o poder e os que não o detêm."[5] Todas as grandes reformas, não somente da prática psiquiátrica, mas do pensamento psiquiátrico, se situam em torno dessa relação de poder: elas constituem, assim, tentativas de deslocá-lo, mascará-lo, eliminá-lo, anulá-lo. O conjunto da psiquiatria moderna é, no fundo, atravessada pela antipsiquiatria, se entendermos nisso tudo o que recoloca em questão o papel do psiquiatra encarregado outrora de *produzir a verdade da doença no espaço hospitalar*.

Poder-se-ia, então, falar *das* antipsiquiatrias que atravessaram a história da psiquiatria moderna. Mas talvez valha mais a pena distinguir com cuidado dois processos que são perfeitamente distintos do ponto de vista histórico, epistemológico e político.

Houve, inicialmente, o movimento de "despsiquiatrização". É o que aparece imediatamente depois de Charcot. E trata-se, então, não tanto de anular o poder do médico quanto de deslocá-lo em nome de um saber mais exato, de lhe dar outro ponto de aplicação e novas medidas. Despsiquiatrizar a medicina mental para restabelecer em sua justa eficácia um poder médico que a imprudência (ou a ignorância) de Charcot tinha levado a produzir abusivamente doenças, portanto falsas doenças.

1. Uma primeira forma de despsiquiatrização começa com Babinksi, em quem ela encontra seu herói crítico. Mais do que procurar produzir teatralmente a verdade da doença, é melhor procurar reduzi-la a sua estrita realidade, que não é, talvez, frequentemente, senão a aptidão de se deixar teatralizar: pitiatismo. Doravante, não somente a relação de dominação do médico sobre o doente não perderá nada de seu rigor, mas seu rigor se dirigirá para a *redução* da doença a seu estrito mínimo: os sinais necessários e suficientes para que ela possa ser

---

[4] Cooper (D.), *Psychiatry and Antipsychiatry*, Londres, Tavistock, 1967 (*Psychiatrie et Antipsychiatrie*, trad. M. Baudeau, Paris, Éd. du Seuil, col. "Le Champ freudien", 1970, cap. I: "Violence et psychiatrie", p. 33).
[5] Basaglia (F.), ed., *L'Istituzione negata. Rapporto da un ospedale psichiatrico*, Turim, Nuovo politecnico, vol. 19, 1968 (*Les Institutions de la violence*, in Basaglia F., ed., *L'Institution en négation. Rapport sur l'hôpital psychiatrique de Gorizia*, trad. L. Bonalumi, Paris, Éd. du Seuil, col. "Combats", 1970, p. 105).

diagnosticada como doença mental e as técnicas indispensáveis para que essas manifestações desapareçam.

Trata-se, de alguma maneira, de pasteurizar o hospital psiquiátrico, de obter para o asilo o mesmo efeito de simplificação que Pasteur tinha imposto aos hospitais: articular diretamente um sobre o outro o diagnóstico e a terapêutica, o conhecimento da natureza da doença e a supressão de suas manifestações. O momento da prova, aquele em que a doença se manifesta em sua verdade e chega a sua realização, esse momento não deve mais figurar no processo médico. O hospital pode tornar-se um lugar silencioso onde a forma do poder médico se mantém no que ele tem de mais estrito, mas sem que precise encontrar ou enfrentar a loucura em si. Chamemos essa forma "asséptica" e "assintomática" de despsiquiatrização, "psiquiatria com produção zero". A psicocirurgia e a psiquiatria farmacológica são suas duas formas mais notáveis.

2. Outra forma de despsiquiatrização, exatamente inversa da precedente. Trata-se de tornar o mais intensa possível a produção da loucura em sua verdade, mas fazendo com que as relações de poder entre médico e doente sejam exatamente investidas nessa produção, que eles permaneçam adequados a ela, que não se deixem transbordar por ela, que possam manter o controle. A primeira condição para essa manutenção do poder médico "despsiquiatrizado" é a colocação fora de circuito de todos os efeitos próprios ao espaço asilar. É preciso evitar antes de tudo a armadilha na qual tinha caído a taumaturgia de Charcot; impedir que a obediência hospitalar zombe da autoridade médica e que, nesse lugar das cumplicidades e dos obscuros saberes coletivos, a ciência soberana do médico se encontre envolvida em mecanismos que ela teria involuntariamente produzido. Portanto, regra do face a face; portanto, regra do livre contrato entre o médico e o doente; portanto, regra da limitação de todos os efeitos da relação no único nível de discurso ("Eu só lhe peço uma coisa: é dizer, mas dizer efetivamente tudo o que passa pela sua cabeça"); portanto, regra da liberdade discursiva ("Você não poderá mais se vangloriar de enganar seu médico, já que não responderá a questões feitas; você dirá o que lhe vem ao espírito, sem que tenha nem que me perguntar o que penso disso, e, se quiser me enganar, infringindo essa regra, eu não serei realmente enganado; você próprio cairá na armadilha, já que terá perturbado a produção

da verdade e aumentado de algumas sessões a quantia que me deve"); portanto, regra do divã, que só atribui realidade aos efeitos produzidos nesse lugar privilegiado e durante essa hora singular em que se exerce o poder do médico – poder que não pode ficar preso em nenhum efeito de retorno, já que é inteiramente retirado no silêncio e na invisibilidade.

A psicanálise pode historicamente ser decifrada como a outra grande forma da despsiquiatrização provocada pelo traumatismo Charcot: retirada fora do espaço asilar para apagar os efeitos paradoxais do superpoder psiquiátrico; mas reconstituição do poder médico, produtor de verdade, em um espaço arranjado para que essa produção fique sempre adequada a esse poder. A noção de transferência como processo essencial para a cura é uma maneira de pensar conceitualmente essa adequação na forma do conhecimento; o pagamento do dinheiro, contrapartida monetária da transferência, é uma maneira de garanti-la na realidade: uma maneira de impedir que a produção da verdade se torne um contrapoder que prende, anula, derruba o poder do médico.

A essas duas grandes formas de despsiquiatrização, as duas conservadoras do poder, uma porque anula a produção de verdade, a outra porque tenta tornar adequados produção de verdade e poder médico, se opõe a antipsiquiatria. Mais do que um retraimento fora do espaço asilar, trata-se de sua destruição sistemática por um trabalho interno; e trata-se de transferir ao próprio doente o poder de produzir sua loucura e a verdade de sua loucura, mais do que procurar reduzi-lo a zero. A partir daí, pode-se compreender, penso, o que está em jogo na antipsiquiatria e que não é absolutamente o valor de verdade da psiquiatria em termos de conhecimento (de exatidão diagnóstica ou de eficácia terapêutica).

No cerne da antipsiquiatria, a luta com, na e contra a instituição. Quando foram estabelecidas, no início do século XIX, as grandes estruturas asilares, justificavam-nas por uma maravilhosa harmonia entre as exigências da ordem social – que exigia ser protegida contra a desordem dos loucos – e as necessidades da terapêutica – que exigiam o isolamento dos doentes.[6] Justificando o isolamento dos loucos, Esquirol lhe dava

---

6 (N.A.) Ver a esse respeito as páginas de Castel (R.), em *Le Psychanalysme*, Paris, Maspero, 1973, p. 150-153.

cinco razões principais: 1. garantir sua segurança pessoal e a de sua família; 2. liberá-los das influências exteriores; 3. vencer suas resistências pessoais; 4. submetê-los a um regime médico; e 5. impor-lhes novos hábitos intelectuais e morais. Está visto, tudo é questão de poder; dominar o poder do louco, neutralizar os poderes exteriores que podem exercer-se sobre ele; estabelecer sobre ele um poder de terapêutica e de correção – de "ortopedia". Ora, é na instituição, como lugar, forma de distribuição e mecanismo dessas relações de poder, que se ataca a antipsiquiatria. Sob as justificações de um internamento que permitiria, em um lugar purificado, constatar o que é e intervir onde, quando e como é preciso, ela faz surgir as relações de dominação próprias à relação institucional: "O puro poder do médico", diz Basaglia, constatando no século XX os efeitos das prescrições de Esquirol, "aumenta tão vertiginosamente quanto diminui o poder do doente; este, pelo simples fato de estar internado, torna-se um cidadão sem direitos, entregue ao arbitrário do médico e dos enfermeiros, que podem fazer dele o que quiserem sem possibilidade de apelo".[7] Parece-me que se poderiam situar as diferentes formas de antipsiquiatria segundo sua estratégia em relação a esses jogos do poder institucional: escapar deles na forma de um contrato dual e livremente consentido de ambos os lados (Szasz[8]); preparar um lugar privilegiado onde elas devem ficar suspensas ou perseguidas se vierem a reconstituir-se (Kingsley Hall[9]); identificá-las uma

---

7 Basaglia (F.), *op. cit.*, p. 111.
8 Thomas Stephen Szasz, psiquiatra e psicanalista americano nascido em Budapeste, em 1920. Professor de psiquiatria na Universidade de Syracuse (Nova York), foi o único psiquiatra americano a inscrever-se no movimento dito "antipsiquiátrico", que se desenvolve nos anos 1960. Sua obra faz uma crítica das instituições psiquiátricas a partir de uma concepção liberal e humanista do sujeito e dos direitos do homem. Cf. sua coletânea de artigos *Ideology and Insanity*, Londres, Calder & Boyars, 1970 (*Idéologie et Folie. Essais sur la négation des valeurs humanistes dans la psychiatrie d'aujourd'hui*, trad. P. Sullivan, Paris, PUF, col. "Perspectives critiques", 1976). *The Myth of Mental Illness*, Nova York, Harper & Row, 1961 (*Le Mythe de la maladie mentale*, trad. D. Berger, Paris, Payot, 1975).
9 Kingsley Hall faz parte dos três lugares de acolhimento criados nos anos 1960. Situado em um bairro operário do East End de Londres, é conhecido pelo relato que fizeram Mary Barnes, que aí passou cinco anos, e seu terapeuta, Joe Berke, no livro *Mary Barnes, un voyage autour da la folie* (trad. M. Davidovici), Paris, Éd. du Seuil, 1973.

a uma e destruí-las progressivamente no interior de uma instituição de tipo clássico (Cooper, no pavilhão 21[10]); religá-las com as outras relações de poder que já puderam no exterior do asilo determinar a segregação de um indivíduo como doente mental (Gorizia[11]). As relações de poder constituíam o *a priori* da prática psiquiátrica: elas condicionavam o funcionamento da instituição asilar, distribuíam aí as relações entre os indivíduos, regiam as formas da intervenção médica. A inversão própria à antipsiquiatria consiste em colocá-las, ao contrário, no centro do campo problemático e questioná-las de maneira primordial.

Ora, o que estava implicado no primeiro capítulo nessas relações de poder era o direito absoluto da não loucura sobre a loucura. Direito transcrito em termos de competência exercendo-se sobre uma ignorância, de bom senso (de acesso à realidade) corrigindo erros (ilusões, alucinações, fantasmas), da normalidade impondo-se à desordem e ao desvio. Era esse triplo poder que constituía a loucura como objeto de conhecimento possível para uma ciência médica, que a constituía como doença, no mesmo momento em que o "sujeito" afetado por essa doença se encontrava desqualificado como louco – isto é, despojado de todo poder e de todo saber quanto a sua doença: "Seu sofrimento e sua singularidade, sabemos sobre eles bastantes coisas (de que você não duvida) para reconhecer que é uma doença; mas essa doença, nós a conhecemos o suficiente para saber que você não pode exercer sobre ela e em relação a ela nenhum direito. Sua loucura, nossa ciência nos permite chamá-la doença, e, a partir de então, somos nós, médicos, qualificados para intervir e diagnosticar em você uma loucura que o impede de ser um doente como os outros: será, pois, um doente mental." Esse jogo de uma relação de poder que dá lugar a um conhecimento, que funda em retorno os di-

---

10 A experiência do pavilhão 21, iniciada em janeiro de 1962 em um hospital psiquiátrico do noroeste de Londres, inaugura a série de experiências comunitárias de antipsiquiatria, das quais uma das mais conhecidas é a de Kingsley Hall. David Cooper, que a conduziu até 1966, a relata em seu livro *Psychiatry and Antipsychiatry*, op. cit.
11 Hospital psiquiátrico público italiano situado no norte de Trieste. Sua transformação institucional foi empreendida por Franco Basaglia e sua equipe a partir de 1963. *L'Institution en négation* relata essa luta anti-institucional que deu exemplo. Basaglia abandonou a direção de Gorizia em 1968, para desenvolver sua experiência em Trieste.

reitos desse poder, caracteriza a psiquiatria "clássica". É esse círculo que a antipsiquiatria empreende desfazer: dando ao indivíduo a tarefa e o direito de conduzir sua loucura até o fim, em uma experiência com a qual os outros podem contribuir, mas jamais em nome de um poder que lhes seria conferido por sua razão ou sua normalidade; destacando as condutas, os sofrimentos, os desejos do *status* médico que lhes tinha sido conferido, libertando-os de um diagnóstico e de uma sintomatologia que não tinham simplesmente valor de classificação, mas de decisão e de decreto; invalidando, enfim, a grande reinscrição da loucura na doença mental que tinha sido empreendida a partir do século XVII e acabado no século XIX.

A desmedicalização da loucura é correlativa desse questionamento primordial do poder na prática antipsiquiátrica. No que se mede a oposição desta à "despsiquiatrização", que parece caracterizar tanto a psicanálise quanto a psicofarmacologia: as duas dependendo antes de uma supermedicalização da loucura. E assim se encontra aberto o problema da eventual libertação da loucura em relação a essa forma singular de poder-saber que é o conhecimento. É possível que a produção da verdade da loucura possa efetuar-se em formas que não são as da relação de conhecimento? Problema fictício, dirão, questão que só tem seu lugar na utopia. De fato, ela se coloca concretamente todos os dias a propósito do papel do médico – do sujeito estatutário de conhecimento – no empreendimento de despsiquiatrização.

*

O seminário foi consagrado alternadamente a dois assuntos: a história da instituição e da arquitetura hospitalares no século XVIII; e o estudo da perícia médico-legal em matéria psiquiátrica desde 1820.

1975

Poder e Corpo

"Pouvoir et corps", *Quel corps?*, n. 2, setembro-outubro de 1975, p. 2-5. (Entrevista de junho de 1975.)

– *Em* Vigiar e punir, *você ilustra um sistema político em que o corpo do rei exerce papel essencial...*
– Em uma sociedade como a do século XVII, o corpo do rei não era uma metáfora, mas uma realidade política: sua presença física era necessária ao funcionamento da Monarquia.
– *E a República "una e indivisível"?*
– É uma fórmula imposta contra os girondinos, contra a ideia de um federalismo à americana. Mas jamais funciona como o corpo do rei sob a Monarquia. Não há corpo da República. Em compensação, é o corpo da sociedade que se torna, no decorrer do século XIX, o novo princípio. É aquele corpo que se deverá proteger, de uma maneira quase médica: em vez de rituais pelos quais se restaurava a integridade do corpo do monarca, vão se aplicar receitas, terapêuticas, tais como a eliminação dos doentes, o controles dos contagiosos, a exclusão dos delinquentes. A eliminação pelo suplício é, assim, substituída por métodos de assepsia: a criminologia, a eugenia, a separação dos "degenerados"...
– *Existe um fantasma corporal no nível das diferentes instituições?*
– Penso que o grande fantasma é a ideia de um corpo social que seria constituído pela universalidade das vontades. Ora, não é o consenso que faz aparecer o corpo social, é a materialidade do poder sobre o próprio corpo dos indivíduos.
– *O século XVIII é visto sob o ângulo da liberação. Você o descreve como o estabelecimento de um enquadramento. Um pode ir sem o outro?*
– Como sempre nas relações de poder, encontramo-nos em presença de fenômenos complexos que não obedecem à forma

hegeliana da dialética. O domínio, a consciência de seu corpo não puderam ser adquiridos senão pelo efeito do investimento do corpo pelo poder: a ginástica, os exercícios, o desenvolvimento muscular, a nudez, a exaltação do belo corpo... tudo isso está na linha que conduz ao desejo de seu próprio corpo por um trabalho insistente, obstinado, meticuloso que o poder exerceu sobre o corpo das crianças, soldados, sobre o corpo em boa saúde. Mas, a partir do momento em que o poder produziu esse efeito, na própria linha de suas conquistas, emerge inevitavelmente a reivindicação de seu corpo contra o poder, a saúde contra a economia, o prazer contra as normas morais da sexualidade, do casamento, do pudor. E, assim, aquilo pelo que o poder era forte se torna aquilo pelo que é atacado... O poder avançou no corpo, encontra-se exposto no próprio corpo... Lembra-se do pânico das instituições do corpo social (médicos, políticos) com a ideia da união livre ou do aborto... De fato, a impressão que o poder vacila é falsa, porque ele pode operar um retorno, deslocar-se, investir em outra parte, ... e a batalha continua.

– *Seria a explicação dessas famosas "recuperações" do corpo pela pornografia, pela publicidade?*

– Não concordo plenamente em falar de "recuperação". É o desenvolvimento estratégico normal de uma luta... Tomemos um exemplo preciso, o do autoerotismo. Os controles da masturbação só começaram na Europa no decorrer do século XVIII. Bruscamente, um tema pânico aparece, uma doença espantosa se desenvolve no mundo ocidental: os jovens se masturbam. Em nome desse medo se instaurou sobre o corpo das crianças – por meio das famílias, mas sem que elas estejam na origem – um controle, uma vigilância da sexualidade, uma colocação em objetividade da sexualidade com uma perseguição dos corpos. Mas a sexualidade, tornando-se assim um objeto de preocupação e de análise como alvo de vigilância e de controle, gerava ao mesmo tempo a intensificação dos desejos de cada um por, em e sobre seu próprio corpo...

O corpo se tornou o desafio de uma luta entre as crianças e os pais, entre a criança e as instâncias de controle. A revolta do corpo sexual é o contraefeito desse avanço. Como responde o poder? Por uma exploração econômica (e talvez ideológica) da erotização, desde os produtos de bronzeamento até os filmes pornôs... Como resposta mesmo à revolta do corpo, você encontrará um novo investimento que não se apresenta mais sob a forma do controle-repressão, mas sob a do controle-estimulação: "Fique nu... mas seja magro, belo, bronzeado!" A qualquer movimento de um dos dois adversários responde o movimento do outro. Mas não é "recuperação" no sentido em que falam os esquerdistas. É preciso aceitar o indefinido da luta... Isso não quer dizer que ela não acabará um dia...

– *Uma nova estratégia revolucionária de tomada do poder não passa por uma nova definição de uma política do corpo?*

– Foi no desenvolvimento de um processo político – não sei se revolucionário – que apareceu, com cada vez mais insistência, o problema do corpo. Pode-se dizer que o que aconteceu a partir de 1968 – e provavelmente o que o preparou – era profundamente antimarxista. Como os movimentos revolucionários europeus vão poder liberar-se do "efeito Marx", das instituições próprias do século XIX e do século XX? Tal era a orientação desse movimento. Nessa recolocação em questão da identidade marxismo = processo revolucionário, identidade que constituía uma espécie de dogma, a importância do corpo é uma das peças importantes, senão essenciais.

– *Qual é a evolução da relação corporal entre as massas e o aparelho de Estado?*

– Primeiramente, é preciso afastar uma tese muito difundida segundo a qual o poder em nossas sociedades burguesas e capitalistas teria negado a realidade do corpo em proveito da alma, da consciência, da idealidade. Com efeito, nada é mais material, nada é mais físico, mais corporal que o exercício do poder... Qual é o tipo de investimento do corpo que é necessário e suficiente para o funcionamento de uma sociedade capitalista como a nossa? Penso que, do século XVIII ao início do século XX, acreditou-se que o investimento do corpo pelo poder devia ser pesado, vigoroso, constante, meticuloso. Donde esses regimes formidáveis que se encontram nas escolas, nos hospitais, nas casernas, nas oficinas, nas cidades, nos prédios, nas famílias... e depois, a partir dos anos 1960, deram-se conta de que esse poder tão vigoroso não era mais tão indispensável quanto se acreditava, que as sociedades industriais podiam contentar-se com um poder sobre o corpo mais solto. Descobriu-se, então, que os controles da sexualidade podiam atenuar-se e tomar outras formas... Falta estudar de que corpo a sociedade precisa...

– *Seu interesse pelo corpo se diferencia das interpretações atuais?*

– Eu me distingo, parece-me, ao mesmo tempo da perspectiva marxista e paramarxista. Concernente à primeira, não sou daqueles que tentam cercar os efeitos de poder no nível da ideologia. Pergunto-me, com efeito, se, antes de apresentar a questão da ideologia, não se seria mais materialista estudando a questão do corpo e dos efeitos do poder sobre ele. Porque o que me incomoda nessas análises que privilegiam a ideologia é que se supõe sempre um sujeito humano cujo modelo foi dado pela filosofia clássica e que seria dotado de uma consciência de que o poder viria apoderar-se.

– *Mas há, na perspectiva marxista, a consciência do efeito de poder sobre o corpo na situação de trabalho.*

– Evidentemente. Mas, enquanto hoje as reivindicações são mais as do corpo assalariado do que as do conjunto de assalariados, não se ouve falar como tais... Tudo acontece como se os discursos "revolucionários" ficassem penetrados por temas rituais que se referem às análises marxistas. E, se há coisas muito interessantes sobre o corpo em Marx, o marxismo – como realidade histórica – o ocultou terrivelmente em proveito da consciência e da ideologia...

É preciso também se distinguir dos paramarxistas como Marcuse, que dão à noção de repressão um papel exagerado. Porque, se o poder só tinha por função reprimir, se só funcionava no modo da censura, da exclusão, da barreira, do recalcamento, à maneira de um grande superego, se só se exercia de uma maneira negativa, ele seria muito frágil. Se é forte, é porque produz efeitos positivos no nível do desejo – isso começa a ficar conhecido – e também no nível do saber. O poder, longe de impedir o saber, o produz. Se se pôde constituir um saber sobre o corpo foi por intermédio de um conjunto de disciplinas militares e escolares. Era a partir de um poder sobre o corpo que um saber fisiológico, orgânico era possível.

O enraizamento do poder, as dificuldades que se experimentam para se desprender dele vêm de todas essas ligações. É por essa razão que a noção de repressão à qual se reduzem geralmente os mecanismos do poder me parece muito insuficiente e, talvez, perigosa.

– *Você estuda principalmente os micropoderes que se exercem no nível do quotidiano. Não está desprezando o aparelho de Estado?*

– Com efeito, os movimentos revolucionários marxistas e marxizados desde o fim do século XIX privilegiaram o aparelho de Estado como alvo da luta.
A que, finalmente, isso conduziu? Para poder lutar contra um Estado que não é somente um governo, é preciso que o movimento revolucionário se dê o equivalente em termos de forças político-militares; portanto, que se constitua como partido, modelado – do interior – como um aparelho de Estado, com os mesmos mecanismos de disciplina, as mesmas hierarquias, a mesma organização dos poderes. Essa consequência é pesada. Em segundo lugar, a tomada do aparelho de Estado – e foi uma grande discussão no próprio interior do marxismo – deve ser considerada como uma simples ocupação com eventuais modificações, ou ser a ocasião de sua destruição? Você sabe como se resolveu finalmente esse problema: é preciso minar o aparelho, mas não até o fim, visto que, desde que a ditadura do proletariado se estabelecer, a luta das classes não terá por isso terminado... É preciso, então, que o aparelho de Estado esteja suficientemente intacto para que se possa utilizá-lo contra os inimigos de classe. Chega-se, assim, à segunda consequência: o aparelho de Estado deve ser reconduzido, pelo menos até certo ponto, durante a ditadura do proletariado. Enfim, terceira consequência: para fazer funcionar esses aparelhos de Estado que serão ocupados, mas não quebrados, convém apelar para os técnicos e especialistas. E, para assim fazer, utiliza-se a antiga classe familiarizada com o aparelho, isto é, a burguesia. Eis provavelmente o que aconteceu na URSS. Não pretendo absolutamente que o aparelho de Estado não seja importante, mas parece-me que entre todas as condições que se devem reunir para não recomeçar a experiência soviética, para que o processo revolucionário não encalhe, uma das primeiras coisas a compreender é que o poder não está localizado no aparelho de Estado e que nada será mudado na sociedade se os mecanismos de poder que funcionam fora dos aparelhos de Estado, abaixo deles, ao lado deles, em um nível muito mais ínfimo, quotidiano, não forem modificados.

– *Vamos justamente às ciências humanas, à psicanálise em particular...*

– O caso da psicanálise é efetivamente interessante. Ela se estabeleceu contra certo tipo de psiquiatria (a da degenerescência, da eugenia, da hereditariedade). Foi essa prática e essa teoria – representadas na França por Magnan – que constituíram seu grande dissuasor. Então, efetivamente, em relação àquela psiquiatria (que continua, aliás, a psiquiatria dos psiquiatras de hoje), a psicanálise exerceu um papel liberador. E, em alguns países ainda (penso no Brasil), a psicanálise exercia um papel político positivo de denúncia da cumplicidade entre os psiquiatras e o poder. Veja o que acontece nos países do Leste. Os que se interessam pela psicanálise não são os mais disciplinados dos psiquiatras...

Acontece que, em nossas sociedades, o processo continua, e se investiu de outra maneira... A psicanálise, em algumas de suas *performances*, tem efeitos que entram no âmbito do controle e da normalização.

Se chegarmos a modificar essas relações ou a tornar intoleráveis os efeitos de poder que aí se propagam, tornaremos muito mais difícil o funcionamento dos aparelhos de Estado...

Outra vantagem em fazer a crítica das relações no nível ínfimo: no interior dos movimentos revolucionários, não se poderá mais reconstituir a imagem do aparelho de Estado.

– *Com seus estudos sobre a loucura e a prisão, assiste-se à constituição de uma sociedade sempre mais disciplinar. Essa evolução histórica parece guiada por uma lógica por assim dizer inelutável...*

– Tento analisar como, no início das sociedades industriais, se estabeleceu um aparelho punitivo, um dispositivo de seleção entre os normais e os anormais. Precisarei, em seguida, fazer a história do que aconteceu no século XIX, mostrar como, por uma série de ofensivas e de contraofensivas, efeitos e contraefeitos, se pôde chegar ao estado atual muito complexo das forças e ao perfil contemporâneo da batalha. A coerência não resulta da atualização de um projeto, mas da lógica das estratégias que se opõem umas às outras. Foi no estudo dos mecanismos de poder que investiram os corpos, os gestos, os comportamentos, que é preciso edificar a arqueologia das ciências humanas.

Ele encontra, aliás, uma das condições de sua emergência: o grande esforço de disciplinamento e de normalização buscado pelo século XIX. Freud o sabia bem. Em questão de normalização, ele tinha consciência de ser mais forte que os outros. Então, o que é esse pudor sacralizante que consiste em dizer que a psicanálise não tem nada a ver com a normalização?

– *Qual é o papel do intelectual na prática militante?*

– O intelectual não tem mais de desempenhar o papel de fornecedor de conselhos. O projeto, as táticas, os alvos que é preciso ter em vista, são eles mesmos que se batem e se debatem para encontrá-los. O que o intelectual pode fazer é dar instrumentos de análise, e, atualmente, é essencialmente o papel do historiador. Trata-se, com efeito, de ter do presente uma percepção espessa, longa, que permita identificar onde estão as linhas de fragilidade, onde estão os pontos fortes, a que se ligaram os poderes – segundo uma organização que tem agora 150 anos –, onde eles se implantaram. Ou seja, fazer um levantamento topográfico e geológico da batalha... Eis o papel do intelectual. Mas, quanto a dizer: eis o que é preciso que você faça, com certeza, não.

– *Quem coordena a ação dos agentes da política do corpo?*

– É um conjunto extremamente complexo a respeito do qual somos obrigados a nos perguntar como ele pode ser tão sutil em sua distribuição, em seus mecanismos, em seus controles recíprocos, em seus ajustamentos, enquanto não há ninguém que tenha pensado o conjunto. É um mosaico muito emaranhado. Em algumas épocas, agentes de ligação aparecem... Tome o exemplo da filantropia no início do século XIX: pessoas vêm interferir na vida dos outros, em sua saúde, em sua alimentação, em sua moradia... Depois, dessa função confusa saíram personagens, instituições, saberes... uma higiene pública, inspetores, assistentes sociais, psicólogos. Depois, agora, assiste--se a uma proliferação de categorias de trabalhadores sociais...

Naturalmente, a medicina exerceu o papel fundamental de denominador comum... Seu discurso passava de um a outro. Era em nome da medicina que se vinha ver como estavam instaladas as casas, mas também era em seu nome que se catalogavam um louco, um criminoso, um doente... Mas há – de fato – um mosaico muito variado de todos esses "trabalhadores sociais" a partir de uma matriz confusa como a filantropia...

O interessante é ver não o projeto que presidiu a tudo isso, mas ver em termos de estratégia como as peças se colocaram no lugar.

1975

Os Anormais

"Les anormaux", *Annuaire du Collège de France*, 75ᵉ année, *Histoire des systèmes de pensée*, année 1974-1975, 1975, p. 335-339.

A grande família indefinida e confusa dos "anormais", cujo medo obsidiará o fim do século XIX, não marca simplesmente uma fase de incerteza ou um episódio um pouco infeliz na história da psicopatologia; ela foi formada em correlação com todo um conjunto de instituições de controle, toda uma série de mecanismos de vigilância e de distribuição; e, quando tiver sido quase inteiramente recoberta pela categoria da "degenerescência", dará lugar a elaborações teóricas irrisórias, mas com efeitos duramente reais.

O grupo dos anormais se formou a partir de três elementos cuja constituição não foi exatamente sincrônica.

1. O monstro humano. Velha noção cujo âmbito de referência é a lei. Noção jurídica, pois, mas no sentido amplo, visto que se trata não somente das leis da sociedade, mas também das leis da natureza; o campo de aparição do monstro é um domínio jurídico-biológico. Uma por vez, as figuras do ser meio-homem, meio-animal (valorizadas principalmente na Idade Média), individualidades duplas (valorizadas principalmente na Renascença), hermafroditas (que levantaram tantos problemas nos séculos XVII e XVIII) representaram essa dupla infração; o que faz com que um monstro seja um monstro não é somente a exceção em relação à forma da espécie, é a confusão que ele traz às regularidades jurídicas (que se trate das leis do casamento, dos cânones do batismo ou das regras da sucessão). O monstro humano combina o impossível e o proibido. É preciso estudar nessa perspectiva os grandes processos de hermafroditas quando se enfrentaram juristas e médicos

desde o caso de Rouen[1] (início do século XVII) até o processo de Anne Grandjean[2] (no meio do século seguinte); e também obras como a *Embryologie sacrée*,[3] de Cangiamila, publicada e traduzida no século XVIII.

A partir daí, pode-se compreender certo número de equívocos que vão continuar a frequentar a análise e o *status* do homem anormal, mesmo quando ele terá reduzido e confiscado os traços próprios do monstro. No primeiro lugar desses equívocos, um jogo jamais completamente controlado, entre a exceção de natureza e a infração ao direito. Elas cessam de se sobrepor sem parar de se manifestar uma em relação à outra. O afastamento "natural" em relação à "natureza" modifica os efeitos jurídicos da transgressão e, no entanto, não os apaga inteiramente; ele não remete pura e simplesmente à lei, mas não a suspende também; ele a prende, suscitando efeitos, desencadeando mecanismos, apelando a instituições parajudiciárias e marginalmente médicas. Pôde-se estudar nesse sentido a evolução da perícia médico-legal em matéria penal, desde o ato "monstruoso" problematizado no início do século XIX (com

---

1 Trata-se do caso de Marie Le Marcis, nascida em 1581, batizada como menina, que assumiu, em seguida, as roupas de homem, o prenome Marin e empreendeu ações com vistas a casar-se com uma viúva, Jeanne Le Febvre. Presa, foi condenada, em 4 de maio de 1601, à morte pelo "crime de sodomia". O relatório do médico Jacques Duval a salvou da fogueira. Foi condenada a permanecer mulher. Cf. Duval (J.), *Des hermaphodites*, Rouen, Geuffroy, 1612. *Réponse au discours fait par le sieur Riolan, docteur en médecine, contre l'histoire de l'hermaphrodite de Rouen*, Rouen, Courant, s.d.

2 Anne Grandjean, nascida em 1732, em Grenoble, assumiu as roupas de homem e casou-se com Françoise Lambert, em Chambéry, em 24 de junho de 1761. Denunciada, foi trazida diante da corte de Lyon, onde foi primeiro condenada à golilha e ao banimento por profanação do sacramento do casamento. Um decreto de La Tournelle, de 10 de janeiro de 1765, a inocentou dessa acusação, mas ordenou-lhe que retomasse as roupas de mulher. Cf. a defesa de seu advogado Mᵉ Vermeil, *Mémoire pour Anne Grandjean, connu sous le nom de Jean-Baptiste Grandjean, accusé et appelant contre M. le Procureur général, accusateur*, Lyon, 1765, in Champeaux (C.), *Réflexions sur les hermaphodites relativement à Anne Grandjean, qualifiée telle dans un mémoire de Mᵉ Vermeil, avocat au parlement*, Lyon, Jacquenod, 1765.

3 Cangiamila (F. E.), *Sacra Embryologia, sive De officio sacerdotum, medicorum et aliorum circa aeternam parvulorum in utero existentium salutem*, Panormi, F. Valenza, 1758 (*Embryologie sacrée, ou Traité du devoir des prêtres, des médecins et autres sur le salut éternel des enfants qui sont dans le ventre de leur mère*, trad. J. A. Dinouart e A. Roux, Paris, 1766).

os casos Cornier, Léger, Papavoine[4]) até o aparecimento dessa noção de indivíduo "perigoso" – à qual é impossível dar um sentido médico ou um *status* jurídico – e que é, no entanto, a noção fundamental das perícias contemporâneas. Fazendo hoje ao médico a pergunta propriamente insensata: esse indivíduo é perigoso? (questão que contradiz um direito penal fundado só na condenação dos atos e que postula uma pertença de natureza entre doença e infração), os tribunais recomeçam, por transformações que convém analisar, os equívocos dos velhos monstros seculares.

2. O indivíduo a corrigir. É um personagem mais recente que o monstro. Ele é o correlativo menos dos imperativos da lei e das formas canônicas da natureza do que das técnicas de correção com suas exigências próprias. O aparecimento do "incorrigível" é contemporâneo do estabelecimento de técnicas de disciplina, à qual se assiste, durante os séculos XVII e XVIII – no exército, nas escolas, nas oficinas, depois, um pouco mais tarde, nas próprias famílias. Os novos procedimentos de correção do corpo, do comportamento, das aptidões abrem o problema dos que escapam a essa normatividade que não é mais a soberania da lei.

A "interdição" constituía a medida judiciária pela qual um indivíduo era parcialmente pelo menos desqualificado como sujeito de direito. Esse quadro, jurídico e negativo, vai ser em parte preenchido, em parte substituído por um conjunto de técnicas e de procedimentos pelo que se empreenderá treinar

---

4 Em 4 de novembro de 1825, Henriette Cornier corta a cabeça de Fanny Belon, com a idade de 19 meses, de quem tem a guarda. Seus advogados pedem a Charles Marc uma consulta médico-legal. Cf. Marc (C.), *Consultation médicale pour Henriette Cornier, accusée d'homicide commis volontairement et avec préméditation* (1826), in *De la folie considérée dans ses rapports avec les questions médico-judiciaires*, Paris, Baillière, 1840, t. II, p. 71-130.

Antoine Léger, vinhateiro de 29 anos, é levado diante do tribunal criminal de Versalhes em 23 de novembro de 1824, por atentado ao pudor com violência e homicídio de Jeanne Debully, com a idade de 12 anos e meio. Exposto inicialmente no *Journal des débats* de 24 de novembro de 1824, o caso é retomado por Étienne Georget em seu livro *Examen des procès criminels des nommés Léger, Feldtmann, Lecouffe, Jean-Pierre et Papavoine, dans lesquels l'aliénation mentale a été alléguée comme moyen de défense*, Paris, Migneret, 1825, p. 2-16.

Louis Auguste Papavoine, ex-empregado da Marinha, com a idade de 41 anos, é levado em 23 de fevereiro de 1825 diante do tribunal criminal de Paris por homicídio de duas criancinhas cometido no bosque de Vincennes. *Ibid.*, p. 39-65.

os que resistem ao treinamento e corrigir os incorrigíveis. O "aprisionamento" praticado em larga escala a partir do século XVII pode aparecer como uma espécie de fórmula intermediária entre o procedimento negativo da interdição judiciária e os procedimentos positivos de recuperação. O aprisionamento exclui de fato e funciona fora das leis, mas ele se dá como justificação da necessidade de corrigir, de melhorar, de conduzir à resipiscência, de fazer voltar a "bons sentimentos". A partir dessa forma confusa, mas historicamente decisiva, é preciso estudar o aparecimento, em datas históricas precisas, das diferentes instituições de recuperação e das categorias de indivíduos aos quais elas se destinam. Nascimentos técnico-institucionais da cegueira, da surdo-mudez, dos imbecis, dos retardados, dos nervosos, dos desequilibrados.

Monstro banalizado e empalidecido, o anormal do século XIX é também um descendente desses incorrigíveis que apareceram nas margens técnicas modernas de "correção".

3. O onanista. Figura completamente nova no século XVIII. Ele aparece em correlação com as novas relações entre a sexualidade e a organização familiar, com a nova posição da criança no meio do grupo parental, com a nova importância atribuída ao corpo e à saúde. Aparição do corpo sexual da criança.

De fato, essa emergência tem uma longa pré-história: o desenvolvimento conjunto das técnicas de direção de consciência (na nova pastoral nascida da Reforma e do Concílio de Trento) e das instituições de educação. De Gerson a Alfonso de Ligório, todo um esquadrinhamento discursivo do desejo sexual, do corpo sensual e do pecado de *mollities* é assegurado pela obrigação da confissão penitenciária e por uma prática muito codificada dos interrogatórios sutis. Pode-se dizer esquematicamente que o controle tradicional das relações proibidas (adultérios, incestos, sodomia, bestialidade) acompanhou-se pelo controle da "carne" nos movimentos elementares da concupiscência.

Mas, com esse fundo, a cruzada contra a masturbação forma ruptura. Ela inicia com barulho na Inglaterra, primeiramente, por volta dos anos 1710, com a publicação da *Onania*,[5] depois

---

[5] *Onania, or the Heinous Sin of Self Pollution, and All Its Frightful Consequences in Both Sexes, Considered With Spiritual and Physical Advice To Those Who Have Already Injured Themselves By This Abominable Practice*, Londres, Courch, 1710. Obra atribuída a Bekker.

na Alemanha, antes de se engatilhar na França, por volta de 1760, com o livro de Tissot.[6] Sua razão de ser é enigmática, mas seus efeitos, inúmeros. Uns e outros só podem ser determinados levando em consideração alguns dos traços essenciais dessa campanha. Seria insuficiente, com efeito, apenas ver aí – e isso em uma perspectiva próxima de Reich, que inspirou recentemente os trabalhos de Van Ussel[7] – um processo de repressão ligado às novas exigências da industrialização: o corpo produtivo contra o corpo de prazer. De fato, essa cruzada não toma, pelo menos no século XVIII, a forma de uma disciplina sexual geral: ela se destina, de maneira privilegiada, senão exclusiva, aos adolescentes ou às crianças, e mais precisamente ainda aos de famílias ricas ou remediadas. Ela coloca a sexualidade, ou pelo menos o uso sexual de seu próprio corpo, na origem de uma série indefinida de perturbações físicas que podem fazer sentir seus efeitos em todas as formas e em todas as idades da vida. O poder etiológico ilimitado da sexualidade, no nível do corpo e das doenças, é um dos temas mais constantes não somente nos textos dessa nova moral médica, mas também nas obras de patologia mais sérias. Ora, se a criança se torna assim responsável por seu próprio corpo e por sua própria vida, no "abuso" que faz de sua sexualidade, os pais são denunciados como os verdadeiros culpados: falta de vigilância, negligência e principalmente essa falta de interesse por suas crianças, por seu corpo e por sua conduta, que os leva a confiá-los a amas, a empregados, a preceptores, todos esses intermediários denunciados regularmente como os iniciadores da depravação (Freud retomará aí sua teoria primeira da "sedução"). O que se desenha por meio dessa campanha é o imperativo de uma nova relação pais-filhos, mais amplamente uma nova economia das relações intrafamiliares: solidificação e intensificação das relações pai-mãe-filhos (às custas das relações múltiplas que caracterizavam a "gente de casa" ampla), derru-

---

6 Inicialmente editado em 1758 depois da *Dissertatio de febribus biliosis, seu Historia epidemiae biliosae lausannensis*, o *Tentamen de morbis ex manusupratione* de Simon Tissot aparece em uma versão revista e aumentada sob o título *L'Onanisme, ou Dissertation physique sur les maladies produites par la masturbation*, Lausanne, Chapuis, 1760.
7 Ussel (J. Van), *Sexualunterdrückung*, Hamburgo, Rowohlt Taschenbuch Verlag, 1970 (*Histoire de la répression sexuelle*, trad. C. Chevalot, Paris, Robert Laffont, 1972).

bada do sistema das obrigações familiares (que iam, outrora, das crianças aos pais e que, agora, tendem a fazer da criança o objeto primeiro e incessante dos deveres dos pais, designados pela responsabilidade moral e médica até o extremo de sua descendência), aparição do princípio de saúde como lei fundamental dos elos familiares, distribuição da célula familiar em torno do corpo – e do corpo sexual – da criança, organização de um elo físico imediato, de um corpo a corpo pais-filhos em que se ligam de maneira complexa o desejo e o poder, necessidade, enfim, de um controle e de um conhecimento médico externo para abrigar e regular essas novas relações entre a vigilância obrigatória dos pais e o corpo tão frágil, irritável, excitável das crianças. A cruzada contra a masturbação traduz a organização da família restrita (pais, filhos) como um novo aparelho de saber-poder. O questionamento da sexualidade da criança, e de todas as anomalias pelas quais ela seria responsável, foi um dos procedimentos de constituição desse novo dispositivo. A pequena família incestuosa que caracteriza nossas sociedades, o minúsculo espaço familiar sexualmente saturado no qual somos educados e vivemos se formou aí.

O indivíduo "anormal", que, desde o fim do século XIX, tantas instituições, discursos e saberes levam em conta, deriva, ao mesmo tempo, da exceção jurídico-natural do monstro, da multidão de incorrigíveis presos nos aparelhos de recuperação e do universal segredo das sexualidades infantis. Dizendo a verdade, as três figuras do monstro, do incorrigível e do onanista não vão exatamente confundir-se. Cada uma se inscreverá em sistemas autônomos de referência científica: o monstro, em uma teratologia e em uma embriologia que encontraram, com Geoffroy Saint-Hilaire,[8] sua primeira grande coerência científica; o incorrigível, em uma psicofisiologia das sensações, da motricidade e das aptidões; o onanista, em uma teoria da sexualidade que se elabora lentamente a partir da *Psychopathia Sexualis*, de Kaan.[9]

---

[8] Geoffroy Saint-Hilaire (E.), *La Philosophie anatomique*, Paris, Rignoux, 1822, t. II e III: *Des monstruosités humaines. Considérations générales sur les monstres, comprenant une théorie des phénomènes de la monstruosité*, Paris, J. Tastu, 1826. Cf. também Geoffroy Saint-Hilaire (I.), *Histoire générale et particulière des anomalies de l'organisation chez l'homme et les animaux, ou Traité de tératologie*, Paris, Baillière, 1832-1837, 4 vol.
[9] Kaan (H.), *Psychopathia Sexualis*, Leipzig, Voss, 1844.

Mas a especificidade dessas referências não deve fazer esquecer três fenômenos essenciais, que a anulam em parte ou pelo menos a modificam: a construção de uma teoria geral da "degenerescência", que, a partir do livro de Morel (1857),[10] vai, durante mais de meio século, servir de quadro teórico, ao mesmo tempo que como justificação social e moral, a todas as técnicas de identificação, de classificação e de intervenção sobre os anormais; a organização de uma rede institucional complexa que, nos confins da medicina e da justiça, serve, ao mesmo tempo, como estrutura de "acolhimento" para os anormais e como instrumento para a "defesa" da sociedade; enfim, o movimento pelo qual o elemento mais recentemente surgido na história (o problema da sexualidade infantil) vai recobrir os outros dois, para tornar-se, no século XX, o princípio de explicação mais fecundo de todas as anomalias.

A *Antiphysis*, que o espanto do monstro trazia outrora à luz de um dia excepcional, é a universal sexualidade das crianças que a empurra agora sob as pequenas anomalias de todos os dias.

Desde 1970, a série de cursos tratou da lenta formação de um saber e de um poder de normalização a partir dos procedimentos jurídicos tradicionais do castigo. O curso do ano 1975-1976 terminará esse ciclo com o estudo dos mecanismos pelos quais, desde o fim do século XIX, se pretende "defender a sociedade".

*

O seminário deste ano foi consagrado à análise das transformações da perícia psiquiátrica em matéria penal a partir dos grandes casos de monstruosidade criminal (caso primeiro: Henriette Cornier) até o diagnóstico dos delinquentes "anormais".

---

10 Morel (B. A.), *Traité des dégénérescences physiques, intellectuelles et morales de l'espèce humaine et des causes qui produisent ces variétés maladives*, Paris, Baillière, 1857.

1976

Questões de Michel Foucault a "Heródoto"

"Des questions de Michel Foucault à *Hérodote*", *Hérodote*, n. 3, julho-setembro de 1976, p. 9-10.

Não são questões que lhes faço a partir de um saber que eu teria. São interrogações que me coloco, e que lhes dirijo, pensando que vocês estão sem dúvida mais adiantados do que eu nesse caminho.

1. A noção de estratégia é essencial quando se quer fazer a análise do saber e de suas relações com o poder. Ela implica necessariamente que por meio do saber em questão se faça a *guerra*?

A estratégia não permite analisar as relações de poder como técnica de *dominação*?

Ou se deve dizer que a dominação é apenas uma forma continuada da guerra?

Ou seja, que extensão vocês dão à noção de *estratégia*?

2. Se os compreendo bem, vocês procuram constituir um saber dos espaços. É importante para vocês constituí-lo como ciência?

Ou vocês aceitariam dizer que o corte que marca o limiar da ciência é somente uma maneira de desqualificar alguns saberes, ou de fazê-los escapar ao exame?

A divisão entre ciência e saber não científico é um efeito de poder ligado à institucionalização dos conhecimentos na Universidade, nos centros de pesquisa etc.

3. Parece-me que vocês podem esboçar o que entendem por poder? (Em relação ao Estado e a seus aparelhos, em relação à dominação de classe.)

Ou vocês consideram que a análise do poder, de seus mecanismos, de seu campo de ação está ainda no começo e que é muito cedo para dar definições gerais?

Em particular, vocês pensam que se possa responder à questão: quem tem o poder?

4. Vocês pensam que é possível fazer uma geografia – ou, segundo as escalas, geografias – da medicina (não das doenças, mas das implantações médicas com sua zona de intervenção e sua modalidade de ação)?

1976

É Preciso Defender a Sociedade

"Il faut défendre la société", *Annuaire du Collège de France, 76ᵉ année, Histoire des systèmes de pensée, année 1975-1976,* 1976 p. 361-366.

Para conduzir a análise concreta das relações de poder, é preciso abandonar o modelo jurídico da soberania. Este, com efeito, pressupõe o indivíduo como sujeito de direitos naturais ou de poderes primitivos; ele se dá por objetivo dar conta da gênese ideal do Estado; enfim, faz da lei a manifestação fundamental do poder. Seria preciso tentar estudar o poder não a partir dos termos primitivos da relação, mas a partir da própria relação enquanto é ela que determina os elementos sobre os quais se refere: mais do que perguntar a sujeitos ideais o que eles puderam ceder deles próprios ou de seus poderes para se deixarem sujeitar, é preciso procurar como as relações de sujeição podem fabricar sujeitos. Assim também, mais do que procurar a forma única, o ponto central de onde todas as formas de poder derivariam por via de consequência ou de desenvolvimento, é preciso primeiramente deixá-las valer em sua multiplicidade, suas diferenças, sua especificidade, sua reversibilidade: estudá-las, pois, como relações de força que se entrecruzam, remetem umas às outras, convergem, ou, ao contrário, se opõem e tendem a anular-se. Enfim, mais do que atribuir um privilégio à lei como manifestação de poder, vale mais tentar identificar as diferentes técnicas de obrigação que ele coloca em ação.

Se é preciso evitar assentar a análise do poder no esquema proposto pela constituição jurídica da soberania, se é preciso pensar o poder em termos de relações de força, é preciso por isso decifrá-lo segundo a forma geral da guerra? A guerra pode valer como analisador das relações de poder?

Essa questão encobre várias outras:

– a guerra deve ser considerada como um estado de coisas primeiro e fundamental em relação ao qual todos os fenômenos de dominação, de diferenciação, de hierarquização sociais devem ser considerados como derivados?

– os processos de antagonismos, de enfrentamentos e de lutas entre indivíduos, grupos ou classes dependem em última instância dos processos gerais da guerra?

– o conjunto das noções derivadas da estratégia ou da tática pode constituir um instrumento válido e suficiente para analisar as relações de poder?

– as instituições militares e guerreiras, de modo geral, os procedimentos colocados em ação para conduzir a guerra são de perto ou de longe, direta ou indiretamente o núcleo das instituições políticas?

– mas a questão que seria, talvez, necessário fazer inicialmente seria esta: como, desde quando e como se começou a imaginar que é a guerra que funciona nas relações de poder, que um combate ininterrupto trabalha a paz e que a ordem civil é fundamentalmente uma ordem de batalha?

Foi essa questão que foi colocada no curso deste ano. Como se percebeu a guerra na filigrana da paz? Quem procurou no barulho e na confusão da guerra, na lama das batalhas o princípio de inteligibilidade da ordem, das instituições e da história? Quem inicialmente pensou que a política era a guerra continuada por outros meios?

*

Um paradoxo aparece no primeiro olhar. Com a evolução dos Estados desde o início da Idade Média, parece que as práticas e as instituições de guerra tenham seguido uma evolução visível. Por um lado, elas tenderam a concentrar-se entre as mãos de um poder central que sozinho tinha o direito e os meios da guerra; pelo próprio fato, apagaram-se não sem lentidão da relação de homem a homem, de grupo a grupo, e uma linha de evolução as conduziu a ser cada vez mais um privilégio de Estado. Por outro e por via de consequência, a guerra tende a tornar-se o apanágio profissional e técnico de um aparelho militar cuidadosamente definido e controlado. Em uma palavra: a uma sociedade inteiramente atravessada por relações guerreiras pouco a pouco se substituiu um Estado dotado de instituições militares.

Ora, essa transformação mal tinha acabado quando certo tipo de discurso apareceu sobre as relações da sociedade e da guerra. Um discurso se formou sobre as relações da sociedade e da guerra. Um discurso histórico-político – muito diferente do discurso filosófico-jurídico ordenado ao problema da soberania – faz da guerra o fundo permanente de todas as instituições de poder. Esse discurso apareceu pouco tempo depois do fim das guerras de religião e no início das grandes lutas políticas inglesas do século XVII. Segundo esse discurso, que foi ilustrado na Inglaterra por Coke ou Lilburne, na França por Boulainvilliers e, mais tarde, por Du Buat-Nançay,[1] foi a guerra que presidiu ao nascimento dos Estados: mas não a guerra ideal – a que imaginam os filósofos do estado de natureza –, mas guerras reais e batalhas efetivas; as leis nasceram no meio das expedições, das conquistas e das cidades incendiadas; mas ela continua também a devastar no interior dos mecanismos do poder, ou pelo menos a constituir o motor secreto das instituições, das leis e da ordem. Sob os esquecimentos, as ilusões ou as mentiras que nos fazem acreditar em necessidades de natureza ou nas exigências funcionais da ordem, é preciso encontrar a guerra: ela é a cifra da paz. Ela divide o corpo social inteiro e em permanência; coloca cada um de nós em um campo ou em outro. E essa guerra, não basta encontrá-la como um princípio de explicação; é preciso reativá-la, fazê-la deixar as formas larvadas e surdas em que ela continua sem que se deem conta e conduzi-la a uma batalha decisiva à qual devemos nos preparar se quisermos ser vencedores.

---

1 Coke (sir E.), *Argumentum Anti-Normannicum, or an Argument Proving, from Ancient Stories and Records, that William, Duke of Normandy, Made no Absolute Conquest of England by the Word*, Londres, Derby, 1682. Lilburne (J.), *English Birth Right Justified Against All Arbitrary Usurpation*, Londres, 1645; *An Anatomy of the Lord's tiranny and injustice*, Londres, 1646. Boulainvilliers (comte H. de), *Mémoire pour la noblesse de France contre les ducs et pairs*, s.l., 1717; *Histoire de l'ancien gouvernement de la France, avec XIV lettres historiques sur les parlements ou états généraux*, Haia, Gesse et Neaulne, 1727, 3 vol.; *Essai sur la noblesse de France, contenant une dissertation sur son origine et son abaissement*, Amsterdã, 1732. Du Buat-Nançay (comte L.-G.), *Les Origines ou l'Ancien Gouvernement de la France, de l'Italie, de l'Allemagne*, Paris, Didot, 1757, 4 vol.; *Histoire ancienne des peuples de l'Europe*, Paris, Desaint, 1772, 12 vol.

Com essa temática caracterizada de uma maneira muito vaga ainda, pode-se compreender a importância dessa forma de análise.

1. O sujeito que fala nesse discurso não pode ocupar a posição do jurista ou do filósofo, isto é, a posição do sujeito universal. Nessa luta geral de que ele fala, ele está obrigatoriamente de um lado ou do outro; está na batalha, tem adversários, bate-se por uma vitória. Sem dúvida, procura fazer valer o direito; mas é do seu direito que se trata – direito singular marcado por uma relação de conquista, de dominação ou de antiguidade: direitos da raça, direitos das invasões triunfantes ou das ocupações milenares. E se ele fala também da verdade, é dessa verdade perspectiva e estratégica que lhe permite levar a vitória. Tem-se, pois, aí um discurso político e histórico que tem pretensão à verdade e ao direito, mas excluindo-se ele próprio e explicitamente da universalidade jurídico-filosófica. Seu papel não é aquele com que os legisladores e os filósofos sonharam, de Solon a Kant: estabelecer-se entre os adversários, no centro e acima da confusão, impor um armistício, fundar uma ordem que reconcilia. Trata-se de estabelecer um direito atingido pela simetria e funcionando como privilégio a manter ou a restabelecer, trata-se de fazer valer uma verdade que funciona como uma arma. Para o sujeito que mantém um discurso como esse, a verdade universal e o direito geral são ilusões ou armadilhas.

2. Trata-se, além disso, de um discurso que revira os valores tradicionais da inteligibilidade. Explicação por baixo, que não é a explicação pelo mais simples, pelo mais elementar e pelo mais claro, mas pelo mais confuso, mais obscuro, mais desordenado, mais voltado para o acaso. O que deve valer como princípio de decifração é a confusão da violência, das paixões, dos ódios, das desforras; é também o tecido das circunstâncias miúdas que fazem as derrotas e as vitórias. O deus elíptico e sombrio das batalhas deve iluminar as longas jornadas da ordem, do trabalho e da paz. O furor deve dar conta das harmonias. É assim que no princípio da história e do direito se fará valer uma série de fatos brutos (vigor físico, força, traços de caráter), uma série de acasos (derrotas, vitórias, sucessos ou insucessos das conjurações, das revoltas ou das alianças). E é somente acima desse emaranhado que se desenhará uma racionalidade crescente, a dos cálculos e das estratégias – racionalidade que, à medida que se sobe e que ela se desenvolve,

se torna cada vez mais frágil, cada vez mais maldosa, cada vez mais ligada à ilusão, à quimera, à mistificação. Tem-se, pois, aí todo o contrário dessas análises tradicionais que tentam encontrar sob o acaso de aparência e de superfície, sob a brutalidade visível dos corpos e das paixões, uma racionalidade fundamental, permanente, ligada por essência ao justo e ao bem.

3. Esse tipo de discurso se desenvolve inteiramente na dimensão histórica. Ele não empreende avaliar a história, os governos injustos, os abusos e as violências ao princípio ideal de uma razão ou de uma lei; mas despertar, ao contrário, sob a forma das instituições ou das legislações, o passado esquecido das lutas reais, das vitórias ou das derrotas mascaradas, o sangue tendo secado nos códigos. Ele se dá como campo de referência o movimento indefinido da história. Mas é-lhe possível, ao mesmo tempo, apoiar-se em formas míticas tradicionais (a idade perdida dos grandes ancestrais, a iminência dos tempos novos e das desforras milenares, a vinda do novo reino que apagará as antigas derrotas): é um discurso que será capaz de carregar tanto a nostalgia das aristocracias agonizantes quanto o ardor das desforras populares.

Em suma, em oposição ao discurso filosófico-jurídico que se ordena ao problema da soberania e da lei, esse discurso que decifra a permanência da guerra na sociedade é um discurso essencialmente histórico-político, um discurso no qual a verdade funciona como arma para uma vitória partidária, um discurso sombriamente crítico e, ao mesmo tempo, intensamente mítico.

*

O curso deste ano foi consagrado à aparição desta forma de análise: como a guerra (e seus diferentes aspectos, invasão, batalha, conquista, vitória, relações dos vencedores com os vencidos, pilhagem e apropriação, levantes) foi utilizada como analisador da história e, de maneira geral, das relações sociais?

1. Primeiramente, é preciso afastar algumas falsas paternidades. E principalmente a de Hobbes. O que Hobbes chama de guerra de todos contra todos não é de maneira nenhuma uma guerra real e histórica, mas um jogo de representações pelo qual cada um avalia o perigo que cada um representa para ele, estima a vontade que os outros têm de se bater e avalia

o risco que ele próprio assumiria se recorresse à força. A soberania – que se trate de uma "república de instituição" ou de uma "república de aquisição" – se estabelece não por um fato de dominação belicosa, mas, ao contrário, por um cálculo que permite evitar a guerra. É a não guerra para Hobbes que funda o Estado e lhe dá sua forma.[2]

2. A história das guerras como matrizes dos Estados foi, sem dúvida, esquematizada, no século XVI, no fim das guerras de religião (na França, por exemplo, para Hotman[3]). Mas é principalmente no século XVII que esse tipo de análise é desenvolvido. Na Inglaterra, primeiramente, na oposição parlamentar e entre os puritanos, com essa ideia de que a sociedade inglesa, desde o século XI, é uma sociedade de conquista: a monarquia e a aristocracia, com suas instituições próprias, seriam de importação normanda, enquanto o povo saxão teria, não sem dificuldade, conservado alguns vestígios de suas liberdades primitivas. Sobre esse fundo de dominação guerreira, historiadores ingleses como Coke ou Selden[4] restituem os principais episódios da história da Inglaterra; cada um dentre eles é analisado seja como uma consequência, seja como uma retomada desse estado de guerra historicamente primeiro entre duas raças hostis e que diferem por suas instituições e seus interesses. A revolução de que esses historiadores são os contemporâneos, as testemunhas e, às vezes, os protagonistas seria, assim, a última batalha e a desforra dessa velha guerra.

Uma análise do mesmo tipo se encontra na França, mas mais tardiamente, e principalmente nos meios aristocráticos do fim do reino de Luís XIV. Boulainvilliers dará sua formulação mais rigorosa; mas, desta vez, a história é contada, e os direitos são reivindicados em nome do vencedor; a aristocracia

---

2 Hobbes (T.), *Leviathan, or The matter, Form and Power of a Commonwealth Ecclesiastical and Civil*, Londres, Andrew Crooke, 1651 (*Léviathan. Traité de la matière, de la forme et du pouvoir de la République ecclésiastique et civile*, trad. F. Tricaud, Paris, Sirey, 1971).
3 Hotman (F.), *Discours simple et véritable des rages exercées par la France, des horribles et indignes meurtres commis es personnes de Gaspar de Coligny et de plusieurs grands seigneurs*, Bâle, Pieter Vuallemand, 1573; *La Gaule françoise*, Cologne, H. Bertulphe, 1574.
4 Selden (J.), *England's Epinomis* (1610), in *Opera omnia*, Londres, J. Walthoe, 1726, vol. III; *De Jure naturali et Gentium juxta disciplinam Ebraerorum libri septem*, Londres, Bishopius, 1640; *An Historical Discourse of the Uniformity of the Government of England*, Londres, Walbancke, 1647.

francesa dando-se uma origem germânica se atribui o direito de conquista, portanto, de posse eminente de todas as terras do reino e de dominação absoluta sobre todos seus habitantes gauleses ou romanos; mas ela se atribui também prerrogativas em relação ao poder real, que não teria sido estabelecido na origem senão por seu consentimento e deveria sempre ser mantido nos limites então fixados. A história assim escrita não é mais, como na Inglaterra, a de um enfrentamento perpétuo dos vencidos e dos vencedores, tendo como categoria fundamental o levante e as concessões arrancadas; será a história das usurpações ou das traições do rei em relação à nobreza da qual ele saiu e de suas colusões contra natureza com uma burguesia de origem galo-romana. Esse esquema de análise retomado por Freret[5] e, principalmente, por Du Buat-Nançay foi o desafio de toda uma série de polêmicas e ocasião de pesquisas históricas consideráveis até a Revolução.

O importante é que o princípio da análise histórica seja pesquisado na dualidade e na guerra das raças. É a partir daí e por intermédio das obras de Augustin[6] e de Amédée Thierry[7] que vão se desenvolver no século XIX dois tipos de decifração da história: um se articulará sobre a luta de classes, o outro, sobre o enfrentamento biológico.

*

O seminário deste ano foi consagrado ao estudo da categoria de "indivíduo perigoso" na psiquiatria criminal. Compararam-se as noções ligadas ao tema da "defesa social" e as noções ligadas às novas teorias da responsabilidade civil, tais como elas apareceram no fim do século XIX.

---

5 Freret (N.), *Recherches historiques sur les mœurs et le gouvernement des Français, dans les divers temps de la monarchie. De l'origine des Francs et de leur établissement dans les Gaules*, in Œuvres complètes, t. V-VI, Paris, Moutardier, 1796; *Vues générales sur l'origine et le mélange des anciennes nations et sur la manière d'en étudier l'histoire*, ibid., t. XVIII.
6 Thierry (A. J.), *Histoire de la conquête de l'Angleterre par les Normands, de ses causes et de ses suites jusqu'à nos jours*, Paris, Tessier, 1825, 2 vol.; *Récits des temps mérovingiens, précédés de considérations sur l'histoire de France*, Paris, Tessier, 1840, 2 vol.
7 Thierry (A. S.), *Histoire des Gaulois, depuis les temps les plus reculés jusqu'à l'entière soumission de la Gaulle à la domination romaine*, Paris, Sautelet, 1828, 3 vol.

1977

Aula de 7 de Janeiro de 1976

"Corso del 7 gennaio 1976" ("Cours du 7 janvier 1976"), in Fontana (A.) e Pasquino (P.), ed., *Microfisica del potere: interventi politici*, Turim, Einaudi, 1977, p. 163-177.

Gostaria de tentar colocar, até certo ponto, um termo em uma série de pesquisas que fiz há quatro ou cinco anos, praticamente desde que estou aqui, e de que reconheço que elas acumularam, tanto para vocês quanto para mim, os inconvenientes. Eram pesquisas que eram muito vizinhas umas das outras, sem chegar a formar um conjunto coerente nem contínuo; eram pesquisas fragmentárias, das quais nenhuma, finalmente, chegou a seu termo, e que não tinham nem sequência; pesquisas dispersas e, ao mesmo tempo, repetitivas, que incidiam nas mesmas rotinas, nos mesmos temas, nos mesmos conceitos. Eram pequenos propósitos sobre a história do procedimento penal, alguns capítulos concernentes à evolução e à institucionalização da psiquiatria no século XIX; considerações sobre a sofística ou sobre a moeda grega, ou sobre a Inquisição na Idade Média; o esquema de uma história da sexualidade ou, em todo caso, de uma história do saber da sexualidade através das práticas de confissão, no século XVII, ou dos controles da sexualidade infantil, nos séculos XVIII e XIX; a identificação da gênese de uma teoria e de um saber da anomalia, com todas as técnicas que lhe estão ligadas. Tudo isso se arrasta, se repete e não está ligado; no fundo, isso não cessa de dizer a mesma coisa, e, no entanto, talvez, isso não diga nada; entrecruza-se em uma desordem pouco decifrável, que não se organiza; em resumo, como se diz, não conclui.

Eu poderia lhes dizer: afinal de contas, eram pistas a seguir, pouco importava para onde elas iam; importava mesmo que não fossem a parte alguma; em todo caso, não em uma direção que fosse predeterminada; eram como pontilhados: a vocês cabe continuá-las ou desviá-las; a mim, eventualmente, continuá-las ou dar-lhes outra configuração. Afinal de contas, com esses fragmentos, veremos, vocês e eu, o que vamos poder fazer. Eu me fazia um pouco o efeito de um cachalote que salta por cima da superfície da água deixando aí uma pequena risca provisória de espuma e que leva a crer, quer crer ou crê, talvez, efetivamente, que embaixo, onde não o veem mais, onde ele não é mais avistado nem controlado por ninguém, ele segue uma trajetória profunda, coerente e refletida.

Eis qual era mais ou menos a situação. Que o trabalho que lhes apresentei tenha tido esse aspecto ao mesmo tempo fragmentário, repetitivo e descontínuo, corresponderia bem a algo que se poderia chamar uma "preguiça febril", isto é, a que afeta de forma característica os apaixonados por bibliotecas, documentos, referências, escritas empoeiradas, textos que, apenas impressos, ficam trancados e dormem em seguida sobre estantes das quais só serão retirados alguns séculos mais tarde. Tudo isso conviria à inércia atarefada daqueles que professam um saber para nada, uma espécie de saber suntuário, uma riqueza de arrivista cujos sinais exteriores, como vocês sabem, se encontram dispostos no rodapé das páginas. Isso conviria a todos aqueles que se sentem solidários com uma das sociedades secretas provavelmente das mais antigas, e uma das características, também, do Ocidente, uma dessas sociedades secretas estranhamente indestrutíveis, que me parecem desconhecidas na Antiguidade e que se formaram logo no cristianismo, na época dos primeiros conventos, provavelmente, nos confins das invasões, dos incêndios e das florestas, quero falar da grande, terna e calorosa franco-maçonaria da erudição inútil.

Somente, não é simplesmente o gosto dessa franco-maçonaria que me levou a fazer o que fiz. Parece-me que esse trabalho que passa de uma maneira um pouquinho empírica e por acaso de vocês para mim e de mim para vocês, poderíamos justificá-lo, dizendo que ele convinha bastante bem em certo período muito limitado, que é o que acabamos de viver, os 10, 15, no máximo os 20 últimos anos, isto é, um período durante o qual se podem observar dois fenômenos que foram, se não realmente importantes, pelo menos, parece-me, bastante interessantes. Por um lado, é um período que foi caracterizado pelo que se poderia chamar a eficacidade das ofensivas dispersas e descontínuas. Penso, por exemplo, quando se tratou de suspender o funcionamento de instituições psiquiátricas, na estranha eficacidade que mostraram os discursos, muito localizados, finalmente, da antipsiquiatria, discurso sobre os quais, como vocês sabem, não eram apoiados e que não são ainda apoiados por nenhuma sistematização de conjunto, quaisquer que tenham podido ser, quaisquer que possam ser ainda suas referências – penso na referência de origem na análise existencial ou nas referências atuais tomadas, basicamente, no marxismo ou na teoria de Reich. Penso igualmente na estranha eficacidade dos ataques que se fizeram contra a moral sexual tradicional, ataques que, esses também, não eram referidos senão de uma maneira vaga e bastante distante, bem vagas em todo caso, a Reich ou a Marcuse. Penso ainda na eficacidade dos ataques contra o aparelho judiciário e penal, ataques dos quais alguns eram bem de longe relacionados com essa noção geral e, aliás, bastante duvidosa de "justiça de classe", e dos quais alguns outros eram ligados, um pouco mais precisamente, a uma temática anarquista. Penso também, e mais precisamente ainda, na eficacidade de algo – não ouso nem dizer de um livro – como *O anti-Édipo*,[1] que não é referido a quase nada além de sua própria e prodigiosa inventividade teórica, livro ou, antes, coisa, evento, que chegou a fazer-se enrouquecer até na prática mais quotidiana esse murmúrio, no entanto, por muito tempo, ininterrupto que passou do divã à poltrona.

Portanto, eu diria isto: há 10 ou 15 anos, a imensa e prolífera criticabilidade das coisas, das instituições, das práticas, dos discursos, essa espécie de friabilidade geral dos solos, até e principalmente os mais familiares, os mais sólidos e os mais próximos de nós, de nosso corpo, de nossos gestos de cada dia, é isso que aparece. Mas, ao mesmo tempo em que essa friabilidade e essa surpreendente eficácia das críticas descontínuas e particulares ou locais, ao mesmo tempo, ou por isso mesmo, descobre-se nos fatos algo que não estava, talvez, previsto no início: o que se poderia chamar o efeito inibidor próprio das teorias totalitárias, quero dizer, das teorias envolventes e globais; não que essas teorias envolventes e globais não tenham fornecido e não forneçam ainda, de maneira bastante constante, instrumentos localmente utilizáveis: o marxismo, a psicanálise estão precisamente aí para prová-lo, mas elas não

---

1 Deleuze (G.) e Guattari (F.), *L'Anti-Œdipe*, Paris, Éd. de Minuit, 1972.

forneceram, penso, esses instrumentos localmente utilizáveis senão com a condição, justamente, de que a unidade teórica do discurso ficasse como suspensa, em todo caso recortada, repuxada, dilacerada, colocada no avesso, deslocada, caricaturada, teatralizada; em todo caso, toda retomada nos próprios termos da totalidade conduziu de fato a um efeito de freagem. Portanto, se assim quiserem, primeiro ponto, primeiro caráter do que aconteceu há uns 15 anos: caráter local da crítica – o que não quer dizer empirismo obtuso, ingênuo ou idiota, o que não quer dizer também ecletismo mole, oportunismo, permeabilidade a qualquer empreendimento teórico, o que não quer nem dizer ascetismo um pouco voluntário, que se reduziria em si à maior magreza teórica possível. Acredito que esse caráter essencialmente local da crítica indique de fato algo que seria uma espécie de produção teórica autônoma, não centralizada, isto é, que não precisa, para estabelecer sua validade, do visto de um regime comum.

E é aí que atingimos um segundo aspecto do que aconteceu há algum tempo: é que essa crítica local se efetuou, parece-me, por, através do que se poderia chamar "retornos de saber". Por "retorno de saber" quero dizer isto: é verdade que, nesses anos que se passaram, se encontrou frequentemente, pelo menos em um nível superficial, toda uma temática: "Chega de saber, mas a vida", "chega de conhecimentos, mas o real"; parece-me que sob toda essa temática, através dela, nessa própria temática, o que se viu acontecer foi o que se poderia chamar de insurreição dos "saberes sujeitados". Por "saber sujeitado" entendo duas coisas. Por um lado, quero designar conteúdos históricos que foram enterrados, mascarados em coerências funcionais ou em sistematizações formais. Concretamente, se assim preferirem, não é certamente uma semiologia da vida asilar, não é também uma sociologia da delinquência, mas, sim, a aparição de conteúdos históricos que permitiram fazer, tanto do asilo quanto da prisão, a crítica efetiva. E simplesmente porque só os conteúdos históricos podem permitir encontrar a clivagem dos enfrentamentos e das lutas que as organizações funcionais ou as organizações sistemáticas têm como objetivo, justamente, mascarar. Portanto, os "saberes sujeitados" são esses blocos de saberes históricos que estavam presentes e mascarados no interior dos conjuntos funcionais e sistemáticos, e que a crítica pôde fazer reaparecer por intermédio, é claro, da erudição.

Em segundo lugar, por "saber sujeitado" penso que é preciso entender outra coisa e, em um sentido, completamente outra coisa. Por "saberes sujeitados" entendo também toda uma série de saberes que se encontram desqualificados como saberes não conceituais, como saberes insuficientemente elaborados, saberes ingênuos, saberes hierarquicamente inferiores, saberes abaixo do nível do conhecimento ou da cientificidade requerida. E é a reaparição desses saberes de baixo, desses saberes não qualificados, desses saberes até desqualificados, é pela reaparição desses saberes: o do psiquiatrizado, o do doente, o do enfermeiro, o do médico, mas paralelo e marginal em relação ao saber médico, é esse saber que eu chamaria de "saber das pessoas", e que não é absolutamente um saber comum, um bom senso, mas, ao contrário, um saber particular, um saber local, um saber diferencial, incapaz de unanimidade e que não deve sua força senão ao decisivo que ele opõe a todos os que o cercam; é pela reaparição desses saberes locais das pessoas, desses saberes desqualificados que a crítica é feita.

Vocês me dirão: há, mesmo assim, aí, algo como um estranho paradoxo saber juntar, casar na mesma categoria "saberes sujeitados", por um lado, esses conteúdos do conhecimento histórico meticuloso, erudito, exato, e, depois, esses saberes locais, singulares, esses saberes das pessoas que são saberes sem senso comum e que foram, de alguma maneira, deixados incultiváveis, quando não foram efetiva e explicitamente mantidos à margem. Penso que é nesse casamento entre os saberes enterrados da erudição e os saberes desqualificados pela hierarquia dos conhecimentos e das ciências que aconteceu efetivamente o que deu à crítica desses 10 ou 15 últimos anos sua força essencial.

Em um caso como em outro, com efeito, nesse saber da erudição como nesses saberes desqualificados, nessas duas formas de saber, sujeitado ou enterrado, de que se tratava? Tratava-se do saber histórico das lutas; nos domínios especializados da erudição como no saber desqualificado das pessoas jazia a memória dos combates, aquela, precisamente, que foi até então mantida à margem. E desenharam-se, assim, pesquisas genealógicas múltiplas, na redescoberta exata das lutas e memória bruta dos combates; e essas genealogias, como casamento desse saber erudito e desse saber das pessoas, não foram possíveis e nem se pôde tentá-las senão com uma condição, é que seja tirada a tirania dos discursos globalizantes, com sua hierarquia e com todos os privilégios da vanguarda teórica. Chamemos, se vocês quiserem, genealogia o casamento dos conhecimentos eruditos e das memórias locais, casamento que permite a constituição de um saber histórico das lutas e a utilização desse saber nas táticas atuais; será, pois, a definição provisória dessas genealogias que tentei fazer durante esses últimos anos.

Nessa atividade que se pode então dizer genealógica, vocês veem que, de fato, não se trata de nenhuma maneira de opor à unidade abstrata da teoria a multiplicidade concreta dos fatos; não se trata de maneira alguma de desqualificar o especulativo para opor-lhe, na forma de um cientificismo qualquer, o rigor dos conhecimentos bem estabelecidos. Não é, pois, um empirismo que atravessa o projeto genealógico; também não é um positivismo no sentido ordinário do termo: trata-se, de fato, de fazer exercerem saberes locais, descontínuos, desqualificados, não legitimados, contra a instância teórica unitária que pretenderia filtrá-los, hierarquizá-los, ordená-los em nome de um conhecimento verdadeiro, em nome dos direitos de uma ciência que seria detida por alguns. As genealogias não são, pois, retornos positivistas a uma forma de ciência mais atenta ou mais exata; as genealogias são muito exatamente anticiências. Não que elas reivindiquem o direito lírico à ignorância e ao não saber, não que se trate da rejeição de saber ou da exposição dos prestígios de uma experiência imediata, não ainda captada pelo saber: não é disso que se trata; trata-se da insurreição dos saberes, não tanto contra os conteúdos, os métodos ou os conceitos de uma ciência, mas de uma insurreição primeiramente e antes de tudo contra os efeitos de poder centralizadores que estão ligados à instituição e ao funcionamento de um discurso científico organizado no interior de uma sociedade como a nossa. E, que essa institucionalização do discurso científico ganhe corpo em uma universidade ou, de maneira geral, em um aparelho pedagógico, que essa institucionalização dos discursos científicos ganhe corpo em uma rede teórico-conceitual como a psicanálise, ou em um aparelho político, com todos os seus aferentes, como no caso do marxismo, no fundo pouco importa: é contra os efeitos de poder próprios a um discurso considerado como científico que a genealogia deve empreender o combate.

De maneira mais precisa ou, em todo caso, que falará, talvez, melhor, direi isto: há muitos anos agora, mais de um século, sem dúvida, vocês sabem quanto foram numerosos aqueles que se perguntaram se o marxismo era, sim ou não, uma ciência: poder-se-ia dizer que a mesma questão foi feita e não cessa de ser feita a propósito da psicanálise, ou, pior ainda, da semiologia dos textos literários; mas a toda essa questão: é ou não é uma ciência?, os genealogistas responderiam: precisamente, o que censuram em vocês é fazer do marxismo, da psicanálise ou desta ou daquela coisa uma ciência, e, se têm uma objeção a fazer ao marxismo, é que ele poderia efetivamente ser uma ciência. Em termos um pouco mais, senão elaborados, mais diluídos, eu diria isto: antes mesmo de saber em que medida algo como o marxismo ou a psicanálise é análogo a uma prática científica em seu desenrolar quotidiano, em suas regras de construção, nos conceitos utilizados, antes mesmo de se fazer essa pergunta da analogia formal e estrutural de um discurso marxista ou psicanalítico com um discurso científico, não seria preciso se colocar inicialmente a questão ou interrogar-se sobre a ambição de poder que leva consigo a pretensão de ser uma ciência? As questões que é preciso apresentar não são estas; que tipo de saber vocês querem desqualificar quando se dizem ser uma ciência? Que sujeito falante, que sujeito do discurso, que sujeito de experiência e de saber vocês então querem minorar quando dizem: eu que tenho esse discurso, tenho um discurso científico e sou um sábio? Que vanguarda teórico-política vocês querem então entronizar, para destacá-la de todas as formas maciças, circulantes e descontínuas de saber? E eu diria: quando os vejo se esforçarem para estabelecer que o marxismo é uma ciência, não os vejo, para dizer a verdade, demonstrando de uma vez por todas que o marxismo tem uma estrutura racional e que suas proposições dependem, por conseguinte, de procedimentos de verificação; vejo-os, primeiramente e antes de tudo, fazendo outra coisa; vejo-os ligando ao discurso marxista e vejo-os atribuir aos que têm esse discurso efeitos de poder que o Ocidente, agora desde a Idade Média, atribuiu à ciência e reservou aos que têm um discurso científico.

A genealogia seria, então, em relação ao projeto de uma inscrição dos saberes na hierarquia do poder próprio à ciência, uma espécie de empreendimento para dessujeitar os saberes históricos e torná-los livres, isto é, capazes de oposição e de luta contra a coerção de um discurso teórico unitário, formal e científico. A reativação dos saberes locais, "menores", diria, talvez, Deleuze, contra a hierarquização científica do conhecimento e seus efeitos de poder intrínsecos, é isso o projeto dessas genealogias em desordem e em pedaços. Em duas palavras: poder-se-ia, talvez, dizer que a arqueologia seria o método próprio à análise das discursividades locais, e a genealogia, a tática que faz exercer a partir das discursividades locais assim descritas os saberes dessujeitados que daí se destacam. Isso, para restituir o projeto de conjunto.

Vocês veem que todos os fragmentos de pesquisas com todos os propósitos ao mesmo tempo entrecruzados e suspensos que repeti com obstinação há quatro ou cinco anos agora podiam ser considerados como elementos dessas genealogias, que não fui, longe disso, o único a fazer durante esses 15 últimos anos. Questão: então, por que não se continuaria, com uma tão bela e, provavelmente, tão pouco verificável teoria da descontinuidade? Por que não continuo, e por que não aproveito ainda um pouquinho algo assim, que estaria do lado da psiquiatria, da teoria da sexualidade?

Poder-se-ia continuar, é verdade; e, até certo ponto, tentarei continuar. Mas, talvez, certo número de mudanças, e mudanças na conjuntura, intervieram. Quero dizer que, em relação à situação que conhecemos há cinco, 10, ainda 15 anos, as coisas talvez mudaram; a batalha não tem, talvez, a mesma fisionomia. Será que estamos mesmo, em todo caso, nessa mesma relação de forças que nos permitiria fazer valer, de alguma maneira, no estado vivo e fora de toda sujeição, esses saberes desatolados? Que força eles têm em si? E, afinal de contas, a partir do momento em que se destacam assim fragmentos de genealogia, a partir do momento em que se faz valer, em que se colocam em circulação essas espécies de elementos de saber que se tentou desatolar, eles não correm o risco de ser recodificados, recolonizados por esses discursos unitários que, depois de tê-los inicialmente desqualificado, depois ignorado quando reaparecerem, estão, talvez, agora prontos a anexá-los e a aproveitá-los em seu próprio discurso e em seus próprios efeitos de saber e de poder? E se quisermos, nós, proteger esses fragmentos assim destacados, não estaríamos nos expondo a construir nós mesmos, com nossas próprias mãos, esse discurso unitário, ao qual nos convém, como talvez para uma armadilha, os que nos dizem: Tudo isso é muito gentil, mas para onde vai? Em que direção? Para que unidade? A tentação, até certo ponto, é de dizer: pois bem, continuemos, acumulemos, afinal de contas, ainda não chegou o momento em que corremos o risco de ser colonizados. Porque eu lhes dizia há pouco que esses fragmentos genealógicos correm o risco, talvez, de ser recodificados, mas se poderia, afinal de contas, lançar o desafio e dizer: tentem, pois! Poder-se-ia dizer, por exemplo: desde o tempo em que a antipsiquiatria ou a genealogia das instituições psiquiátricas foram empreendidas – faz agora bem 15 anos –, houve um só marxista, um só psicanalista, um só psiquiatra para refazer isso em seus próprios termos e mostrar que as genealogias que tinham sido feitas eram falsas, mal-elaboradas, mal-articuladas, malfundadas? De fato, as coisas são tais que esses fragmentos de genealogia ficam aí cercados de um silêncio prudente; opõem-se-lhes, quando muito, proposições como as que se acaba de ouvir recentemente na boca, creio, de M. Juquin: "Tudo isso é muito gentil! Nem por isso a psiquiatria soviética deixa de ser a primeira do mundo." Eu diria: é claro, a psiquiatria soviética, vocês têm razão, é a primeira do mundo, e é precisamente o que nela censuram. O silêncio, ou, antes, a prudência com a qual as teorias unitárias contornam a genealogia dos saberes, seria, então, talvez, uma razão para continuar. Poder-se-ia, em todo caso, multiplicar assim os fragmentos genealógicos como armadilhas, questões, desafios, como quiserem; mas, afinal de contas, é, sem dúvida, muito otimista, a partir do momento em que se trata, afinal, de uma batalha, de uma batalha dos saberes contra os efeitos de poder dos discursos científicos, de entender o silêncio do adversário como a prova que lhe causa temor; talvez o silêncio do adversário – em todo caso, penso que é um princípio metodológico ou um princípio tático que é preciso ter na mente – é ao mesmo tempo o sinal de que não lhe causam absolutamente temor; e, em todo caso, é preciso fazer como se justamente não lhe causassem temor.

Tratar-se-á, pois, não absolutamente de dar um chão teórico contínuo e sólido a todas as genealogias dispersas – não quero, de maneira alguma, lhes dar, lhes sobreimpor uma espécie de coroamento teórico que as unificaria –, mas tentar nas aulas seguintes, e sem dúvida durante este ano, precisar ou evidenciar o desafio que se encontra comprometido nessa colocação em oposição, nessa colocação em luta, nessa colocação em insurreição dos saberes contra a instituição e contra os efeitos de saber e de poder do discurso científico.

O que está em jogo em todas essas genealogias, vocês o sabem, preciso esclarecê-lo, é: o que esse poder cuja irrupção, força, decisório, absurdo apareceram concretamente durante esses 40 últimos anos, ao mesmo tempo na linha de desmoronamento do nazismo e na linha de recuo do stalinismo? O que é o poder? Ou, antes – porque a questão "O que é o poder?" seria justamente uma questão teórica que coroaria o conjunto, o que não quero – o desafio é determinar quais são em seus mecanismos, em seus efeitos, em suas relações esses diferentes dispositivos de poder que se exercem em níveis diferentes da sociedade, em domínios e com extensões tão variadas? *Grosso modo*, penso que o que está em jogo nisso tudo seria: a análise dos poderes pode, de uma maneira ou de outra, se deduzir da economia?

Eis por que razão faço essa pergunta. Eis o que quero dizer com isso: não quero de maneira nenhuma apagar as inúmeras diferenças, gigantescas, mas, apesar e através dessas diferenças, parece-me que há certo ponto comum entre a concepção jurídica e, digamos, se assim quiserem, liberal do poder político – a que se encontra nos filósofos do século XVIII –, e, depois, a concepção marxista ou, em todo caso, certa concepção corrente que vale como sendo a concepção marxista: esse ponto comum seria o que eu chamaria de economismo na teoria do poder. Com isso, quero dizer isto: no caso da teoria jurídica clássica do poder, o poder é considerado como um direito de que seríamos possuidores como de um bem, e que poderíamos, por conseguinte, transferir ou alienar, de maneira total ou parcial, por um ato jurídico ou um ato fundador de direito – pouco importa no momento – que seria da ordem da cessão ou do contrato. O poder é este, concreto, que todo indivíduo detém e que viria a ceder, total ou parcialmente, para constituir uma soberania política. A constituição do poder político se faz, então, nessa série, nesse conjunto teórico ao qual me refiro, sobre o modelo de uma operação jurídica que seria da ordem de uma troca contratual. Analogia, por conseguinte, manifesta e que corre ao longo de todas essas teorias, entre o poder e os bens, entre o poder e a riqueza.

No outro caso, evidentemente, penso na concepção marxista geral do poder; mas vocês têm nessa concepção marxista alguma outra coisa, que é o que se poderia chamar a funcionalidade econômica do poder. "Funcionalidade econômica", na medida em que o poder teria essencialmente como função ao mesmo tempo manter relações de produção e reconduzir uma dominação de classe que o desenvolvimento e as modalidades próprias da apropriação das forças produtivas tornaram possível; o poder político, nesse caso, encontraria na economia sua razão de ser histórica. Grosseiramente, se quiserem, em um caso, tem-se um poder político que encontraria, no procedimento da troca, na economia da circulação dos bens, seu modelo formal; e, no outro, o poder político teria na economia sua razão de ser histórica e o princípio de sua forma concreta e de seu funcionamento atual.

O problema que coloca em jogo pesquisas de que falo pode decompor-se da seguinte maneira. Primeiramente, o poder está sempre em uma posição secundária em relação à economia? Ele é sempre finalizado e como funcionalizado pela economia? O poder tem essencialmente como razão de ser e como objetivo servir a economia? É destinado a fazê-la funcionar, solidificar, manter, reconduzir relações que são características dessa economia e essenciais a seu funcionamento?

Segunda questão: o poder é modelado na mercadoria? O poder é algo que se possui, que se adquire, se cede por contrato ou por força, se aliena ou se recupera, circula, irriga uma região evitando aquela outra? Ou então, mesmo se as relações de poder são profundamente intrincadas nas e com as relações econômicas, mesmo se, efetivamente, as relações de poder constituem sempre uma espécie de feixe ou de fecho com as relações econômicas, nesse caso, a indissociabilidade da economia e do político não seria, não da ordem da subordinação funcional, nem da ordem da isomorfia formal, mas de outra ordem que se trataria precisamente de destacar?

Para fazer uma análise não econômica do poder, de que, atualmente, se dispõe? Penso que se pode dizer que se dispõe realmente de muito pouca coisa. Dispõe-se, inicialmente, dessa afirmação de que o poder não se dá, nem se troca, nem se retoma, mas que ele se exerce e que só existe em ato. Dispõe-se também dessa outra afirmação de que o poder não é primeiramente manutenção e recondução das relações econômicas; mas, nele próprio, primariamente, uma relação de forças.

Duas questões: Se o poder se exerce, o que é esse exercício? Em que consiste? Qual é sua mecânica? Tem-se aqui algo de que eu diria ser uma resposta-ocasião, enfim, uma resposta imediata, que me parece terminada finalmente pelo fato concreto de muitas análises atuais: o poder é essencialmente o que reprime, é o que reprime a natureza, os instintos, uma classe, indivíduos. E quando, no discurso contemporâneo, encontra-se essa definição repetida do poder como o que reprime, afinal de contas, o discurso contemporâneo não cria uma invenção; Hegel foi o primeiro a dizer, depois Freud e depois Reich. Em todo caso, ser órgão de repressão é, no vocabulário de hoje, o qualificativo quase homérico do poder. Então, será que a análise do poder não deve ser primeiro e essencialmente a análise dos mecanismos de repressão?

Em segundo lugar – segunda resposta-ocasião, se assim quiserem –, se o poder é em si mesmo colocação em jogo e desdobramento de uma relação de forças, mais do que analisá-lo em termos de cessão, contrato, alienação, em vez até de analisá-lo em termos funcionais de recondução de relações de produção, não seria preciso analisá-lo primeiramente e antes de tudo em termos de combate, de enfrentamento ou de guerra? Ter-se-ia, então, em face da primeira hipótese, que é: o mecanismo do poder é fundamental e essencialmente a repressão, uma segunda hipótese, que seria: o poder é a guerra, é a guerra continuada por outros meios. E, nesse momento, reverter-se-ia a proposição de Clausewitz,[2] e dir-se-ia que a política é a guerra continuada por outros meios.

O que quer dizer três coisas. Primeiro isto: é que as relações de poder, tal como funcionam em uma sociedade como a nossa, têm essencialmente como ponto de ancoragem certa relação de forças estabelecida em dado momento, historicamente detectável, na guerra e pela guerra. E, se é verdade que o poder político para a guerra, faz reinar ou tenta fazer reinar uma paz na sociedade civil, não é absolutamente para suspender os efeitos da guerra ou para neutralizar o desequilíbrio que se manifestou na batalha final da guerra. O poder político, nessa hipótese, teria como papel reinscrever perpetuamente essa relação de forças por uma espécie de guerra silenciosa e reinscrevê-lo nas instituições, nas desigualdades econômicas, na linguagem, até no corpo de uns e outros. Seria, então, o pri-

---

2 "A guerra não é somente um ato político, mas um verdadeiro instrumento da política, uma busca de relações políticas, uma realização destas por outros meios" (Clausewitz, K. von, *De la guerre*, Paris, Éd. de Minuit, 1950, livro I, cap. 1, p. 67).

meiro sentido a dar a essa reversão do aforismo de Clausewitz: a política é a guerra continuada por outros meios; isto é, a política é a sanção e a recondução do desequilíbrio das forças manifestado na guerra.

A reversão dessa proposição poderia querer dizer outra coisa também: é que, no interior dessa "paz civil", as lutas políticas, os enfrentamentos a propósito do poder, com o poder, para o poder, as modificações das relações de forças – acentuação, por um lado, inversão –, tudo isso, em um sistema político não deveria ser interpretado senão como a continuação da guerra; isto é, eles teriam de ser decifrados como episódios, fragmentações, deslocamentos da guerra em si. Não se escreveria jamais senão a história dessa mesma guerra, mesmo quando se escrevesse a história da paz e de suas instituições.

E a reversão do aforismo de Clausewitz poderia querer dizer uma terceira coisa: finalmente, a decisão final só pode vir da guerra, isto é, de uma prova de força em que as armas, no fim das contas, deverão ser juízes. O fim do político seria a última batalha, isto é, a última batalha suspenderia, enfim, e enfim somente, o exercício do poder como guerra continuada.

Vocês estão, vendo que, a partir do momento em que se tenta destacar esquemas economicistas para analisar o poder, encontramo-nos imediatamente em face de duas hipóteses maciças: por um lado, o mecanismo do poder seria a repressão – hipótese, se assim quiserem, que eu chamaria comodamente hipótese Reich –, e, em segundo lugar, o fundo da relação de poder é o enfrentamento belicoso das forças – hipótese que eu chamaria, ainda aí por comodidade, a hipótese Clausewitz. Essas duas hipóteses não são inconciliáveis; ao contrário, parecem até encadear-se com bastante probabilidade: a repressão, afinal de contas, não seria a consequência política da guerra, um pouco como a opressão, na teoria clássica do direito político, era o abuso da soberania na ordem jurídica?

Poder-se-iam, pois, opor dois grandes sistemas de análise do poder. Um que seria o velho sistema que vocês encontram nos filósofos do século XVIII, que se articularia em torno do poder como direito originário que se cede, constitutivo da soberania, e com o contrato como matriz do poder político; e esse poder assim constituído correria o risco, quando ele se ultrapassa, isto é, quando vai além dos próprios termos do contrato, de tornar-se opressão. Poder-contrato, tendo como limite, ou, antes, como transposição do limite, a opressão. E vocês teriam o outro sistema que tentaria, ao contrário, analisar o poder político, não mais segundo o esquema contrato-opressão, mas segundo o esquema guerra-repressão; nesse momento, a repressão não é o que era a opressão para o contrato, isto é, um abuso, mas, ao contrário, o simples efeito e a simples procura de uma relação de dominação: a repressão não seria outra coisa senão a colocação em ação, no interior dessa pseudopaz que trabalha uma guerra contínua, de uma relação de forças perpétua. Então, dois esquemas de análise do poder: o esquema contrato-opressão, que é, se assim quiserem, o esquema jurídico, e o esquema guerra-repressão ou dominação-repressão, no qual a oposição pertinente não é a do legítimo e do ilegítimo como em um esquema precedente, mas a oposição entre luta e submissão.

Fica bem entendido que tudo o que lhes disse durante anos anteriores se inscreve do lado do esquema luta-repressão, e é esse esquema que, de fato, tentei colocar em operação. Ora, à medida que o colocava em operação, fui levado, mesmo assim, a reconsiderá-lo; ao mesmo tempo, evidentemente, porque sobre uma porção de pontos ele está ainda insuficientemente elaborado – eu diria até que está completamente não elaborado –, mas porque penso mesmo que essas duas noções de "repressão" e de "guerra" devem ser muito consideravelmente modificadas, senão, talvez, no limite, abandonadas. Em todo caso, é preciso, penso, olhar de perto essas duas noções, "repressão" e "guerra", ou, se assim quiserem, olhar de um pouco mais perto a hipótese de que os mecanismos de poder seriam essencialmente mecanismos de repressão, e essa outra hipótese de que, sob o poder político, o que murmura e o que funciona é essencialmente e antes de tudo uma relação belicosa.

Acredito, sem muito me vangloriar, ter, assim mesmo, desconfiado há bastante tempo dessa noção de "repressão"; e tentei mostrar-lhes, a propósito justamente das genealogias de que falava há pouco, a propósito da história do direito penal, do poder psiquiátrico, do controle da sexualidade infantil etc., que os mecanismos que eram colocados em ação nessas formações de poder eram outra coisa completamente diferente, bem mais, em todo caso, do que a repressão. Não posso continuar sem retomar um pouco, justamente, essa análise da repressão, reunir tudo o que pude dizer de uma maneira talvez um pouco desarticulada. Por conseguinte, a próxima aula ou, eventualmente, as duas próximas aulas serão consagradas à retomada crítica da noção de "repressão", a tentar mostrar em quê e como essa noção tão corrente agora de "repressão" para caracterizar os mecanismos e os efeitos de poder é completamente insuficiente para cercá-los.

Mas o essencial da aula será consagrado a outro ponto, isto é, ao problema da guerra. Gostaria de tentar ver em que medida o esquema binário da guerra, da luta, do enfrentamento das forças pode efetivamente ser identificado como o fundo, ao mesmo tempo o princípio e o motor, do exercício do poder político: é exatamente da guerra que se deve falar para analisar o funcionamento do poder? As noções de "tática", de "estratégia", de "relações de força" são válidas? Em que medida elas o são? O poder, simplesmente, é uma guerra continuada por outros meios além das armas ou das batalhas? Sob o tema tornado agora corrente, aliás relativamente recente, de que o poder se encarrega de defender a sociedade, deve-se entender, sim ou não, que a sociedade em sua estrutura política é organizada de maneira que alguns possam defender-se contra os outros ou defender sua dominação contra a revolta dos outros, ou, simplesmente ainda, defender sua vitória e perenizá-la na sujeição?

Portanto, o esquema do curso deste ano será o seguinte: primeiramente, uma ou duas aulas consagradas à retomada da noção de repressão; depois, começarei este ano – eventualmente, continuarei nos anos seguintes, não sei – esse problema da guerra na sociedade civil. Começarei a colocar de lado justamente os que passam por teóricos da guerra na sociedade civil e que não o são absolutamente, a meu ver, isto é, Hobbes e Maquiavel. Depois tentarei retomar essa teoria da guerra como princípio histórico do funcionamento do poder em torno do problema da raça, visto que foi no binarismo das raças que foi percebida, pela primeira vez no Ocidente, a possibilidade de analisar o poder político como guerra. E tentarei conduzir isso até o momento em que luta das raças e luta das classes se tornam, no fim do século XIX, os dois grandes esquemas segundo os quais se tenta identificar o fenômeno da guerra e as relações de forças no interior da sociedade civil.

1977

Aula de 14 de Janeiro de 1976

"Corso del 14 gennaio 1976" ("Cours du 14 janvier 1976"), in Fontana (A.) e Pasquino (P.), ed., Microfisica del potere: interventi politici, Turim, Einaudi, 1977, p. 179-194.

Este ano, eu gostaria de começar pesquisas sobre a guerra como princípio eventual de análise das relações de poder: é do lado da relação belicosa, do modelo da guerra, do esquema da luta que se pode encontrar um princípio de inteligibilidade e de análise do poder político? Eu gostaria de começar tendo, forçosamente, em contraponto a análise das instituições militares em seu funcionamento real, histórico em nossas sociedades, desde o século XVI até nossos dias.

Até o presente, durante os cinco últimos anos, resumindo: as disciplinas; nos cinco anos por vir, talvez: a guerra, a luta, o exército. Eu gostaria, mesmo assim, de atualizar o que tentei dizer durantes anos precedentes. Gostaria de atualizar ao mesmo tempo porque isso me fará ganhar tempo para minhas pesquisas sobre a guerra e porque, eventualmente, pode servir de referências aos que, dentre vocês, não estavam aqui nos anos anteriores. Em todo caso, gostaria de atualizar, para mim mesmo, o que tentei percorrer.

O que tentei percorrer, a partir de 1970-1971, era, por alto, o "como" do poder. Estudar o "como" do poder era tentar apreender seus mecanismos entre dois limites: por um lado, as regras de direito que delimitam formalmente o poder, e, por outro, o outro limite seriam os efeitos de verdade que esse poder produz e que, por sua vez, reconduzem o poder. Portanto, triângulo: poder-direito-verdade. Digamos esquematicamente isto: existe uma questão tradicional que é aquela, penso, da filosofia política e que se poderia formular assim: como o discurso da verdade ou, tão simplesmente, como a filosofia entendida como o discurso por excelência da verdade pode fixar os limites de direito do poder? É a questão tradicional. Ora, a que eu gostaria de propor é uma questão de baixo, uma questão muito factual em relação a essa questão tradicional, nobre e filosófica. Meu problema seria, de alguma maneira, este: quais são as regras de direito que as relações de poder colocam em operação para produzir discursos de verdade? Ou ainda: qual é, pois, esse tipo de poder que é suscetível de produzir discursos de verdade, que são, em uma sociedade como a nossa, dotados de efeitos tão poderosos?

Quero dizer isto: em uma sociedade como a nossa – mas, afinal de contas, em qualquer sociedade –, relações de poder múltiplas atravessam, caracterizam e constituem o corpo social; elas não podem dissociar-se, nem estabelecer-se, nem funcionar sem uma produção, uma acumulação, uma circulação do discurso verdadeiro. Não há exercício do poder sem certa economia dos discursos de verdade funcionando em, a partir de e através desse poder. Estamos submetidos à produção da verdade e não podemos exercer o poder senão pela produção da verdade, isso em um modo particular, sem dúvida. É verdade sobre toda sociedade, mas penso que na nossa essa relação entre poder, direito e verdade se organiza de uma maneira muito particular.

Digamos simplesmente para marcar não o próprio mecanismo da relação entre poder, direito e verdade, mas a intensidade da relação, que estamos adstritos a produzir a verdade pelo poder que exige essa verdade e que precisa dele para funcionar; temos de dizer a verdade, somos condenados a confessar a verdade ou a encontrá-la. O poder não cessa de questionar, de nos questionar; ele não cessa de investigar, de registrar; ele institucionaliza a busca da verdade, ele a profissionaliza, a recompensa; temos de produzir a verdade como, afinal de contas, temos de produzir riquezas, e temos de produzir a verdade para poder produzir riquezas. E, por outro lado, estamos também submetidos à verdade, nesse sentido em que a verdade faz lei; é o discurso verdadeiro que, em parte pelo menos, decide; ele veicula ele próprio efeitos de poder. Afinal de contas, somos julgados, condenados, classificados, obrigados a tarefas, voltados a certa maneira de viver ou a certa maneira de morrer em função de discursos verdadeiros, que carregam com eles efeitos específicos de poder. Portanto: regras de direito, mecanismos de poder, efeitos de verdade, ou, ainda: regras de poder e poder dos discursos verdadeiros, é mais ou menos o que foi o domínio geral do percurso que eu quis traçar, percurso que conduzi, eu o sei bem, de uma maneira muito parcial e com muitos zigue-zagues.

Sobre esse percurso, eu gostaria agora de dizer algumas palavras. O que me guiou como princípio geral e quais foram as regras imperativas ou as precauções de método que eu quis assumir? Um princípio geral no que concerne às relações do direito e do poder: parece-me que há um fato que não se deve esquecer, é que, nas sociedades ocidentais, e isso desde a Idade Média, parece-me que a elaboração do pensamento jurídico se fez essencialmente em torno do poder real. Foi por exigência do poder real, foi igualmente em seu proveito, foi para servir-lhe de instrumento ou de justificação que se elaborou o edifício jurídico; o direito no Ocidente é um direito de comando real. Todo mundo conhece, é claro, o famoso papel, célebre, repetido dos juristas na organização do poder real; não se deve esquecer que a reativação do direito romano no meio da Idade Média, que foi o grande fenômeno em torno e a partir do qual se reconstituiu o edifício jurídico dissociado após a queda do Império Romano, foi um dos instrumentos técnicos constitutivos do poder monárquico, autoritário, administrativo e, finalmente, absoluto. Formação, portanto, de um edifício jurídico em torno do personagem real, a pedido mesmo e em proveito do poder real. Quando, nos séculos seguintes, esse edifício jurídico tiver escapado do controle real, quando tiver se voltado contra o poder real, estarão sempre em questão os limites do poder, a questão concernente às prerrogativas do soberano. Ou seja, penso que o personagem central em todo o edifício jurídico ocidental é o rei; é do rei que se trata, é do rei, de seus direitos, de seu poder, dos limites eventuais de seu poder, é disso que se trata fundamentalmente no sistema geral ou, em todo caso, na organização do sistema jurídico ocidental. Que os juristas tenham sido os servidores do rei, que tenham sido seus adversários, é de qualquer maneira sempre do poder real que se trata nesses grandes edifícios do pensamento e do saber jurídicos.

E do poder real trata-se de duas maneiras: seja para mostrar em que armação jurídica se investia o poder real, como o monarca era efetivamente o corpo vivo da soberania, como seu poder, mesmo absoluto, era exatamente adequado a um direito fundamental; seja, ao contrário, para mostrar como era preciso limitar esse poder soberano, a que regras de direito ele devia submeter-se, segundo e no interior de que limites ele devia exercer seu poder para que esse poder conservasse sua legitimidade.

Dizer que o problema da soberania é o problema central do direito nas sociedades ocidentais quer dizer que o discurso e a técnica do direito tiveram essencialmente por função dissolver no interior do poder o fato da dominação, para fazer aparecer, no lugar dessa dominação que se queria reduzir ou mascarar, duas coisas: por um lado, os direitos legítimos da soberania e, em segundo lugar, a obrigação legal da obediência. O sistema do direito é finalmente a evicção do fato da dominação e de suas consequências.

Nos anos anteriores, falando das diferentes pequenas coisas que evoquei, no fundo, eu quis inverter essa direção geral da análise, que é aquela, penso, do discurso do direito completo desde a Idade Média. Tentei fazer o inverso, isto é, deixar, ao contrário, valer como um fato, tanto em seu segredo quanto em sua brutalidade, o fato da dominação; e, depois, mostrar, a partir daí, não somente como o direito é, de uma maneira geral, o instrumento dessa dominação – isso é óbvio –, mas também como, até onde e sob que forma o direito – e quando digo o direito, não penso simplesmente na lei, mas no conjunto dos aparelhos, instituições, regulamentos, artigos de lei – veicula e põe em ação relações que não são relações de soberania, mas relações de dominação – e por dominação não quero dizer o fato maciço de uma dominação global de um sobre os outros ou de um grupo sobre outro, mas as múltiplas formas de dominação que podem exercer-se no interior da sociedade. Não, pois, o rei em sua posição central, mas súditos em suas relações recíprocas; não a soberania em seu edifício único, mas as sujeições múltiplas que acontecem e que funcionam no interior do corpo social.

O sistema do direito e o campo judiciário são o veículo permanente de relações de dominação, de técnicas de sujeição polimorfas. O direito, é preciso vê-lo, penso, não do lado de uma legitimidade a fixar, mas do lado dos procedimentos de sujeição que ele coloca em ação. Portanto, a questão, para mim, é de curto-circuitar ou de evitar esse problema, central para o direito, da soberania, e de fazer aparecer, no lugar da soberania e da obediência, o problema da dominação e da sujeição. Isso sendo a linha geral da análise, certo número de precauções de método eram exigidas para tentar seguir essa linha geral que tentava enviesar-se com a linha geral da análise jurídica.

Precauções de método: este, entre outros: não se trata de analisar as formas regradas e legítimas do poder em seu centro, no que podem ser seus mecanismos gerais ou seus efeitos de conjunto; trata-se, ao contrário, de apreender o poder em suas extremidades, em seus últimos lineamentos, onde ele se torna capilar. Isto é, tomar o poder em suas formas e suas instituições mais regionais, mais locais, onde o poder, ultrapassando as regras de direito que o organizam e o delimitam, se prolonga para além dessas regras, se investe em instituições, toma corpo em técnicas e se dá instrumentos de intervenção materiais, eventualmente até violentos. Exemplo, se quiserem: mais do que procurar onde e como na soberania tal como é apresentada pela filosofia, seja do direito monárquico, seja do direito democrático, como se funda o direito de punir, tentei ver como, efetivamente, a punição, o poder de punir tomavam corpo em certo número de instituições locais, regionais, materiais, seja o suplício ou o aprisionamento, e isso no mundo ao mesmo tempo institucional, físico, regulamentar e violento dos aparelhos efetivos da punição. Ou seja, apreender o poder do lado da extremidade cada vez menos jurídica de seu exercício. Era a primeira regra dada.

Segunda regra: não se tratava de analisar o poder no nível da intenção ou da decisão, de procurar tomá-la do lado interior, de colocar a questão, penso, labiríntica, que consiste em perguntar: quem, pois, tem o poder? Mas estudar o poder, ao contrário, do lado onde sua intenção, se existe intenção, está inteiramente investida no interior de práticas reais; estudar o poder, de alguma maneira, do lado de sua face externa, onde ele está em relação direta e imediata com o que se pode chamar, muito provisoriamente, seu objeto, seu alvo, seu campo de aplicação, ou seja, onde se implanta e produz seus efeitos reais. Portanto, não: Por que alguns querem dominar? O que eles buscam? Qual é sua estratégia de conjunto? Mas: como as coisas acontecem naquele momento, no nível, rente ao procedimento de sujeição ou nesses processos contínuos que sujeitam os corpos, dirigem os gestos, regem os comportamentos? Em outros termos, mais do que se perguntar como o soberano aparece no alto, procurar saber como são progressiva, real, materialmente constituídos os sujeitos a partir da multiplicidade dos corpos, das forças, das energias, das matérias, dos desejos, dos pensamentos; apreender a instância material da sujeição como constituição dos sujeitos. Isso seria, se assim quiserem, exatamente o contrário do que Hobbes tinha querido fazer no *Leviatã*,[1] e, penso, os juristas, quando formulam o problema de saber como, a partir da multiplicidade dos indivíduos e das vontades, pode formar-se uma vontade ou um corpo únicos, mas animados por uma alma que seria a soberania. Lembrem-se do esquema do *Leviatã*: nesse esquema, o Leviatã, como homem fabricado, não é outra coisa senão a coagulação de certo número de individualidades separadas, que se encontram reunidas por certo número de elementos constitutivos do Estado; mas, na cabeça do Estado, existe algo que o constitui como tal, e esse algo é a soberania, a soberania de que Hobbes diz que ela é precisamente a alma do Leviatã. Ora, mais do que colocar o problema da alma central, penso que seria necessário tentar – o que tentei fazer – estudar os corpos periféricos e múltiplos, esses corpos constituídos como sujeitos pelos efeitos de poder.

Terceira precaução de método: não tomar o poder como um fenômeno de dominação maciça e homogênea; dominação maciça e homogênea de um indivíduo sobre os outros, de um grupo sobre os outros, de uma classe sobre as outras. Em resumo, ter no espírito que o poder, salvo considerando-o de muito alto e de muito longe, não é algo que se divide entre os que o têm e o detêm explicitamente, e, depois, os que não o têm e que o sofrem. O poder, penso, deve ser analisado como algo que circula, ou, antes, como algo que só funciona em cadeia; ele não é jamais localizado aqui ou lá, não está jamais entre as mãos de alguns, não é jamais apropriado como uma riqueza ou um bem. O poder funciona, o poder se exerce em rede e, nessa rede, não somente os indivíduos circulam, mas estão sempre em posição de sofrer e também de exercer esse poder; não são jamais o alvo inerte ou consentâneo do poder, são sempre seus substitutos. Ou seja, o poder transita pelos indivíduos, não se aplica a eles.

Não se deve, pois, penso eu, conceber o indivíduo como uma espécie de núcleo elementar, átomo primitivo, matéria múltipla e muda sobre a qual viria aplicar-se, contra a qual viria bater o

---

[1] Hobbes (T.), *Léviathan. Traité de la matière, de la forme et du pouvoir de la République ecclésiastique et civile*, Londres, Grooke, 1651. Há tradução brasileira. Ed. Abril, São Paulo.

poder, que submeteria os indivíduos ou os quebraria. De fato, o que faz com que um corpo, gestos, discursos, desejos sejam identificados e constituídos como indivíduos, é precisamente isso um dos efeitos primeiros do poder; isto é, o indivíduo não é o que está em frente ao poder; ele é, acredito, um de seus efeitos primeiros. O indivíduo é um efeito do poder e é, ao mesmo tempo, na medida mesmo em que é um efeito, um substituto: o poder transita pelo indivíduo que ele constituiu.

Quarta consequência no nível das precauções de método: quando digo: "O poder forma rede, exerce, circula", é talvez verdade até certo ponto; pode-se dizer também: "Todos nós temos o fascismo na cabeça", e, mais fundamentalmente ainda: "Temos todos o poder no corpo"; e o poder, em certa medida pelo menos, transita ou transuma por nosso corpo. Tudo isso, com efeito, pode ser dito; mas não penso que seja preciso a partir daí concluir que o poder seria, se vocês quiserem, a coisa do mundo mais bem dividida, a mais dividida, ainda que, até certo ponto, o seja. Não é uma espécie de distribuição democrática ou anárquica do poder através dos corpos. Quero dizer isto: parece-me que – seria a quarta precaução de método –, o importante é que não é preciso fazer uma espécie de dedução do poder que partiria do centro e que tentaria ver até onde ele se prolonga abaixo, em que medida se reproduz, se reconduz até os elementos mais atomísticos da sociedade.

Penso que é necessário, ao contrário – é uma precaução de método a seguir –, fazer uma análise ascendente do poder; isto é, partir dos mecanismos infinitesimais, que têm sua própria história, seu próprio trajeto, sua própria técnica e tática, e depois ver como esses mecanismos de poder, que têm, pois, sua solidez e, de alguma maneira, sua tecnologia própria, foram e são ainda investidos, colonizados, utilizados, inflectidos, transformados, deslocados, ampliados por mecanismos cada vez mais gerais e por formas de dominação global. Não é a dominação global que se pluraliza e se repercute até embaixo; penso que é preciso analisar a maneira como, nos níveis mais baixos, os fenômenos, as técnicas, os procedimentos de poder funcionam, que é preciso mostrar como esses procedimentos, é claro, se deslocam, se estendem, se modificam, mas, principalmente, como são investidos, anexados por fenômenos globais, e como poderes gerais ou proveitos de economia podem passar ao jogo dessas tecnologias, ao mesmo tempo relativamente autônomas e infinitesimais, de poder.

Um exemplo, para que isso fique mais claro: a loucura. Poder-se-ia dizer isto, e seria a análise descendente da qual se deve desconfiar: a burguesia se tornou, a partir do fim do século XVI e no século XVII, a classe dominante. Dizendo isso, como se pode deduzir o internamento dos loucos? A dedução, vocês a farão sempre; ela é sempre fácil, e é precisamente o que lhe censurarei. É, com efeito, fácil mostrar como se é obrigado a se livrar do louco, sendo ele precisamente o que é inútil na produção industrial. Poder-se-ia fazer o mesmo, se assim quiserem, não mais a propósito do louco, mas a propósito da sexualidade infantil. É o que fez certo número de pessoas – até certo ponto, Wilhelm Reich,[2] Reimut Reiche,[3] certamente – que disseram: a partir da dominação da classe burguesa, como se pode compreender a repressão da sexualidade infantil? Pois bem, simplesmente, o corpo humano tornando-se essencialmente força produtiva a partir dos séculos XVII e XVIII, todas as formas de despesa que eram irredutíveis nessas relações, na constituição das forças produtivas, todas as formas de gasto assim manifestadas em sua inutilidade foram banidas, excluídas, reprimidas. Essas deduções são sempre possíveis; são ao mesmo tempo verdadeiras e falsas; são essencialmente muito fáceis, porque se poderia exatamente fazer o contrário e mostrar como, precisamente a partir do princípio de que a burguesia se tornou uma classe dominante, os controles de sexualidade, e da sexualidade infantil particularmente, não são desejáveis; que se teria necessidade, ao contrário, de uma aprendizagem, de uma educação sexual, de uma precocidade sexual, na medida em que se trata, afinal de contas, de reconstituir pela sexualidade uma força de trabalho da qual se sabe bem que se considerava, no início do século XIX pelo menos, que seu *status* ótimo seria de ser infinita, que, quanto mais houvesse forças de trabalho, mais o sistema da produção capitalista poderia funcionar plenamente e de forma mais ajustada.

---

2 Reich (W.), *Der Einbruch der Sexualmoral*, Berlim, 1932 (*L'Irruption de la morale sexuelle. Étude des origines du caractère compulsif de la morale sexuelle*, trad. P. Kamnitzer, Paris, Payot, 1972). Há tradução brasileira.
3 Reiche (R.), *Sexualitat und Klassenkampf*, Frankfurt, Verlag Neue Kritik, 1969 (*Sexualité et Lutte de classes. Défense contre la désublimation répressive*, trad. C. Parrenin e F. Rutten, Paris, Maspero, col. "Cahiers libres", n. 203--204, 1971). Há tradução brasileira.

Penso que qualquer coisa se pode deduzir do fenômeno geral da dominação da classe burguesa. Parece-me que se deve fazer o inverso, isto é, ver como historicamente, partindo de baixo, os mecanismos de controle puderam funcionar no que concerne à exclusão da loucura, à repressão, à interdição da sexualidade, como, no nível efetivo da família, do círculo imediato, das células ou dos níveis mais baixos da sociedade, esses fenômenos de repressão ou de exclusão tiveram seus instrumentos, sua lógica, responderam a certo número de necessidades. Deve-se mostrar quais foram seus agentes, e procurar esses agentes não absolutamente do lado da burguesia em geral, mas dos agentes reais que puderam ser o círculo imediato, a família, os pais, os médicos, o mais baixo grau da polícia; e como esses mecanismos de poder, em dado momento, em uma conjuntura precisa e mediante certo número de transformações, começaram a se tornar economicamente aproveitáveis e politicamente úteis. Chegar-se-ia, acredito, a mostrar facilmente – enfim, foi o que quis fazer outrora – que, no fundo, aquilo de que a burguesia precisou, aquilo em que, finalmente, o sistema encontrou seu interesse, não foi no fato de os loucos serem excluídos ou de a masturbação das crianças ser vigiada e proibida – mais uma vez, o sistema burguês pode perfeitamente suportar o contrário –, mas, em compensação, onde ele encontrou seu interesse e onde efetivamente se investiu foi na técnica, no próprio procedimento da exclusão. Foram os mecanismos da exclusão, foi o aparelhamento da vigilância, foi a medicalização da loucura, da delinquência, da sexualidade, foi tudo isso, isto é, a micromecânica do poder, que constituiu, representou, a partir de certo momento, um interesse para a burguesia, e foi por isso que a burguesia se interessou.

Digamos ainda: as noções de "burguesia" e de "interesse da burguesia" são provavelmente sem conteúdo real pelo menos para os problemas que acabamos de ver agora. Não houve a burguesia que pensou que a loucura devia ser excluída ou que a sexualidade infantil devia ser reprimida, mas, a partir de certo momento e por razões que é preciso estudar, os mecanismos de exclusão da loucura, os mecanismos de vigilância da sexualidade infantil liberaram certo proveito econômico, certa utilidade política e, assim, se encontraram naturalmente colonizados e apoiados por mecanismos globais e, finalmente, pelo sistema do Estado todo. É partindo dessas técnicas de poder e mostrando os proveitos econômicos ou as utilidades políticas que daí derivam, é a partir daí que se pode compreender como efetivamente esses mecanismos acabam fazendo parte do conjunto. Ou seja, a burguesia zomba totalmente dos loucos, mas os procedimentos de exclusão dos loucos propiciaram, a partir do século XIX, e segundo certas transformações, um proveito político, eventualmente até certa utilidade econômica que solidificaram o sistema e fizeram funcionar no conjunto. A burguesia não se interessa pelos loucos, mas pelo poder que tem sobre eles; a burguesia não se interessa pela sexualidade da criança, mas pelo sistema de poder que a controla; a burguesia zomba dos delinquentes, de sua punição ou de sua reinserção, que não tem economicamente muito interesse; em compensação, do conjunto dos mecanismos pelos quais o delinquente é controlado, seguido, punido, reformado, surge para a burguesia um interesse que funciona no interior do sistema econômico-político mais geral. Eis a quarta precaução de método que eu queria seguir.

Quinta precaução. É bem possível que as grandes maquinarias de poder tenham se acompanhado de produção de ideologias; houve, sem dúvida, por exemplo, uma ideologia da educação, houve uma ideologia do poder monárquico, uma ideologia da democracia parlamentar, mas, na base, no ponto de chegada das redes de poder, o que se forma, não creio que sejam ideologias. É muito menos e, penso, muito mais: são instrumentos efetivos de formação e de acumulação de saber, são métodos de observação, técnicas de registro, procedimentos de investigação e de pesquisa, são aparelhos de verificação. Isto é, penso que o poder, quando se exerce em seus mecanismos finos, não pode fazê-lo sem a formação, a organização e a colocação em circulação de um saber ou, antes, de aparelhos de saber que não são acompanhamentos ou edifícios ideológicos.

Para resumir essas cinco precauções de método, eu diria isto: mais do que orientar a pesquisa sobre o poder do lado do edifício jurídico da soberania, do lado dos aparelhos de Estado, do lado das ideologias que o acompanham, penso que se deve orientar a análise do lado da dominação e não da soberania, do lado dos operadores materiais, das formas de sujeição, do lado das conexões e utilizações dos sistemas locais dessa sujeição, do lado, enfim, dos dispositivos de saber.

Em suma, é preciso se livrar do modelo do *Leviatã*, desse modelo de um homem artificial, ao mesmo tempo autômato fabricado e unitário, que envolveria todos os indivíduos reais, e de que os cidadãos seriam o corpo, mas de que a alma seria a soberania. É preciso estudar o poder fora do modelo do *Leviatã*, fora do campo delimitado pela soberania jurídica e pela instituição do Estado, trata-se de analisá-lo a partir das técnicas e das táticas de dominação. A linha metódica que se deve seguir, e que tentei seguir nessas diferentes pesquisas que fiz nos anos anteriores a propósito do poder psiquiátrico, da sexualidade das crianças, do sistema punitivo.

Ora, percorrendo esse domínio e tomando essas precauções de método, penso que aparece um fato histórico maciço, que vai, enfim, introduzir-nos um pouco no problema de que eu gostaria de falar a partir de hoje. Esse fato histórico maciço é este: a teoria jurídico-política da soberania, de que é preciso desligar-se, se se quiser analisar o poder, data da Idade Média; ela data da reativação do direito romano e se constituiu em torno do problema da monarquia e do monarca. E penso que, historicamente, essa teoria da soberania – que é a grande armadilha na qual se corre o risco de cair quando se quer analisar o poder – desempenhou quatro papéis.

Primeiramente, ela se referiu a um mecanismo de poder efetivo que era o da monarquia feudal. Em segundo lugar, serviu de instrumento e também de justificação para a constituição das grandes monarquias administrativas. Em seguida, a partir do século XVI e principalmente do século XVII, no momento das guerras de religião, a teoria da soberania foi uma arma que circulou em um campo e em outro, que foi utilizada em um sentido ou em outro, seja para limitar, seja, ao contrário, para reforçar o poder real; vocês a encontram do lado dos católicos monarquistas ou dos protestantes antimonarquistas; encontram-na do lado dos protestantes monarquistas e mais ou menos liberais; encontram-na também do lado dos católicos partidários da mudança de dinastia. Vocês encontram essa teoria da soberania que funciona entre as mãos dos aristocratas ou entre as dos parlamentares, do lado dos representantes do poder real ou do lado dos últimos feudais; em resumo, ela foi o grande instrumento da luta política e teórica em torno dos sistemas de poder dos séculos XVI e XVII. Enfim, no século XVIII, é ainda essa mesma teoria da soberania, reativada do direito romano, que vocês vão encontrar, digamos por alto, em Rousseau e seus contemporâneos, com outro papel: trata-se nesse momento de construir, contra as monarquias administrativas, autoritárias ou absolutas, um modelo alternativo, o das democracias parlamentares; é esse papel que ela exerce ainda no momento da Revolução.

Parece-me que, se seguirmos esses quatro papéis, vamos perceber que, enquanto durou a sociedade de tipo feudal, os problemas de que tratava a teoria da soberania, aqueles aos quais ela se referia cobriam efetivamente a mecânica geral do poder, a maneira como ele se exercia, desde os níveis mais altos até os mais baixos. Ou seja, a relação de soberania, que ela seja entendida de uma maneira ampla ou restrita, cobria, em suma, a totalidade do corpo social; e, efetivamente, a maneira como o poder se exercia podia bem ser transcrita, para o essencial em todo caso, em termos de relação soberano-súdito.

Ora, nos séculos XVII e XVIII, aconteceu um fenômeno importante: a aparição – seria preciso dizer a invenção – de uma nova mecânica de poder que tem procedimentos bem particulares, instrumentos completamente novos, uma aparelhagem muito diferente e que, penso, é absolutamente incompatível com as relações de soberania. Essa nova mecânica de poder é uma mecânica que se refere inicialmente aos corpos ou ao que eles fazem, mais do que à terra e seus produtos; é um mecanismo de poder que permite extrair dos corpos trabalho e tempo mais do que bens e riqueza; é um tipo de poder que se exerce continuamente por vigilância, e não de maneira descontínua por sistemas de impostos ou obrigações crônicas; é um tipo de poder que supõe um esquadrinhamento severo de coerções materiais e define uma nova economia de poder cujo princípio é que se deve ser capaz de fazer crescer ao mesmo tempo as forças submissas e a força e a eficácia do que as sujeita.

Parece-me que esse tipo de poder se opõe exatamente termo a termo à mecânica de poder que descrevia ou que procurava transcrever a teoria da soberania. A teoria da soberania está ligada a uma forma de poder que se exerce na terra e sobre os produtos da terra muito mais que sobre os corpos e o que eles fazem; a teoria da soberania concerne ao deslocamento e à apropriação pelo poder não do tempo e do trabalho, mas dos bens e da riqueza; a teoria da soberania é o que permite transcrever em termos jurídicos obrigações crônicas e descontínuas de impostos, não é o que permite codificar uma vigilância contínua; é uma teoria que permite fundar o poder em torno e a partir da existência física do soberano, e não absolutamente em torno e a partir dos sistemas contínuos e permanentes de vigilância. A teoria da soberania é, se assim quiserem, o que permite fundar o poder absoluto no excesso de poder, e não absolutamente calcular o poder com o mínimo de excesso e o máximo de eficácia.

Esse novo tipo de poder, que não é absolutamente passível de transcrição nos termos da soberania, é, penso, uma das grandes invenções da sociedade burguesa; foi um dos instrumentos fundamentais do estabelecimento do capitalismo industrial e do tipo de sociedade que lhe é correlativo. Esse poder não soberano, estranho, pois, à forma da soberania, é o poder disciplinar, indescritível, injustificável nos termos da teoria da soberania, e que deveria normalmente ter levado ao próprio desaparecimento desse grande edifício jurídico da teoria da soberania. Ora, de fato, a teoria da soberania continuou não somente a existir, se quiserem, como ideologia do direito, mas continuou a organizar os códigos jurídicos que a Europa do século XIX se deu a partir, por alto, dos códigos napoleônicos. Por que a teoria da soberania persistiu assim como ideologia e como princípio organizador dos grandes códigos jurídicos?

Acredito que há para isso duas razões. Por um lado, a teoria da soberania foi, no século XVIII e no século XIX ainda, um instrumento crítico permanente contra a monarquia e contra todos os obstáculos que poderia opor-se ao desenvolvimento da sociedade disciplinar. Mas, por outro, a teoria da soberania e a organização de um código jurídico centrado sobre ela permitiram superpor aos mecanismos da disciplina um sistema de direito que mascarava seus procedimentos, que apagava o que podia haver aí de dominação e de técnicas de dominação na disciplina, e, enfim, que garantia a cada um que ele exercia, através da soberania do Estado, seus próprios direitos soberanos. Ou seja, os sistemas jurídicos, fossem eles teorias, fossem códigos, permitiram uma democratização da soberania, o estabelecimento de um direito público articulado na soberania coletiva, no mesmo momento e na medida em que essa democratização da soberania se encontrava carregada em profundidade pelos mecanismos da coerção disciplinar. Poder-se-ia dizer isto: a partir do momento em que as obrigações disciplinares deviam ao mesmo tempo se exercer como mecanismos de dominação, mas deviam ficar escondidas como exercício efetivo do poder, era preciso que fosse mostrada no aparelho jurídico e reativada nos códigos judiciários a teoria da soberania.

Tem-se, então, nas sociedades modernas, a partir do século XIX e até nossos dias, por um lado, uma legislação, um discurso, uma organização do direito público articulados em torno do princípio da soberania do corpo social e da delegação por cada um de sua soberania ao Estado, e, depois, tem-se, ao mesmo tempo, um esquadrinhamento cerrado de coerções disciplinares que garante de fato a coesão desse mesmo corpo social. Ora, esse esquadrinhamento não pode em nenhum caso se transcrever nesse direito, que é, entretanto, seu acompanhamento necessário.

Um direito da soberania e um esquadrinhamento das disciplinas; é, entre esses dois limites, penso, que funciona o exercício do poder; mas esses dois limites são tais, e são tão heterogêneos, que não se pode mais colocar um sobre o outro. O poder se exerce nas sociedades modernas através, a partir e no próprio jogo dessa heterogeneidade entre um direito público da soberania e uma mecânica polimorfa da disciplina. Isso não quer dizer que vocês têm, por um lado, um sistema de direito loquaz e explícito que seria o da soberania, e depois disciplinas obscuras e mudas que trabalhariam em profundidade, na sombra, e que constituiriam o subsolo silencioso da grande mecânica do poder; de fato, as disciplinas têm seu próprio discurso; elas são elas próprias, e pelas razões que eu lhes dizia há pouco, criadoras de aparelhos de saber, de saber e de campos múltiplos de conhecimento. As disciplinas são extraordinariamente inventivas na ordem desses aparelhos de formação do saber e são portadoras de um discurso, mas de um discurso que não pode ser o discurso do direito, o discurso jurídico.

O discurso da disciplina é estranho ao da lei; ele é estranho ao da regra como efeito da vontade soberana. As disciplinas vão, então, carregar um discurso que será o da regra, mas não da regra jurídica derivada da soberania; elas carregarão um discurso da regra natural, isto é, da norma. Definirão um código que será aquele não da lei, mas da normalização, e se referirão necessariamente a um horizonte teórico que não será o edifício do direito, mas o campo das ciências humanas, e sua jurisprudência será a de um saber clínico.

Em suma, o que eu quis mostrar, durante esses últimos anos, não é absolutamente como na frente de avanço das ciências exatas, pouco a pouco, o domínio incerto, difícil, confuso da conduta humana foi anexado à ciência; não é por um progresso da racionalidade das ciências exatas que se constituíram pouco a pouco as ciências humanas. Penso que o processo que tornou fundamentalmente possível o discurso das ciências humanas é a justaposição, o enfrentamento de dois mecanismos e de dois tipos de discursos absolutamente heterogêneos: por um lado, a organização do direito em torno da soberania e, por outro, a mecânica das coerções exercidas pelas disciplinas. Que, em nossos dias, o poder se exerça ao mesmo tempo por meio desse direito e dessas técnicas, que essas técnicas da disciplina, que esses discursos nascidos da disciplina invadam o direito, que os procedimentos da normalização colonizem cada vez mais os procedimentos da lei, é, penso, o que pode explicar o funcionamento global do que chamarei uma "sociedade de normalização".

Quero dizer mais precisamente isto: acredito que a normalização, as normalizações disciplinares vêm chocar-se cada vez mais contra o sistema jurídico da soberania e que, cada vez mais nitidamente, aparece a incompatibilidades de umas e de outro; cada vez mais é necessária uma espécie de discurso árbitro, uma espécie de poder e de saber que sua sacralização científica tornaria neutra. É precisamente do lado da extensão da medicina que se vê, de alguma maneira, não quero dizer combinar-se, mas fazer trocas ou se enfrentar perpetuamente a mecânica da disciplina e o princípio do direito. O desenvolvimento da medicina, a medicalização geral do comportamento, das condutas, dos discursos, dos desejos, tudo isso se faz na frente onde se vêm encontrar as duas camadas heterogêneas da disciplina e da soberania.

É a razão pela qual, contra as usurpações da mecânica disciplinar, contra essa subida de um poder que está ligado ao saber científico, nós nos encontramos atualmente em uma situação tal que o único recurso existente, aparentemente sólido, que temos é precisamente o recurso ou o retorno a um direito organizado em torno da soberania, articulado com esse velho princípio. O que faz com que, concretamente, quando contra as disciplinas e contra todos os efeitos de saber e de poder que lhes estão ligados se quer objetar algo, o que se faz praticamente? O que fazem o sindicato da magistratura ou outras instituições como essa? O que se faz, senão precisamente invocar esse direito, esse famoso direito formal e burguês, que é na realidade o direito da soberania? E acredito que se esteja aí em uma espécie de gargalo de estrangulamento, que não se possa continuar a funcionar indefinidamente dessa maneira; não é recorrendo à soberania contra a disciplina que se poderá limitar os próprios efeitos do poder disciplinar.

De fato, soberania e disciplina, direito da soberania e mecânica disciplinar são duas peças absolutamente constitutivas dos mecanismos gerais de poder em nossa sociedade. Dizendo a verdade, para lutar contra as disciplinas, ou, antes, contra o poder disciplinar, na busca de um poder não disciplinar, aquilo para o que se deveria ir não é para o antigo direito da soberania; seria na direção de um novo direito que seria antidisciplinar, mas que seria, ao mesmo tempo, liberado do princípio da soberania.

E é aí que se alcança a noção de "repressão", de que lhes falarei, talvez, na próxima vez, a menos que me canse de repetir coisas já ditas e que passe imediatamente a coisas concernentes à guerra. A noção de "repressão" que, acredito justamente, tem o duplo inconveniente no uso que se faz dela, por um lado, de se referir obscuramente a certa teoria da soberania, que seria a teoria dos direitos soberanos do indivíduo, e de colocar em jogo toda uma referência psicológica emprestada das ciências humanas, isto é, dos discursos e das práticas que dependem do domínio disciplinar. Penso que a noção de "repressão" é ainda uma noção jurídico-disciplinar, qualquer que seja o uso crítico que se quer fazer dela; e, nessa medida, o uso crítico da noção de "repressão" se encontra viciado, gasto no início pela dupla referência à soberania e à normalização que ela implica.

1978

A Loucura e a Sociedade (Conferência)

"Kyôki to shakai" ("La folie et la société"), *in* Foucault (M.) e Watanabe (M.), *Telsugaku no butai*, Tóquio, Asahi-Shuppansha, 1978, p. 63-76.

(Conferência na Faculdade das Artes Liberais da Universidade de Tóquio, em outubro de 1970, da qual um resumo havia sido publicado em *Tôdai Kyôyôgakubu-hô*, 20 de novembro de 1970, p. 1.)

Gostaria primeiramente de agradecer ao professor Maeda as palavras tão amáveis que ele acaba de pronunciar e pela acolhida que me reserva. Ele teve a gentileza de dizer que felizmente, agora, uma conferência como esta podia acontecer. Não estou absolutamente certo, de minha parte, de que os propósitos que sustento terão a mesma importância ou o mesmo interesse que os movimentos de luta que puderam acontecer nesta mesma sala.[1] Enfim, digamos que as circunstâncias são tais que agora posso falar. Deixemos de lado o problema de saber se é um bem ou não que as conferências possam ser feitas e que os conferencistas possam falar! Vamos fazer como se fosse melhor. Em todo caso, agradeço a vocês a presença e a acolhida.

O tema que devo abordar hoje é o que formulei com estas palavras: loucura e sociedade. Gostaria imediatamente de tomar duas precauções. Inicialmente, dizer-lhes que gosto de ser interrompido quando faço uma conferência; se alguns dentre vocês têm perguntas ou objeções a formular, ou, simplesmente, se houver coisas que não compreendem, que me interrompam. Gostaria, em toda medida do possível, de transformar o gênero um pouco solene e rígido da conferência em uma forma um pouco mais humana de diálogo, de discussão ou de contestação, como vocês preferirem. Em seguida, gostaria

---

1 Alusão aos movimentos estudantis japoneses particularmente violentos nos anos 1970.

de dizer-lhes que, sob o título "Loucura e sociedade", só encararei alguns aspectos e só escolherei alguns exemplos; não é o problema das relações entre a loucura geral e as sociedades em geral que eu gostaria de abordar; seguirei um fio diretor que será necessariamente uma escolha, um sistema de exclusão e um jogo de esquecimentos. Não me levem a mal, mas, aqui ainda, ficaria muito feliz se alguns quisessem trazer contraexemplos e enriquecer o propósito necessariamente pobre e um pouco despojado que vou manter.

Tomadas essas duas precauções, gostaria de explicar por que me interesso por esse problema da loucura e da sociedade, pelas relações entre loucura e sociedade. Pode-se dizer que, na tradição da sociologia europeia, da sociologia digamos durkheimiana, na tradição igualmente da história das ideias tal como era praticada na Europa Ocidental no fim do século XIX e no início do século XX, interessava-se essencialmente pelos fenômenos positivos. Tentava-se procurar quais eram os valores que eram reconhecidos no interior de uma sociedade, tentava-se determinar de que maneira uma sociedade afirmava seu próprio sistema, afirmava seus próprios valores, afirmava suas próprias crenças. Ou seja, procurava-se essencialmente definir uma sociedade ou definir uma cultura por seu conteúdo positivo, intrínseco, interior.

Há certo número de anos, a sociologia, e a etnologia mais ainda que a sociologia, se interessou pelo fenômeno inverso ao que se poderia chamar a estrutura negativa de uma sociedade: O que, em uma sociedade, é rejeitado? O que é excluído? Qual é o sistema dos interditos? Qual é o jogo das impossibilidades? Essa análise da sociedade, a partir de seu sistema de exclusão, a partir do que ela tem de negativo, permitiu aos sociólogos, e principalmente aos etnólogos, caracterizar, de maneira provavelmente muito mais precisa que na escola precedente, as diferentes culturas e as diferentes sociedades. No fundo, é o que um etnólogo como Lévi-Strauss fez, diferentemente do que fazia Durkheim. Quando Durkheim tratava o problema do incesto, ele se perguntava qual era o sistema de valores afirmado pela sociedade no momento em que ela recusava o incesto, e ele tentava mostrar que a rejeição do incesto era apenas a consequência externa de certa afirmação. Essa afirmação era a da homogeneidade e do caráter sagrado do corpo social em si e do sangue que representaria simbolicamente o corpo social em sua vida.[2] Para não injuriar o próprio sangue do grupo social, era então, aliás, em outro grupo social, dizia Durkheim, que era preciso buscar a esposa. A interdição do incesto seria, pois, apenas a consequência de uma espécie de afirmação central.

Contra essa interpretação, que era a de Durkheim e que era uma interpretação em termos de positividade, Lévi-Strauss mostrou, ao contrário, que a interdição do incesto era certo sistema de escolha e de exclusões e que, em uma sociedade, afirmações e negações compõem um sistema complexo, que a afirmação não é anterior à negação, que o que se reconhece e que se valoriza não é a primeira coisa em relação ao que se rejeita e ao que se exclui, mas que, de fato, toda sociedade estabelecia, de alguma maneira, sobre as coisas, sobre o mundo, sobre o comportamento, uma grade com suas casas negras e suas casas brancas, uma grade com suas positividades e suas negatividades.[3]

O que os etnólogos fizeram a propósito das sociedades – essa tentativa de explicar os fenômenos negativos ao mesmo tempo que os fenômenos positivos –, eu me pergunto se não se poderia aplicar à história das ideias. O que quis fazer, e o que gostaria de refazer ainda, porque as primeiras tentativas de minha parte não eram sem dúvida muito boas, nem precisas, nem suficientes, o que gostaria de fazer é uma conversão do mesmo gênero. Em vez de explicar, como na época de Paul Hazard ou, na Alemanha, na época de Cassirer,[4] em vez de explicar a cultura, a ciência, as ideias de uma época ou de uma sociedade a partir do sistema das crenças, em vez de procurar primeiramente o que é admitido, reconhecido ou valorizado por uma sociedade, me perguntei e me pergunto ainda se o interessante não seria, ao contrário, procurar o que, em uma sociedade, o que, em um sistema de pensamento, é rejeitado e excluído.

---

2 Durkheim (E.), "La prohibition de l'inceste et ses origines", *Année sociologique*, 1898, t. I, p. 1-70.
3 Lévi-Strauss (C.), *Les Structures élémentaires de la parenté*, Paris, PUF, 1949.
4 Alusão aos trabalhos de Hazard (P.), *La Crise de la conscience européenne (1680-1715)*, Paris, Boivin, 1934, 3 vol.; *La Pensée européenne au XVIIIe siècle, de Montesquieu à Lessing*, Paris, Boivin, 1949, 3 vol.; e de Cassirer (E.), *Die Philosophie der Aufklärung*, Tübingen, J. C. Mohr, 1932 (*La Philosophie des Lumières*, trad. P. Quillet, Paris, Fayard, col. "L'Histoire sans frontières", 1966).

Quais são as ideias, ou quais são os comportamentos, ou quais são as condutas, ou quais são os princípios jurídicos ou morais que não são aceitos, que não podem ser aceitos, que são excluídos do sistema? É nessa medida que fui levado a interessar-me pelo problema da loucura. A loucura, em uma sociedade como a nossa, e aliás, penso, em qualquer sociedade, é, evidentemente, antes de tudo o que é excluído. Eu me pergunto se não se poderia estudar o racionalismo clássico ou, de maneira mais geral ainda, o sistema de racionalidade de nossas sociedades, das sociedades que nos são contemporâneas, se não se poderia examinar, analisar esse sistema de racionalidade, estudando, ao mesmo tempo em que o sistema positivo de racionalidade, o sistema negativo da exclusão. Que forma de loucura se exclui? Como se exclui a loucura? Como se recorta e se traça um limite entre o que é razão e loucura? Talvez seja precisamente colocando-se nesse eixo do limite, nessa fronteira, nessa lâmina de faca entre a razão e a desrazão, entre a loucura e a não loucura, que se poderá compreender ao mesmo tempo o que é reconhecido e admitido positivamente por uma sociedade e o que, por essa mesma sociedade, por essa mesma cultura, é excluído e rejeitado. Eis a perspectiva, um pouquinho etnológica, que eu gostaria de aplicar à história das ideias. Digo "etnológica" na medida em que se trataria de aplicar à história das ideias um método, uma forma de análise dos sistemas que já teve sucesso na ordem da etnologia. Eis, pois, o quadro geral no qual eu gostaria de colocar esse estudo.

Vou, agora, abordar o que é meu propósito de hoje: o estudo, o esquema muito geral de algumas relações que se podem estabelecer entre a loucura e a sociedade europeia de tipo industrial, isto é, a sociedade europeia do século XVII até nossos dias.

Na tradição dos historiadores do pensamento ou da civilização europeia, há um acontecimento ao qual se atribui enorme importância. É um acontecimento que, aliás, tem dois aspectos, enfim, digamos duas cabeças, dois pontos de emergência. Um na Inglaterra, o outro na França. Mais ou menos na mesma época, na França e na Inglaterra, aconteceu o fato seguinte: bruscamente se liberou dos estabelecimentos de internamento onde se encontrava fechado certo número de pessoas que eram ou doentes mentais no sentido restrito, ou desempregados, ou enfermos, ou velhos. Essa liberação dessas grandes casas de internamento se situa na França e na Inglaterra no fim do século XVIII. Na França, o episódio foi com muita frequência contado pelos historiadores. Isso acontecia em 1792, em plena Revolução Francesa. O médico Pinel tinha sido nomeado em uma dessas grandes casas onde se fechavam todas essas pessoas (voltaremos um pouco a sua definição e a suas características), muito exatamente na Salpêtrière. Mal nomeado médico nesse hospital, ele o visita e abre as portas desse estabelecimento que era, na realidade, uma prisão; ele recoloca para fora certo número de pessoas e, além disso, abre as celas nas quais estavam fechados e amarrados indivíduos considerados como perigosos, porque agitados ou criminosos. E declara que, a partir de então, esse lugar de aprisionamento não funcionará mais como uma prisão, que não haverá mais celas nem correntes, será um hospital onde as pessoas serão consideradas como doentes e onde os médicos terão como tarefa tratar delas, e como missão, curá-las.

Esse episódio teve sua contrapartida e seu equivalente na Inglaterra, quase na mesma época. No horizonte do movimento quacre, estabeleceram-se, pela primeira vez na Europa, hospitais psiquiátricos no sentido estrito do termo.[5] Isso quer dizer que foram abertos estabelecimentos que não eram destinados a servir como prisão, mas a acolher certo número de pessoas reconhecidas como doentes mentais a fim de poder curá-las.

Os historiadores têm o hábito de tratar desse duplo acontecimento, o de Pinel e o de Tuke, como um corte fundamental na história da loucura, da doença mental e da psiquiatria na Europa. Tem-se o hábito de dizer que, antes de Tuke e de Pinel, a doença mental na Europa não era reconhecida como doença; tratavam-se os loucos como prisioneiros, como criminosos, eventualmente até como animais; depois, com Tuke e Pinel, bruscamente se descobriu que os loucos eram, na realidade, doentes mentais, que dependiam da medicina e que era preciso substituir as prisões nas quais os encarceravam por algo como hospitais psiquiátricos.

---

5 Na Inglaterra, a reforma hospitalar está ligada à família Tuke. William Tuke (1732-1822) funda, em 1796, com os quacres, o "Retiro" de York para os alienados. Seu neto, Samuel Tuke (1784-1857), publica uma obra sobre esse lugar, a qual provocará investigações parlamentares sobre o regime das casas de alienados: *Description of the Retreat, an Institution near York for Insane Persons of the Society of Friends*, York, 1813.

Penso que essa maneira de escrever a história da loucura e da doença mental é falsa e que, de fato, sob essa análise, se esconde certo número de preconceitos que seria preciso tentar levantar e fazer aparecer.

Primeiro preconceito: antes da Revolução Francesa, ou antes do fim do século XVIII, na Europa, os loucos não eram jamais considerados senão como criminosos. É perfeitamente inexato. Os loucos eram tratados de certa maneira, que é preciso especificar, maneira completamente característica da sociedade europeia da época clássica. Mas o segundo preconceito, muito mais grave, de que gostaria de cuidar hoje, quer que, a partir dessa data, por alto 1790-1792, a loucura teria sido liberada do velho *status* que era o seu até aquele momento. A partir dessa data, ela teria sido definitivamente, nas sociedades industriais desenvolvidas, tratada como uma doença; teria havido, por conseguinte, mudança total, mudança radical no *status* da loucura: próxima do crime antes desses anos e assimilada à doença, depois.

Penso que o segundo postulado, esse segundo preconceito, é ainda mais falso que o primeiro. É o que eu gostaria agora de lhes mostrar. Parece-me, com efeito, que existe certo *status* geral da loucura, que se pode encontrar, de uma maneira, aliás, modificável segundo as sociedades que se analisam, apesar dessas diferenças através de todos os tipos possíveis de sociedades. Há certo *status* universal e geral do louco, que não tem nada a ver com a natureza da loucura, mas com as necessidades fundamentais de todo funcionamento social. Esse *status* geral da loucura que se encontra através de todas as sociedades, nossas sociedades industriais desenvolvidas não o afetaram. Parece-me que o louco nas nossas sociedades está ainda muito próximo do louco tal como se pode encontrá-lo nas sociedades que os etnólogos consideravam como arcaicas ou elementares. Eu gostaria de mostrar-lhes, na primeira parte desta exposição, que existe um *status* geral do louco em toda sociedade, *status* de que se pode encontrar manifestações nas sociedades europeias da Idade Média, dos séculos XVII e XVIII, mas, também, nessas mesmas sociedades europeias dos séculos XIX e XX. Essa análise geral estabelecida, tentarei, em seguida, mostrar-lhes como e por que, no entanto, o *status* do louco foi, de uma maneira limitada, aliás, e sem que o essencial fosse iniciado, modificado no século XVII na Europa, depois uma segunda vez no século XIX. Tentarei estabelecer que essas modificações do *status* geral do louco não iniciam o que se poderia chamar o *status* etnológico geral da loucura.

Em que consiste esse *status* etnológico geral da loucura? Como caracterizá-lo? Parece-me que se poderia dizer isso. Não há, evidentemente, sociedade sem regras; não há sociedade sem um sistema de obrigações; não existe, sabe-se bem, sociedade natural: toda sociedade, estabelecendo uma obrigação, estabelece ao mesmo tempo um jogo de exclusões. Em toda sociedade, qualquer que seja, haverá sempre certo número de indivíduos que não obedecerão ao sistema de obrigações, e pela razão muito simples de que, para que um sistema de obrigações seja efetivamente um sistema de obrigação, é necessário que ele seja tal que os homens tenham sempre certa tendência a escapar dele. Se a obrigação fosse aceita por todo mundo, é claro que não seria uma obrigação. Toda sociedade não pode, pois, funcionar como sociedade senão com a condição de que recorte em si mesma uma série de obrigações que deixam fora de seu domínio e fora de seu sistema certos indivíduos ou certos comportamentos ou certas condutas ou certas palavras, ou certas atitudes, ou certos caracteres. Não pode haver sociedade sem margem, porque a sociedade se recorta sempre sobre a natureza de tal maneira que haja um resto, um resíduo, algo que lhe escape. É sempre nessas margens, necessárias, indispensáveis, da sociedade que o louco vai se apresentar.

Os etnólogos podem identificar bem facilmente as categorias de indivíduos marginais que as sociedades deixam sempre fora delas. Existem, por alto, quatro sistemas de exclusão que se podem encontrar em todas as sociedades:

1. O sistema de exclusão em relação ao trabalho, à produção econômica. Há sempre, em toda sociedade, indivíduos que não fazem parte do circuito da produção econômica, seja porque estejam dispensados dela, seja porque são incapazes. Por exemplo, é, em geral, de tradição na maior parte das sociedades, que os indivíduos encarregados de funções religiosas não sejam encarregados de ocupar uma posição definida no ciclo da produção. Fica-se dispensado do trabalho quando se exerce uma função religiosa. Isso não é absolutamente geral, mas é bastante constante. De toda maneira, jamais acontece que, em uma sociedade, não haja pessoas que estejam, por uma razão ou outra, à margem do circuito do trabalho.

2. Vocês têm sempre indivíduos que se encontram marginais em relação não mais ao trabalho, mas à família, isto é, não mais em relação à produção econômica, mas em relação à reprodução da sociedade. Existem solteiros, seja porque querem ser solteiros, seja porque sejam obrigados a isso, por uma razão ou outra, por exemplo um *status* religioso. Esses indivíduos são marginais em relação ao *status* da família. Não há sociedade sem a existência de indivíduos marginais em relação ao sistema familiar.

3. Há sempre, em toda sociedade, um sistema de exclusão que faz com que a palavra de certos indivíduos não seja aceita da mesma maneira que a palavra de qualquer um. Indivíduos cuja palavra é mais sagrada que a de outros, ou cuja palavra, ao contrário, é mais vã e mais vazia que a de outros, e que, por causa disso, quando falam, não obtêm o mesmo crédito, ou não obtêm com suas palavras os mesmos efeitos que os indivíduos normais. O que diz um profeta nas sociedades de tipo judaico ou o que diz um poeta na maioria das sociedades não têm o mesmo *status* do que qualquer um. Existe, pois, uma marginalidade em relação ao discurso ou em relação ao sistema de produção dos símbolos.

4. Há, enfim, um último sistema de exclusão: o que funciona em relação ao jogo. Em toda sociedade, existe algo que é da ordem do jogo ou da festa, e há sempre indivíduos que não ocupam, em relação ao jogo, a mesma posição que os outros: são excluídos, ou são incapazes de jogar, ou têm, em relação ao jogo, uma situação particular, seja porque são os chefes do jogo, seja, ao contrário, porque são os objetos ou vítimas do jogo. Por exemplo, em um jogo ou em um rito como o bode expiatório, há alguém que, em um sentido, faz parte do jogo e que, no entanto, é excluído do jogo, é aquele que é o bode expiatório, isto é, o que é tal que o jogo conduzirá à sua exclusão da cidade.

Se é verdade que toda sociedade, aplicando a regra do trabalho, a regra da família, a regra do discurso e a regra do jogo, exclui certo número de indivíduos e lhes cria um lugar à parte e marginal, em relação à produção econômica, em relação à reprodução social, em relação à circulação dos símbolos, em relação à produção lúdica; se há sociedades em que todas essas exclusões ocorrem, nessas sociedades há sempre uma categoria de indivíduos que é excluída ao mesmo tempo, tanto da produção quanto da família, do discurso e do jogo. Esses indivíduos são, grosseiramente, os que se pode chamar de loucos.

Eis o que quero dizer. Os padres são, em geral, na maior parte das sociedades, excluídos do sistema da produção econômica: eles não têm de trabalhar. Acontece-lhes às vezes serem excluídos do *status* familiar, mas não sempre. Vocês têm indivíduos como os criminosos, que são, em muitas sociedades, excluídos do *status* familiar, mas seu discurso, por exemplo, não é por essa razão invalidado. Ou seja, vocês têm indivíduos que são vítimas de tal ou tal sistema de exclusão; existe apenas uma categoria de indivíduos que é simultaneamente vítima dos quatro sistemas de exclusão: esses indivíduos são os que chamaríamos, em nosso vocabulário, de loucos. Existe sempre, à margem da sociedade, e como resíduo de todos esses resíduos, essa categoria de indivíduos.

Eu gostaria de mostrar-lhes que, se, em toda sociedade estudada pelos etnólogos, toda sociedade, digamos, arcaica e elementar, existem muitos indivíduos excluídos do trabalho, da família, do jogo, da linguagem e do discurso, nas nossas sociedades, é a partir desses mesmos quatro sistemas de exclusão que os loucos são definidos. Tomem-se exemplos na Europa da Idade Média ou do século XVII, ou na Europa contemporânea ou nas sociedades industriais como as nossas, penso que se pode constatar que o louco permanece o indivíduo que se encontra quatro vezes excluído: excluído do trabalho, excluído da família, excluído do discurso e excluído do jogo. Nessa medida, se o que apresento é verdadeiro, poder-se-á dizer que o louco europeu, ou o louco japonês, o louco em nossa sociedade é muito ainda definido a partir desse mesmo *status* etnológico que se pode observar nas sociedades muito mais elementares que as nossas.

Eis agora senão a demonstração disso – seria pretensioso –, pelo menos alguns exemplos que podem nos colocar na pista de uma demonstração possível.

Primeiramente, acredito que em nossas sociedades – quando digo nossas sociedades, designarei sempre e exclusivamente (porque infelizmente não conheço outras) as sociedades européias – pode-se dizer – é bastante claro – que o louco é essencialmente definido a partir de certo *status* de exclusão em relação ao trabalho. O louco é aquele que não trabalha, ou aquele que não tem "*status* ocupacional", como diriam os sociólogos em seu desagradável vocabulário bem preciso e definido. Na Idade Média, na Europa, como o louco se caracterizava? Era essencialmente o personagem móvel, isto é, aquele que não pertencia a um lugar ou a um senhor, aquele que não estava ligado a uma cidade como seu cidadão, aquele que circulava de cidade em cidade, de castelo em castelo ou de lar em lar, o errante por excelência, o marginal do ponto de vista geográfico como do ponto de vista jurídico, era aquele a quem não se podia atribuir nem uma profissão nem uma propriedade nem uma pertença. De uma maneira muito mais precisa, a partir do século XVII, o louco foi definido essencialmente a partir de sua incapacidade de trabalhar. Com efeito (voltarei a isso daqui a pouco), no século XVII, começou-se a aplicar ao louco um tratamento, ou, antes, medidas sistemáticas e gerais, essencialmente porque ele era incapaz de trabalhar. Foi a partir de sua ociosidade fundamental ou de sua incapacidade de se curvar às regras do trabalho que o louco no século XVII foi reconhecido. Os grandes hospitais de que eu falava há pouco e que, no fim do século XVIII, foram abertos na França e na Inglaterra, de que se liberou certo número de pessoas, tinham sido organizados no século XVII essencialmente para aí instalar as pessoas que não eram capazes de trabalhar naquele momento, que era o da formação das grandes sociedades capitalistas comerciais e logo industriais. É no domínio, no campo, de alguma maneira, dos ociosos, dos irredutíveis ao trabalho que se tinha começado a perceber, a isolar e a fechar os loucos. Nas sociedades como as nossas, nas sociedades contemporâneas, que o louco seja essencialmente o que é incapaz de trabalhar, têm-se muitas provas disso ou sinais para que seja preciso insistir muito. O que significa para alguém reconhecer-se ele próprio doente, ou o que é ainda reconhecer algum outro como doente, senão reconhecer para si ou para o outro que ele não é capaz de trabalhar. Afinal de contas, o fracasso profissional, o fracasso em conseguir, a incapacidade de ocupar seu *status* social, é, a nossos olhos, o estigma primeiro e essencial a partir do que se reconhece a aparição, a primeira linha de fragilização da doença mental. O doente mental é aquele que se sente ele próprio, ou que é percebido pelos outros, como incapaz de trabalho, ou excluído do trabalho.

Penso que se poderia dizer a mesma coisa da família. Nesse domínio, o Ocidente conheceu uma evolução muito importante. Até o fim do século XVIII, até o início do século XIX mesmo, no Ocidente, qual era a instância que tinha o direito de pedir o confinamento de um louco? Qual era a instância que decidia sobre esse internamento? E quem decidia que o louco podia ficar livre? Não eram absolutamente os médicos, nem mesmo a administração civil – os certificados médicos para garantir que alguém era doente e para permitir, por conseguinte, esse internamento, essa prática dos certificados médicos só intervêm no Ocidente no fim do século XVIII e no início do século XIX. Antes, somente a família, isto é, o círculo imediato, tinha o direito de obter o internamento de alguém. Se se tratasse de uma família aristocrática, pedia-se imediatamente ao poder central, isto é, ao rei, uma *lettre cachet* ou uma medida semelhante, que permitia livrar-se do indivíduo e confiná-lo. Na burguesia ou no povo, a família pedia o internamento do indivíduo ao poder regional, ao intendente ou ao representante do poder real no lugar. A família era, pois, a instância a partir da qual se operava a exclusão do louco. Era a família, e somente a família, que detinha os critérios a partir dos quais se podia dizer: este é louco, aquele não o é. O louco era realmente o marginal em relação à família.

A situação mudou muito no Ocidente a partir do início do século XIX. Mesmo na França, foi preciso esperar 1838 – há não mais de 150 anos – para que se codificasse de uma maneira muito precisa a maneira como os loucos deviam ser internados.[6] Se a família pode pedir o internamento, não é ela quem decidirá sobre ele. Um atestado médico é necessário, atestado feito depois de uma perícia, suscetível de ser confirmado ou infirmado por uma contraperícia. O corpo médico, como tal, intervém para dar seu parecer, e é somente a administração prefeitoral que pode determinar um internamento, assim como a liberação do doente mental na Europa a partir do século XIX é sempre obtida não a pedido da família, mas com a autorização do médico e com a autorização do poder civil, da administração, do prefeito. Se a família foi assim despossuída de seu direito de excluir o louco, não penso que por isso o louco tenha cessado de ser familiarmente excluído, e isso por pelo menos duas ordens de razões. A primeira é que o louco, ou, antes, o doente mental, já que nos colocamos a partir do século XIX, não recuperou sempre a plenitude de seus direitos familiares. Por exemplo, os procedimentos de di-

---

6 Referência à medida de 18 de dezembro de 1819 relativa aos estabelecimentos públicos e privados consagrados aos alienados, e à lei de 30 de junho de 1838 sobre os alienados.

vórcio na Europa não são acessíveis ao doente mental como são acessíveis a qualquer um. O direito de dispor de sua fortuna não fica também à disposição do doente mental como de alguém com espírito sadio. Ele está, portanto, juridicamente em um *status* familiar particular e marginal, não se beneficia do *status* familiar pleno e completo. Mas ainda isso é apenas acessório. Penso que o grande fato sobre o qual se deve insistir é esse. Eu lhes dizia há pouco que o grande sinal no qual se reconhecia, em sociedades industriais como as nossas, as primeiras manifestações da doença mental era a inadaptação às regras de trabalho. Existe também um segundo grande sinal, pelo menos tão importante quanto aquele, senão mais, que é o desregramento do comportamento sexual. Ora, tem-se aí um fenômeno muito curioso. Até o primeiro terço do século XIX, jamais na Europa se tinha tido a ideia de que podia haver uma ligação ou uma relação entre a doença mental e o desregramento da conduta sexual. A ideia de que um homossexual pudesse ser, de alguma maneira, alguém que se parece de perto ou de longe com um doente mental era uma ideia que não tinha jamais aflorado ao espírito de um europeu. A ideia de que uma mulher ninfomaníaca pudesse ser uma doente mental, isso também jamais tinha sido formulado no Ocidente, nem pelos juristas, nem pelos médicos, nem por quem quer que fosse. Foi simplesmente a partir do século XIX que, muito curiosamente, esse distanciamento em relação à moral familiar tomou a aparência e, finalmente, o *status* da doença mental. O doente mental é não somente o que não pode trabalhar, mas é aquele que não pode adaptar-se às regras da moral familiar, que não pode integrar-se a esse sistema ético e jurídico que constitui a família europeia burguesa. Freud, que conhecia uma projeção disso sobre esse problema da doença mental, respondeu um dia a alguém que lhe perguntava: "Em que se reconhece um neurótico?" "Ser neurótico, é muito simples: é não poder trabalhar e é não poder fazer amor." Esses dois grandes critérios da doença mental, a incapacidade de trabalhar e a incapacidade de ter uma conduta sexual normalmente reconhecida pela sociedade europeia, é isso, creio, que mostra quanto ainda em nossas sociedades o louco é aquele que é visto, reconhecido a partir desse duplo sistema de exclusão que supõem as regras do trabalho, as regras da família, as regras da produção econômica e as regras da reprodução social.

Em terceiro lugar, penso que, como o louco nas sociedades primitivas ou nas sociedades elementares, o doente mental, em nossas sociedades, é alguém que é o objeto de uma exclusão em relação às regras do discurso. Ainda aí vou apontar simplesmente alguns exemplos, alguns tomados à sociedade europeia da Idade Média ou do século XVII, e os outros atuais.

Que a palavra do louco na Idade Média tenha sido uma palavra que gozava de um *status* singular, tem-se, acredito, certo número de testemunhos. Primeiramente, aquele que é tão conhecido que ouso apenas citá-lo: em alguns grupos aristocráticos, algumas pequenas sociedades aristocráticas europeias, existia muito tradicionalmente um personagem curioso, que se chamava o bobo. O bobo era aquele que era, seja voluntariamente, seja involuntariamente – é praticamente impossível sabê-lo –, um indivíduo marginal ao qual não se pedia justamente que se curvasse nem às regras da família (ele era regularmente solteiro) nem às regras do trabalho. Ele tinha essencialmente como função, esse bobo, dizer certo número de coisas que não podiam ser ditas normalmente por um indivíduo que ocupasse um *status* normal na sociedade. O que não podia ser dito pelos outros, o bobo era encarregado de dizê-lo. O bobo dizia suas verdades às pessoas, servia também como conselheiro, devia prever o futuro, desmascarar as mentiras, ironizar sobre os que eram enfatuados etc. O bobo era a verdade, de alguma maneira, no estado livre, mas uma verdade suficientemente desarmada, bastante ironicamente aceita para que não ferisse e para que não tivesse o mesmo efeito que se viesse da parte de alguém normal. O bobo era a institucionalização da palavra louca; o bobo era aquele que (ainda uma vez, não é possível saber se era voluntária ou involuntariamente, por brincadeira ou por natureza, pouco importa) era louco ou imitava a loucura de tal maneira que pudesse colocar em circulação uma espécie de palavra marginal em um sentido bastante importante para que fosse ouvida, mas suficientemente desvalorizada, suficientemente desarmada para que não tivesse nenhum dos efeitos ordinários da palavra ordinária. Poder-se-ia também mostrar a importância do louco no teatro da Idade Média até a Renascença. O louco no teatro é aquele que ocupa uma posição bem privilegiada: o louco no palco do teatro é aquele que, antecipadamente, diz a verdade, aquele que a vê melhor que as pessoas que não são loucas, aquele que é dotado de uma segunda visão. Mas, em todas essas peças de teatro, que se tratasse de Shakespeare ou do teatro barroco francês do início do século XVII, esse louco que vê as coisas melhor que os personagens mais sensatos não é jamais ouvido, e somente após a peça terminar é que se perceberá retrospectivamente que ele disse a verdade. O louco é a verdade irresponsável.

Eis alguns testemunhos tomados da literatura ou das instituições que provam o *status* particular que se reconhecia na Idade Média e na Renascença ainda a essa palavra do louco. Penso que, em nossa época, a palavra do louco tem ainda, embora de uma maneira evidentemente bastante diferente, um *status* inteiramente particular e privilegiado. Parece-me que na época atual há dois tipos de palavras que têm assim um *status* marginal, que se beneficiam tanto pelo fato de serem aceitas como algo de importante e por não serem ouvidas, no entanto, como quaisquer das palavras mais ordinárias. Esses dois discursos singulares são o da loucura e o da literatura.

A literatura, afinal de contas, na Europa, desde o século XIX, é certa forma de discurso que não é mais destinado a dizer a verdade, que não é mais destinado a dar uma lição de moral, que não é mais destinado nem a agradar aos que a consomem. A literatura é uma espécie de discurso essencialmente marginal que corre entre os discursos ordinários, que os entrecruza, que gira acima deles, em torno deles, abaixo deles, que os contesta, mas que, de toda maneira, não será jamais tomado como um desses discursos utilitários, como um desses discursos efetivos, como um desses discursos verdadeiros que a política, a religião, a moral ou a ciência são encarregadas de colocar em circulação. Acredito que, até o século XIX na Europa, a literatura era ainda uma forma de discurso profundamente institucionalizada. Escrever uma peça de teatro era essencialmente querer agradar a um grupo de pessoas bem definidas; escrever um livro, um romance era querer agradar a certa categoria de indivíduos, ou era querer edificar, ou era querer dar uma lição de moral. Em compensação, a partir do século XIX a literatura na Europa, de alguma maneira, se desinstitucionalizou, se liberou em relação ao *status* institucional que era o seu, e ela tende a tornar-se, em suas formulações mais elevadas, as únicas que poderíamos considerar como válidas, a palavra absolutamente anárquica, a palavra sem instituição, a palavra profundamente marginal que cruza e mina todos os outros discursos. É, creio, a razão pela qual a literatura na Europa foi, desde aquele momento precisamente, desde o século XIX, sempre fascinada pela loucura. Afinal de contas, Hölderlin pode ser considerado como o primeiro grande exemplo da literatura ou da poesia moderna, mas, de Hölderlin até Artaud, houve perpetuamente, através da literatura ocidental, esse casamento curioso e um pouco monstruoso da literatura e da loucura. A literatura parece encontrar sua vocação mais profunda quando se fortalece na palavra da loucura. A mais elevada palavra poética é a de Hölderlin, como se a literatura, para chegar a se desinstitucionalizar, para avaliar sua anarquia possível, fosse, em certos momentos, obrigada a imitar a loucura, ou, ainda mais, tornar-se ela própria literalmente louca. Eu lhes citava Hölderlin, poder-se-iam citar Blake, Nietzsche, Artaud, mas poder-se-iam citar também todos aqueles que, voluntariamente, imitaram em sua experiência literária, ou tentaram unir-se à loucura, todos aqueles que se drogaram, por exemplo, desde Edgar Poe ou Baudelaire até Michaux. A experiência gêmea da loucura e da droga na literatura é provavelmente completamente essencial, em todo caso é completamente característica desse *status* marginal que aceitou a loucura em nossa sociedade e que guardou em nossa sociedade a palavra do louco.

O último traço que gostaria de destacar a propósito desse *status* do louco em nossa sociedade, em nossas sociedades, concerne ao jogo. Eu lhes dizia que, nas sociedades elementares, o louco era o que era não somente excluído do trabalho, da família e da linguagem, mas, também, aquele que, em relação ao jogo, tinha uma situação marginal. Ainda aí, tomarei dois grupos de exemplos: primeiramente nas sociedades da Idade Média, depois, nas sociedades atuais.

Nas sociedades europeias da Idade Média, tem-se a prova evidente do *status* particular do louco em uma prática muito curiosa. Na Idade Média, praticamente todas as festas das quais participava o grupo social completo eram festas religiosas. Só existia uma festa que não era religiosa: era certa festa que se chamava a festa dos loucos. Durante essa festa, a tradição queria inicialmente que as pessoas se disfarçassem de tal maneira que seu *status* social fosse inteiramente invertido, ou, em todo caso, que os sinais de seu *status* social fossem invertidos. Os ricos se vestiam como os pobres, os pobres tomavam as roupas dos ricos, aqueles que não eram nada na sociedade se punham a exercer durante alguns dias o papel dos mais poderosos, e, inversamente, os mais poderosos exerciam o papel dos mais humildes. Era a inversão geral do *status* social, era também a inversão dos sexos: os homens se vestiam como mulheres e as mulheres, como homens; era também, pela única vez do ano, a grande contestação do sistema social por completo, visto que, durante essa festa intitulada festa dos loucos, as pessoas tinham o direito de desfilar seja diante do palácio do burgomestre, seja diante do palácio do bispo, seja diante do castelo do senhor, e lhe dizer, lhes dizer suas quatro verdades, e injuriá-los se fosse necessário. Toda essa grande festa terminava com uma missa que era uma missa dita ao contrário, a contratempo, uma contramissa, que terminava quando se introduzia no interior da igreja um burro e quando o burro se punha a zurrar. Era a imitação derrisória dos cantos da Igreja. Eu disse que era uma festa não religiosa; está errado; como vocês veem, era uma festa ainda muito próxima da religião, mas era a festa da religião ao inverso, era a contrafesta, era a festa da contrarreligião, era algo como os prelúdios lúdicos da reforma de Lutero. Em todo caso, o interessante é ver que essa única festa, que não era uma festa coroada pela Igreja e regulada pela religião, era precisamente considerada como a festa da loucura. Ela era sentida como a loucura colocando-se a reinar no lugar da ordem sobre a cidade.

Se é verdade que a loucura na Idade Média tinha esse *status* particular de organizar a única festa que não era religiosa, eu me pergunto se não se poderiam, embora de uma maneira muito mais discreta, reconhecer alguns elementos análogos em nossa sociedade. Com efeito, em nossa sociedade, não sei o que acontece no Japão, mas no que concerne à Europa, é certo, o sentido da festa prodigiosamente desapareceu e parou consideravelmente. Cada vez mais, a festa cessou de ser um fenômeno coletivo, o fenômeno da própria sociedade; a festa tende a se tornar algo como a própria contestação da ordem social; não há mais festa no interior da ordem; as festas são cada vez mais marginais, exteriores à ordem, não mais sociais, mas individuais. Essas festas que culminavam já no século XIX na prática da embriaguez, culminam agora, na América e na Europa, na prática da droga. A embriaguez e a droga são certa maneira de apelar a uma loucura artificial, a uma loucura temporária e transitória para fazer a festa, mas uma festa que seja necessariamente uma contrafesta, uma festa que seja inteiramente dirigida em sua ponta mais aguda contra a sociedade e contra sua ordem. Ainda aí, vocês veem arrumadas uma com a outra essa prática do jogo contestatório e da loucura. Ainda aí, parece que entre loucura e jogo, entre loucura e contrajogo, há certa relação como na sociedade da Idade Média.

Se esses alguns elementos podem ser admitidos, vocês veem que em uma sociedade moderna como a nossa, em uma sociedade contemporânea, encontra-se ainda certo número de elementos que caracterizam o *status* etnológico do louco. O mesmo sistema de exclusões que operava na Idade Média ou no século XVII na Europa, que estava ou está ainda em ação em sociedades ditas "elementares", está sempre em ação em nossas sociedades. O mesmo sistema de exclusão, o mesmo quadrilátero da exclusão e da marginalidade, trabalho, família, linguagem e jogo, é sempre por esses quatro sistemas que o louco é excluído. Se é verdade que é sempre esse mesmo quádruplo sistema que exclui o louco, deve-se admitir, por conseguinte, que o grande corte que os historiadores reconheceram em 1792, ou no fim do século XVIII, não era tão importante quanto isso, que era finalmente um fenômeno relativamente superficial essa famosa liberação dos loucos, quanto essa medicalização dos loucos operada por Pinel e Tuke. De fato, se nossas sociedades quisessem realmente liberar o louco de seu velho *status* arcaico, deveriam reconsiderar a maior parte dessas práticas, e é muito provavelmente o sistema social atualmente em função que é preciso revisar para que o louco não seja aquele que é quadruplamente excluído do trabalho, da família, da linguagem e do jogo.

Eis o que eu tinha projetado explicar-lhes. Para dizer a verdade, era apenas o primeiro ponto de minha exposição, mas me dou conta de que ultrapassei muito os limites do tempo. O segundo ponto que vou abordar são as razões dessa transformação que se produziu no Ocidente no fim do século XVIII e que eu tinha tomado como ponto de partida. Tentei mostrar-lhes que o *status* do louco não tinha mesmo assim, no essencial, mudado, que ele tinha ficado constante e que a transformação do século XVIII era relativamente epidérmica e superficial. Mas, apesar de epidérmica e superficial, ela existe e penso que se deva poder dar conta disso. Era disso que eu queria lhes falar, mas me pergunto se não é mais razoável que paremos um pouco agora, que discutamos e, se for preciso, retomemos o propósito. Estou a sua disposição.

Vou andar depressa. Sinto muito; devo estar-lhes dando a impressão de manter propósitos um pouco fragmentados, mas vou lhes fazer uma confissão: pediram-me, desde que estou no Japão, que falasse cinco vezes sobre esse assunto. Cheguei a um ponto de saturação que faz com que eu não fale sem mal--estar desse problema. Falei muito longamente; vou agora tentar ir um pouco depressa.

Eu lhes propus um esquema que acredito constante através da sociedade europeia em geral e através de sua geografia. Ele permite definir o que se chama um louco. Vou imediatamente responder a uma objeção que vocês poderiam fazer. Tem-se o hábito de dizer, com efeito, que o estruturalismo se recusa a toda análise da mudança e da transformação. Ao que lhes responderei: primeiramente, essa censura não me diz respeito porque não sou estruturalista, jamais o fui e espero não sê--lo. Não, é possível que não o seja jamais. Em segundo lugar, penso que se pode responder também dizendo isto: o estruturalismo é, na realidade, uma forma de análise que tem essencialmente como projeto dar conta da transformação e das transformações. Não há estruturalismo que não seja, de certa maneira, a análise das condições necessárias e suficientes para uma transformação possível. Responderei, em terceiro lugar, dizendo que, ainda que eu não seja estruturalista, sou, eu também, alguém que tenta analisar as transformações. E, no caso presente, gostaria de tentar dar conta da transformação que afetou, apesar de tudo, o *status* do louco no Ocidente, em cima, de alguma maneira, desse *status* geral que tentei identificar.

Com efeito, o que aconteceu no Ocidente no que concerne ao louco, desde a Idade Média até nossos dias? Seu *status* geral, penso, não foi afetado. Entretanto, as transformações são maciças e importantes, e, talvez um dia, serão completamente decisivas. Em que consistem elas? Penso que se poderia dizer isto: o que caracteriza, na Idade Média e durante a Renascença, o *status* do louco é essencialmente a liberdade de circulação e de existência que lhe deixavam. As sociedades medievais, por mais paradoxal que isso seja, eram perfeitamente tolerantes com o fenômeno da loucura: apesar da forte organização hierárquica do feudalismo, apesar do sistema de pertencimento rigoroso das famílias ou das parentelas, o louco era o indivíduo que era tolerado. Ele era tolerado no próprio interior da sociedade, embora lhe dessem sempre um lugar relativamente marginal. Era de tradição, por exemplo, que em todos os vilarejos houvesse alguém que chamassem de idiota do vilarejo e do qual se encontra, aliás, ainda o personagem em certas regiões um pouco rudes e arcaicas da Europa. O idiota ou os idiotas do vilarejo tinham um *status* marginal; eles não trabalhavam, não eram casados, não faziam parte do sistema de jogo e sua linguagem era relativamente desvalorizada; existiam, no entanto, no interior da sociedade, em que eram recebidos, alimentados e, até certo ponto, apoiados.

Da mesma forma, sempre na Idade Média, deixavam o louco circular de cidade em cidade, de lugar em lugar. Havia simplesmente certo número de pontos que eram, de alguma maneira, os pontos de obrigação. Quando um louco ficava agitado, quando perturbava muito a vizinhança ou a sociedade no interior da qual se encontrava, havia, em geral, nas portas das cidades, nos limites dos vilarejos, espécies de pequenas celas, pequenas casas, eventualmente arranjavam, nos próprios muros das fortificações, celas onde os colocavam, onde os fechavam, de uma maneira, aliás, sempre provisória, os loucos que eram muito agitados ou muito perigosos. Internamento provisório, no limite das cidades, que deixava à maioria dos loucos sua liberdade de existência e de movimento.

A sociedade do século XVII, ao contrário, tornou-se, em relação à loucura, uma sociedade profundamente intolerante, muito mais intolerante que a da Idade Média, muito mais intolerante também que as sociedades, por exemplo, árabes contemporâneas. A partir do século XVII, a presença do louco, no interior da família, no interior do vilarejo, no interior da cidade, na sociedade, tornou-se literalmente intolerável. Penso que a razão disso é relativamente fácil de encontrar. O início do século XVII é, na Europa, essencialmente, aliás, na França e na Inglaterra, o início da organização social, política, estatal das sociedades capitalistas. O capitalismo está se organizando na escala dos Estados e das nações. Em uma sociedade como essa, a existência de uma massa de população ociosa se torna literalmente impossível e intolerável. A obrigação do trabalho é exigida para todo mundo, a definição do *status* de cada um em relação à organização do trabalho é necessária, o controle da gestão da propriedade pelo conjunto da família, e, através dela, pelo conjunto do corpo social, se torna igualmente indispensável. O louco não pode mais ser tolerado nessa forma de desenvolvimento econômico e social. É absolutamente característico ver que, em torno dos anos 1620-1650, na Europa, funda-se certo número de estabelecimentos como não tinha ainda jamais havido no Ocidente.

Pode-se identificar imediatamente a aparição geográfica desses estabelecimentos. Eles surgem sempre nos centros urbanos maiores, em Hamburgo, primeiramente, depois em Lyon, depois em Londres, depois em Paris. Esses estabelecimentos têm como função confinar não simplesmente os loucos, mas, de maneira mais geral, todas as pessoas que são ociosas, que não têm profissão, que não têm recurso próprio e que estariam, de outra maneira, a cargo de uma família incapaz de alimentá-los: os enfermos que não podem trabalhar, mas também pais de família que dispersam o bem familiar, os filhos pródigos que gastam sua herança, os devassos, as prostitutas também, em resumo, todo um conjunto de indivíduos que se chamariam, em nosso vocabulário, indivíduos associais, e que têm todos como característica comum serem obstáculos, incômodos em relação à organização da sociedade segundo as normas econômicas formuladas nessa época. Aparece um internamento essencialmente econômico. O louco não é ainda reconhecido como tal em sua singularidade. Se é objeto dessa medida de internamento, é na medida e somente na medida em que pertence à família muito mais vasta, muito mais ampla e geral dos indivíduos que causam obstáculo à organização econômica e social do capitalismo.

Foi assim, como anomalia ou anarquia em relação à sociedade, que, pela primeira vez no Ocidente, o louco foi percebido como indivíduo a excluir. Até então, ele era um indivíduo marginal, mas ainda incluído no interior da sociedade. Para que comece a ser não somente marginalizado, mas excluído material, individual, corporalmente da sociedade, foram necessárias essas novas normas da sociedade capitalista em vias de desenvolvimento. Antes do século XVII, o louco era mantido à margem do trabalho, da família etc., ele era o objeto dos quatro sistemas de exclusão, mas essa exclusão o deixava ainda subsistir no meio dos outros indivíduos. A exclusão material do outro lado de um sistema de muros, o confinamento do louco, começou no século XVII com a aparição dessas normas econômicas novas. Mas é interessante observar que não é o louco, como louco, que foi excluído: o que foi excluído é toda uma massa de indivíduos irredutíveis à norma do trabalho. O louco só foi inscrito aí *a fortiori* ou, em todo caso, com os outros e ao mesmo tempo que os outros.

Daí, no Ocidente, um sistema muito curioso de internamento que teve uma importância sociológica considerável, visto que esse internamento que concerne às categorias para nós tão diversas de indivíduos atingiu, quantitativamente, um número de pessoas muito importante. Em Paris, onde viviam no século XVII 250 mil habitantes, contavam-se 6 mil internos. Era enorme.

Em segundo lugar, deve-se destacar que esse internamento não era de modo algum um internamento médico. Não havia médico ligado a essas casas de internamento; não se tratava absolutamente de curar esses enfermos, de cuidar desses velhos ou de tentar restituir à vida normal os que eram loucos. Se havia um médico, era unicamente para cuidar das doenças correntes. Não se tratava absolutamente essas pessoas confinadas como doentes, mas como pessoas incapazes de integrar-se à sociedade.

Deve-se observar – é outra característica importante – que essas casas de internamento, que não eram submetidas à regra médica, eram, em compensação, submetidas à regra do trabalho obrigatório. A única coisa a que essas pessoas eram submetidas era a obrigação de fazer certo trabalho, que eram, aliás, incapazes de fazer. Mas o trabalho, o que manifesta bem o próprio caráter desse internamento, era, de alguma maneira, a lei desses indivíduos, que não tinham, no entanto, sido internados senão na medida em que não podiam trabalhar. Confinavam-nos porque eles estavam fora do trabalho, mas, uma vez confinados, eram fechados no interior de um novo sistema de trabalho.

Enfim, último ponto que, penso, indica a importância desse fenômeno é que a aparição dessas grandes casas de internamento foi contemporânea e encontrou-se ligada ao estabelecimento de uma instituição que, em seguida, infelizmente, fez muito falar dela e da qual nos acontece de sermos as vítimas: a polícia. Antes do século XVII, na Europa, não havia, propriamente falando, polícia, em todo caso, polícia de Estado. Havia uma espécie de milícia urbana que era encarregada de manter a ordem de noite e impedir o roubo ou o crime. Mas a polícia como sistema de vigilância constante dos indivíduos, entre as mãos do Estado como tal, só apareceu no meio do século XVII.

Na França, em todo caso, a polícia foi estabelecida pelo mesmo decreto que estabeleceu as casas de internamento. Foi em 1650, com efeito, que um edito de Pompone de Bellièvre criou as casas de internamento e os tenentes de polícia. A existência desse novo poder, nem judiciário, nem militar, nem inteiramente político que é a polícia, está ligada à existência desse esquadrinhamento da sociedade capitalista em vias de estabelecimento ou em vias de desenvolvimento, que implicava que todos os indivíduos fossem vigiados no próprio nível de sua integração em relação às normas do trabalho.

Esse sistema do internamento reinou na Europa desde a metade o século XVII até o fim do século XVIII e início do século XIX. O problema é saber por que, no fim do século XVIII, nesses anos 1790-1792, de que eu falava há pouco, houve uma segunda transformação, e em que consistiu essa segunda transformação. Os historiadores, que atribuem tanta importância à famosa liberação dos loucos por Pinel, em 1792, não prestaram, talvez, atenção ao seguinte fato: Pinel, quando liberou os loucos, dever-se-ia, aliás, dizer loucas, da Salpêtrière, por um lado, devolveu sua liberdade plena e inteira a certo número de pessoas, aos enfermos, aos velhos, às pessoas ociosas, às prostitutas também, aos libertinos, a todas essas pessoas que estavam condenadas por razões essencialmente morais, ou ainda por causa de sua incapacidade de trabalhar, mas ele manteve no interior do hospital, dessa casa de internamento, os que deviam ser reconhecidos como doentes mentais. Isto é, a liberação em relação ao internamento referiu-se a todo mundo, salvo os loucos. O que havia nessa medida tomada por Pinel em 1792, tomada na Inglaterra alguns anos antes e depois na Alemanha e em toda a Europa alguns anos depois?

Pode-se de maneira relativa facilmente entender a envoltura geral do fenômeno. O fim do século XVIII e o início do século XIX veem a passagem do capitalismo com outra rapidez e com outro regime: é agora o capitalismo industrial que se estabelece. A primeira exigência desse capitalismo vai ser a existência, no interior da sociedade, de uma massa de indivíduos que são desempregados e que vão servir como regulação à política salarial dos empregadores. Para que os salários sejam os mais baixos possíveis, para que as reivindicações salariais sejam desarmadas, para que os custos de produção, por conseguinte, sejam os mais baixos possíveis, é preciso que haja à disposição dos empregadores uma massa de desempregados nos quais se poderá recrutar, no momento em que houver necessidade, certo número de operários, e para a qual se poderá mandar embora, quando a necessidade tiver passado, esses mesmos operários que se tinham recrutado. A constituição desse famoso exército de reserva do capitalismo de que falava Marx era uma exigência perfeitamente clara e consciente ao espírito dos homens políticos e ao espírito dos empresários do fim do século XVIII e do início do século XIX. É a razão pela qual essas grandes máquinas de absorver o desemprego que eram as casas de internamento no século XVII e no século XVIII não somente não eram mais úteis, mas tornavam-se prejudiciais, perigosas. Não somente o capitalismo não tinha mais necessidade delas, mas ele não as queria mais. É a razão pela qual se suprimiu o internamento como medida econômica, e que se substituiu, a essa espécie de internamento maciço e global, que reagrupava categoriais sociais tão extraordinariamente diferentes, um sistema hospitalar com duas faces: por um lado, um sistema hospitalar encarregado de recolher e, eventualmente, em toda a medida do possível, curar os que não podiam trabalhar por razões físicas, e, depois, por outro, um sistema hospitalar encarregado de recolher as pessoas que não podiam, por razões não físicas e, por conseguinte, por razões que se ia chamar, senão descobrir, de psicológicas, os que não podiam trabalhar.

Haverá, então, um sistema hospitalar muito diferente do sistema do internamento. O sistema do confinamento clássico permitia acolher todos os que não trabalhavam, voluntária ou involuntariamente, em consequência de uma enfermidade ou de condições econômicas. O internamento clássico era um grande sistema para suprimir o desemprego. A hospitalização, a partir do século XIX, funciona totalmente diferente. Não somente não se trata de absorver ou suprimir o desemprego, mas trata-se, ao contrário, de mantê-lo no nível mais alto possível. Para isso, vai-se, por um lado, liberar os que estavam confinados nas casas de internamento; em segundo lugar, vai-se estabelecer um sistema de hospitalização que se encarregará de curar, isto é, de recolocar no mercado do trabalho, no ciclo do desemprego e do trabalho, os indivíduos de quem se espera que é de uma maneira puramente temporária que não podem trabalhar.

É a partir desse momento, e por essas razões, que se encontra substituído ao personagem do louco, que não era doente mental, esse personagem novo que é o doente mental. O doente mental é sempre alguém que é obtido a partir do quádruplo sistema de exclusão de que eu falava no começo, mas ele, agora, em função das exigências da sociedade capitalista, recebeu o *status* de doente, isto é, de indivíduo que se deve curar para recolocá-lo no circuito do trabalho ordinário, do trabalho normal, isto é, do trabalho obrigatório. Foi essa modulação particular da exclusão capitalista que fez nascer no Ocidente o perfil singular do doente mental, isto é, do louco que não é louco senão porque está atingido por uma doença. Foi esse mesmo sistema que fez nascer, em paralelo, ou, antes, em face desse doente mental, um personagem que até aí não tinha jamais existido, isto é, o psiquiatra.

Porque, em toda essa história, há uma coisa curiosa: é que, no Ocidente, jamais tinha existido antes do século XIX um personagem que era o psiquiatra. Com certeza, existiam médicos que tinham um interesse em certos fenômenos parentes da loucura, nas desordens da linguagem, nas desordens da conduta, mas jamais se tinha tido a ideia de que a loucura era uma doença suficientemente especial para merecer um estudo singular e merecer, por conseguinte, ser assumida por um especialista como o psiquiatra. Em compensação, a partir do século XIX, quando se instaurou o grande sistema da hospitalização com duas cabeças, a hospitalização orgânica e a hospitalização psicológica, criou-se a categoria social nova do psiquiatra.

Eis, muito grosseiramente, como eu queria reconstituir essa história da transformação do personagem do louco. Queria mostrar-lhes que nossas sociedades são em vão sociedades industriais desenvolvidas, elas fazem sempre beneficiar o louco com o mesmo velho *status* que se encontrava no século XVII, que se encontrava na Idade Média, que se pode encontrar nas sociedades primitivas. Nossas sociedades dependem sempre de uma análise etnológica; seu jogo de exclusão e de inclusão merece, como em qualquer sociedade, uma descrição de tipo sociológico e etnológico. Mas, sobre esse fundo da velha exclusão etnológica do louco, o capitalismo formou certo número de critérios novos, estabeleceu certo número de exigências novas: é a razão pela qual o louco assumiu, em nossas sociedades, o rosto do doente mental. O doente mental não é a verdade enfim descoberta do fenômeno da loucura, é seu avatar propriamente capitalista na história etnológica do louco.

1978

Segurança, Território e População

"Sécurité, territoire, population", *Annuaire du Collège de France*, 78ᵉ année, *Histoire des systèmes de pensée*, année 1977-1978, 1978, p. 445-449.

O curso tratou da gênese de um saber político que ia colocar, no centro de suas preocupações, a noção de população e os mecanismos suscetíveis de garantir sua regulação. Passagem de um "Estado territorial" a um "Estado de população"? Sem dúvida, não. Porque não se trata de uma substituição, mas, antes, de um deslocamento de ênfase e do aparecimento de novos objetivos, portanto, de novos problemas e de novas técnicas.

Para acompanhar essa gênese, tomou-se como fio diretor a noção de "governo".

1. Seria preciso fazer uma investigação aprofundada sobre a história não somente da noção, mas de procedimentos e meios colocados em operação para garantir, em dada sociedade, o "governo dos homens". Em uma primeira abordagem, parece que, para as sociedades gregas e romanas, o exercício do poder político não implicava nem o direito nem a possibilidade de um "governo" entendido como atividade que empreende conduzir os indivíduos ao longo de toda a sua vida, colocando-os sob a autoridade de um guia responsável pelo que fazem e pelo que lhes acontece. Seguindo as indicações fornecidas por P. Veyne, parece que a ideia de um soberano-pastor, de um rei ou magistrado-pastor do rebanho humano só se encontra nos textos gregos arcaicos ou em certos autores pouco numerosos da época imperial. Em compensação, a metáfora do pastor que vigia suas ovelhas é aceita quando se trata de caracterizar a atividade do pedagogo, do médico, do mestre de ginástica. A análise do *Político* confirmaria essa hipótese.

Foi no Oriente que o tema do poder pastoral assumiu sua amplitude – e principalmente na sociedade hebraica. Certo número de traços marca esse tema: o poder do pastor se exerce menos sobre um território fixo que sobre uma multidão em deslocamento para um objetivo; ele tem por função fornecer ao rebanho sua subsistência, velar quotidianamente sobre ele e garantir-lhe sua salvação; enfim, trata-se de um poder que individualiza, atribuindo, por um paradoxo essencial, tanto valor a uma única das ovelhas quanto ao rebanho todo. Foi esse tipo de poder que foi introduzido no Ocidente pelo cristianismo e que assumiu uma forma institucional na pastoral eclesiástica: o governo das almas se constitui na Igreja cristã como uma atividade central e sábia, indispensável à salvação de todos e cada um.

Ora, os séculos XV e XVI veem abrir-se e desenvolver-se uma crise geral do pastoreio. Não somente e não tanto como uma rejeição da instituição pastoral, mas sob uma forma muito mais complexa: busca de outras modalidades (e não obrigatoriamente menos estritas) de direção espiritual e de novos tipos de relações entre pastor e rebanho; mas também pesquisas sobre a maneira de "governar" as crianças, uma família, um domínio, um principado. O questionamento geral da maneira de governar e de se governar, de conduzir e de se conduzir, acompanha, no fim do feudalismo, o nascimento de novas formas de relações econômicas e sociais e as novas estruturações políticas.

2. Analisou-se, em seguida, sob alguns de seus aspectos, a formação de uma "governamentalidade" política: isto é, a maneira como a conduta de um conjunto de indivíduos se encontrou implicada, de maneira cada vez mais marcada, no exercício do poder soberano. Essa transformação importante se mostra em diferentes "artes de governar" que foram redigidas no fim do século XVI e na primeira metade do século XVII. Ela está ligada, sem dúvida, à emergência da "razão de Estado". Passa-se de uma arte de governar cujos princípios eram emprestados das virtudes tradicionais (sabedoria, justiça, liberalidade, respeito das leis divinas e dos costumes humanos) ou das habilidades comuns (prudência, decisões refletidas, cuidado em cercar-se dos melhores conselheiros) a uma arte de governar cuja racionalidade tem seus princípios e seu domínio de aplicação específica no Estado. A "razão de Estado" não é o imperativo em nome do qual se pode ou se deve passar por cima de todas as outras regras; é a nova matriz de racionalidade segundo a qual o Príncipe deve exercer sua soberania governando os homens. Está-se longe da virtude do soberano de justiça, longe também dessa virtude que é a do herói de Maquiavel.

O desenvolvimento da razão de Estado é correlativo do apagamento do tema imperial. Roma, enfim, desaparece. Uma nova percepção histórica se forma; ela não está mais polarizada no fim dos tempos e na unificação de todas as soberanias particulares no império dos últimos dias; está aberta sobre um tempo indefinido em que os Estados têm de lutar uns contra os outros para garantir sua sobrevivência própria. E, mais do que os problemas de legitimidade de um soberano sobre um território, o que vai aparecer como importante é o conhecimento e o desenvolvimento das forças de um Estado: em um espaço (ao mesmo tempo europeu e mundial) de concorrência estatal, muito diferente daquele em que se enfrentavam as rivalidades dinásticas, o problema maior é o de uma dinâmica das forças e das técnicas racionais que permitem intervir aí.

Assim, a razão de Estado, fora das teorias que a formularam e justificaram, toma forma em dois grandes conjuntos de saber e de tecnologia políticas: uma tecnologia diplomático-militar, que consiste em garantir e desenvolver as forças do Estado por um sistema de alianças e pela organização de um aparelho armado; a busca de um equilíbrio europeu, que foi um dos princípios diretores dos tratados de Westfália, é uma consequência dessa tecnologia política. O outro é constituído pela "polícia", no sentido que se dava então a essa palavra: isto é, o conjunto dos meios necessários para fazer crescer, do interior, as forças do Estado. No ponto de junção dessas duas grandes tecnologias, e como instrumento comum, devem-se colocar o comércio e a circulação monetária interestatal: é do enriquecimento pelo comércio que se espera a possibilidade de aumentar a população, a mão de obra, a produção e a exportação, e de dotar-se de exércitos fortes e numerosos. A dupla população-riqueza foi, na época do mercantilismo e da "cameralística", o objeto privilegiado da nova razão governamental.

3. É a elaboração desse problema população-riqueza (sob seus diferentes aspectos concretos: fiscalidade, penúrias, despovoamentos, ociosidade-mendicidade-vagabundagem) que constitui uma das condições de formação da economia política. Esta se desenvolve quando se dá conta de que a gestão da relação recursos-população não pode mais passar exaustivamente por um sistema regulamentar e coercivo que tenderia a majorar a população para aumentar os recursos. Os fisiocratas não são antipopulacionistas em oposição aos mercantilistas da

época precedente; eles apresentam o problema da população de maneira diferente. Para eles, a população não é a simples soma dos sujeitos que habitam um território, soma que seria o resultado da vontade de cada um de ter filhos ou de uma legislação que favorecesse ou desfavorecesse os nascimentos. É uma variável dependente de certo número de fatores. Estes não são todos naturais, falta muito para isso (o sistema de impostos, a atividade da circulação, a repartição do lucro são determinantes essenciais do índice de população). Mas essa dependência pode analisar-se racionalmente, de maneira que a população aparece como "naturalmente" dependente de fatores múltiplos e que podem ser artificialmente modificáveis. Assim começa a aparecer, como derivação em relação à técnica de "polícia" e em correlação com o nascimento da reflexão econômica, o problema político da população. Esta não é concebida como uma coleção de sujeitos de direito, nem como um conjunto de braços destinados ao trabalho; é analisada como um conjunto de elementos que, por um lado, se liga ao regime geral dos seres vivos (a população depende, então, da "espécie humana": a noção, nova na época, deve ser distinguida do "gênero humano") e, por outro, pode dar vez a intervenções concertadas (por intermédio das leis, mas também das mudanças de atitude, de maneira de fazer e de viver que se pode obter pelas "campanhas").

SEMINÁRIO

O seminário foi consagrado a alguns dos aspectos do que os alemães chamaram, no século XVIII, a *Polizeiwissenschaft*: isto é, a teoria e a análise de tudo "o que tende a afirmar e a aumentar o poder do Estado, a fazer bom uso de suas forças, a propiciar a felicidade de seus sujeitos" e principalmente "a manutenção da ordem e da disciplina, os regulamentos que tendem a lhe tornar a vida cômoda e a lhes proporcionar as coisas de que têm necessidade para subsistir".

Procurou-se mostrar a que problemas essa "polícia" devia responder; quanto o papel que se lhe atribuía era diferente daquele que ia ser mais tarde destinado à instituição policial; que efeitos se esperavam dela para garantir o crescimento do Estado, e isso em função de dois objetivos: permitir-lhe marcar e melhorar seu lugar no jogo das rivalidades e das concorrências entre Estados europeus e garantir a ordem interna pelo "bem-estar" dos indivíduos. Desenvolvimento do Estado de concorrência (econômico-militar), desenvolvimento do Estado de *Wohlfahrt* (riqueza-tranquilidade-felicidade); são esses dois princípios que a "polícia" entendida como arte racional de governar deve poder coordenar. Ela é concebida nessa época como uma espécie de "tecnologia das forças estatais".

Entre os principais objetos de que essa tecnologia tem de cuidar, a população, na qual os mercantilistas viram um princípio de enriquecimento e na qual todo mundo reconhece uma peça essencial da força dos Estados. E, para gerir essa população, é preciso, entre outras coisas, uma política de saúde que seja suscetível de diminuir a mortalidade infantil, prevenir as epidemias e fazer cair os índices de endemia, intervir nas condições de vida, para modificá-las e impor-lhes normas (que se trate da alimentação, da moradia ou da organização das cidades) e garantir equipamentos médicos suficientes. O desenvolvimento a partir da segunda metade do século XVIII do que foi chamado *Medizinische Polizei*, higiene pública, *social medicine*, deve ser reinscrito no âmbito geral de uma "biopolítica"; esta tende a tratar a "população" como um conjunto de seres vivos e coexistentes, que apresentam traços biológicos e patológicos particulares e que, por conseguinte, dependem de saberes e de técnicas específicas. E essa "biopolítica" em si deve ser compreendida a partir de um tema desenvolvido desde o século XVII: a gestão das forças estatais.

Exposições foram feitas sobre a noção de *Polizei wissenschaft* (P. Pasquino), sobre as campanhas variólicas no século XVIII (A.-M. Moulin), sobre a epidemia de cólera em Paris, em 1832 (F. Delaporte), sobre a legislação dos acidentes do trabalho e o desenvolvimento dos seguros no século XIX (F. Ewald).

1980

Introdução

"Introduction", in *Herculine Barbin, Being the Recently Discovered Memoirs of a Nineteenth Century French Hermaphrodite*, Nova York, Pantheon Books, 1980, p. VII-XVII. Ver *O Verdadeiro Sexo*, vol. V da edição brasileira desta obra.

1980

Foucault Estuda a Razão de Estado

"Foucault Examines Reason in Service of State Power" ("Foucault étudie la raison d'État"; entrevista com M. Dillon; trad. F. Durand-Bogaert), *The Three Penny Review*, 1º ano, n. 1, inverno-primavera de 1980, p. 4-5. (Versão modificada da entrevista publicada em *Campus Report*; ver *Foucault Estuda a Razão de Estado*, vol. IV da edição brasileira desta obra.)

Durante uma entrevista sobre o campus, *ele declarou*:
– Desde 1964, a Universidade francesa sofre uma crise profunda, uma crise ao mesmo tempo política e cultural. Dois movimentos se desenharam: um movimento animado pelos estudantes para se liberar do âmbito da vida estritamente universitária, que se identificava também com outros movimentos, tais como o movimento feminista ou o movimento em favor dos direitos dos homossexuais. O segundo movimento aconteceu entre os professores fora da Universidade. Houve entre eles uma tentativa para exprimir suas ideias em outros lugares, escrever livros, falar no rádio ou na televisão.

A afirmação de uma identidade foi a grande questão política dos estudantes desde os anos 1960. Considero que, desde os anos 1960, subjetividade, identidade, individualidade constituem um problema político maior. É perigoso, a meu ver, considerar a identidade e a subjetividade como componentes profundos e naturais, que não seriam determinados por fatores políticos e sociais. Devemos liberar-nos do tipo de subjetividade de que tratam os psicanalistas. Somos prisioneiros de algumas concepções de nós mesmos e de nossa conduta. Devemos mudar nossa subjetividade, nossa relação com nós mesmos.

– *Você disse em sua conferência que o Estado moderno manipula a vida dos indivíduos.*

– Sim, há um paradoxo na história do Estado moderno. Foi no mesmo momento em que o Estado começou a preocupar-se com a saúde física e mental de cada indivíduo que ele começou a praticar seus maiores massacres. O primeiro grande livro consagrado à saúde pública, na França, foi escrito em 1784, cinco anos antes da Revolução e 10 anos antes das guerras napoleônicas. Esse jogo entre a vida e a morte é um dos principais paradoxos do Estado moderno.

– *A situação é diferente nos países socialistas ou comunistas, por exemplo?*

– Na União Soviética ou na China, o controle exercido sobre a vida individual é muito forte. Nada aparentemente, na vida do indivíduo, deixa o governo indiferente. Os soviéticos massacraram milhões de pessoas para edificar o socialismo. Mas massacre de massas e controle do indivíduo são duas características profundas das sociedades modernas.

– *O tema do controle do indivíduo não é novo.*

– Os problemas de que trato em meus livros não são problemas novos. Não os inventei. Uma coisa me surpreendeu nos resumos que foram feitos de meus livros nos Estados Unidos, em especial no que se escreveu sobre o livro que consagrei às prisões. Disseram que eu tentava fazer a mesma coisa que Erving Goffman em sua obra sobre os asilos,[1] a mesma coisa, mas menos bem. Não sou um pesquisador de ciências sociais. Meu problema é mostrar e analisar como um tipo de técnicas de poder em instituições como os asilos, as prisões está ligado a estruturas políticas e sociais. Interesso-me pela racionalização da gestão do indivíduo. Meu trabalho não tem como objetivo uma história das instituições ou uma história das ideias, mas a história dessa racionalização tal como ela opera nas instituições e na conduta das pessoas.

O que há de mais perigoso na violência é sua racionalidade. É claro, a violência é em si mesma terrível. Mas a violência encontra sua ancoragem mais profunda na forma de racionalidade que utilizamos. Pretendeu-se que, se vivêssemos em um mundo de razão, ficaríamos livres da violência. É absolutamente falso. Entre a violência e a racionalidade não há incompatibilidade. Meu problema não é fazer o processo da razão, mas determinar a natureza dessa racionalidade que é tão compatível com a violência. Eu não combato a razão.

---

[1] Goffman (E.), *Asylums*, Nova York, Doubleday, 1961 (*Asiles, Études sur la condition sociale des malades mentaux*, Paris, Éd. de Minuit, 1968).

– *Você diz que não é um cientista. Alguns pretendem que você é um artista. Quando um estudante veio vê-lo no campus com um exemplar de* Vigiar e punir *para uma dedicatória, você respondeu: "Não, só os artistas deveriam assinar suas obras. E eu não sou um artista."*

– Quando um livro é uma obra de arte, é algo importante. Mas para mim conta o fato de mudar nem que fosse uma pequena parcela da realidade. E as ideias das pessoas fazem parte de sua realidade. Eu não sou um artista e não sou um cientista. Sou alguém que tenta tratar a realidade através das coisas que são sempre – ou, pelo menos, frequentemente – pensadas como distantes da realidade.

– *Você trabalhou e ensinou na Suécia, na Polônia, na Alemanha e na Tunísia. Ter trabalhado nesses países teve sobre você uma influência?*

– O tempo que passei na Suécia, na Polônia e na Alemanha, países com sociedades próximas da minha e, no entanto, diferentes, foi muito importante. Essas sociedades me pareciam um exagero ou uma exacerbação da minha. Entre 1955 e 1960, a Suécia era, no plano do bem-estar social e político, muito adiantada sobre a França. E certo número de tendências que, na França, não eram ainda perceptíveis me apareceram lá, tendências às quais os próprios suecos podiam ficar cegos. Eu tinha um pé 10 anos atrás e o outro 10 anos à frente.

Da mesma maneira, vivi na Polônia durante um ano. De um ponto de vista psicológico e cultural, existe um elo profundo entre a Polônia e a França, mas os poloneses vivem em um sistema socialista. A contradição interna nesse país me apareceu muito claramente.

As coisas teriam sido diferentes se eu tivesse vivido na União Soviética. Lá, sob o efeito de um sistema político que se mantém há mais de 50 anos, a conduta das pessoas é provavelmente bem mais modelada pelo governo.

– *Quando você diz que a conduta das pessoas é modelada, deve-se compreender que aí está um problema inevitável?*

– Nas sociedades humanas, não há poder político sem dominação. Mas ninguém quer ser comandado, mesmo se os exemplos são numerosos de situações nas quais as pessoas aceitam a dominação. Se examinarmos, de um ponto de vista histórico, a maior parte das sociedades que conhecemos, constataremos que a estrutura política é instável. Não falo das sociedades não históricas, das sociedades primitivas. Sua história não se parece em nada com a nossa. Mas todas as sociedades que pertencem a nossa tradição conheceram instabilidade e revolução.

– *Sua tese concernente ao poder pastoral se funda na ideia, desenvolvida no Antigo Testamento, de um deus que vigia e protege um povo que obedece. Mas o que você faz da época em que os israelitas não obedeciam?*

– O fato de que o rebanho não siga o pastor é bastante normal. O problema é saber como as pessoas fazem a experiência de sua relação com Deus. No Antigo Testamento, a relação dos judeus com Deus se traduz pela metáfora do Deus-pastor. Na cidade grega, a relação dos indivíduos com a divindade se assemelha antes com a relação que existe entre o capitão de um navio e seus passageiros.

– *Muitas de suas hipóteses são controversas, mas há algo de muito convincente em sua atitude e em suas convicções.*

– Não sou verdadeiramente historiador. E não sou romancista. Pratico uma espécie de ficção histórica. De certa maneira, sei muito bem que o que digo não é verdade. Um historiador poderia muito bem dizer do que escrevi: "Não é a verdade." Para dizer as coisas de outra maneira: escrevi muito sobre a loucura; no início dos anos 1960, fiz uma história do nascimento da psiquiatria. Sei muito bem que o que eu fiz é, de um ponto de vista histórico, parcial, exagerado. Talvez eu tenha ignorado alguns elementos que me contradissessem. Mas meu livro teve um efeito sobre a maneira como as pessoas percebem a loucura. E, portanto, meu livro e a tese que aí desenvolvo têm uma verdade na realidade de hoje. Tento provocar uma interferência entre nossa realidade e o que sabemos de nossa história passada. Se eu conseguir, essa interferência produzirá reais efeitos sobre nossa história presente. Minha esperança é de que meus livros tomem sua verdade uma vez escritos, e não antes.

Como não me expresso muito bem em inglês, do que lhe digo aqui as pessoas vão concluir: "Você vê, ele mente." Mas permita-me formular essa ideia de outra maneira. Eu escrevi um livro sobre as prisões. Tentei colocar em evidência algumas tendências na história das prisões. "Uma só tendência", poderiam censurar-me. "Então, o que você diz não é completamente verdadeiro." Mas, há dois anos, na França, houve agitação em várias prisões, os detentos se revoltaram. Em duas dessas prisões, os prisioneiros liam meu livro. A partir de sua cela, alguns detentos gritavam o texto de meu livro a seus companheiros. Eu sei que o que vou dizer é pretensioso, mas é uma prova de verdade, de verdade política, tangível, uma verdade que começou uma vez escrito o livro.

Espero que a verdade de meus livros esteja no futuro.

1981

Para Roger Caillois

Carta a Roger Caillois, in *Hommage à Roger Caillois*, Paris, Centre Georges-Pompidou, col. "Cahiers pour un temps", 1981, p. 228.

Terça-feira, 25 de maio de 1966[1]

Senhor,
Preciso dizer-lhe que sua carta me emocionou? Quando se remete a um editor um manuscrito[2] longo, pesado, espesso, sedimentado de notas, espanta-se por antecipação com o espanto do leitor. Mas já que a sorte quis que o meu lhe tenha caído entre as mãos, e que não lhe tenha desagradado muito, tenho a impressão de ter sido beneficiado *com o* leitor ideal.

Evidentemente, eu o li sempre com paixão (eu não conhecia "o erro de Lamarck", e seu texto me encantou) e sempre tive a impressão – mas, talvez seja vaidade de minha parte – de que havia algo de próximo no que fazíamos: quero dizer que muito frequentemente eu gostaria de me aproximar do que o senhor faz maravilhosamente. É uma comum "ascendência" dumeziliana?

Pense o senhor que seria para mim uma grande honra se o senhor quisesse publicar algumas páginas desse "Pareil" em *Diogène*.[3] Não tenho mais exemplares datilografados comigo, mas, desde que tiver recuperado um, verei o que é mais facilmente "culpado" (palavra maravilhosa) nas passagens que o senhor me indicar. Quanto a fazer um texto breve e geral, evidentemente seria melhor, penso, mas, veja, esse livro me deu tanto trabalho que ainda não me distanciei dele o suficiente.

---

[1] M. Foucault raramente datava suas cartas. É provável que esta seja de 1965, e não de 1966; *As palavras e as coisas* foi publicado, com efeito, em março de 1966.
[2] *As palavras e as coisas*.
[3] Ver *A Prosa do Mundo*, vol. II da edição brasileira desta obra.

Acredite, peço-lhe, em meu muito profundo reconhecimento, no valor que atribuo ao Julgamento, e no grande prazer que terei um dia de conhecê-lo.

Michel Foucault

1981

Subjetividade e Verdade

"Subjectivité et vérité", *Annuaire du Collège de France, 81e année, Histoire des systèmes de pensée, année 1980-1981*, 1981, p. 385-389.

O curso deste ano deve ser objeto de uma publicação próxima. Bastará, portanto, dar, no momento, um breve sumário dele.

Sob o título geral de "Subjetividade e verdade", trata-se de começar uma investigação sobre os modos instituídos do conhecimento de si e sobre sua história: como o sujeito se estabeleceu, em diferentes momentos e em diferentes contextos institucionais, como um objeto de conhecimento possível, desejável ou até indispensável? Como a experiência que se pode fazer de si mesmo e o saber que se forma dela foram organizados por meio de alguns esquemas? Como seus esquemas foram definidos, valorizados, recomendados, impostos? É claro que nem o recurso a uma experiência originária nem o estudo das teorias filosóficas da alma, das paixões ou do corpo podem servir de eixo principal em uma semelhante pesquisa. O fio diretor que parece o mais útil para essa investigação é constituído pelo que se poderia chamar de "técnicas de si", isto é, procedimentos, como existem provavelmente em toda civilização, que são propostos ou prescritos aos indivíduos para fixar sua identidade, mantê-la ou transformá-la em função de certo número de fins, e isso graças a relações de domínio de si sobre si ou de conhecimento de si por si. Em suma, trata-se de recolocar o imperativo do "conhecer-se a si mesmo", que nos parece tão característico de nossa civilização, na interrogação mais vasta e que lhe serve de contexto mais ou menos explícito: O que fazer de si mesmo? Que trabalho operar sobre si? Como "se governar" exercendo ações em que se é em si mesmo o objetivo dessas ações, o domínio no qual elas se aplicam, o instrumento ao qual elas recorrem e o sujeito que age?

O *Alcibíades*,[1] de Platão, pode ser considerado como ponto de partida: a questão do "cuidado de si mesmo" – *epimeleia heautou* – aparece nesse texto como o quadro geral no interior do qual o imperativo do conhecimento de si toma sua significação. A série de estudos que é possível encarar a partir daí poderia formar, assim, uma história do "cuidado de si mesmo", entendido como experiência, e assim também como técnica que elabora e transforma essa experiência. Um projeto assim está no cruzamento de dois temas tratados anteriormente: uma história da subjetividade e uma análise das formas da "governamentalidade". A história da subjetividade, tínhamo-la empreendido estudando as divisões operadas na sociedade em nome da loucura, da doença, da delinquência, e seus efeitos sobre a constituição de um sujeito racional e normal; também a tínhamos empreendido tentando identificar os modos de objetivação do sujeito em saberes como os que concernem à linguagem, ao trabalho e à vida. Quanto ao estudo da "governamentalidade", ele respondia a um duplo objetivo: fazer a crítica necessária das concepções correntes do "poder" (mais ou menos confusamente pensado como um sistema unitário, organizado em torno de um centro que é, ao mesmo tempo, sua fonte, e que é levado por sua dinâmica interna a estender-se sempre); analisá-la, ao contrário, como um domínio de relações estratégicas entre indivíduos ou grupos – relações que têm por desafio a conduta do outro ou dos outros, e que recorrem, segundo os casos, segundo os âmbitos institucionais em que se desenvolvem, segundo os grupos sociais, segundo as épocas, procedimentos e técnicas diversas; os estudos já publicados sobre o confinamento e as disciplinas, os cursos consagrados à razão de Estado e à "arte de governar", o volume em preparação, com a colaboração de A. Farge, sobre as *lettres de cachet* no século XVIII[2] constituem elementos nessa análise da "governamentalidade".

A história do "cuidado" e das "técnicas" de si seria, pois, uma maneira de fazer a história da subjetividade: não mais, no entanto, por meio das divisões entre loucos e não loucos,

---

[1] Platon, *Alcibiade* (trad. M. Croiset), Paris, Les Belles Lettres, "Collection des universités de France", 1925.
[2] Foucault (M.) e Farge (A.), *Le Désordre des familles. Lettres de cachet des archives de la Bastille au XVIIIᵉ siècle*, Paris, Gallimard-Julliard, col. "Archives", n. 91, 1982.

doentes e não doentes, delinquentes e não delinquentes, também não por meio da constituição de campos de objetividade científica que dão lugar ao sujeito vivo, falante, trabalhador; mas pelo estabelecimento e pelas transformações em nossa cultura das "relações consigo mesmo", com sua armadura técnica e seus efeitos de saber. E poder-se-ia assim retomar sob outro aspecto a questão da "governamentalidade": o governo de si por si em sua articulação com as relações com outrem (como se encontra na pedagogia, nos conselhos de conduta, na direção espiritual, na prescrição dos modelos de vida etc.).

*

O estudo feito este ano delimitou esse âmbito geral de duas maneiras. Limitação histórica: estudou-se o que, na cultura helênica e romana, tinha sido desenvolvido como "técnica de vida", "técnica de existência", entre os filósofos, moralistas e médicos, no período que se estende do século I a.C. ao século II d.C. Limitação também do domínio: essas técnicas de vida só foram encaradas em sua aplicação a esse tipo de ato que os gregos chamavam *aphrodisia*; e para o qual se vê bem que nossa noção de "sexualidade" constitui uma tradução bem inadequada. O problema colocado foi, então, este: como as técnicas de vida, filosóficas e médicas, definiram, na véspera do desenvolvimento do cristianismo, e regulamentaram a prática dos atos sexuais – a *khrêsis aphrodisiôn*? Vê-se quanto se está longe de uma história da sexualidade que seria organizada em torno da boa velha hipótese repressiva e de suas questões habituais (como e por que o desejo é reprimido?). Trata-se de atos e de prazeres, não do desejo. Trata-se da formação de si por meio de técnicas de vida, e não do recalcamento pelo interdito e pela lei. Trata-se de mostrar não como o sexo foi mantido afastado, mas como se iniciou essa longa história que liga em nossas sociedades o sexo e o sujeito.

Seria totalmente arbitrário ligar a tal ou tal momento a emergência do "cuidado de si mesmo" a propósito dos atos sexuais. Mas o recorte proposto (em torno das técnicas de si, nos séculos que precedem imediatamente o cristianismo) tem sua justificação. É certo, com efeito, que a "técnica de si" – reflexão sobre os modos de vida, sobre as escolhas de existência, sobre a maneira de regrar sua conduta, de se fixar para si mesmo fins e meios – conheceu no período helenístico e romano um desenvolvimento muito grande a ponto de ter absorvido boa parte da atividade filosófica. Esse desenvolvimento não pode ser dissociado do crescimento da sociedade urbana, das novas distribuições do poder político nem da importância assumida pela nova aristocracia de serviço no Império Romano. Esse governo de si, com as técnicas que lhe são próprias, toma lugar "entre" as instituições pedagógicas e as religiões de salvação. Por aí, não se deve entender uma sucessão cronológica, mesmo se é verdade que a questão da formação dos futuros cidadãos parece ter suscitado mais interesse e reflexão na Grécia clássica, e a questão da sobrevivência e do além, mais ansiedade em épocas mais tardias. Não se deve também considerar que pedagogia, governo de si e salvação constituíam três domínios perfeitamente distintos e colocando em ação noções e métodos diferentes; de fato, de um a outro, havia inúmeras trocas e uma continuidade certa. Apesar de tudo, a tecnologia de si destinada ao adulto pode ser analisada na especificidade e amplitude que ela assumiu nessa época, com a condição de retirá-la da sombra que retrospectivamente pôde lançar sobre ela o prestígio das instituições pedagógicas e das religiões de salvação.

Ora, essa arte do governo de si tal como se desenvolveu no período helenístico e romano é importante pela ética dos atos sexuais e por sua história. É aí, com efeito – e não no cristianismo –, que se formulam os princípios do famoso esquema conjugal cuja história foi muito longa: exclusão de toda atividade sexual fora da relação entre esposos, destinação procriadora desses atos, às custas de uma finalidade de prazer, função afetiva da relação sexual no elo conjugal. Mas há mais: é ainda nessa tecnologia de si que se vê desenvolver-se uma forma de inquietude em relação a atos sexuais e seus efeitos, dos quais se tem muito a tendência de atribuir a paternidade ao cristianismo (quando não ao capitalismo ou à "moral burguesa"!). Certamente, a questão dos atos sexuais está longe de ter, então, a importância que terá em seguida, na problemática cristã da carne e da concupiscência; a questão, por exemplo, da cólera ou do revés de fortuna ocupa certamente muito mais espaço para os moralistas helenísticos e romanos que a das relações sexuais; mas, mesmo se seu lugar na ordem das preocupações está bastante longe de ser o primeiro, é importante observar a maneira como essas técnicas de si ligam ao conjunto da existência o regime dos atos sexuais.

*

Reservamos, no curso deste ano, quatro exemplos dessas técnicas de si em sua relação com o regime dos *aphrodisia*.
1. A interpretação dos sonhos. A *Onirocrítica*, de Artemidoro,[3] nos capítulos 78-80, do livro I, constitui, nesse domínio, o documento fundamental. A questão que aí se encontra apresentada não concerne diretamente à prática dos atos sexuais, mas, antes, ao uso a fazer dos sonhos nos quais eles são representados. Trata-se nesse texto de fixar o valor prognóstico que é preciso dar-lhes na vida de cada dia; que acontecimentos favoráveis ou desfavoráveis se podem esperar conforme o sonho tenha apresentado tal ou tal tipo de relação sexual? Um texto como esse não prescreve evidentemente uma moral; mas revela, pelo jogo das significações positivas ou negativas que empresta às imagens do sonho, todo um jogo de correlações (entre os atos sexuais e a vida social) e todo um sistema de apreciações diferenciais (hierarquizando os atos sexuais uns em relação aos outros).
2. Os regimes médicos. Estes se propõem diretamente fixar para os atos sexuais uma "medida". É notável que essa medida não concerne praticamente jamais à forma do ato sexual (natural ou não, normal ou não), mas a sua frequência e a seu momento. Só são levadas em consideração as variáveis quantitativas e circunstanciais. O estudo do grande edifício teórico de Galeno mostra bem o elo estabelecido no pensamento médico e filosófico entre os atos sexuais e a morte dos indivíduos (É porque cada ser vivo está destinado à morte, mas que a espécie deve viver eternamente que a natureza inventou o mecanismo da reprodução sexual); ela mostra bem também o elo estabelecido entre o ato sexual e a despesa considerável, violenta, paroxística, perigosa do princípio vital que ele carrega. O estudo dos regimes propriamente ditos (em Rufus de Éfeso, Ateneu, Galeno, Sorano) mostra, por meio das infinitas precauções que eles recomendam, a complexidade e a tenuidade das relações estabelecidas entre os atos sexuais e a vida do indivíduo: extrema sensibilidade do ato sexual em todas as circunstâncias externas ou internas que pode torná-lo nocivo; imenso estudo

---

3 Artémidore, *La Clef des songes. Onirocriticon* (trad. A. J. Festugière), livro I, cap. LXXVIII-XXC, Paris, Vrin, 1975, p. 84-93.

dos efeitos sobre todas as partes e componentes do corpo de cada ato sexual.

3. A vida de casamento. Os tratados concernentes ao casamento foram muito numerosos no período em perspectiva. O que resta de Musonius Rufus, do Antipater de Tarso ou de Hiérocles, assim como das obras de Plutarco, mostra não somente a valorização do casamento (que parece corresponder, no dizer dos historiadores, a um fenômeno social), mas uma concepção nova da relação matrimonial: aos princípios tradicionais da complementaridade dos dois sexos necessários para a ordem da "casa" acrescentam-se o ideal de uma relação dual, envolvendo todos os aspectos da vida dos dois cônjuges e estabelecendo de forma definitiva elos afetivos pessoais. Nessa relação, os atos sexuais devem encontrar seus lugares exclusivos (condenação, por conseguinte, do adultério, entendido por Musonius Rufus não mais como o fato de agredir os privilégios de um marido, mas como o fato de agredir o elo conjugal, que liga tanto o marido quanto a mulher).[4] Eles devem, assim, ser prescritos para a procriação, visto que esta é o fim dado pela natureza ao casamento. Devem, enfim, obedecer a uma regulação interna exigida pelo pudor, pela ternura recíproca, pelo respeito do outro (é em Plutarco que se encontra sobre este último ponto as indicações mais numerosas e as mais preciosas).

4. A escolha dos amores. A comparação clássica entre os dois amores – o amor pelas mulheres e o amor pelos rapazes – deixou, para o período previsto, dois textos importantes: o *Dialogue sur l'amour*, de Plutarco, e os *Amours*, do Pseudo-Luciano.[5] A análise desses dois textos testemunha a permanência de um problema que a época clássica conhecia bem: a dificuldade de dar *status* e justificação às relações sexuais na relação pederástica. O diálogo do Pseudo-Luciano termina ironicamente sobre a lembrança precisa desses atos que a Erótica dos rapazes procurava elidir em nome da amizade, da virtude e da pedagogia. O

---

4 Musonius Rufus (C.), *Reliquiae, XII: Sur les Aphrodisia*, O. Hense, ed., Leipzig, B. G. Teubner, col. "Bibliotheca scriptorum Graecorum et Romanorum", n. 145, 1905, p. 65-67.
5 Pseudo-Lucien, *Amores. Affairs of the Heart*, § 53 (trad. M. D. Macleod), in Works, Londres, The Loeb Classical Library, n. 432, 1967, p. 230-233. Plutarque, *Dialogue sur l'amour*, § 769 b (trad. R. Flacelière), in *Œuvres morales*, Paris, Les Belles Lettres, "Collection des universités de France", 1980, t. X, p. 101.

texto, muito mais elaborado, de Plutarco faz aparecer a reciprocidade do consentimento ao prazer como um elemento essencial nos *aphrodisia*; ele mostra que uma semelhante reciprocidade no prazer só pode existir entre um homem e uma mulher; melhor ainda, na relação conjugal, na qual ela serve para renovar regularmente o pacto do casamento.

1982

As Malhas do Poder

"As malhas do poder" ("Les mailles du pouvoir", 2ª parte; trad. P. W. Prado Jr.; conferência pronunciada na Faculdade de Filosofia da Universidade da Bahia, 1976), *Barbárie*, n. 5, verão de 1982, p. 34-42. Ver *As Malhas do Poder (Conferência)*, vol. VIII da edição brasileira desta obra.

1984

Nas Fontes do Prazer

"Alle fonti del piacere" ("Aux sources du plaisir"; entrevista com A. Fontana, 25 de abril de 1984), *Panorama*, n. 945, 28 de maio de 1984, p. 186-193.

Extrato de uma entrevista entre A. Fontana e M. Foucault cuja transcrição foi contestada por A. Fontana. Essa entrevista foi publicada integralmente em *Le Monde*, em 1984 (ver *Uma Estética da Existência*, vol. V da edição brasileira desta obra).

Índice de Obras

A arqueologia do saber (M. Foucault), 51
A crise das ciências europeias, 42
A gaia ciência, 84, 140
A genealogia da moral, 137, 143
Alcibíade (Platão), 350
Andrômaca, 57
A prosa do mundo, 347
A república, 162
As palavras e as coisas (M. Foucault), 29, 35, 36, 42, 43, 51, 54, 80, 347
Capitalisme et schizophrénie (F. Guattari), 146, 221
Crítica da razão dialética (J.-P. Sartre), 38
Diogene, 347
Dom Quixote (Cervantes), 60
Édipo rei, 156, 165, 177, 223
Enciclopédia, 59
Ética em Nicômaco (Aristóteles), 83
Fortscheitte der Metaphysik, 79
História da loucura (M. Foucault), 30, 51, 55, 60, 79, 87, 238, 317
História da sexualidade (M. Foucault), 281, 351
Ilíada, 148
La crise des sciences européennes, 42
La jalousie, 17
Le désordre des familles (A. Farge, M. Foucault), 197, 350
Le psychanalysme (R. Castel), 238, 254
Le voyeur, 17
L'écriture et la différence, 87
Leviatã, 301, 305, 306
Lições sobre as prisões (Julius), 204
Meditações, 88, 99, 101, 105, 107
Metafísica (Aristóteles), 83, 84
O anti-Édipo, 146, 221, 222, 283
O nascimento da clínica (M. Foucault), 30, 51, 79
O normal e o patológico (G. Canguilhem), 32
O psicanalismo, 238
Ouverture (J. Thibaudeau), 17
Philosophie des Lumiéres (E. Canirer), 20
Surveiller et punir. Naissance de la prison, 207
Stupiditas, 59
Tel Quel, 17
The structure of scientific revolutions, 80
Une cérémonie royale, 17
Vigiar e punir (M. Foucault), 258, 344

Índice Onomástico

Alain, (L,) 61, 63, 68, 72
Alcibíades, 350
Althusser (L.), 219
Apolo, 150, 151, 154
A. R. de Sant'Anna, 230
Aristóteles, 3, 5, 10, 83, 84, 165
Arnal, 43
Artaud (A.), 326
Artemidoro, 353

Babinksi, 252
Bachelard (G.), 2
Bacon (F.), 228
Badiou (A), 1, 7, 8, 10, 11, 12, 13, 14, 15
Barbin (H.), 341
Barraqué (J.) 42
Basaglia (F.), 71, 251, 252, 255, 256
Bataille (G.), 43, 44
Baudelaire (C.), 326
Beccaria (C. de), 119, 121, 185, 186, 187, 188, 189, 192, 199, 200, 203, 218
Bentham (J.), 185, 186, 187, 189, 190, 202, 203, 204
Bergson (A.), 67
Bernard (C.), 54
Bichat (X.), 246
Biran (M. de), 19

Blackstone (W), 119
Blake (W.), 326
Blanchot (M.), 43, 44
Bloch (M.), 53
Borges (J. L.), 243
Boulainvilliers, 276
Boulez (P.), 42
Braudel (F.), 35, 53
Broussais (F.), 246
Brissot (J. de Warville), 119, 120, 121, 185, 187

Caillois (R.), 347
Camus (A.), 44, 45
Canguilhem (G.), 1, 2, 3, 4, 5, 6, 7, 8, 9, 10, 13, 14, 15, 16, 80
Caruso (P.), 29
Cassier (E.), 19
Castel (R.), 238, 254
Charcot (P.), 250, 251, 252, 253, 254
Clausewitz (C. von), 292, 293
Condillac (E. de), 40
Cokes (sir E.), 276
Cooper (D.), 251, 252, 256
Corneille (P.), 43
Cornier (H.), 267, 271

Delaporte (F.), 340

Índice Onomástico

Deleuze (G.), 146, 147, 221, 222, 223, 224, 225, 226, 230, 232, 240, 243, 283, 287

Demóstenes, 228

Derrida (J.), 87, 89, 90, 91, 93, 95, 96, 97, 98, 99, 100, 101, 105, 106, 107, 108, 109, 110, 111

Descartes (R.), 7, 8, 10, 11, 13, 40, 87, 88, 89, 90, 91, 93, 95, 96, 97, 98, 99, 103, 104, 106, 107, 108, 109, 110, 111, 112, 132, 139, 140, 142

Dillon (M.), 342

Dilthey (W.), 23

Dreyfus (D.), 1, 4, 5, 7, 13, 14, 15

Dumézil (G.), 43, 44, 163, 233, 234, 235

Dupont (P.), 116, 121

Durkheim (E.), 313, 314

Édipo, 113, 134, 146, 147, 148, 150, 151, 152, 153, 154, 155, 156, 157, 158, 159, 160, 161, 162, 163, 164, 165, 172, 177, 221, 222, 223, 224, 226, 227, 228, 232, 233

Einstein (A.), 12, 13

Esquirol (J.-E.), 86, 248, 249, 250, 254, 255

Ewald (F.), 340

Farge (A.), 197, 350

Febvre (L.), 53, 266

Fichte (J.-G.), 19

Fontana (A.), 281, 296, 357

François (J.), 61, 63, 64, 65, 66, 68, 71, 72, 73, 266

Freret (N.), 280

Freud (S.), 26, 64, 146, 147, 156, 217, 237, 269, 292, 323

Furet (F.), 20

Galeno, 353

Gaulle (C. de), 280

Genet (J.), 69

Geoffroy Saint-Hilaire, 270

George (S.), 196, 267

Gernet (L.), 235

Glotz, 235

Goffman (E.), 208, 343

Gordon, 193

Guattari (F.), 146, 147, 221, 226, 283

Guéroult (M.), 88

Hegel (G. W. F.), 14, 19, 40, 189, 204, 219, 225, 292

Heidegger (M.), 19

Herodoto, 165

Hippocrati, 26

Hitler (A.), 20

Hobbes (T.), 278, 279, 295, 301

Hoffbauer, 248

Hölderlin (F.), 19, 21, 326

Homero, 148, 149, 155, 164, 165

Hotman (F.), 279

Hume (D.), 40, 225

Husserl (E.), 41, 42
Hyppolite (J.), 1, 2, 3, 4, 5, 6, 7, 9, 12, 13, 14, 15

Janet (P.), 33
José II, 116, 124
Joyce (J.), 19
Julliard (J.), 197, 350
Juquin (P.), 289

Kandinsky, 43
Kant (I.), 4, 8, 9, 10, 13, 21, 79, 138, 139, 143, 144, 189, 277
Klee (P.), 42, 43
Klossowski (P.), 84, 136, 141
Kraepelin, 250
Kuhn (T. S.), 80

Lacan (J.), 29, 50, 53
Laing, 251
Lamarck (J.-B.), 347
Laurens (A. du), 60
Le Peletier de Saint-Fargeau, 187
Leibniz (G.-W.), 79
Lessing (G.), 314
Leuret (F.), 250
Lévi-Strauss, 21, 29, 43, 44, 50, 53, 79, 226, 228, 233, 234, 235, 313, 314
Livingston (F), 122
Lyotard (J.-F.), 147

Malebranche (N. de), 40

Mallarmé (S.), 243, 244
Maquiavel (N.), 295, 337
Marcuse, 261, 283
Martinet (A.), 37
Marx (K.), 21, 63, 64, 219, 260, 261, 334
Michaux (H.), 326
Michelet (J.), 35
Montesquieu (C. de), 173, 189, 314
Moulin (A. M.), 340
Muraro (R.), 242

Napoleão, 224
Newton (I.), 12
Nietzsche (F.), 8, 19, 21, 34, 41, 42, 83, 84, 89, 135, 136, 137, 138, 139, 140, 141, 142, 143, 144, 145, 164, 216, 243, 244, 326

Orestes, 57
Owen (R.), 208

Palmier (J. M.), 51
Pasquino (P.), 281, 296, 340
Pasteur (L.), 53, 248
Pellegrino (H.), 113
Pelorson (J. M.), 55
Picasso (P.), 13
Pinel (P.), 316, 328, 333
Platão, 83, 142, 162, 163, 164, 232, 350
Pleven (R.), 78
Plutarco, 354, 355

Índice Onomástico

Poe (E.), 326
Pompidou (G.), 347
Pound (E.), 19
Proust (M.), 19

Racine (J.), 57
Reich (W.), 269, 283, 292, 293, 303
Reiche (R.), 303
Rémusat (C.), 115
Ricœur (P.), 1, 3, 4, 5, 7, 8
Richet (D.), 20
Rivière (P.), 129
R. O. Cruz, 113
Robert (M.), 238, 269
Rossi (P. L.), 122
Roussel (R.), 33
Rousseau (J.-J.), 185, 306
Russel (B.), 41

Sade (D. A. F. de, Marquês de), 44
Saint-John Perse, 19
Sartre (J.-P.), 19, 37, 38, 41, 45, 52
Saussure (F. de), 37, 39, 41
Schopenhauer (A.), 32, 83, 136
Searle (J. R.), 229
Selden, 279
Serpillon (E.), 115
Shakespeare (W.), 20, 325

Signoret (S.), 76
Simon (T.), 269
Sócrates, 230
Sófocles, 148, 150, 153, 154, 156, 159, 160, 161, 162, 163, 165, 223, 226, 227, 232
Solon, 159, 160, 277
Spinoza (B.), 83, 141, 142
Steiner (G.), 79, 80
Szasz (T.), 255

Taylor (C.), 72
Thibaudeau (J.), 17, 18
Thierry (A.), 280
Treilhard, 205
Tuke, 316, 328

Valéry (P.), 19
Velásquez (D.), 43
Vernant (Jean-Pierre), 234, 235
Veyne (P.), 336
Vidocq, 128

Watanabe (M.), 312
Watson (J. B.), 195, 196
Wesley, 192
Willis, 59
Wittgenstein (L.), 229

Zacchias (P.), 59

Índice de Lugares

África, 117
Alemanha, 20, 269, 314, 333, 344
América, 181, 327
Argélia, 77
Austrália, 117
Áustria, 124
Brasil, 63, 68, 238, 263
China, 241, 343
Espanha, 58
Estados Unidos, 73, 191, 208, 209, 343
Europa, 31, 117, 124, 126, 131, 172, 173, 174, 177, 178, 180, 184, 187, 235, 242, 259, 308, 316, 317, 320, 322, 323, 325, 326, 327, 328, 330, 331, 332, 333
Europa contemporânea, 320
Europa Ocidental, 313
França, 20, 29, 34, 37, 58, 67, 86, 117, 123, 124, 126, 131, 170, 185, 187, 188, 191, 196, 197, 198, 200, 201, 206, 208, 210, 211, 212, 214, 234, 235, 238, 240, 263, 269, 276, 279, 315, 316, 321, 322, 330, 333, 343, 344, 345
Grécia, 148, 159, 163, 166, 172, 204, 352
Hamburgo, 57, 331
Inglaterra, 20, 58, 123, 124, 177, 184, 191, 192, 193, 194, 196, 200, 201, 208, 210, 211, 212, 214, 268, 276, 279, 280, 315, 316, 321, 330, 333
Itália, 58, 71
Japão, 327, 329
Leste, 263
Londres, 125, 193, 194, 201, 331
Mediterrâneo, 163
Ocidente, 30, 32, 64, 65, 74, 133, 134, 164, 176, 177, 241, 282, 287, 293, 295, 298, 321, 322, 323, 328, 329, 331, 332, 335, 337
Oriente, 33, 336
Paris, 17, 19, 57, 58, 87, 331, 332, 340, 347
Polônia, 344
Suécia, 20, 58, 344
Suíça, 208
Tóquio, 312
Tunísia, 344
União Soviética, 72, 241, 343, 344
URSS, 262

Índice de Períodos Históricos

1. Séculos

I, 351

II, 351

V, 85, 159, 160, 163, 165, 168, 227, 228

VI, 159, 162, 163, 227

VII, 85, 159, 162

X, 168, 177, 178

XI, 169, 177, 178, 279

XII, 168, 171, 172, 174, 178, 180, 181, 182

XIII, 168, 171, 172, 181

XIV, 181

XV, 56, 134, 181, 229, 337

XVI, 56, 58, 182, 183, 194, 200, 228, 229, 279, 296, 303, 306, 337

XVII, 36, 58, 59, 79, 115, 122, 123, 181, 182, 193, 194, 196, 199, 200, 202, 203, 210, 257, 258, 265, 266, 267, 268, 276, 279, 281, 303, 306, 307, 315, 317, 320, 321, 324, 325, 328, 330, 331, 332, 333, 334, 335, 337, 340

XVIII, 20, 21, 22, 23, 30, 36, 48, 59, 114, 115, 116, 119, 122, 123, 124, 125, 134, 181, 184, 185, 187, 188, 191, 192, 193, 194, 195, 196, 198, 199, 200, 201, 202, 210, 211, 215, 229, 236, 246, 248, 249, 257, 258, 259, 260, 265, 266, 267, 268, 269, 281, 290, 293, 295, 303, 306, 307, 308, 316, 317, 321, 322, 328, 333, 334, 339, 340, 350

XIX, 19, 20, 27, 36, 37, 48, 53, 62, 63, 68, 72, 73, 79, 86, 117, 118, 119, 122, 125, 126, 127, 128, 131, 134, 184, 185, 187, 188, 189, 196, 199, 200, 202, 203, 208, 209, 210, 211, 212, 213, 214, 215, 218, 219, 236, 242, 244, 246, 248, 249, 250, 251, 254, 257, 258, 260, 262, 263, 264, 265, 266, 268, 270, 271, 280, 281, 295, 303, 305, 308, 309, 313, 317, 318, 321, 322, 323, 325, 326, 327, 333, 334, 335, 340,

XX, 40, 73, 242, 255, 260, 271, 313, 317

2. Eras, períodos

Antiguidade, 282

Época Clássica, 59, 181, 317, 354

Época Moderna, 53, 181, 204

Guerra, 72, 77, 117, 126, 142, 167, 168, 170, 171, 172, 173, 272, 274, 275, 276, 278, 279, 280, 292, 293, 294, 295, 296, 311, 343

Idade Clássica, 51, 114, 248

Idade Média, 56, 114, 119, 134, 149, 166, 172, 173, 174, 175, 178, 179, 180, 181, 183, 184, 191, 192, 237, 265, 275, 281, 287, 298, 299, 306, 317, 320, 324, 325, 326, 327, 328, 329, 330, 335

Império Romano, 166, 168, 172, 298, 352

Ocidente, 30, 32, 64, 65, 74, 133, 134, 164, 176, 177, 241, 282, 287, 295, 298, 321, 322, 323, 328, 329, 331, 332, 335, 337

Renascença, 57, 59, 65, 182, 183, 265, 324, 325, 329

Renascimento, 56

Revolução, 74, 166, 240, 241, 247, 279, 280, 307, 343, 345

Revolução burguesa, 196

Revolução cultural, 241

Revolução Francesa, 124, 125, 201, 202, 316, 317

Organização da Obra
Ditos e Escritos

Volume I – Problematização do Sujeito: Psicologia, Psiquiatria e Psicanálise

1954 – Introdução (*in* Binswanger)
1957 – A Psicologia de 1850 a 1950
1961 – Prefácio (*Folie et déraison*)
    A Loucura Só Existe em uma Sociedade
1962 – Introdução (*in* Rousseau)
    O "Não" do Pai
    O Ciclo das Rãs
1963 – A Água e a Loucura
1964 – A Loucura, a Ausência da Obra
1965 – Filosofia e Psicologia
1970 – Loucura, Literatura, Sociedade
    A Loucura e a Sociedade
1972 – Resposta a Derrida
    O Grande Internamento
1974 – Mesa-redonda sobre a *Expertise* Psiquiátrica
1975 – A Casa dos Loucos
    Bancar os Loucos
1976 – Bruxaria e Loucura
1977 – O Asilo Ilimitado
1981 – Lacan, o "Libertador" da Psicanálise
1984 – Entrevista com Michel Foucault

Volume II – Arqueologia das Ciências e História dos Sistemas de Pensamento

1961 – "Alexandre Koyré: a Revolução Astronômica, Copérnico, Kepler, Borelli"
1964 – Informe Histórico
1966 – A Prosa do Mundo
    Michel Foucault e Gilles Deleuze Querem Devolver a Nietzsche sua Verdadeira Cara
    O que É um Filósofo?
1967 – Introdução Geral (às Obras Filosóficas Completas de Nietzsche)
    Nietzsche, Freud, Marx

A Filosofia Estruturalista Permite Diagnosticar o que É "a Atualidade"
Sobre as Maneiras de Escrever a História
As Palavras e as Imagens
1968 – Sobre a Arqueologia das Ciências. Resposta ao Círculo de Epistemologia
1969 – Introdução (*in* Arnauld e Lancelot)
Ariadne Enforcou-se
Michel Foucault Explica seu Último Livro
Jean Hyppolite. 1907-1968
Linguística e Ciências Sociais
1970 – Prefácio à Edição Inglesa
(Discussão)
A Posição de Cuvier na História da Biologia
Theatrum Philosophicum
Crescer e Multiplicar
1971 – Nietzsche, a Genealogia, a História
1972 – Retornar à História
1975 – Com o que Sonham os Filósofos?
1980 – O Filósofo Mascarado
1983 – Estruturalismo e Pós-Estruturalismo
1984 – O que São as Luzes?
1985 – A Vida: a Experiência e a Ciência

Volume III – Estética: Literatura e Pintura, Música e Cinema

1962 – Dizer e Ver em Raymond Roussel
Um Saber Tão Cruel
1963 – Prefácio à Transgressão
A Linguagem ao Infinito
Distância, Aspecto, Origem
1964 – Posfácio a Flaubert (*A Tentação de Santo Antão*)
A Prosa de Acteão
Debate sobre o Romance
Por que se Reedita a Obra de Raymond Roussel?
Um Precursor de Nossa Literatura Moderna
O *Mallarmé* de J.-P. Richard
1965 – "As Damas de Companhia"
1966 – Por Trás da Fábula
O Pensamento do Exterior
Um Nadador entre Duas Palavras
1968 – Isto Não É um Cachimbo
1969 – O que É um Autor?

1970 – Sete Proposições sobre o Sétimo Anjo
       Haverá Escândalo, Mas...
1971 – As Monstruosidades da Crítica
1974 – (Sobre D. Byzantios)
       Antirretro
1975 – A Pintura Fotogênica
       Sobre Marguerite Duras
       Sade, Sargento do Sexo
1977 – As Manhãs Cinzentas da Tolerância
1978 – Eugène Sue que Eu Amo
1980 – Os Quatro Cavaleiros do Apocalipse e os Vermes Cotidianos
       A Imaginação do Século XIX
1982 – Pierre Boulez, a Tela Atravessada
1983 – Michel Foucault/Pierre Boulez – a Música Contemporânea e
       o Público
1984 – Arqueologia de uma Paixão
       Outros Espaços

Volume IV – Estratégia, Poder-Saber

1971 – (Manifesto do GIP)
       (Sobre as Prisões)
       Inquirição sobre as Prisões: Quebremos a Barreira
         do Silêncio
       Conversação com Michel Foucault
       A Prisão em Toda Parte
       Prefácio a *Enquête dans Vingt Prisons*
       Um Problema que me Interessa Há Muito Tempo
         É o do Sistema Penal
1972 – Os Intelectuais e o Poder
1973 – Da Arqueologia à Dinástica
       Prisões e Revoltas nas Prisões
       Sobre o Internamento Penitenciário
       Arrancados por Intervenções Enérgicas de Nossa
         Permanência Eufórica na História, Pomos as
         "Categorias Lógicas" a Trabalhar
1974 – Da Natureza Humana: Justiça contra Poder
       Sobre a Prisão de Attica
1975 – Prefácio (*in* Jackson)

A Prisão Vista por um Filósofo Francês
Entrevista sobre a Prisão: o Livro e o Seu Método
1976 – Perguntas a Michel Foucault sobre Geografia
Michel Foucault: Crimes e Castigos na URSS e em Outros Lugares...
1977 – A Vida dos Homens Infames
Poder e Saber
Poderes e Estratégias
1978 – Diálogo sobre o Poder
A Sociedade Disciplinar em Crise
Precisões sobre o Poder. Resposta a Certas Críticas
A "Governamentalidade"
M. Foucault. Conversação sem Complexos com um Filósofo que Analisa as "Estruturas do Poder"
1979 – Foucault Estuda a Razão de Estado
1980 – A Poeira e a Nuvem
Mesa-redonda em 20 de Maio de 1978
Posfácio de *L'impossible Prison*
1981 – "*Omnes et Singulatim*": uma Crítica da Razão Política

Volume V – Ética, Sexualidade, Política

1978 – A Evolução do Conceito de "Indivíduo Perigoso" na Psiquiatria Legal do Século XIX
Sexualidade e Política
A Filosofia Analítica da Política
Sexualidade e Poder
1979 – É Inútil Revoltar-se?
1980 – O Verdadeiro Sexo
1981 – Sexualidade e Solidão
1982 – O Combate da Castidade
O Triunfo Social do Prazer Sexual: uma Conversação com Michel Foucault
1983 – Um Sistema Finito Diante de um Questionamento Infinito
A Escrita de Si
Sonhar com Seus Prazeres. Sobre a "Onirocrítica" de Artemidoro
O Uso dos Prazeres e as Técnicas de Si
1984 – Política e Ética: uma Entrevista
Polêmica, Política e Problematizações
Foucault

O Cuidado com a Verdade
O Retorno da Moral
A Ética do Cuidado de Si como Prática da Liberdade
Uma Estética da Existência
1988 – Verdade, Poder e Si Mesmo
A Tecnologia Política dos Indivíduos

Volume VI – Repensar a Política

1968 – Resposta a uma Questão
1971 – O Artigo 15
Relatórios da Comissão de Informação sobre o Caso Jaubert
Eu Capto o Intolerável
1972 – Sobre a Justiça Popular. Debate com os Maoístas
Encontro Verdade-Justiça. 1.500 Grenoblenses Acusam
Um Esguicho de Sangue ou um Incêndio
Os Dois Mortos de Pompidou
1973 – Prefácio (*De la prison à la revolte*)
Por uma Crônica da Memória Operária
A Força de Fugir
O Intelectual Serve para Reunir as Ideias, Mas Seu Saber
    É Parcial em Relação ao Saber Operário
1974 – Sobre a "*A Segunda Revolução Chinesa*"
"*A Segunda Revolução Chinesa*"
1975 – A Morte do Pai
1977 – Prefácio (*Anti-Édipo*)
O Olho do Poder
Confinamento, Psiquiatria, Prisão
O Poder, uma Besta Magnífica
Michel Foucault: a Segurança e o Estado
Carta a Alguns Líderes da Esquerda
"Nós nos Sentimos como uma Espécie Suja"
1978 – Alain Peyrefitte se Explica... e Michel Foucault lhe Responde
A grande Política Tradicional
Metodologia para o Conhecimento do Mundo: como se
    Desembaraçar do Marxismo
O Exército, Quando a Terra Treme
O Xá Tem Cem Anos de Atraso
Teerã: a Fé contra o Xá
Com o que Sonham os Iranianos?
O Limão e o Leite

　　　　　Uma Revolta a Mãos Nuas
　　　　　A Revolta Iraniana se Propaga em Fitas Cassetes
　　　　　O Chefe Mítico da Revolta do Irã
　　　　　Carta de Foucault à "Unità"
1979 – O Espírito de um Mundo sem Espírito
　　　　　Um Paiol de Pólvora Chamado Islã
　　　　　Michel Foucault e o Irã
　　　　　Carta Aberta a Mehdi Bazargan
　　　　　Para uma Moral do Desconforto
　　　　　"O problema dos refugiados é um presságio da grande
　　　　　　migração do século XXI"
1980 – Conversa com Michel Foucault
1981 – Da Amizade como Modo de Vida
　　　　　É Importante Pensar?
　　　　　Contra as Penas de Substituição
　　　　　Punir É a Coisa Mais Difícil que Há
1983 – A Propósito Daqueles que Fazem a História
1984 – Os Direitos do Homem em Face dos Governos
　　　　　O Intelectual e os Poderes

Volume VII – Arte, Epistemologia, Filosofia e História da Medicina

1 – Estética da existência
1963 – Vigia da Noite dos Homens
　　　　　Espreitar o Dia que Chega
　　　　　Um "Novo Romance" de Terror
1964 – Debate sobre a Poesia
　　　　　A Linguagem do Espaço
　　　　　Palavras que Sangram
　　　　　Obrigação de Escrever
1969 – Maxime Defert
1973 – Foucault, o Filósofo, Está Falando. Pense
1975 – A Festa da Escritura
1976 – Sobre "História de Paul"
　　　　　O Saber como Crime
　　　　　Entrevista com Michel Foucault
　　　　　Por que o Crime de Pierre Rivière?
　　　　　Eles Disseram sobre Malraux
　　　　　O Retorno de Pierre Rivière
1977 – Apresentação
1978 – Uma Enorme Surpresa

1982 – O Pensamento, a Emoção
  Conversa com Werner Schroeter

2 – Epistemologia, genealogia
1957 – A Pesquisa Científica e a Psicologia
1966 – Michel Foucault, *As palavras e as coisas*
  Entrevista com Madeleine Chapsal
  O Homem Está Morto?
1968 – Entrevista com Michel Foucault
  Foucault Responde a Sartre
  Uma Precisão de Michel Foucault
  Carta de Michel Foucault a Jacques Proust
1970 – Apresentação
  A Armadilha de Vincennes
1971 – Entrevista com Michel Foucault
1975 – Carta
1976 – A Função Política do Intelectual
  O Discurso Não Deve Ser Considerado Como...
1978 – A Cena da Filosofia
1981 – A Roger Caillois
1983 – Trabalhos
1984 – O Estilo da História
  O que São as Luzes?

3 – Filosofia e história da medicina

1968 – Os Desvios Religiosos e o Saber Médico
1969 – Médicos, Juízes e Bruxos no Século XVII
  Títulos e Trabalhos
1972 – As Grandes Funções da Medicina em Nossa Sociedade
1973 – O Mundo É um Grande Hospício
1975 – Hospícios. Sexualidade. Prisões
  Radioscopia de Michel Foucault
  Michel Foucault, as Respostas do Filósofo
1976 – A Política da Saúde no Século XVIII
  Crise da Medicina ou Crise da Antimedicina?
  A Extensão Social da Norma
  Bio-história e Biopolítica
1977 – O Nascimento da Medicina Social
1978 – Introdução por Michel Foucault

Uma Erudição Estonteante
A Incorporação do Hospital na Tecnologia Moderna
1979 – Nascimento da Biopolítica
1983 – Troca de Cartas com Michel Foucault
1984 – A Preocupação com a Verdade

Volume VIII – Segurança, Penalidade e Prisão

1972 – Armadilhar Sua Própria Cultura
Teorias e Instituições Penais
1973 – À Guisa de Conclusão
Um Novo Jornal?
Convocados à PJ
Primeiras Discussões, Primeiros Balbucios: a Cidade É uma Força Produtiva ou de Antiprodução?
1974 – Loucura, uma Questão de Poder
1975 – Um Bombeiro Abre o Jogo
A Política É a Continuação da Guerra por Outros Meios
Dos Suplícios às Celas
Na Berlinda
Ir a Madri
1976 – Uma Morte Inaceitável
As Cabeças da Política
Michel Foucault, o Ilegalismo e a Arte de Punir
Pontos de Vista
1977 – Prefácio
O Pôster do Inimigo Público n. 1
A Grande Cólera dos Fatos
A Angústia de Julgar
Uma Mobilização Cultural
O Suplício da Verdade
Vão Extraditar Klaus Croissant?
Michel Foucault: "Doravante a segurança está acima das leis"
A Tortura É a Razão
1978 – Atenção: Perigo
Do Bom Uso do Criminoso
Desafio à Oposição
As "Reportagens" de Ideias
1979 – Prefácio de Michel Foucault
Maneiras de Justiça

A Estratégia do Contorno
Lutas em Torno das Prisões
1980 – Prefácio
Sempre as Prisões
Le Nouvel Observateur e a União da Esquerda (Entrevista)
1981 – Prefácio à Segunda Edição
O Dossiê "Pena de Morte". Eles Escreveram Contra
As Malhas do Poder (Conferência)
Michel Foucault: É Preciso Repensar Tudo, a Lei e a Prisão
As Respostas de PierreVidal-Naquet e de Michel Foucault
Notas sobre o que se Lê e se Ouve
1982 – O Primeiro Passo da Colonização do Ocidente
Espaço, Saber e Poder
O Terrorismo Aqui e Ali
Michel Foucault: "Não há neutralidade possível"
"Ao abandonar os poloneses, renunciamos a uma parte de nós mesmos"
Michel Foucault: "A experiência moral e social dos poloneses não pode mais ser apagada"
A Idade de Ouro da *Lettre de Cachet*
1983 – Isso Não me Interessa
A Polônia, e Depois?
"O senhor é perigoso"
...eles declararam... sobre o pacifismo: sua natureza, seus perigos, suas ilusões
1984 – *O que Chamamos Punir?*

Volume IX – Genealogia da Ética, Subjetividade e Sexualidade

1976 – O Ocidente e a Verdade do Sexo
1977 – Prefácio
Sexualidade e Verdade
Entrevista com Michel Foucault
As Relações de Poder Passam para o Interior dos Corpos
O Jogo de Michel Foucault
1978 – Apresentação
Michel Foucault e o Zen: uma Estada em um Templo Zen
O Misterioso Hermafrodita
1979 – A Lei do Pudor
Um Prazer Tão Simples

　　　　　Michel Foucault: o Momento de Verdade
　　　　　Viver de Outra Maneira o Tempo
1980 – Roland Barthes
　　　　　Do Governo dos Vivos
1982 – O Sujeito e o Poder
　　　　　Entrevista com M. Foucault
　　　　　Carícias de Homens Consideradas como uma Arte
　　　　　Escolha Sexual, Ato Sexual
　　　　　Foucault: Não aos Compromissos
　　　　　A Hermenêutica do Sujeito
1983 – Uma Entrevista de Michel Foucault por Stephen Riggins
1984 – Prefácio à *História da sexualidade*
　　　　　Sobre a Genealogia da Ética: um Resumo do Trabalho
　　　　　　em Curso
　　　　　Entrevista de Michel Foucault
　　　　　Michel Foucault, uma Entrevista: Sexo, Poder e a Política
　　　　　　da Identidade
1988 – As Técnicas de Si

Volume X – Filosofia, Diagnóstico do Presente e Verdade

1965 – Filosofia e Verdade
1966 – Em Busca do Presente Perdido
　　　　　Uma História que Ficou Muda
　　　　　Mensagem ou Ruído?
1967 – "Que é o senhor, professor Foucault?"
1969 – Conversação com Michel Foucault
　　　　　O Nascimento de um Mundo
1971 – Carta do Sr. Michel Foucault
　　　　　Para Além do Bem e do Mal
　　　　　O Discurso de Toul
　　　　　Foucault Responde
　　　　　A Vontade de Saber
1972 – Meu Corpo, Esse Papel, Esse Fogo
1973 – Em Torno de Édipo
　　　　　A Sociedade Punitiva
1974 – A Verdade e as Formas Jurídicas
　　　　　O Poder Psiquiátrico
1975 – Poder e Corpo
　　　　　Os Anormais

1976 – Questões de Michel Foucault a "Heródoto"
　　　　É Preciso Defender a Sociedade
1977 – Aula de 7 de Janeiro de 1976
　　　　Aula de 14 de Janeiro de 1976
1978 – A Loucura e a Sociedade
　　　　Segurança, Território e População
1980 – Introdução
　　　　Foucault Estuda a Razão de Estado
1981 – Para Roger Caillois
　　　　Subjetividade e Verdade
1982 – As Malhas do Poder
1984 – Nas Fontes do Prazer

www.forenseuniversitaria.com.br
bilacpinto@grupogen.com.br

Rua Álvaro Seixas 165 parte
Engenho Novo - Rio de Janeiro - RJ
Tel/Fax: 21-2201-1444
E-mail: rotaplanrio@gmail.com